U0712040

生活必备法律丛书

李显冬 ◎ 主编　刘知函 ◎ 执行主编 ◆ ・ ◆　◆　◆　◆　◆

LÜYOU WEIQUAN
SHIWU YU FENGXIAN FANGFAN

旅游维权
实务与风险防范

（写给游客一方）

刘知函　俞能强 ◎ 著

常见问题解答　经典案例分析
最新法律法规　旅游风险防范

中国政法大学出版社

2015・北京

图书在版编目（ＣＩＰ）数据

旅游维权实务与风险防范：写给游客一方/刘知函，俞能强著.—北京：中国政法大学出版社，2015.5
　ISBN 978-7-5620-6106-9

　Ⅰ.①旅…　Ⅱ.①刘…　②俞…　Ⅲ.①旅游业－法规－基本知识－中国
Ⅳ.①D922.296

中国版本图书馆CIP数据核字(2015)第121029号

出　版　者	中国政法大学出版社
地　　　址	北京市海淀区西土城路25号
邮寄地址	北京 100088 信箱 8034 分箱　邮编 100088
网　　　址	http://www.cuplpress.com（网络实名：中国政法大学出版社）
电　　　话	010-58908437(编辑室)　58908334(邮购部)
承　　　印	固安华明印业有限公司
开　　　本	880mm×1230mm　1/32
印　　　张	15.25
字　　　数	390 千字
版　　　次	2015 年 6 月第 1 版
印　　　次	2015 年 6 月第 1 次印刷
定　　　价	42.00 元

生活必备法律丛书编委会

主　　编	李显冬
执行主编	刘知函
编委成员	薛晓雪　房保国　吴丹红　刘炫麟 付继存　罗宗奎　罗　娇　陈　啸 刘卫军　杨源哲　武志孝　吴　坤

序　言

很多人热爱旅游，所谓"读万卷书"，更要"行万里路"，砥砺精神，增加阅历。但是，在旅行中常常因为旅游纠纷而不知所措，倍感苦恼。本书站在游客立场，详细分析旅游的各种法律问题，为游客遇到旅游纠纷指点迷津，指导游客拿起法律的武器来维护自己的合法权益。本书旨在通过旅游常识介绍、旅游陷阱揭秘、旅游合同解读、旅游案例分析、旅游法规解读等各种形式普及关于旅游纠纷和损害赔偿的基本法律常识，使游客在处理相关的纠纷时更加的得心应手。

本书分三篇进行相关的阐述与解析。

上篇，旅游相关概念与维权指导。分别以"旅游法律关系及旅游法"、"旅游相关概念"、"旅游出入境管理制度"、"旅游合同的法律制度"、"旅游纠纷"、"旅游风险防范"五章进行分析，层层递进，通过典型事例的列举，通俗易懂的法律分析，全面详细的法律依据解读，力图使每一个游客形成关于旅游纠纷和损害赔偿知识的系统认识。

中篇，旅游实务分析。为了增加游客的旅游维权法律意识，本部分精选了六十多个典型案例，这些案例均来自于法院的真实判例。裁判要旨的分析、法院裁判的逻辑、相关专家和法院法官的解读、法律依据的衔接，将真实的中国法院处理旅游纠纷和损害赔偿的司法实践展现于游客面前。游客可以从本部分了解法院处理类似案例的模式流程等知识。

下篇，旅游相关法律及旅游合同范本。本部分精选与旅游纠纷及损害赔偿有关的法律文本，使游客能够很快找寻到解决问题的法律依据；相关旅游合同范本供游客在旅游纠纷中借鉴引用。

本书涉及旅游纠纷的方方面面，为游客提供了最为全面法律维权指导，为游客提供了一站式的法律维权服务。如果您阅读本书后还需要具体法律服务，请将您的问题发送到下面的邮箱：zhihan. liu@ foxmail. com，我们有专业的旅游维权律师团队为您提供服务。

刘知函

2015 年 6 月于中国政法大学

目　录

中 篇 旅游实务分析

下　篇　旅游相关法律法规及旅游合同范本

旅游相关概念与维权指导

上篇

第一章 旅游法律关系及旅游法

一、旅游法律关系

旅游法律关系是法律关系的一种，是指由旅游法律规范所确认和调整的，在旅游活动中所形成的各方当事人享有的权利和承担的义务间的关系。在现实生活中，自然人之间、法人之间、自然人与法人之间经常发生这样或那样的社会关系，法律关系主体在旅游活动中所形成的社会关系，一旦被旅游法律调整后，就具有旅游权利义务的内容，成为旅游法律关系。例如旅游合同的约定，即是在旅行社和旅游者之间形成的旅游法律关系。

由于旅游领域的广泛性和关联性，决定了旅游法律关系的多样性，不同的旅游法律规范调整着不同的旅游法律关系，其中，既有横向主体之间的关系（如旅游企业和旅游者之间关系），又有纵向的管理与被管理之间的关系（如旅游行政管理部门依据《旅行社条例》对旅行社行使管理权而形成的法律关系）。当前，我国大量的旅游法律规范的表现形式为旅游行政法规、部门规章，显然，由此类法律规范调整的社会关系就不全是平等主体之间的关系。

旅游法律关系，一般是围绕旅游活动产生的，在有了相应的旅游法律规范，又有了旅游活动的参与者的行为或其他法律事实时，才能形成旅游法律关系。

旅游法律关系的保护，就是由相关主管部门严格监督旅游法律关系主体正确行使其权利，切实履行其义务，通过奖励或者惩罚的方法使旅游法律关系各主体的合法权益不受侵犯。

1. 旅游法律关系的保护机构。我国旅游法律关系的保护机构包括：旅游行政管理部门，如旅游局；相关行政机关，如工商、税务、卫生等管理部门；司法机关，指各级人民法院和人民检察院。

2. 旅游法律关系的保护方法。对现行的旅游法律关系的保护主要有两种方法：一是，奖励方法，即对遵纪守法、积极履行义务、成绩显著的单位和个人给予适当奖励，以促使其更好地维护旅游法律关系的方法，例如，对于一年内未发生一般性事故的单位可以进行表扬和奖励；二是，惩罚的方法，包括对违反刑事法律的单位和个人追究刑事责任；对违反行政法规、破坏旅游市场秩序等行为，根据其程度处以罚款、责令停业整顿或吊销营业执照；对不履行旅游合同的行为，判处一定的违约金，等等。

二、旅游法

《中华人民共和国旅游法》（以下简称《旅游法》）经2013年4月25日十二届全国人大常委会第二次会议通过，自2013年10月1日起施行。《旅游法》分总则、旅游者、旅游规划和促进、旅游经营、旅游服务合同、旅游安全、旅游监督管理、旅游纠纷处理、法律责任、附则共10章112条。

《旅游法》的出台使旅游业的发展纳入法律规范当中，将对旅游业的持续健康发展起到全方位的促进作用。《旅游法》最重要的主线是规范旅游市场秩序，保护旅游者合法权益。法案通过总结中国旅游业30年发展经验，对于备受关注的"零负团费"、强迫购物、强迫参加自费项目、景区门票不断上涨等旅游顽疾都做出了相关规定，施以重拳加以打击。如条文规定，"旅游者有权自主选择旅游产品和服务，有权拒绝旅游经营者的强制交易行为"，"旅行社不得以不合理的低价组织旅游活动，诱骗旅游者，并通过安排购物或者另行付费旅游项目获取回扣等不正当利益"，"利用公共资源建设的景区的门票以及景区内的游览场所、交通工具等另行收费项目，实行政府定价或者政府指导价，严格控制价格上涨。公益性的城市公园、博物馆、纪念馆等，除重点文物保护单位和珍贵文物收藏单位外，应当逐步免费开放"。随着《旅游法》的出台和正式实施，旅游经营者有望迎来有序公平竞争的环境，旅游者的合法权益也将得到更为完善的保护。

第二章　旅游相关概念

一、旅行社的概念

旅行社（Travel Agency），世界旅游组织给出的定义为"零售代理机构向公众提供关于可能的旅行、居住和相关服务，包括服务酬金和条件的信息。旅行组织者或制作批发商或批发商在旅游需求提出前，以组织交通运输，预订不同的住宿和提出所有其他服务为旅行和旅居做准备"的行业机构。我国《旅行社条例》中指出：旅行社是指从事招徕、组织、接待旅游者等活动，为旅游者提供相关旅游服务，开展国内旅游业务、入境旅游业务或者出境旅游业务的企业法人。其中旅游业务是指为旅游者代办出境、入境和签证手续，招徕、接待旅游者，为旅游者安排食宿等有偿服务的经营活动。旅行社的营运项目通常包括各种交通运输票券（例如机票、巴士票与船票）、套装行程、旅行保险、旅行书籍等的销售与国际旅行所需的证照（例如护照、签证）的咨询代办。最小的旅行社可能只有一人，最大的旅行社则全球都有分店。从旅行社衍生的职业有领队、导游、票务员、签证专员、计调员（旅游操作）等。旅行社必须要持有政府发出的有效牌照，并且必须是某指定旅行社商会的会员才能经营旅行团，进行带团旅行。

旅行社是依法成立的企业法人，其设立应当符合企业法人设立的一般要求，同时还必须经过前置行政许可即前置审批，获得行业管理部门的行政许可后，方可向工商行政主管部门申请登记注册，成为企业法人。

二、旅行社的分类及经营范围

旅行社在 2000 年以后分为国内社和国际社（国际社又分为有出境权和无出境权两种）。

目前国内各地的旅行社从业务上又分为：组团社、地接社、办事处（也可以称为：批发商、分销商、代理商、同行）。组团社是指在出发地与客人签订旅游合同的旅行社；地接社是指旅游目的地接待出发地组团社游客的旅行社；办事处是指地接社设在出发地城市的办事机构或者代理，此类办事机构没有合法经营许可手续、固定公开经营场所且不缴纳旅游质保金的，均系不合法。

1. 国内旅行社的经营范围：

（1）招徕、组织我国大陆地区游客在国内旅游，为其安排交通、游览、住宿、饮食、购物、娱乐及提供导游等相关服务。

（2）接受我国大陆地区游客委托，代购、代订国内交通客票。

（3）经国家有关部门批准，地处边远地区的国内旅行社可以接待前往该地区的海外游客。

（4）接受我国大陆地区游客委托，为其办理托运行李、领取行李等业务。

2. 国际旅行社的经营范围包括入境旅游业务、出境旅游业务和国内旅游业务。具体业务包括如下内容：

（1）招徕我国旅游者在国内旅游，为其安排交通、游览、住宿、饮食、购物、娱乐及提供导游服务。

（2）招徕外国旅游者来中国，华侨及港澳台同胞归国及回内地旅游，为其安排交通、游览、住宿、饮食、购物、娱乐及提供导游等相关服务。

（3）经国家旅游局批准，招徕、组织我国境内居民到外国和我国港澳台地区旅游，为其安排领队及委托接待服务。

（4）经国家旅游局批准，招徕、组织我国境内居民到规定的与我国接壤的国家的边境地区旅游，为其安排领队及委托接待服务。

（5）经国家旅游局批准，接受旅游者委托，为旅游者代办入境、出境及签证手续。

（6）为旅游者代购、代订国内外交通客票，提供行李服务。

（7）其他经国家旅游局规定的旅游业务。

三、旅行社的法律责任

依据《旅游法》、《旅行社条例》及《旅行社条例实施细则》，对旅行社违法行为实施行政处罚的执法主体主要是旅游行政管理部门、工商行政管理部门和价格主管部门。以上三个执法主体对旅行社违法行为实施处罚的依据分别是各相关行政法规。吊销旅行社业务经营许可证的行政处罚，由原许可的省级以上旅游行政管理部门作出。对旅行社作出停业整顿行政处罚的，旅行社在停业整顿期间，不得招徕旅游者、签订旅游合同；停业整顿期间，不影响已签订的旅游合同的履行。违反《旅游法》、《旅行社条例》及《旅行社条例实施细则》的行政违法行为，其中损害旅游者合法权益的，应当承担相应的民事责任，构成犯罪的，依法追究刑事责任。

四、导游人员的义务

1. 导游人员进行导游活动时，应当佩戴导游证。导游证是国家准许从事导游工作的证件。为此，《导游人员管理条例》规定，导游人员佩戴导游证是导游人员执行导游任务时的一项法定义务。导游人员在工作中佩戴导游证，一则是给旅游者提供规范服务的需要，便于旅游者识别导游人员，及时得到导游人员的帮助和服务；二则是便于旅游行政管理部门的监督检查。

导游人员进行导游活动时，应当佩戴导游证。既然是一项法定义务，不履行这项义务，则属违法，必须承担相应的法律责任。为此，《导游人员管理条例》第21条规定："导游人员进行导游活动时未佩戴导游证的，由旅游行政部门责令改正；拒不改正的，处500元以下的罚款。"

2. 导游人员进行导游活动，必须经旅行社委派。导游人员不得私自承揽或者以其他任何方式直接承揽导游业务，进行导游活动。

3. 导游人员应当严格按照旅行社确定的接待计划安排旅游者的旅行、游览活动，不得擅自增加、减少旅游项目或者中止导游活动。这是导游人员必须履行的按接待计划组织旅游的义务。由旅行社确定的接待计划也即旅游行程计划是经旅游者认可的，是旅游者与旅行社订立的旅游合同的一个组成部分。旅游行程计划一般包括乘坐交通工具、游览景点、住宿标准、餐饮标准、娱乐标准、购物次数等内容的安排。因此，导游人员接受旅行社的委派带团旅游时，应当严格按照旅行社确定、经旅游者认可的旅游接待计划安排旅游者的旅行、游览活动，不得擅自增加、减少旅游项目或者中止导游活动。这也是我国《合同法》所规定的"当事人应当按照约定全面履行自己的义务"的要求，否则，就有可能承担违约责任。

上述导游人员法定义务的规定，是为了规范旅游市场秩序，切实维护旅游者的合法权益。因为，根据《旅行社条例》的规定，招徕、接待旅游者，为旅游者安排食宿等有偿服务的经营活动均属旅行社的经营范围，而导游人员只能接受旅行社的委派，为旅游者提供向导、讲解及相关旅游服务。为此，《导游人员管理条例》第19条规定："导游人员未经旅行社委派，私自承揽或者以其他任何方式直接承揽导游业务，进行导游活动的，由旅游行政部门责令改正，处1000元以上3万元以下的罚款；有违法所得的，并处没收违法所得；情节严重的，由省、自治区、直辖市人民政府旅游行政部门吊销导游证并予以公告。"

五、旅游饭店的义务

旅游饭店的客人作为旅游消费者，享有作为消费者的基本权利，除了受《消费者权益保护法》保护外，也应当受到旅游行业规范的保护，客人所享有的权利相对旅游饭店来说就是其必须承担的义务。人身财产安全是旅游者在旅游过程中考虑的首要因素，自然也是旅游饭店必须履行的首要义务。主要包括：

1. 安全预防设施，应当确保饭店相关的设施、场所、设备、系统等完好和安全。

2. 隐私权保护，除了日常清扫卫生、维修保养设施设备或发生火灾等紧急情况外，饭店工作人员不得随意进入客人下榻的房间。

3. 财产权保护，主要是对客人财产物品的保管和寄存。

4. 提醒告知义务，饭店应当在相关场所的显著位置，用适当的方式告知客人信息，如警告、标示、禁止、说明等方式。

5. 赔偿义务，由于饭店的原因给客人造成损失的，饭店应当根据损失程度向客人赔礼道歉，或给予相应的赔偿。

6. 其他相关法律法规规定的义务。

第三章　旅游出入境管理制度

　　旅游出入境涉及中国公民出入境和外国公民入出境的手续办理，如护照、签证、通行证、旅行证的办理，涉及出入境检查和检验，包括海关检查、边防检查与卫生检疫、动植物检疫。目前，规范中国公民出入境和外国公民入出境的法律是《中华人民共和国出境入境管理法》，于 2013 年 7 月 1 日起施行。

　　出入境是指一国公民经本国政府主管机关批准和前往国家或地区以及途经国家或地区的许可，持规定有效的证件和签证，通过对外开放或指定的口岸从本国出境进入其他国家或地区，或者从其他国家或地区返回本国境内。出入境的概念包括两个方面：一是，一国公民经本国政府批准，持有合法证件出入本国国（边）境；二是，外国人持有合法的证件，经一国政府批准入出该国国境。出境是指由中国内地前往其他国家或者地区，由中国内地前往香港特别行政区、澳门特别行政区，由中国大陆前往台湾地区。入境是指由其他国家或者地区进入中国内地，由香港特别行政区、澳门特别行政区进入中国内地，由台湾地区进入中国大陆。

　　出入境管理是在现代国家体系逐渐完善的基础上建立起来的一种法律制度，它实际上也是现代国际关系的一种体现。可以说，出入境管理就是国家行政机关根据国际法、国内法的有关规定，对出入本国国境的本国公民或外国人行使主权的行政行为。中国的出入境管理是指国家主管机关依据法律法规，对中国公民和外国人出入境活动及与之相关的事务行使管辖权的一种法律行为，是国家涉外管辖的一个重要组成部分，它作为公安机关一项重要的行政职能，在保障中外公民合法权益，维护国家利益等方面发挥着重要作用。

第四章　旅游合同的法律制度

一、旅游合同的签订

旅行社应当提供带团号的《旅游行程安排单》（以下简称《行程单》），经双方签字或者盖章确认后作为合同的组成部分。《行程单》应当对如下内容作出明确的说明：

1. 旅游行程的出发地、途经地、目的地，线路行程时间和具体安排（时间按自然日计算，含乘飞机、车、船等在途时间，不足 24 小时以 1 日计）。

2. 旅游目的地地接旅行社的名称、地址、联系人和联系电话。

3. 交通服务安排及其标准（明确交通工具及档次等级、出发时间以及是否需中转等信息）。

4. 住宿服务安排及其标准（明确住宿饭店的名称、地点、星级，非星级饭店应当注明是否有空调、热水、独立卫生间等相关服务设施）。

5. 用餐（早餐和正餐）服务安排及其标准（明确用餐次数、地点、标准）。

6. 旅行社统一安排的游览项目的具体内容及时间（明确旅游线路内容包括景区点及游览项目名称，景区点停留的最少时间等）。

7. 自由活动的时间和次数。

8. 购物安排（旅行社安排的购物次数不超过行程日数的一半，并同时列明购物场所名称、停留的最多时间及主要商品等内容）。

9. 行程安排的娱乐活动（明确娱乐活动的时间、地点和项目内容）。

10. 另行付费项目（如有安排，旅行社应当在签约时向旅游者提供《另行付费项目表》，列明另行付费项目的价格、参加该另行付费项目的交通费和导游服务费等，由旅游者自愿选择并签字确认后作为旅游合同的组成部分。另行付费项目应当以不影响原计划行程为原则）。

《行程单》用语须准确清晰，在表明服务标准用语中不应当出现"准×星级"、"豪华"、"仅供参考"、"以××为准"、"与××同级"等不确定性用语。

旅游者应当认真阅读主合同条款、《行程单》和《另行付费项目表》，在旅游者理解合同条款及有关附件后，旅行社和旅游者应当签订书面合同。合同一式两份，双方各持一份，具有同等法律效力，自双方当事人签字或者盖章之日起生效。

二、旅游合同的变更和转让

1. 旅游合同的变更：

（1）旅行社与旅游者双方协商一致，可以变更合同约定的内容，但应当以书面形式由双方签字确认。由此增加的旅游费用及给对方造成的损失，由变更提出方承担；由此减少的旅游费用，旅行社应当退还旅游者。

（2）因不可抗力或者意外事件导致无法履行或者无法继续履行合同的，旅行社可以在征得旅游团队50%以上成员同意后对相应内容予以变更，因情况紧急无法征求意见或者经征求意见无法得到50%以上成员同意时，旅行社可以决定内容的变更，但应当就作出的决定提供必要的证明。

（3）在出行前遇到不可抗力或者意外事件的，双方经协商可以取消行程或者延期出行。取消行程的，旅行社向旅游者全额退还旅游费用。已发生旅游费用的，应当由双方协商后合理分担。

（4）在行程中遇到不可抗力导致无法继续履行合同的，旅行社按双方约定实施变更后，将未发生的旅游费用退还旅游者，增加的旅游费用，应当由双方协商后合理分担。

（5）在行程中遇到意外事件导致无法继续履行合同的，旅行社按约定实施变更后，将未发生的旅游费用退还旅游者，因此增加的旅游费用由提出变更的一方承担（但因紧急避险所致的，由受益方承担）。

2. 旅游合同的转让。经旅行社书面同意，旅游者可以将其在合同中的权利和义务转让给符合出游条件的第三人，因此增加的费用由旅游者承担，减少的费用退还旅游者。

3. 旅游合同的解除。旅游者和旅行社在行程前可以书面形式提出解除合同。在出发前 7 日（按出发日减去解除合同通知到达日的自然日之差计算，下同）以上（不含第 7 日）提出解除合同的，双方互不承担违约责任。旅行社提出解除合同的，全额退还旅游费用；旅游者提出解除合同，如已发生旅游费用的，应当扣除已发生的旅游费用。旅行社应当在解除合同的通知到达日起 5 个工作日内，向旅游者退还旅游费用。旅游者或者旅行社在出发前 7 日以内（含第 7 日，下同）提出解除合同的，由提出解除合同的一方承担违约责任。

4. 旅游行程中的合同解除：

（1）旅游者未按约定时间到达约定集合出发地点，也未能在出发中途加入旅游团队的，视为旅游者解除合同，按照合同的相关约定处理。

（2）旅游者在行程中脱团的，旅行社可以解除合同，旅游者不得要求旅行社退还旅游费用，给旅行社造成经济损失的，旅游者应当承担相应的赔偿责任。

三、旅游保险合同

1. 保险合同作为一种书面合同，具体的形式有以下几种：

（1）投保单。投保单又称"要保书"或"投保申请书"，是投保人申请投保时填写的书面要约。为了准确迅速处理保险业务，投保单的格式和项目都由保险人设计，并以规范的形式提出。投保单主要包含以下内容：被保险人名称、地址、保险标的的名称、投保险别、保险金额和保险责任、起止日期等。在人身保险的投保单中，还必须列入被保险人的年龄、职业、健康状况、受益人等，作为保险单的附件之一。

（2）暂保单。暂保单又称临时保单，是在正式保险单出立之前先给予投保人的一种保险证明，内容比较简单，只记载保险标的主要事项。如果有保险单以外的特别保险条件，必须在暂保单上注明，以作为将来的依据。暂保单的效力和正式保险单一样，有效期最长一般为 30 天。当正式保单出立后，暂保单就自动失效。在暂保单有效期内，保险标的遭受保险事故损失，保险人应当按正式保险单所记载的条件承担赔偿责任。暂保单也可以在正式保单出立之前停止效力，但保险人应当事先通知投保人，在人身保险合同中，一般无暂保单，有时人寿保险的代理人第一次收取保险费时，所开列的收据就具有暂保单的效力。

（3）保险单。保险单是由保险人向投保人签发的书面凭证，是最基本的保险合同形式。保险单应力求规定得完整、明确。

（4）保险凭证。这是指保险单以外的一些保险合同书面凭证，是一种简化的保险单。其内容仅包括保险金额、保险费率、险别、投保人、被保险人、保险期限等。保险凭证中未列入的内容，以同类正式保险单为准。如果正式保险单与保险凭证的内容有抵触或者保险凭证另有特定条款，则应以保险凭证为准。保险凭证通常在货物运输保险、机动车辆保险等业务中被采用。

（5）其他书面协议形式。这是指除上述四种形式外，保险合同还可以采用其他的书面协议形式，如附加保险条款和批单。在保险合同生效后，如保险标的、风险程度有变动，就需要在保险合同中增加新的内容或对部分合同内容进行修改。因此，保险人在保险合同之外出具批单，以注明保险单的变动事项，或者在保险合同上记载附加条款，以增加原保险合同的内容。

2. 对于旅行社责任保险的保险责任，应当包括旅行社在组织旅游活动中依法对旅游者的人身伤亡、财产损失承担的赔偿责任；旅行社依法对受旅行社委派并为旅游者提供服务的导游或者领队人员的人身伤亡承担的赔偿责任。具体包括下列情形：①因旅行社疏忽或过失应当承担赔偿责任的；②因发生意外事故，旅行社应当承担赔偿责任的；③国家旅游局会同中国保险监督管理委员会规定的其他情形。

而旅游意外险合同有两种：游客个人和保险公司之间签订的，出个人保单；旅行社和保险公司之间签订的，出团体保单。无论哪种合同，保险公司都负责赔偿游客在旅行期间因遭受意外伤害而支出的医疗费用。保险合同是被保险人与保险公司之间的协议，旅行社和游客之间不能签订保险合同。还有一种是旅行社责任险，是旅行社和保险公司之间签订的，负责赔偿因旅行社的疏忽或过失造成其接待的境内外游客遭受的经济损失，依法应由旅行社承担的经济赔偿责任。

四、旅游保险的索赔和理赔

由被保险人或受益人要求索赔必须履行下列手续：

1. 将保险事故发生的情况尽快通知保险人，并提出索赔要求。索赔要求要在保险合同规定的索赔时效内提出，逾期未提出索赔请求的，视为自动放弃权益。

2. 被保险人或受益人会同投保人提供保险凭证、事故证明、医疗诊断书、医疗费收据或死亡证明书、给付保证金的请求。

3. 协助保险人做必要的审核工作。

理赔是指保险人处理被保险人或者受益人的索赔请求，处理有关保险赔偿责任的程序及工作。凡是旅游保险合同规定的被保险人或受益人均为合法的理赔申请人。旅游保险合同未规定受益人的或以票据形式参加旅游保险的遇难者，以其直系亲属或法定继承人为合法的理赔申请人。理赔工作涉及被保险人职能作用的发挥，保险人应及时履行赔偿责任。

第五章 旅游纠纷

一、旅游纠纷

旅游纠纷是指旅游者与旅游经营者、旅游辅助服务者之间因旅游发生的合同纠纷或者侵权纠纷。"旅游经营者"是指以自己的名义经营旅游业务，向公众提供旅游服务的人；"旅游辅助服务者"是指与旅游经营者存在合同关系，协助旅游经营者履行旅游合同义务，实际提供交通、游览、住宿、餐饮、娱乐等旅游服务的人。

二、旅游纠纷的类型

1. 按争议是否有涉外因素进行分类，分为国内旅游纠纷和涉外旅游纠纷。与国内旅游纠纷不同，涉外旅游纠纷的一方当事人是外国人、外国旅游企业或其他组织。

2. 按争议主体进行分类，分为旅游者与旅游经营者之间的纠纷；旅游经营者之间的纠纷；旅游者或旅游经营者与相关部门之间的纠纷；国内旅游经营者与境外旅游经营者或旅游者之间产生的纠纷。

3. 按争议内容进行分类，可分为交通运输业务纠纷；旅行社业务纠纷；导游业务纠纷；旅馆业务纠纷；旅游资源开发利用和保护纠纷；旅游保险纠纷以及旅游税收纠纷。

4. 按争议涉及的利益进行分类，旅游纠纷可分为涉及财产利益的纠纷；涉及人身权益的纠纷；涉及人身权益和财产权益的纠纷。

5. 按争议当事人人数多少进行分类，可分为争议双方为一人的单一性纠纷；争议双方至少有一方为两人以上的共同性纠纷。

一般地说，在实践中因旅游行为而引发的纠纷，主要发生在游客和旅游经营者之间。旅游业是行、住、食、购、游、娱各要素的组合，为旅游者提供直接服务的是酒店、餐饮、景区、航空、铁路、汽车、游船等经营者。旅行社处于中介地位，提供的是一种代理服务。旅游纠纷中虽然主体众多，但是游客和经营者在旅游过程中经济地位、专业知识、经验阅历、物质条件等各方面对比悬殊，存在严重的信息不对称。因而在实践中因旅游行为而引发的纠纷，主要发生在游客和旅游经营者之间。

三、旅游纠纷的解决途径

旅游者外出该如何维护自身的权益呢？在旅游途中和旅游结束后又有哪些解决旅游纠纷的有效途径呢？一般有以下五种：与旅游经营者协商和解；请求消费者协会调解；向有关行政部门申诉；根据与经营者达成的仲裁协议提请仲裁机构仲裁；向人民法院提起诉讼。

在旅途中若遇旅游纠纷，可先与组团社的全陪、领队或地接社导游多沟通，不能解决时，再与组团社联系，要求妥善处理。要及时向他们反映自己的意见和建议，听取旅行社的答复后再做决定。若旅行社拒不接受意见，应注意收集证据，待行程结束后再向旅行社交涉或向有关部门投诉等途径解决。如果客观条件允许，也可以当场向旅行社交涉要求采取补救措施，接受旅行社的合理补救措施，并继续完成旅程。回程后，若游客认为旅行社的服务存在质量问题，可选择上述的五种维权方式解决纠纷。

如需向旅游管理部门投诉，投诉人应当及时提交赔偿请求书和相关证据资料。书写赔偿请求书时，要注意以下几点：

1. 客观真实地陈述需投诉的事件内容。表述的事件经过应尽量具体、详细。

2. 提供真实有效的证据。证据指：一是与旅行社签订的有关协议及约定，主要包括旅游合同、旅游行程表、旅游发票以及与旅行社签订的各种有效凭证或材料；二是旅游中权益受到侵害的事实凭证，即游客提供的能够证明旅行社提供的服务与合同规定或原承诺不相符的最有力证据，如车船票据、门票、购物发票、接待单位的证明，也可以提供有关物证、声像资料以及其他有效的文字资料。需要特别注意的是，游客参团旅游应该选择合法旅行社，并取得发票、行程表，签订合同，以证明与旅行社的交易关系和服务约定。许多参加没有取得以上证明的旅游团的游客，往往由于无法判断责任主体，造成调解困难。

3. 提出的赔偿请求和主张合法合理。对旅游者提出的投诉，旅游管理部门主要依据国家旅游局发布的《旅行社质量保证金赔偿暂行标准》认定旅行社的赔偿责任和金额，故游客在确定赔偿金额时，要以双方合同约定的违约责任和管理部门的有关规定为主要依据。

及时地解决旅游纠纷，要有合理的投诉请求以及确凿的证据，这样就可以事半功倍。

四、旅游纠纷的诉讼过程

旅游纠纷发生后，经协商或调解不成的，当事人可以在诉讼时效内向人民法院提起诉讼，请求法院通过审理，判令对方承担一定的法律责任，进而解决旅游纠纷问题。

1. 诉前准备。当事人在进行旅游纠纷诉讼前，要做好以下准备：

（1）分析诉讼风险，即分析当事人在诉讼活动中遭遇的可能影响案件的审理和执行，使其合法权益无法实现的风险因素。如证据是否合法和充分、是否超过诉讼时效、诉讼请求是否符合法律规定等都影响着诉讼的风险。

（2）预估诉讼成本，诉讼成本主要包括时间成本和经济成本。时间成本是旅游诉讼所需要的时间，旅游纠纷一审适用简易程序的审理期限是 3 个月，适用普通程序的审理期限是 6 个月，二审审理期限是 3 个月，特殊情况下，上述审理期限经法定程序批准后可以适当延长，如果是涉外诉讼审理期限不受 6 个月或 3 个月的限制。当然诉讼中可能发生的医疗鉴定的时间是不计算在内的。此外可能发生的诉讼中止的情形，也会提高诉讼的时间成本。经济成本主要包括诉讼费用和维权费用，如聘请律师的费用、申请医疗鉴定的费用、申请执行的费用等，上述费用一般是由权利人预先缴纳，案件审理结束后，人民法院根据双方当事人的责任和过错确定各自应承担的数额。

（3）准备的诉讼材料，主要包括符合法定形式的起诉状、保存和搜集证据、委托诉讼代理人等。

2. 起诉。当事人准备好民事起诉状和证据材料后，可以向有管辖权的人民法院提起诉讼。当事人起诉一般应提交以下材料：

（1）当事人向人民法院提起民事诉讼，应当提交起诉状、原告主体资格证明、起诉证据等材料。委托代理人代理原告提起民事诉讼的，还应提交委托代理资格证明。

（2）当事人应提交由本人签名或盖章的起诉状正本一份，并按对方当事人人数提交副本。

（3）起诉状应当记明下列事项：①当事人的姓名、性别、年龄、民族、职业、工作单位和住所、通讯方式，法人或者其他组织的名称、住所和法定代表人或者主要负责人的姓名、职务以及通讯方式（以下简称当事人基本情况）；②诉讼请求和所根据的事实与理由；③证据和证据来源，证人姓名和住所；④原告为自然人的，应提交身份证明材料复印件；原告为法人或个体工商户的，应提交营业执照副本复印件，其他组织应提交证明其有效成立的法律文件复印件；法人应提交年检证明，法人或其他组织的代表

人或主要负责人应提交职务证明原件、身份证明复印件；⑤法定
代理人与指定代理人应提交本人的身份证明材料复印件以及其与
原告关系的证明材料复印件。委托代理人应提交身份证明材料复
印件、授权明确的授权委托书、律师事务所或受托人接受委托的
证明、函件（以下简称授权委托手续）。最后都要附上相应的起诉
证据。

3. 立案审查。人民法院收到起诉人的诉讼材料后，应当进行
审查：①符合立案条件的，7 日内立案并通知当事人交诉讼费；
②不符合立案条件的，7 日内裁定不予受理。若对不予受理裁定不
服，当事人可在 10 日内向上一级人民法院提出上诉。

4. 审理前的准备。人民法院决定受理案件后，应当做好以下
工作：①向原告送达受理案件通知书、举证通知书、开庭通知或
传票等，告知原告有关的诉讼权利义务、举证期限、证据交换日
期、开庭或调解日期等。②人民法院应当在立案之日起 5 日内将起
诉状副本送达被告，同时向被告送达应诉通知书、举证通知书、
开庭通知或传票等，告知被告有关诉讼的权利义务、举证期限、
证据交换日期、开庭或调解日期等。③被告应当在收到之日起 15
日内提交答辩状。答辩状应当记明被告的姓名、性别、年龄、民
族、职业、工作单位、住所、联系方式；法人或者其他组织的名
称、住所和法定代表人或者主要负责人的姓名、职务、联系方式。
人民法院应当在收到答辩状之日起 5 日内将答辩状副本送达原告。
④当事人可在法院受理后申请证据保全、财产保全。⑤证据交换，
在法庭的主持下，双方当事人进行举证质证。

5. 开庭审理。人民法院审理旅游案件的，应当在开庭 3 日前
通知当事人和其他诉讼参与人开庭时间、地点，公开审理的案件
提前 3 日进行公告。开庭审理大致分为以下几个基本步骤：法庭调
查、法庭辩论、最后陈述、法庭调解或宣判。

6. 上诉。一审宣判后，当事人不服地方人民法院第一审判决

的，有权在判决书送达之日起 15 日内向上一级人民法院提起上诉，当事人不服地方人民法院第一审裁定的，有权在裁定书送达之日起 10 日内向上一级人民法院提起上诉。上诉期限应从判决书、裁定书送达当事人的第二日起算。判决书、裁定书不能同时送达当事人的，上诉期限从各自收到判决书、裁定书之次日起算。

上诉应当递交上诉状。上诉状的内容，应当包括当事人的姓名，法人的名称及其法定代表人的姓名或者其他组织的名称及其主要负责人的姓名；原审人民法院名称、案件的编号和案由；上诉的请求和理由。上诉状应当通过原审人民法院提出，并按照对方当事人或者代表人的人数提出副本。当事人直接向第二审人民法院上诉的，第二审人民法院应当在 5 日内将上诉状移交原审人民法院。原审人民法院收到上诉状，应当在 5 日内将上诉状副本送达对方当事人，对方当事人在收到之日起 15 日内提出答辩状。人民法院应当在收到答辩状之日起 5 日内将副本送达上诉人。对方当事人不提交答辩状的，不影响人民法院审理。原审人民法院收到上诉状、答辩状，应当在 5 日内连同全部案卷和证据，报送第二审人民法院。第二审人民法院应当对上诉请求的有关事实和适用法律进行审查。第二审人民法院对上诉案件，应当组成合议庭，开庭审理。经过阅卷和调查，询问当事人，在事实核对清楚后，合议庭认为不需要开庭审理的，也可以径行判决、裁定。第二审人民法院审理上诉案件，可以在本院进行，也可以到案件发生地或者原审人民法院所在地进行。第二审人民法院对上诉案件，经过审理，按照下列情形，分别处理：①原判决认定事实清楚，适用法律正确的，判决驳回上诉，维持原判决；②原判决适用法律错误的，依法改判；③原判决认定事实错误，或者原判决认定事实不清，证据不足，裁定撤销原判决，发回原审人民法院重审，或者查清事实后改判；④原判决违反法定程序，可能影响案件正确判决的，裁定撤销原判决，发回原审人民法院重审。

　　根据《全国人民代表大会常务委员会关于修改〈中华人民共和国民事诉讼法〉的决定》，自 2013 年 1 月 1 日起，基层人民法院和它的派出法庭审理的简单旅游纠纷案件，如果标的额在各省、自治区、直辖市上年度就业人员平均工资 30% 以下，则实行一审终审，一审宣判后即为生效，当事人不得上诉。

　　7. 执行。执行程序是《民事诉讼法》规定的由法定组织和人员运用国家的强制力量，根据生效法律文书的规定，强制民事义务人履行所负义务的程序。法律文书一经生效，义务人应自觉履行。如拒不履行，权利人可申请法院强制执行。执行程序是民事诉讼程序的最后阶段。执行程序具有以下特点：①执行权由人民法院统一行使，无论生效的法律文书是由何种机构作出，凡应通过民事执行程序加以实现的，只能由人民法院执行；②执行程序的目的在于实现生效法律文书所规定的内容；③执行手段具有强制性。执行程序的发生，必须具备一定的条件：①必须具有作为执行根据的法律文书，包括人民法院作出的民事判决书、裁定书、调解书、支付令，仲裁机构作出的裁决书、调解书，公证机关制作的依法被赋予强制执行效力的债权文书，行政机关作出的依法由人民法院执行的决定书；②作为执行根据的法律文书，必须已经发生法律效力，并具有给付内容；③负有义务的一方当事人故意拖延、逃避或拒绝履行义务。

　　我国《民事诉讼法》和有关法律规定，地方各级人民法院设执行组织或执行员，在院长领导下，负责执行本法院对第一审民事案件所作出的判决和裁定。第二审案件的判决和裁定，原则上由原审人民法院执行。

　　我国《民事诉讼法》规定的执行措施包括以下几种：查询、冻结、划拨被执行人的储蓄存款；扣留、提取被执行人的收入，包括工资、奖金、稿费等；查封、扣押、冻结、拍卖、变卖被执行人的财产；对被执行人的财产进行搜查；强制被执行人交付执行文书中所指定的财物或者票证；强制被执行人迁出房屋或者退出土地；通知有关单位办理有关财产权证照转移手续；强制被执行人完成法律文书中指定的行为；对迟延履行义务的被执行人，强制其支付迟延履行金或加倍支付迟延履行利息。

五、人民法院不予受理的旅游纠纷情形

《民事诉讼法》第 124 条规定："人民法院对下列起诉，分别情形，予以处理：（一）依照行政诉讼法的规定，属于行政诉讼受案范围的，告知原告提起行政诉讼；（二）依照法律规定，双方当事人达成书面仲裁协议申请仲裁、不得向人民法院起诉的，告知原告向仲裁机构申请仲裁；（三）依照法律规定，应当由其他机关处理的争议，告知原告向有关机关申请解决；（四）对不属于本院管辖的案件，告知原告向有管辖权的人民法院起诉；（五）对判决、裁定、调解书已经发生法律效力的案件，当事人又起诉的，告知原告申请再审，但人民法院准许撤诉的裁定除外；（六）依照法律规定，在一定期限内不得起诉的案件，在不得起诉的期限内起诉的，不予受理；（七）判决不准离婚和调解和好的离婚案件，判决、调解维持收养关系的案件，没有新情况、新理由，原告在六个月内又起诉的，不予受理。"

依据上述规定，旅游纠纷发生后，旅游者如果认为旅游景点存在乱收费，旅游、物价的管理机构存在不作为现象，欲起诉当地旅游、物价等管理机构的，应当提起行政诉讼，而不是民事诉讼。

六、法院的管辖

人民法院的管辖，简单地说，即指当事人在遇到诉讼时，应到哪个法院去打官司。管辖分为级别管辖和地域管辖。前者确定了四级人民法院在审理案件上的分工原则，后者则是指案件应由

何地的法院负责审理。一般来讲，民事案件由被告住所地或经常居住地法院负责管辖。因不动产纠纷提起的诉讼，由不动产所在地人民法院管辖；因港口作业发生纠纷提起的诉讼，由港口所在地人民法院管辖；因继承遗产纠纷提起的诉讼，由被继承人死亡时住所地或者主要遗产所在地人民法院管辖。两个以上人民法院都有管辖权的诉讼，原告可以向其中一个人民法院起诉；原告向两个以上有管辖权的人民法院起诉的，由最先立案的人民法院管辖。

关于级别管辖，目前，我国有基层人民法院、中级人民法院、高级人民法院和最高人民法院四级法院。依据我国法律规定，绝大多数旅游纠纷案件，由基层人民法院审理。

地域管辖与级别管辖不同。级别管辖从纵向划分上下级人民法院之间受理第一审民事案件的权限和分工，解决某一民事案件应由哪一级人民法院管辖的问题；而地域管辖从横向划分同级人民法院之间受理第一审民事案件的权限和分工，解决某一民事案件应由哪一个人民法院管辖的问题。地域管辖主要根据当事人住所地、诉讼标的物所在地或者法律事实所在地来确定。即当事人住所地、诉讼标的或者法律事实的行为发生地、结果发生地在哪个法院辖区，案件就由该地人民法院管辖。根据《民事诉讼法》的规定，地域管辖分为一般地域管辖、特殊地域管辖、专属管辖、共同管辖和协议管辖。因旅游合同纠纷提起的诉讼，由被告住所地或者合同履行地人民法院管辖。合同的双方当事人也可以书面协议选择被告住所地、合同履行地、原告住所地、标的物所在地等与争议有实际联系的地点的人民法院管辖，但不得违反《民事诉讼法》对级别管辖和专属管辖的规定。

七、诉讼时效

诉讼时效是指民事权利受到侵害的权利人在法定的时效期间

内不行使权利，当时效期间届满时，权利人将失去胜诉权利，即胜诉权利归于消灭。在法律规定的诉讼时效期间内，权利人提出请求的，人民法院就强制义务人履行所承担的义务。而在法定的诉讼时效期间届满之后，权利人行使请求权的，人民法院就不再予以保护。值得注意的是，诉讼时效届满后，义务人虽可拒绝履行其义务，权利人请求权的行使仅发生障碍，权利本身及请求权并不消灭。当事人超过诉讼时效后起诉的，人民法院应当受理。受理后，如另一方当事人提出诉讼时效抗辩且查明无中止、中断、延长事由的，判决驳回其诉讼请求。如果另一方当事人未提出诉讼时效抗辩，则视为其自动放弃该权利，法院不得依照职权主动适用诉讼时效，应当判决支持其诉讼请求。

诉讼时效依据时间的长短和适用范围分为一般诉讼时效和特殊诉讼时效。一般诉讼时效是指在一般情况下普遍适用的时效，这类时效不是针对某一特殊情况规定的，而是普遍适用的。如我国《民法通则》第135条规定："向人民法院请求保护民事权利的诉讼时效期限为二年，法律另有规定的除外。"这表明，我国民事诉讼的一般诉讼时效为2年。特别诉讼时效则是指针对某些特定的民事法律关系而制定的诉讼时效。特殊时效优于普通时效，也就是说，凡有特殊时效规定的，一般都适用特殊时效。特殊时效可分短期诉讼时效、长期诉讼时效和最长诉讼时效三种，其中最长诉讼时效为20年。

1. 诉讼时效的中断。诉讼时效的中断是指在诉讼时效期间进行中，因发生一定的法定事由，致使已经经过的时效期间统归无效，待时效中断的事由消除后，诉讼时效期间重新起算。

诉讼期间中断的法定事由：①权利人提起诉讼；②权利人主张权利；③债务人同意履行义务。

2. 诉讼时效期间的中止。诉讼时效中止，是指在诉讼时效进行中，因一定的法定事由产生而使权利人无法行使请求权，暂停计算诉讼时效期间。《民法通则》第 139 条规定："在诉讼时效期间的最后六个月内，因不可抗拒力或其他障碍不能行使请求权的，诉讼时效中止。"中止的条件有以下几种情况：

（1）诉讼时效的中止必须是因法定事由而发生。法定事由有：①不可抗力；②权利被侵害的无民事行为能力人、限制民事行为能力人没有法定代理人，或者法定代理人死亡、丧失代理权、丧失行为能力；③继承开始后未确定继承人或者遗产管理人；④权利人被义务人或者其他人控制无法行使权利。

（2）法定事由发生在诉讼时效期间的最后 6 个月内。发生在诉讼时效期间最后 6 个月之前但持续到最后 6 个月时尚未消失的，也产生中止诉讼时效的效力。

（3）诉讼时效中止之前已经经过的期间与中止时效的事由消失之后继续进行的期间合并计算。而中止的时间过程则不计入时效期间，为此，民法把时效中止视为诉讼时效完成的暂时性阻碍。

我国的诉讼时效中止的效力，从中止时效的原因消除后，时效期间继续计算。中止前已经进行的时效仍然有效，中止时效的法定事由消除后，继续以前计算的诉讼时效至届满为止。

（4）中止事由发生在诉讼时效期间最后六个月之前，但持续到最后六个月时仍然存在，则应在最后六个月（注意：这种情况下不能在中止事由发生时就中止诉讼时效的进行）时中止诉讼时效的进行。

第六章　旅游风险防范

一、旅游广告的问题

根据调查发现，有超过一半的人会根据旅游广告来选择参团的旅行社。由此可知，旅游广告在旅行社的销售中占有重要地位，而游客也可根据广告用最少的时间去获取他们想要的信息。

目前越来越多的旅游广告在市场上的涌现，旅游广告良莠不齐，极度需要《广告法》和相应法律规范的调整。

在旅游广告中，违法广告的例子比比皆是。例如，对于航班，旅行广告会注明机型，但不注明起飞时间，为了省钱，就把航班安排在晚上，导致旅客第二天体力不足游兴大减。酒店也是一样，广告都会注明所住酒店的星级，同样的星级，价格差异的奥妙在于酒店的地段。不在景区或远离景区，价钱当然比较低，但游客每天往返酒店与景区的长途交通造成时间、体力的消耗非常大。又比如饮食，其中文章很大，弄不好就有"猫腻"。再譬如门票，不少广告声称团费包括门票，但旅游景区常常分"大票"、"小票"，"大票"只让进景区大门，"景中景"、"园中园"统统单独收费。在景点和购物上面，也往往会在广告中暗中做些手脚，让游客防不胜防。

部分旅行社为招徕顾客发布以极低价格组织旅游的促销广告，如"泰国曼谷芭堤雅 6 日 599 元买一送一"、"香港、澳门、珠海直通车双卧超级豪华享受 650 元"等。调查发现，上述旅游项目实际还需要加付"燃油税"、"自费项目"、"小费"等各种费用，对消费者构成欺骗和误导，违反了国务院新颁布的《旅行社条例》

相关规定。

　　有不少人都曾抱怨，每次看旅游广告都是雾里看花，极容易在满是数字游戏的旅游广告中迷了路，很多旅游广告出现低价的数字游戏。在此提醒游客尤其要谨防零团费、负团费的陷阱。

二、旅游中常见的障眼法

　　1. 酒店地点障眼法。一些旅行社在广告中宣称住宿的酒店与其他旅行社的星级相同，但价钱却更便宜，其实，相同星级的酒店因为其地点的不同，价钱往往相差悬殊。不在景区内或不在市区的，价钱通常比较低，却给旅客带来诸多不便，参观景点来回的交通浪费大量宝贵时间，还增加了游客体力上的消耗。

　　2. 航班障眼法。一般来说，时间安排不好的航班价钱相对低一点，旅行社大多是包机的，价钱就更加便宜了。有的旅行社为了省钱就经常把航班起飞时间安排在晚上，有的甚至是子夜。但这些旅行社的广告单上却只讲机型，而不谈起飞时间，游客乘坐这些航班，抵达目的地后第二天往往需要休息，浪费了一天旅游时间，得不偿失。

　　3. 饮食障眼法。在某些旅行社打出的广告单上，往往会注明包多少餐，表面上看起来很优惠，但实质上每餐的标准不同，有的只值几元钱。

　　4. 行程障眼法。行程可以有多样，住宿、停留的时间不同，在价格上也会产生很大的差异。例如从广州去北京，可由广州直飞，快捷方便，如果是先飞到天津，再乘火车到北京，或者先坐车到佛山，再乘飞机去北京，虽然价格便宜，但行程辗转，浪费了旅游者大量的时间。

　　5. 旅游车障眼法。旅游车有些是正规并有保险的，但因为其需要申请资格，价格相对要贵一点。如果旅游车没有这些资格，没有买保险，价格就相对便宜，但一旦出事，游客没有保障。另外，正规旅游车的司机熟悉地形，能更好地配合旅游者，而不正规的司机，则可能走错路，白白浪费时间。

6. 门票障眼法。不少旅行社声称旅游费用里包含了门票费，但事实上所谓的"门票"只是景点的大门票。由于现在不少旅游景点都是景中有景，大景点套小景点，这些小景点收的门票既多又贵，因此，完整地游览一个大的旅游景点，门票的支出成了一笔额外的费用，给旅游者增加了负担。

7. 购物障眼法。部分旅行社每到一个景点，总是强迫旅游者下车购物参观，游览名胜变成逛商场，观光旅游变成了购物旅游。在有限的时间里，这种旅游势必压缩游览项目，游客不但看得少了，还要冒买到假冒伪劣产品的风险。

8. 景点障眼法。有些线路广告里的景点比较多，价钱却与一些景点少的旅行社一样，这里存在着假象。旅游景点的选择要讲究质量，去北京必游故宫、长城，这些知名的大景点门票通常较贵，为了降价，有些旅行社安排游客去北京玩十几个景点，却不去故宫、长城，这等于没去北京。另外，某些旅行社甚至以一些同名地点来"混淆视听"。

三、防范旅游陷阱

一些不良旅行社打出低价甚至超低价的旅游产品，吸引眼球。低价旅游陷阱不仅仅出现在旅行社，网络上更是层出不穷。如今，网络旅游准入门槛低，各种平台和网站都发布旅游产品，再加上与此类行为和产品的监管相关的法律规范存在空白，一些劣质产品混杂其中，一些"零负团费"旅游以"团购"、"旅游券"等形式改头换面低价揽客，损害了部分游客的利益。游客参加旅游活动时，应当对旅游产品的品质、旅游服务质量和价格进行综合考虑，不要单纯追求"廉价"，避免落入低价旅游"陷阱"。游客通过网络购买旅游产品时，要尽量选择正规、知名的旅游网站，专业做旅游服务的网站更有保障，要选择正规旅行社，特别要看是否标注了旅行社名称、地址和许可证号。

旅游者理性消费，提防陷阱，依法维权，防范旅游陷阱应注意以下问题：

1. 提防"零团费"，避开低价陷阱。所谓"零团费"，就是地接旅行社从组团旅行社得到的接待费为零。业内专家提醒游人，"零团费"旅行社为了弥补损失，必然降低旅游质量和吃住标准，缩短旅游行程，增加购物时间和次数，增加自费项目。所以，游客不要贪图便宜而光顾"零团费"旅游团。对此，游客可以从四个方面去辨别和预防"零团费"陷阱：鉴别好价格、选择好旅行社及产品、签订好合同、保留好证据。

此外，在旅行社及产品的选择上，游客应选择有资质、讲诚信的旅行社，最好选择品质游或纯玩团产品。即便报了正常价格的旅游团，签订旅游合同时，也一定要明确行程安排和旅游价格，防止旅行社变相提价。

2. 订立旅游合同，明确就餐及住宿标准。游客在确定旅行社和旅游产品后，最好要求与旅行社签订旅游部门与工商部门推荐的《旅游合同示范文本》，对吃、住、行、游、购、娱等服务项目和标准的约定要具体明确，而且越详细越好。例如，游客在与旅行社签订旅游合同时，不仅要写清就餐的次数、用餐标准，还要约定在餐饮质量不好的情况下，消费者有权当即终止旅行社或导游的餐饮安排，要求退还餐费，自行解决就餐。住宿方面，在合同中一定要写清楚是普通房、标准房还是星级房，星级房是几星级，有无挂牌等。

此外，游客在旅游过程中还要注意保留广告宣传资料、合同和交款凭证或者一些视听音像资料等证据，以备投诉维权使用。

3. 提防购物陷阱，勿买无证商品。目前国内旅游市场竞争日趋激烈，旅行社在游客报名时，一般都会将线路价格尽量报低

"抢客"，有些线路的报价往往低于成本。为了弥补这部分损失，旅行社会在游客出游的途中增加这样那样的购物及消费环节。

4. 提防小偷演"双簧"，出门旅游，尽量不要携带贵重首饰、珠宝、大量现金。旅游监管部门提示，在离开旅游车时，不要将贵重物品放在车上，须随身携带；在入住酒店客房前，可将贵重物品放总台保管；晚上睡觉前，要将客房防盗链条扣上，检查门、窗是否锁好；在餐厅吃饭期间，不要将钱包等贵重物品放置在没人看管的椅子上，须提防小偷演"双簧"把钱包偷走。

四、与旅行社签订合同时注意的问题

游客与旅行社签订合同，第一，注意旅行社是否具有合法营业资质，看旅行社是否有双证，即旅游局核发的旅行社经营许可证和工商局核发的营业执照；第二，看旅游合同的印章是否是旅行社合同专用章或公章；第三，看旅游合同文本是否是国家旅游局统一制定的示范文本；第四，合同内容一定要具体明确，主要是指吃、住、行、游、购、娱等六要素标准要具体明确，以防旅行社在旅途中擅自增加或减少旅游项目，还要注意细化违约责任条款。

根据国家旅游局制定的《旅行社管理条例实施细则》当中规定的内容，在签订旅游协议中应该就以下问题进行明确的约定。

1. 旅游行程，包括乘坐交通工具、游览景点、住宿标准、餐饮标准、娱乐标准、购物次数等内容。这些问题应该有明确规定，比如就购物来讲，一天去几个店都要在协议上有明确标示，是坐旅游车、坐空调车还是坐豪华大巴，都要在协议当中写清楚。住宿标准是三星还是两星也要明确，明确之后一旦出现问题，从旅游管理部门来讲，在认定方面很快能给大家一个说法，使消费者的权益及时得到维护。如果没有约定则另外需要一些时间，因此对旅游行程的约定一定要明确。

2. 旅游价格。从目前来看，由于旅行社的质量竞争比较激烈，旅游价格方面往往存在不实的情况，这是市场竞争的结果。旅行社多了，市场竞争也就比较激烈，竞争的主要手段之一就是价格。消费者往往是先看价格，哪个旅行社价格低就跑哪个旅行社，而不是看旅行社的信誉。这一点请消费者注意，报名参团的时候不能只看价格，也要看旅行社的信誉，看旅行社的质量。目前出境游当中也存在这个问题，价位确实比较低，实际到旅游目的地以后，存在自费问题、购物问题、擅自增加项目问题。在出行前一定要把价格确定好，这些钱款包括什么内容，小孩包括什么内容，成年人包括什么内容，都要问清楚了，包不包括自费项目，包不包括机场建设费都要说清楚，说清楚之后心里有数，旅行社也明白一个道理，一旦出现问题也很好得到处理。

3. 对双方的违约责任进行约定。旅游协议和旅游合同是维护双方权益的一种表现，既要维护旅行社的利益，也要维护消费者的利益，维护双方的利益，对权利义务要规定明确。旅行社作为企业在旅游当中应该承担什么义务，承担什么责任，旅游者在旅游当中应该承担什么义务什么责任，都要予以明确。把合同签订好，在旅游当中一旦消费者权益受到侵害，便能够及时得到赔偿。现在老年人出游比较多，老年人出游不方便，比如坐卧铺有的老年人上不去，也存在着问题。要在合同当中约定要中铺还是要下铺，约定了旅行社达不到，那么就是旅行社违约，在行程当中没有约定，出了问题之后造成说不清道不明，处理起来难度比较大，因此大家一定要把合同认真做好。

五、出门旅游如何办理保险

外出旅游已经成为人们喜爱的一种休闲方式。出门旅游必然要乘坐火车、汽车、轮船、飞机等交通工具，旅游中或是跋山涉水，或是参与蹦极、滑雪、漂流、探险、骑马等带有一定危险的活动项目，很有必要事先了解一些相关的保险知识，届时可以更好地规避风险，依法保护自己的合法权益。

国家旅游局出台了一项规定，自 2001 年 9 月 1 日起，我国境内的所有旅行社必须向保险公司投保旅行社责任险。也就是说，在此之后凡通过旅行社组团旅游的旅客，在旅游期间一旦发生意外伤害或财产损失，即使自己未出钱买保险，也能按规定得到一份相应的保险赔偿。旅行社办理责任保险的标准是：国内旅游每人责任赔偿限额不低于 8 万元人民币，入境旅游、出境旅游每人责任赔偿限额不低于 16 万元人民币。需要说明的是，旅游责任险对于不可定价的保险标的（如生命）的给付，并不影响其他险种同时对这一标的进行给付。

按照国家的有关规定，对旅客乘坐火车、轮船实行强制性保险，在购买的车船票内已经包含了相应的保险费。保险费占票价的 5%，每份保险的保险金额为 2 万元人民币，其中意外事故保险金额 1 万元。保险期限为验票进站或中途上车上船起至检票出站或中途下车下船。据有关的保险责任规定，在保险有效期内，因意外事故导致旅客死亡、残疾或丧失身体机能的，保险公司除按规定支付医疗费外，还要向伤者或死亡者家属支付全数、半数或者部分保险金额。但如果属于旅客自身原因，如自杀、疾病等造成的身亡、残疾，保险公司不负赔偿责任。

除了旅行社投保责任险之外，为了更有效地规避风险，还可以自己掏钱主动选择 1～2 份保险作补充。如果是没有参加旅行社组团出游的散客，更需要主动为自己投保。目前可供旅客选择的保险品种主要是：

航空意外险。这是与普通旅客最为贴近的一个险种，其保险金额按份计算，每份保费 10 元，每份保额为 10 万元。投保人最多可以购买 10 份，即最高保险金额为 100 万元，保障时限为伤害发生之日起 180 天以内。航空意外险有三种赔付形式：①在有效期身故，给付身故保险金；②在有效期内伤残，给付残疾保险金；③在有效期内未造成身故或伤残的，限额给付医疗保险金。

旅客意外伤害保险。每份保险费 1 元，保险金额为 1 万元，一次最多可以投保 10 份。保险期限是从购买保险进入旅游景点或景区时起，至离开景点景区时止。特别是在参加那些有一定危险的旅游项目时，最好投这个险种。

住宿旅客人身保险。该险种每份保费 1 元，从住宿之日零时算起，保险期限为 15 天，期满可续保，一次可投多份。在保险期内，投保人遭受事故、外来袭击、谋杀或为保护自身或他人生命财产安全而导致自身亡故、残疾或身体机能丧失，或随身携带物品遭盗窃、抢劫等而丢失的，保险公司按不同标准支付保险金。

旅游救助保险。旅游中一旦发生意外事故，国际通行的做法是提供旅游援助。几乎每一个国外游客都会随身携带一张救援卡，一旦发生意外情况，就可以拨打保险公司的 24 小时救助电话，保险公司会及时联系当地援助组织给予相应的救助。

六、境外旅游注意的问题

近几年，境外旅游持续升温，且热度不减，每逢长假来临，大量旅游爱好者纷纷选购旅行计划，精心策划出国旅游。而境外游的安全问题却时常被忽略。旅游爱好者们常常认为境外游不过是简单的证件签办携带、物品保管等注意事项，然而，近年来频繁发生境外旅游事故告诫我们，很多时候安全事故潜藏在旅游中的各个层面，境外旅游的安全知识就像一支防护伞，是境外旅游中最需要的。

1. 证件安全。护照、签证、身份证、信用卡、机票车票及文件等是出国旅游的身份证明和凭据，必须随身携带，妥善保管。

（1）要把原件放在贴身的内衣口袋中，在出发前，各复印一份随行李携带。

（2）证件除出入境接受检查时使用外，最好交给领队统一保管。

（3）遇到有人检查证件时，不要轻易应允，而应报告领队处理，如领队不在现场，要请对方出示身份证或工作证件，否则应予拒绝。如对方是警察，可在检查中记录下对方的证件号码、胸牌号码和车牌号，以防万一。

（4）证件一旦遗失或被偷抢，要立即报告给领队并向警方报案，同时请警方出具书面遗失证明，必要时向我国驻所在国使领馆提出补办申请。

2. 钱物安全。

（1）出境期间不要携带大量现金和贵重物品。

（2）不要把现金和贵重物品放在托运行李、外衣口袋或易被割破的手提包中。

（3）不要把现金和贵重物品放在宾馆房间或旅游车中。

（4）不要让也不要帮不相识的人看管或托运行李。

比较安全的做法是：

（1）尽可能少携带现金，以信用卡或旅行支票为主。

（2）贵重物品可存放在宾馆总台和房间的保险箱中（须保管好凭据、钥匙并记住保险箱密码）。

（3）如发现钱物丢失或者被偷，要立即报告领队，如在机场丢失，要迅速到航空公司机场失物招领部门登记或者索取丢失证明以备索赔。如在宾馆或旅游车上丢失，要和领队一起与相关方面交涉，并可酌情报警处理。

3. 交通安全。

（1）要熟悉所在国的交通信号标志，遵守其交通规则，不要强行抢道，也不要随意横穿马路。

（2）在国外乘坐旅游用车时，不要乘坐第一排的工作人员专座，此专座设有工作人员保险，但游客乘坐一旦发生意外是得不到赔偿的。

（3）乘坐飞机的，起飞后和降落时要系好安全带。

（4）不要在飞机起飞后和降落前使用手机和相关电子产品。

（5）在乘坐船、快艇等水上交通工具时，要穿救生衣（圈）。

（6）一旦发生交通事故，不要惊慌，要采取自救和相互救援的措施，保护好现场，并迅速报告领队和警方。

4. 饮食安全。

（1）要在指定或下榻的宾馆餐厅用餐，不购买和饮用地摊或小商贩提供的饮料食品。

（2）要坚持饭前便后洗手的习惯，不吃过期的或不洁净的饭菜瓜果，也不要自带食品（往往不能通过海关的检疫）。

（3）要牢记自己的饮食禁忌，不盲目尝鲜，贪吃，乱吃。

（4）要避免在流行病传播季节到流行病传播地区停留。

（5）要做好预防措施，携带一些常用必备的药品。

（6）一旦患病，要及时到医院就诊，不要强忍硬扛。

5. 住宿安全。

（1）进出宾馆房间随时关门锁门，离开宾馆时把钥匙交回总台，不要让陌生人进入房间。

（2）正确使用房间电器等设备，不要在床上吸烟，不要把衣物放在电灯台架上，避免发生火灾等事故。

（3）要熟悉宾馆安全通道和紧急出口等疏散标志，遇到火灾时不要搭乘电梯。

（4）离开宾馆前要携带一张记有该宾馆的地理位置和联系电话的卡片，以便迷路后安全返回。

（5）到健身房和游泳池锻炼时，要注意自我保护。

6. 观光安全。

（1）观光游览时要服从领队和导游的安排，紧跟团队，不要擅自离队。

（2）记下导游的手机号码，以便万一离队后联系方便。

（3）记住旅游车车牌号和所在停车场位置，以便走失后找回。

（4）万一联系不上或者找不到旅游车时，可自行乘坐出租车返回宾馆或者请警方协助并设法告诉领队。

（5）在拍照、摄像时注意往来车辆是否有禁拍标志，不要在设有危险警示标志的地方停留。

（6）要慎重参加带有刺激性的活动项目，量力而行，提高自我保护意识，服从安全人员的指挥，不要到色情场所消费。

（7）夜间自由活动要结伴而行，并告知领队大致的活动范围，不要乘坐无标志的车辆，不要围观交通事故、街头纠纷，不要太晚返回。

7. 购物安全。

（1）购物时要保管好随身携带的物品，不到人多、拥挤的地方购物。

（2）在试衣试鞋时，最好请同团好友陪同和看管物品。

（3）不要当众数钱，并避免在同一个地方大批量购买贵重物品。

8. 人身安全。

（1）要远离毒品，不接受陌生人搭讪，防止人身侵害。

（2）要尊重所在国，特别是有特殊宗教习俗国家和地区的风俗习惯，避免因言行举止不当引发纠纷。

（3）遇到地震等自然灾害或政治动乱、战乱、突发恐怖事件或意外伤害时，要冷静处理并尽快撤离危险地区，及时报告我国驻所在国使馆或与国内有关部门联系寻求营救保护。

七、旅游中发生纠纷如何投诉

1. 向旅游质量监督管理部门投诉。国家旅游局在全国各省及主要旅游城市都设立了旅游质监所或质监机构，其职责就是受理并处理好辖区范围内的旅游服务质量投诉案件。消费者在旅行过程中遇到旅游服务质量问题，自己合法权益受损，可以立即前往当地旅游质量监督部门投诉。如果消费者已旅行回来，可到组社所在地的旅游质量质监所投诉，递交投诉状。

投诉状要写明被投诉单位名称、投诉人的姓名、性别、国籍、职业、年龄、地址及联系电话、投诉事件经过等。质监所在接到消费者的投诉状后，经审核，将在 7 个工作日内作出是否受理决定并通知消费者。

质监所决定受理后，在 24 小时之内转给被投诉单位，要求其在 30 日内与投诉人协商解决，并将有关结果书面答复质监所。

2. 向消费者委员会投诉。消费者在旅游中遇到旅游服务质量问题，自己合法权益受到侵害可向消费者委员会投诉。

投诉信要写清投诉人的姓名、地址、邮编、电话号码；被投诉方的单位名称、详细地址、邮编、电话号码、投诉事件经过及有关凭证、材料。

3. 向人民法院提起诉讼。消费者向法院提起诉讼并已被法院受理的案件，消费者委员会、质监所将不再受理。

向旅游质监所投诉的程序：

（1）递交投诉状。投诉者应当向旅游质监所递交投诉状，投诉状应当写明下列事项：①投诉者的姓名、性别、国籍、职业、年龄、联系电话、单位名称及地址；②被投诉者的单位名称、导游姓名；③投诉请求和根据的事实、理由与证据。

（2）审核。旅游质监所收到投诉时，如系电话投诉，一般会要求游客先与旅游企业协商，使投诉可以得到快速的解决。因为质监所要求每一个旅行社都设立质量监管部门或质管员，专门负责处理游客对本企业的投诉。双方协商成功，质监所不再立案。如游客对该企业的处理方案不满，仍可向质检所投诉。如系书面投诉，质监所将对书面资料进行审核。如投诉人资料不足，会通知投诉人补充资料。在资料收齐的当天决定是否受理。无论是否受理，都会在 3 天内通知投诉人。如是对其他部门的投诉，将转送给有关部门处理，并通知投诉人。

（3）双方自行协商。游客与旅行社自行协商的最长期限是 30 天。协商成功，游客接受旅行社的处理方案，质监所结案。

（4）核实案情。对协商不成的案件，质监所向双方展开调查，核实案情，并征求法律意见，制定初步的协调方案。

（5）召开调解会。召集当事人双方进行质证、调解，调解成功，双方接受质监所的协调方案，质监所结案。

（6）作出书面处理决定。调解不成，质监所在重新核实案情的基础上在 15 天内作出处理决定，以书面形式通知双方当事人。

（7）申诉或起诉。当事人服从处理决定，质监所结案。当事人对处理决定不服，可在 15 天内向上一级质监所申诉，或向人民法院起诉。

（8）自行赔偿与保证金赔偿。如质监所作出由旅行社承担赔偿责任的处理决定，则旅行社应按处理决定自行赔偿游客的损失。旅行社不承担或无力承担赔偿责任时，质监所作出动用该旅行社质量保证金支付赔偿的决定，并书面通知双方。

（9）结案。质监所收取双方回函，填写处理结果，结案。

旅游投诉应当向旅游质监所递交赔偿请求书，列明：①被投诉旅行社的名称、导游姓名；②请求人的姓名、性别、国籍、职业、年龄及团队名称、地址、电话；③赔偿请求及其根据的事实、理由与证据；④证据是指游客与旅行社签订的合同、旅游行程安排表、发票等相关资料及其复印件。

八、旅游合同风险防范

旅游业是蓬勃发展的产业，但实践中，旅游纠纷频繁，损害旅游者合法权益的现象时有发生，这已成为严重阻碍我国旅游业可持续发展的不规范行为和因素，因此，如何运用法律手段解决旅游合同的陷阱已成为我国旅游业发展中一个亟待解决的问题。

1. 旅游合同的概念及特征。旅游合同是经营旅游业务的企业与旅游者之间设立、变更、终止为实现旅行游览的目的，而明确相互权利和义务关系的协议。《合同法》第124条对无名合同明确规定："本法分则或者其他法律没有明文规定的合同，适用本法总则的规定，并可以参照本法分则或者其他法律最相类似的规定。"《合同法》的原理和规定完全适用于旅游合同。旅游活动的本质和实践决定了它是人们生活消费的重要内容，属于民事合同性质，受《合同法》调整。

旅游合同是一方提供旅游服务，另一方交付约定旅游费，当事人双方明确相互权利义务关系的协议，这就决定了旅游合同具有以下几个特征：

（1）旅游合同具有标的特殊性。旅游合同是旅游者为了获得身心休养和精神满足而签订的协议，而不是为了获得某种生产经营的利益，这就决定了旅游合同标的特殊性，要求经营者提供良好的旅游服务，包括旅游线路中行、食、住、游、购、娱各项服务要素的组合服务。

（2）旅游合同当事人之间权利义务的对等性。旅游合同是双务合同。当事人之间权利和义务是对等的，经营者收取旅游者的费用必须按约定提供旅游服务；旅游者要享受旅游服务必须按约定交纳相关的费用。

（3）旅游合同具有综合性。旅游业务包括旅行过程中涉及的方方面面，本来按内容的不同当事人之间可以签订多个方面内容的旅游合同，但实践中经营者将旅游者委托代办的各方面业务活动都包括在一个合同中，因此旅游合同具有综合性的特点。

2. 旅游合同中的常见问题及其表现。经营旅游业务的企业往往掌握了旅游合同制定的主动权，利用自己的专业优势，通过含糊其辞、模棱两可、产生歧义的语句诱骗旅游者与其签订旅游合同。旅游合同常见的问题及其表现可以概括为以下几个方面：

（1）当事人名称、住所（或姓名、地址）不明。《合同法》第12条规定的合同的主要内容，对旅游合同仍然适用。签订合同首先要明确谁和谁签订合同，即当事人的名称、住所或姓名、地址。签订旅游合同当事人是旅游企业的，应写清旅游企业的全称和住所；是自然人的，应写清自然人的姓名和地址。

实践中，某些旅行社故意不把自己的名称写清，一则不易使旅游者审查其签订旅游合同的旅行社是否具有签约的主体资格；二则签约后将旅游者转交给其他旅行社组团，因签约主体不明，当该旅游合同出现纠纷时，使旅游者不便追究旅行社的违约责任。

（2）旅行社用模棱两可不规范的语言减少旅游景点，使合同标的范围缩水。有些旅行社规模较小，实力不雄厚，但为了吸引游客，不得不在旅游合同中对旅游者做一些虚假承诺，用模棱两可的语句在旅游合同中解释"观"某一景点，就是"游"某一景点，但在实际履行合同中就作另外一番解释："观"不是游览。

（3）旅游合同包含的数量、质量、方式、价款等内容不明确。旅游合同的标的，既可以表现为旅游的线路，也可以表现为旅游线路中的各项服务，包括行、食、住、游、购、娱各项要素的组合服务。在旅游合同中数量包括旅游的天数、餐饮服务的多少、购物的次数、娱乐次数、景点逗留时间的长短等内容；质量含旅行社从业人员在旅游过程中提供软件服务质量等；方式包括旅行社为旅游者提供什么交通工具，是全包价或是小包价或者机票加酒店等履约；价款包括旅游全程多少价金，景点门票是否包括"景中景"、"园中园"所有门票等。

旅行社单方面掌握着制定旅游合同的主动权，往往拿出自己事先拟定好的格式合同，一般不允许旅游者进行修改，由于旅游者对旅游专业知识、旅游合同知识了解甚少，成为弱势群体而无法与旅行社进行平等协商。旅行社往往会站在自己的立场使合同的内容对自己有利，同时还会运用模棱两可不规范的语句对旅游者给予虚假的承诺，使旅游者发生误解而与之签订权利义务不对等的旅游合同：在旅游合同的数量上只写旅游天数，而未明确起止时间是以始发地为准，以致让旅行社钻合同的空子将旅游者甩在旅游地，不管旅游者返程交通、食宿费用。合同上虽然约定了一日三餐、荤、素、菜汤的数量，但却未明确多少人一桌；交通工具给旅游者承诺豪华空调车，合同却只写旅游车；承诺酒店标准为"三星级"以上，合同却只写相当于"三星级"酒店，实际履行则低于标准，同时相同级别酒店由于地理位置不同，价格会差异很大，离市区或景区较远的偏僻酒店更是让旅游者疲惫不堪，长途辗转，费时费力。订合同时旅行社承诺旅游费内包含门票，但旅游景区中"景中景"、"园中园"、索道费用等都要旅游者自己掏腰包购买。

（4）违约责任与解决争议的方式没有约定。旅游合同的违约责任，是指一方当事人或双方当事人不履行合同或履行合同不当时，应承担的民事财产责任。旅游合同是旅游者和旅行社两个平等主体所签的互有权利义务的协议。对旅行社而言，应该按照约定向旅游者提供全程旅游线路六大要素组合的旅游服务；对旅游者而言，应按照约定金额及时向旅行社缴纳旅游费。签订旅游合同的双方当事人必须严格全面履行合同，任何一方违约要按约定承担违约责任。但在现实生活中，旅行社拟订的格式旅游合同只对旅游者的违约行为有惩罚条款的约定，而对旅行社违约怎样承担违约责任却只字不提，以致当旅行社在履约过程中有违约事实发生时，却因无约定而无法追究旅行社的违约责任。

旅游合同一般未约定解决争议的方式，出现旅游合同纠纷时，依法只能向有管辖权的人民法院起诉。按照我国《民事诉讼法》的规定，人民法院实行二审终审制度，这就使维护自身权益的旅游者只能通过诉讼维权，还要承担费时、耗力、增加诉讼成本的后果；还要承担审判机关"自由裁量权"不公正裁决的风险。

3. 风险防范及其对策。信誉差的旅行社为了给地接社、导游留下赚钱的操作空间并逃避责任，会在合同中做手脚，对旅行社应承担的责任条款模糊化，而对免责条款则一再扩大。还有的旅行社故意不与游客签订合同，以"行程安排表"来代替合同。更有甚者，他们只给游客一张收据而没有合同，或仅凭一些传真上的简单描述来进行业务操作。"交钱之前是上帝，交钱之后成鱼肉"，是一些黑心旅行社对待游客的真实写照。因此要加强防范合同风险的意识。当拿到合同后别急于签字，一定要仔细阅读各项条款，发现对自己不利的或模棱两可的语句一定要修改。旅游标准合同一式两份，游客和旅行社各存一份。交付费用后，还要让对方出具正式发票。

合同必须详细列出旅游行程与标准、双方违约责任、争议解决办法等。格式合同条款中未明确的内容，应通过补充条款来实现。

（1）旅游行程与标准中需要特别关注的内容包括：

第一，日程。行程表中应注明出团、返回的时间以及各旅游环节的时间，其中包括：景点、购物、就餐和入住时间等等。

第二，观光娱乐。明确观光娱乐景点及停留时间。事先弄清楚旅游目的地有哪些可以安排的自费项目以及收费标准是非常重要的。

第三，交通工具及标准。交通工具如飞机可注明机型、航空公司；火车则注明快慢车、硬座或硬卧；汽车则注明国产还是进口、有无空调、几座。

第四，吃、住宿标准。标明沿途吃住点的酒店名称。餐饮标准应明确是几人几菜几汤，几荤几素。住宿标准应注明是几星级饭店还是招待所。需要注意的是，饭店准三星、准二星的提法是不规范的，签合同时要避免。

第五，游客取消行程补偿标准。

第六，旅行社取消行程计划补偿标准。

第七，自费景点的数量和购物的次数。本项是旅游纠纷最集中的方面，应在合同中予以明确。

第八，保险金额。关注意外旅游保险合同。该项合同属于国家强制性保险范畴，由旅行社代消费者向保险公司投保，旅行前，一定要查看是否有旅行社与保险公司签订的针对此次旅游的《意外保险合同》，以防范风险。

（2）旅游者在与旅行社签订旅游合同时，尽量小心谨慎行事，在审查合同条款时，切记不能用模棱两可的语句，意思必须明确具体和肯定。在签订和审查旅游合同时应注意从以下几个方面加强风险防范：

第一，明确签约双方当事人名称、住所或姓名、地址。签订旅游合同首先要明确谁和谁是合同当事人。为了避免约定不清，建议双方当事人以旅行社《企业法人营业执照》、《经营许可证》和旅游者身份证的复印件作为旅游合同的附件，与旅游合同一起生效，具有同等法律效力。

采用上述防范措施既可审查旅行社签约的主体资格是否合法，又可为今后的违约准确找到承担民事财产责任的旅行社。根据《旅行社条例》的规定，国内旅行社没有被批准从事境外旅游业务，而在境内或境外招徕游客出境或来我国旅游就是主体资格不合格的，依法所签旅游合同是无效合同。

第二，签订旅游合同的内容一定要明确、具体和肯定。在签订旅游合同的数量上不仅要明确旅游的时间天数，还要明确旅游者从始发地登上旅行社指定的交通工具开始到旅游行程结束，返回始发地旅游者离开旅行社指定的交通工具为止的整个过程的时间。

在"行"的服务上，合同要明确约定飞机航班和起飞时间，提供豪华空调车乘坐的准载人数，绝不能用笼统的旅游车代替交通工具，以保证旅游者在旅游途中的舒服感和人身安全。

在"食"的服务上，合同不仅要明确一日餐数，每餐菜的数量和质量，而且还要约定每桌就餐的人数。

在"住"的服务上，合同不仅要明确酒店的星级标准和地点，而且要规避使用"相当于"等不规范和不确定的语句，同时还应避免离景区或市区较远的酒店住宿，免除旅游者的疲劳之苦。

在"游"的服务上，旅游合同应明确旅游景点门票、进山票和"景中景"、"园中园"及索道费等的承担究竟包括在旅游费中还是由旅游者另行承担，要让旅游者旅游消费明白，避免旅游消费者的"知悉真情权"遭到旅行社的侵害。

在"购"的服务上，旅游合同应明确在旅游过程中带旅游者参观生产基地或经营者的次数、时间和地点，以防止旅行社将旅游团变成购物团，增加旅游者的烦恼和不愉快。

在"娱"的服务上，旅游合同中应明确约定旅游者所交旅游费包括旅行社给旅游者提供旅游过程中"行、食、住、游、购、娱"的所有费用。关于自费"娱、购"，应完全尊重旅游者本人的意愿，旅行社及导游不得对旅游者施行强制和胁迫手段进行"娱、购"。

第三，明确违约责任和解决争议的方式约定。违约责任条款是旅游合同中保证当事人全面、严格履行旅游合同的保证，任何一方违约将按照合同约定承担违约责任。在现实中，旅行社在违约责任条款中只约束旅游者，而对旅行社违约则没有任何的约束，导致旅游者无法追究旅行社的违约责任。

《合同法》第114条规定："当事人可以约定一方违约时应根据违约情况向对方支付一定数额的违约金，也可以约定因违约产生的损失赔偿额的计算方法。"为保证签订旅游合同的当事人双方全面、严格履行合同约定的义务，可在合同中约定，任何一方违约应向守约方以旅游合同涉及旅游费金额的一定百分比支付违约金。只要旅游合同有上述的约定，一旦旅行社有违约行为，旅游者就可明确依照旅游合同的约定追究旅行社的违约责任。

旅游合同纠纷解决的方法，一般有协商、调解、行政控告、仲裁和诉讼五种。由于司法诉讼和行政控告是当事人双方的权利，即使没有在合同中约定，任何当事人在合同纠纷发生后，只要未在合同中有"仲裁条款"的约定，均可向有管辖权的人民法院起诉，由人民法院审理并判决从而解决该纠纷。

为寻求更加合理公正、降低解决纠纷成本的方法，越来越多的人对"仲裁"解决旅游合同纠纷给予了极大的关注，而在旅游合同中明确约定："本合同所发生的一切争议，首先协商解决，如协商不成任何一方可向某仲裁委员会提请仲裁解决本合同纠纷。"只要旅游合同有上述仲裁条款解决双方争议的约定，便可选择仲裁委员会内的专家仲裁员审理旅游合同纠纷。仲裁实行一裁终局制度，为旅游者的维权提供了省时、省力、省费用的解决争议的好方法。

综上，旅游者自身在签订旅游合同时，运用法律知识小心谨慎注意所签合同的合法性，双方权利义务的明确性和可履行性是规避合同陷阱，进行风险防范的重要方法。同时，应当从立法上尽快出台旅游法规，将旅游合同规定为有名合同，在旅游立法中，明确旅行社和旅游者的权利与义务、违约责任等内容。此外，还应加大旅游主管部门对旅行社监管的力度，这些都是规避旅游合同陷阱，进行风险防范必不可少的方法。总之，提高旅游者自身的法律意识和法制观念，加上旅游立法的尽快出台和旅游主管行政部门的监管配合，才能切实避免旅游合同的陷阱或不规范引起的旅游合同纠纷，以保证旅游合同当事人双方的合法权益，促进我国旅游事业健康良性的发展。

九、旅游合同违约赔偿和签订注意事项

合同是当事人或当事双方之间设立、变更、终止民事关系的协议。依法成立的合同，受法律保护。广义合同指所有法律部门中确定权利、义务关系的协议。《中华人民共和国民法通则》第85条规定："合同是当事人之间设立、变更、终止民事关系的协议。依法成立的合同，受法律保护。"

1. 旅游合同当事人的违约损害赔偿。

（1）旅行社没有按合同约定提供旅游服务。旅行社应按合同的约定提供旅游服务。未按合同约定提供服务的，如未组织约定的游览活动、未提供约定的食宿服务、未提供交通工具等都构成违约。由此造成旅游者损失的，旅行社应负责赔偿。主要包括：旅游者预先支付的报酬和费用损失，以及为获得该项服务而额外支付的费用损失等。

（2）旅行社提供的服务质量不合格。旅行社应提供符合合同约定的旅游服务。如果旅行社提供的旅游服务质量不符合合同的约定，即构成违约。造成旅游者损失的，旅行社应负责赔偿。

（3）旅行社违反保证旅游者人身和财产安全的义务。旅行社应保证旅游者的人身和财产安全。由于旅行社的过错造成旅游者人身损害或财产损害的，如因旅游设备不良造成的旅游者的人身损害，因保管不善造成的财产损失等，都构成违约，旅行社应当赔偿。

（4）旅游者没有按合同约定支付有关费用。支付费用是旅游者的主要义务，如果旅游者不支付、少支付或迟延支付有关费用，则旅游者构成违约。由此造成旅行社损失的，旅游者应负责赔偿。

（5）旅游者违反旅行社的安排与指挥。旅游者在游览时，应当服从旅行社的统一组织与指挥，如果因旅游者不服从安排和指挥，给旅行社造成损失的，即构成违约，旅游者应承担违约赔偿

责任。

（6）旅游者在旅游开始前单方解除合同。如果旅游者在旅游开始前单方解除合同的，则构成违约。在此情况下，旅行社不能请求支付费用，而只能要求其赔偿。

2. 旅游合同中应注意的问题。

（1）旅游合同中的格式合同。格式合同，又称为定型化契约，是指企业经营者为与不特定多数交易对象订立合同之用而事先拟订的合同条款，当事人一方可将之用于同类交易之中。定型化合同之订立不需要经过双方磋商的过程，对于大多数消费者是接受或者不接受的选择过程，并无多少意思自治发挥的空间。在旅游合同中，旅行社使用定型化条款免除自己一方合同责任可分为以下情形：①直接免责条款。旅行社在旅游合同中直接写明其对于履行辅助人因过失或故意侵害旅游者之行为的免责的条款。②通过订立居间条款而免除自己一方的责任居间条款，是指旅行社表明对于某些旅游给付其仅居于居间代办地位，不承担责任的条款。如旅行社在旅游合同中写明"旅游中的车辆由某公司提供，我方概不承担责任"的内容等。③订立有利于自己的条款在旅游合同中明确规定："发生争议由旅行社所在地的人民法院管辖"。

直接免责条款，通过居间条款免除一方责任的条款以及订立有利于自己的管辖条款，一旦写入旅游合同中，对于旅游者来说在违约事实发生后寻求救济极为不利。因此，应当对旅游合同中的免责条款作出控制，具体可采取以下途径：

第一，规范订立格式条款。格式条款是旅行社为了重复使用而预先拟定，并在订立合同时未与对方协商的条款。采用格式条款订立合同的，提供格式条款的一方应当遵循公平原则确定当事人之间的权利和义务，并采取合理的方式提请对方注意免除或者限制其责任的条款，并按照对方的要求，旅行社对该条款予以说明。

第二，格式条款的无效。在旅游合同中，提供格式条款一方免除其责任。加重对方责任、排除对方主要权利的，该条款无效。但在旅游合同中一方以欺诈、胁迫的手段订立合同，损害国家利益；恶意串通，损害国家、集体或者第三人利益；以合法形式掩盖非法目的合同无效。根据我国《合同法》第 53 条的规定，"（一）造成对方人身伤害的；（二）因故意或过失造成对方财产损失的"合同无效。

第三，格式条款的争议解决。对格式条款的理解发生争议的，应当按照通常理解予以解释。根据我国《合同法》第 41 条的规定，对格式条款有两种以上解释的，应当作出不利于提供格式条款一方的解释，格式条款与非格式条款不一致的，应当采用非格式条款。旅行社在订立旅游合同中，如果假借订立合同，恶意进行磋商；故意隐瞒与订立合同有关的重要事实或者提供虚假情况；有其他违背诚实信用原则的行为，给旅游者造成损失的，应当承担损害赔偿责任。

（2）旅游合同中的不可抗力。不可抗力，是指不能预见、不能避免并不能克服的客观情况。不可抗力包括自然现象和社会现象。自然现象有地震、泥石流、水灾、大雾等，社会现象有战争、游行、罢工以及国家政令等。我国《合同法》第 117 条第 1 款规定："因不可抗力不能履行合同时，根据不可抗力的影响，部分或者全部免除责任，但法律另有规定的除外，当事人迟延履行后发生不可抗力的，不能免除责任。"尽管我国法律规定，不可抗力可以成为旅行社法定的免责事由，但由于旅行社服务的特殊性，不可抗力的出现必然给旅行社和旅游者造成不同形式的损失。在实践中，旅游合同签订后，由于不可抗力发生在旅游合同履行的不同阶段，给旅游合同造成的影响也不尽相同。

第一，在旅游合同履行前发生不可抗力。在旅游合同签订后，旅行社和旅游者的任何一方所在地发生了不可抗力，或者双方所在地同时发生了不可抗力，都有可能影响旅游合同的履行。我国《合同法》第118条规定："当事人一方因不可抗力不能履行合同时，应当及时通知对方，以减轻可能给对方造成的损失，并应当在合理期限内提供证明。"其目的是为了最大可能地减轻给对方造成的损失。在此情况下，旅游合同当事人可以解除合同。旅游者可以要求旅行社全额返还团费，但不得要求旅行社赔偿损失；也可以重新签订合同，通过旅行社与游客的平等协商，或者推迟旅游行程，或者重新确定旅游路线、价格、时间以达成协议。

第二，在旅游合同履行开始时发生不可抗力。不可抗力的突然降临，对旅游合同的履行有一定影响。旅游合同当事人可以解除合同。任何一方不可以要求对方赔偿损失，或者承担违约责任；也可以待不可抗力消除后，继承履行旅游合同，还可以由旅行社与旅游者协商一致，重新签订旅游合同。

第三，在旅游合同履行中发生不可抗力。在旅游合同履行中，不可抗力的发生，不可避免地阻断行程。如果终止旅游合同，则必须放弃旅游合同约定的某些项目，对游客是一种损失；如果继承履行旅游合同，则意味着旅行社和旅游者必须共同承担一些额外的费用，对旅行社和旅游者都有损失。因此，根据我国《合同法》确定的公平原则，由于旅行社和旅游者皆无过错，其额外费用应由旅行社和旅游者各承担一半，尽管旅行社和旅游者都可以提出解除旅游合同，但是旅行社不得轻易解除合同，除非旅游者主动向旅行社提出解除合同。旅行社和旅游者应当相互配合，为旅游合同的继续履行提供更大空间，并降低可以能带来的风险。

十、网络签订旅游合同的风险防范

随着电子商务的发展，旅游消费者通过网络签订旅游合同或通过网站团购旅游产品越来越普及，这类业务的商业操作模式通常为：旅行社与网站签订协议，由网站代为宣传旅游产品、公示游览项目和收费标准、收取价款；游客通过付款、手机短信等方式确认行程安排。应该说旅行社的这种做法适应了社会发展趋势，方便了游客出行，有效地促进了旅游产业营销模式的多样化发展。但是，旅行社在实际经营中，存在一个法律认识上的误区和一个经营上的法律风险。

法律上的认识误区为：一些旅行社认为旅游合同的当事人为网站经营商和游客，所以，一旦出现旅游产品纠纷应当由网站经营商先行赔付。电子商务一般存在三大类主体，分别为消费者、网站经营商、产品或服务销售商。目前法律界对这种商业模式下的法律关系学说主要有两个：一是租赁说，即"网站"与"旅行社"的关系类似于"商场"和"柜台租赁者"的关系。在虚拟的网络空间，网站出让网络空间、提供相关服务，供旅行社进行宣传、招徕游客，销售旅游产品。其中旅行社与游客是旅游合同的法律关系主体。二是委托说，即网站和旅行社构成委托代理关系，网站是以被代理人即旅行社的名义与游客签订旅游合同，合同双方仍然是旅行社与游客。无论采取何种学说，旅游合同的主体都是旅行社与游客，旅行社要为旅游产品的瑕疵承担违约责任。

经营上的法律风险：2009年5月1日起施行的《旅行社条例》第28条规定，旅行社为游客提供服务，应当与旅游者签订旅游合同并载明旅行社基本信息，旅游行程中交通、住宿、餐饮服务标准，游览项目具体内容及时间等14项必备内容。同时，《旅行社条例》第55条明确，旅行社与旅游者签订的旅游合同未载明本条例第28条规定的事项，由旅游行政管理部门责令改正，处2万元以上10万元以下的罚款；情节严重的，责令停业整顿1个月至3个月。《合同法》第10条规定，合同共有三种形式，即书面形式、口头形式、其他形式。《合同法》第11条进一步明确，书面形式是指合同书、信件和数据电文（包括电报、电传、传真、电子数据交换和电子邮件）等可以有形地表现所载内容的形式。因此，旅行社通过网站公示的旅游产品内容属于要约，游客通过网络答复，并付款的行为属于承诺，至此"书面合同"签订完成，成立并生效。如果此时合同中缺乏《旅行社条例》第28条所规定的必备内容，旅行社将面临行政违规的处罚风险。所以说，旅行社在开展电子商务营销时，在网站上公示的要约务必明示《旅行社条例》第28条所列的14条内容，同时对旅游者需要注意的事项和可能在活动中出现的危险情形予以明确，从而确保在守法的基础上开展电子商务活动。

旅游实务分析 | 中篇

1. 怎样选择旅行社

典型案例‖

张某是个喜欢利用闲暇时间游山玩水的人，他和妻子退休在家，闲暇时间也比较充裕，因此，在日常生活中对旅游相关的信息都比较关注，无论是网上的打折消息，还是小区附近的旅行社的促销消息都了如指掌。张某在公园附近看到一个旅游促销员打出的促销横幅上写着极其优惠的旅游信息，就被吸引了，但几经询问之后，张某发现这个促销员不是很专业，只是随手发送着小广告一样的传单。张某询问相关情况，其只说是个临时代办点，可以按照传单上的地点到公司面谈。张某来到所谓的公司，发现在一个高层居民楼里，门上贴着一张打印纸，上面写着旅行社的名字。

张某对此感到很困惑，旅游局规定的正规旅行社是什么样的，应该具备怎样的条件，怎样识别真假旅行社？

法律分析‖

旅行社设立应具备的基本条件是：①要有固定的营业场所。②要具有必要的营业设施。③要有符合规定的经营管理人员。④要拥有一定数额的注册资本。国际旅行社，注册资本不得少于150万元人民币。国内旅行社不得少于30万元。国内旅行社每增加一个分社，应当增加注册资本15万元。⑤要上缴一定数额的质量保证金。国际旅行社需缴纳 60 万元人民币。国内旅行社需缴纳 10 万元人民币。

旅行社的业务经营范围是旅行社经营的服务项目，是旅行社开展业务活动的具体内容。旅行社必须在核定的经营范围内开展经营活动。

1. 国际旅行社的业务经营范围。国际旅行社的业务经营范围包括入境旅游业务、出境旅游业务和国内旅游业务。具体可经营下列旅游业务：

（1）招徕外国旅游者来中国，华侨与香港、澳门、台湾同胞归国及回内地旅游，为其代理交通、游览、住宿、饮食、购物、娱乐事务及提供导游、行李等相关服务，并接受旅游者委托，为旅游者代办入境手续。

（2）招徕我国旅游者在国内旅游，为其代理交通、游览、住宿、饮食、购物、娱乐事务及提供导游、行李等相关服务。

（3）经国家旅游局批准，组织中华人民共和国境内居民到外国和香港、澳门、台湾地区旅游，为其安排领队、委托接待及行李等相关服务，并接受旅游者委托，为旅游者代办出境及签证手续。

（4）经国家旅游局批准，组织中华人民共和国境内居民到规定的与我国接壤国家的边境地区旅游，为其安排领队、委托接待及行李等相关服务，并接受旅游者委托，为旅游者代办出境及签证手续。

（5）其他经国家旅游局规定的旅游业务。

经营出境旅游业务（包括中国境内居民出国旅游业务、港澳台旅游业务和边境旅游业务）并不是所有的国际旅行社都享有的权利。国家旅游局对出境旅游业务经营权实行特许经营制度。国际旅行社只有具备了《中国公民出国旅游管理办法》所规定的条件，并获得国家旅游局的批准才有权经营出境旅游业务。

2. 国内旅行的经营范围仅限于国内旅游业务。具体可经营下列旅游业务：

（1）招徕我国旅游者在国内旅游，为其代理交通、游览、住宿、饮食、购物、娱乐事务及提供导游等相关服务；

（2）为我国旅游者代购、代订国内交通客票，提供服务；

其他经国家旅游局规定的与国内旅游业务有关的业务。

国内旅行社业务经营范围内的"我国旅游者"，仅指我国内地的公民，不包括香港、澳门和台湾地区的中国公民。

3. 外商投资旅行社的业务经营范围。外商投资旅行社是指外国旅游经营者同中国投资者依法共同投资设立的中外合资经营旅行社和中外合作经营旅行社。外商投资旅行社可以经营入境旅游业务、国内旅游业务，但不得经营中国公民出国旅游业务以及中国内地公民赴香港、澳门和台湾地区的旅游业务。

目前，各地旅行社众多，旅游广告更是五花八门。怎样才能选择一个信得过的旅行社，避免受骗上当呢？

第一，要了解有关旅游行业的基本法规，具备关于旅行社方面的基本常识。目前，旅行社分为两类：国际旅行社和国内旅行社，前者可经营入境游、出境游、边境游、国内游、代办出入境手续；而后者只能经营国内游及与国内旅游相关业务。所以外出旅游时，首先要弄清该旅行社的类别，上述信息均可向旅游质监部门咨询。

第二，了解旅行社的经营范围。根据《旅行社条例》中的规定，国际旅行社的经营范围包括入境旅游业务、国内旅游业务；国内旅行社的经营范围仅限于国内旅游业务。随着出国旅游市场的形成，国家旅游局根据国际旅行社招徕入境旅游人数等综合指标，在全国1000多家国际旅行社中经过认真审核筛选，批准了其中67家国际旅行社特许经营中国公民自费出国旅游业务。游客报名时，可以要求旅行社出示旅游部门颁发的《旅行社业务经营许可证》和工商部门颁发的营业执照。如报名点与旅行社总部在一起时，可要求其提供原件；如报名点远离旅行社总部，应要求其提供旅行社总部的办公地址和联系电话，以备核实之用。出国游旅行社的收客点，一定要有旅游部门批准的证书。凡是遇到报名点与旅行社总部不在一起，且报名点提供不了任何依据证明其营业场所合法性的情况时，参游人员一定要到该营业场所提供的旅行社去核实真伪，这也是游客自我保护的一种必要手段。如在某旅行社设的门店（即分销点）买票，要确认其是否挂靠在该旅行社，是否有一照两证（即营业执照、经营许可证、质量保证金缴纳证书，一般均为复印件）。质量保证金是表明该旅行社向旅游局交纳了一定的保证金，如果旅行者与其发生争执，而旅行社又不服处理，旅游局可从保证金中强行扣款赔给旅行者。此外，这些门店应贴有投诉电话和咨询电话提示，游客亦可通过电话确认。

第三，学会选择自己信任的品牌。每一个旅行社都有自己的名称和品牌。正规的旅行社或者较高知名度的旅行社，都千方百计地树立自己在市场中的形象，有些旅行社通过改制优化了企业内部机制，还有的旅行社通过了 ISO 质量认证。从 2014 年开始，旅行社要逐步推行资格等级评定。看一个旅行社的品牌，一般来说，如果这个旅行社采取挂靠或简单承包的方式经营，两张桌子一部传真机，它的信誉不会太好。国旅、中旅都是我国较早成立的骨干旅行社，随着旅游业的发展，这些年来又成长出了一大批信誉好、服务质量高的旅行社。就像买商品一样，经过挑选总会有一个品牌是你最喜欢的。

第四，凡正规旅行社均要与游客签订旅游服务合同，合同中涉及了旅行过程中的诸多细节，如日程、交通工具及标准、住宿、用餐等等。双方签字盖章生效后，游客可依此投诉。旅行社会发给游客团队运行计划表、质量跟踪调查表，如没有这些，则表明该旅行社经营不规范，质量难以保证。

第五，不能用报价高低来决定取舍。要看一个旅行社的报价是否合理，你不妨搞点调查研究。一般来说，旅行社的报价包括两种：一种是全包价，即包括交通、住宿、餐饮、门票等；另一种是小包价，即只包一部分费用或在某一段行程中的费用。因此，游客在报名时不能一味强调谁的价格便宜就跟着谁走，一定要问清收费价格中包括哪些部分，还有哪些需要自理，就像名牌商品的价格要高于普通商品的价格一样，不同价格享受的服务和质量是不一样的。有一些不正规的旅行社（或者叫野马旅行社），为了争抢客源，拼命压低报价，有时报的价格实在离谱，令人难以相信，这时你要格外注意，他一定是在你后面设好了圈套等着你去钻。没有人会去做赔本的买卖，他一定会利用各种手段，逼你就范，最后羊毛出在羊身上，等你感觉上了当，为时已晚。

第六，不要轻信不实广告。目前，人们外出旅游主要是看广告。因为这样最直接，但由于旅游广告管理方面存在较大漏洞，乱登旅游广告的问题十分严重。从内容上看：一是没有社名、地址，只有报价线路和联系电话，这样的广告多数是旅行社挂靠或承包部门打的，他之所以不敢公开亮出身份就是怕被查处；二是只有一个 XX 假期，掩人耳目，堂而皇之地打出范围经营的内容；三是以商务考察、代办护照、机票等形式变相经营出国旅游；四是以咨询公司名义经营旅游业务，这样的咨询公司具有很大的欺骗性和危害性，他们钻了行业管理上的漏洞，一旦游客上当，旅游部门无法对他们进行处理。因为咨询公司不是旅行社，所以《旅行社条例》约束不了他们。在这里要提醒大家在看广告时，一定要选择正规旅行社的广告，要看清旅行社名称、地址、许可证号、经营范围，一旦发生旅行社违约或服务质量不达标等问题，这些都是投诉的重要依据。

2. 豪华游纠纷多

典型案例

某国内旅行社组团到某著名景点旅游，旅游广告称组团标准有豪华 A 等、豪华 B 等、普通游等团队。旅游者尹女士选择了豪华 B 等旅游团，并交纳了旅游团款。旅游合同约定，旅游团全程由豪华空调中巴接送，住二星级饭店。但实际旅游时，一个晚上住的饭店没有星级，另一个晚上住的客房没有窗户，在景点旅游期间，尹女士乘坐的车辆均为当地景点提供的普通中巴车。

法律分析

案例中的旅行社操作过程中存在明显的违规和违约行为。首先，广告用语必须规范、明确，但该广告却使用含糊不清、使人误解的用语；其次，住宿的饭店也存在严重质量问题，无从体现豪华游；再次，旅行社安排的旅游交通同样名不副实，"全程豪华中巴"的理解应当是，在旅游行程中，只要是旅游者参加的旅游活动，旅行社就必须安排豪华中巴，而不是乘坐景点中巴。经过协商，旅行社向尹女士补偿 300 元。

运用"豪华游"等辞藻的旅游广告，至少会给旅行社带来两个不利后果：第一，没有相关部门对"豪华"出具权威论证，意味着假如旅游者向有关部门投诉，或者向人民法院提起诉讼，旅行社无法举证，存在败诉的风险；第二，提高了旅游者的期望值，无形中降低了旅游者的满意度。旅行社如此做广告实在是得不偿失。

3. 旅行社有告知义务

典型案例

王女士到某旅行社报名东南亚旅游，工作人员向她推荐旅游时间、线路、服务标准，王女士接受了工作人员的推荐。王女士交付旅游团款，旅行社出具旅游发票后，旅行社工作人员告知王女士，每一位旅游者在境外必须参加自费项目，费用不得低于1500元，旅游者必须自行前往上海浦东机场，如果需要旅行社接送，费用由旅游者自己支付，做护照的费用也由旅游者直接交给公安部门。王女士认为旅行社工作人员有意隐瞒事实真相，存在欺诈行为。

法津分析

这起纠纷的症结，在于旅行社工作人员没有有效地履行告知义务。经旅游管理部门协调，旅行社退还旅游者全额旅游团款，旅游行程被取消。

旅行社作为旅游服务的经营者，必须事先向旅游者履行告知、答复和解释义务，出境游应特别强调旅游安全，告知旅游者各种费用的支出，包括境外自费项目、旅行社接送旅游者地点和费用、购物注意事项等。尽管办理护照由旅游者个人直接向公安机关申请办理，办证费用由旅游者自理，但旅行社工作人员有义务作出恰当的答复和引导。当然，旅游者也应当在交费前，主动向旅行社了解情况，以免产生纠纷。

4. 旅游者请勿拒绝返程

典型案例 ‖

某"十一"黄金周期间，某国际旅行社组织了 25 人赴华东地区旅游。按照合同约定，旅游者于 10 月 6 日乘 K22 次火车硬卧返程。由于 6 日返程票异常紧张，地接社难以买到 K22 次车票，购买了 K422 次返程车票，但该火车到站时间将延迟 8 个小时。旅游者明确表示无法接受，要求旅行社给予每人 1000 元的赔偿，否则就拒绝返程。旅行社答应只要旅游者按时返回，一定按照有关规定赔偿。由于双方分歧过大，未能达成协议，结果旅游者滞留在旅游目的地。

法律分析 ‖

首先，旅行社存在违约行为。组团社应当为旅游者提供 K22 次火车票，而不能以 K422 次火车票代替，除非事先征得旅游者的同意，或者发生了不可抗力，否则旅行社应当承担由此给旅游者造成的损失。其次，由于旅游者的滞留，必然人为地给旅行社和旅游者自身造成不必要的损失。《合同法》规定："当事人一方违约后，对方应当采取适当措施防止损失扩大；没有采取适当措施致使损失扩大的，不得就扩大的损失要求赔偿。"据此推断，旅游者滞留后的各项费用应当由旅游者自己承担。

旅游者应当理性维权。旅游者维权的途径有：与旅行社协商、向有关管理部门投诉、向仲裁机构提请仲裁、向人民法院提起民事诉讼。旅游者完全可以运用上述合法途径和有效手段维护自己的合法权益，但若采用拒绝返程等过激方式，就难以真正有效地维护自己的合法权益。

5. 索赔方式也要合理

典型案例

某公司 20 名员工和某国际旅行社签订旅游合同，前往东南亚。旅游团从上海准备出关时发现，旅行社代旅游者办理的某国入境签证已经过期，旅游团被迫滞留在上海机场。旅游者要求，不管旅行社采取什么措施，必须继续完成旅游行程。旅行社费尽周折，推迟两天后终于办好签证。旅行社重新办理签证期间，旅游者提出从广州出境，行程和原合同恰好相反，但约定服务档次和标准不变。该旅游团最终从广州出境完成旅程。行程结束后，旅游者认为旅行社存在严重的质量违约，提供的服务不符合约定，应当承担赔偿责任。其赔偿请求是"出境游补出境游"，即免费组织所有旅游者前往东南亚另外一国旅游。

法律分析

不可否认的是，旅游行程受阻，旅行社负有不可推卸的责任，但原因是工作疏忽，而不存在欺诈行为。按我国相关法律规定，违约责任的承担方式有继续履行、采取补救措施、赔偿损失、支付违约金和定金等方式。但其他方式的赔偿请求缺乏法律依据，所以"出境游补出境游"的赔偿要求是不合适的。

既然协商后对原合同进行了变更，旅游者作为完全民事行为能力人，应对合同变更可能带来的不便有充分的思想准备。同时，旅游者提出的赔偿请求也应符合有关规定。

6. 注意投诉期限：90 天

典型案例‖

章女士的先生参加某旅行社组织的黄山游，第二晚入住山上某山庄，客人晚餐后要走 5 分钟的路程才能回到房间。当时天黑，导游多次提醒客人要注意，并打手电为客人引路。这时，章女士的先生不慎扭伤了脚，当时不太疼也没提出要去医院，只是擦了红花油。客人返程后到医院治疗，经拍片发现脚踝关节骨折。为此，章女士向旅行社提出赔偿：医药费 1200 元、2 个月的工资和奖金 9000 元、交通费 100 元、营养费 1000 元，共计 11 300 元。出团前，旅行社已为客人投保了旅游人身意外险，但因没有当地医院医治报告，保险公司以分不清客人受伤地点为由，拒绝受理此案。旅行社同意赔偿客人医药费及交通费等相关费用，其他费用不予赔偿，但客人不同意。

法律分析‖

根据《旅行社质量保证金赔偿暂行办法》有关规定，该案例投诉时已超过受理期限（90 天）。考虑到旅游者的具体困难，旅游管理部门为双方进行协调达成协议，旅行社补偿医药费、护理费共计 3700 元。

按照有关规定，旅游管理部门受理投诉的期限为 90 天，游客在旅游途中如遇服务质量问题应及时到旅游质监所投诉，以免超过期限。就此案而言，游客具备完全民事行为能力，在导游多次提醒后应多加小心，在受伤后当时就应该要求导游陪同赴医院治疗。故此案中，游客自己应负一定的责任。此外游客受伤后，导游应提醒客人取得当地医院的治疗证明，以便向保险公司索赔。

7. 运输公司搞旅游，游客遇险无人陪

典型案例||

"五一"期间，一名陕西游客投诉陕西省某运输公司，称他们一家三口参加了该公司组织的"陕西—山西—绵山五日游"，交纳了 1000 元费用。旅游过程中，一名游客意外受伤并终生致残，运输公司虽然积极参与抢救，但拒绝为他们的过失赔偿。

法津分析||

参团旅游要找正规旅行社是大家都知道的，但有些旅游者出于种种原因还是上当受骗。运输公司怎么能经营旅游业务呢？这名游客在该公司的宣传海报中甚至发现了这样荒唐的话："为了拓宽公司收入渠道，积极走向外部市场，我公司从 1999 年开始增加旅游业务，先后推出 16 条长途和 12 条短途路线，并成功运营，创收 30 万元"。消费者参加这样的旅游团一是得不到参加正规旅行社所能提供的旅游保险的保障，二是由于运输公司不属于旅游行业，因此旅游部门也无法对其进行有效的查处。

《旅游法》第 28 条规定："设立旅行社，招徕、组织、接待旅游者，为其提供旅游服务，应当具备下列条件，取得旅游主管部门的许可，依法办理工商登记：（一）有固定的经营场所；（二）有必要的营业设施；（三）有符合规定的注册资本；（四）有必要的经营管理人员和导游；（五）法律、行政法规规定的其他条件。"

8. 导游车祸受伤，旅游公司是否负责赔偿

典型案例‖

大学毕业的王某考取导游证后，到某旅行社带团，双方未签订劳动合同，王某的收入主要是：商店的回扣、客人给的小费。旅行社未给王某上任何保险。

不幸的是王某在带团中遭遇车祸，下肢落下残疾，至此王某不但不能再从事导游工作，就是其他工作也受限制。旅行社给王某付完医疗费后就不再付任何费用了。

王某在生活无着落的情况下，将某旅行社告到劳动仲裁委员会，要求按工伤予以赔偿，在劳动局作出工伤认定后，劳动仲裁委员会裁决：因旅行社未缴纳工伤保险，令其按照工伤保险的数额一次性支付王某伤残补助金10万元，并按月支付伤残津贴。

旅行社对裁决结果感到很委屈，认为不应当承担此责任，其理由是旅行社与王某之间不存在劳动关系：

1. 旅行社与王某是平等的合作关系，旅行社为王某提供带团机会，王某在提供导游服务的过程中自己挣回扣和小费。

2. 王某是自由的，并不受旅行社的约束，旅行社只是交给他旅游团及行程。

3. 导游的收入不是旅行社给的，相反在合作的过程中，导游要给旅行社交纳人头费等。

4. 旅行社的业务受淡旺季、自然、社会等因素的影响很大，在淡季时导游可以不用上班。既然旅行社与导游之间是合作关系，就没有义务给导游交纳社会保险和发放工资。且王某的事故不属于工伤，是一次意外交通事故，应按交通事故处理。

法律分析

《中华人民共和国劳动法》（以下简称《劳动法》）中，对劳动关系作了明确的界定，劳动关系是指劳动者与所在单位之间在劳动过程中发生的权利义务关系。主要包括以下法律特征：

1. 劳动机会是用人单位给予的，劳动者对外以用人单位工作人员的名义从事劳动。

2. 双方存在《劳动法》所规定的权利义务关系，劳动者以劳动换取用人单位的报酬。

3. 用人单位行使管理权，劳动者需按用人单位的要求或安排及对方制定的规章制度进行劳动。

《导游人员管理条例》规定："导游员是接受旅行社的委派，以委派的旅行社名义为游客提供向导、讲解及相关旅游服务的人员。"具体到本案，第一，导游王某是为某旅行社工作，在游客及政府部门看来王某无疑是某旅行社的导游，他的行为是职务行为，对外代表旅行社；第二，王某的劳动报酬表面上看不是旅行社给的，但实质上，是从游客身上获取的，没有得到旅行社的同意，导游的这种收入是不能实现的；第三，导游必须按旅行社单方制定的行程服务，在带团中导游无权更改；第四，导游工作形式、旅行社有淡旺季之分不能成为不建立劳动关系的理由，在《劳动合同法》中劳动合同分为固定期限的劳动合同、无固定期限的劳动合同、完成一次性任务劳动合同、小时工合同等。劳动合同形式的多样性，完全能够满足用人单位实际需求。

与导游签订劳动合同表面上会增加旅行社的经营成本，但实质上会帮助旅行社避免许多经营风险：第一，能够避免重大事故、突发事件造成的风险，这种风险一旦产生往往高于经营成本数倍甚至数十倍，上述案例足以能说明这一点。第二，能够避免企业违法经营带来的损失，即使是不发生上述事故，导游依法维权，要求旅行社履行用人单位的义务，如补发工资、补交社保等也是有法律依据的，司法机关是会支持的。劳动监察部门依法对旅行社进行违法用工行为的行政处罚，同样是企业的经营风险。第三，能够避免对导游的管理风险。没有签订劳动合同的导游缺乏归属感，很难提高服务质量。相反，签订劳动合同后，双方明确了权利义务，加上相应的奖罚措施，就能够调动导游的工作积极性，导游积极工作最大的受益者当然还是旅行社。

其实订立劳动合同并不复杂，关键是符合自身的需要，劳动合同有长期、短期、固定、无固定等形式，即使在合同期内，还有最低生活费制度、请假制度、离岗制度，这些制度可以帮助企业降低淡季时的成本，所以《劳动法》不只是对用人单位的规范，同样也是保护企业利益的有力武器。

9. 旅游发生纠纷，维权莫过度

典型案例‖

2010 年 5 月 3 日，由北京森林国旅组织、山东泰安神州旅行社接待的 26 位北京游客，在完成泰山、曲阜 4 日游后，因返京火车由原来的快车改为慢车并提前 3 个多小时而拒绝上车。双方在为赔偿多少的问题上争执不下时火车开走。游客的赔偿要求由最初的每人 300 元增加到 500 元，最后又到 800 元。次日返京时游客自选大巴并附加以下条件：泰安市旅游局主管局长、质监所所长、神州旅行社总经理 3 人同行；北京森林国旅负责人在京接车。

法律分析‖

游客在旅游中由于飞机延误或车船、吃住等环节对旅行社不满，为就地讨个"说法"而采取中断行程等过激行为几乎每个黄金周都有。国家旅游局质量规范与管理司杜一力司长说："黄金周是全国七八千万人大流动，全世界只有中国有如此巨大的旅行规模，社会各方面承受的压力已经很大，而且旅游行程环环相扣，如果中间环节发生停滞，如在机场、车站等人流集中场所聚众'讨说法'，对经济、社会稳定、黄金周的平稳运行影响极大，最终将影响广大旅行者的利益，'讨说法'的旅游者多数也扩大了自己的损失。"她透露，为了黄金周平稳有序度过，全国假日办在调解处理纠纷时，常常以稳定、畅通为首要目标，给旅行社施加压力，许多时候迫使其超额赔付。遇到这类事情，常常是"游客没有玩好，旅行社感到委屈，忙坏了政府部门"。

按我国现行《民用航空法》、《旅行社质量保证金赔偿办法》、《旅行社条例》、《铁路旅客运输规程》等有关法律法规，无论是运输部门还是旅行社，谁违约谁承担责任，这是很明确的。

然而，旅游是多要素综合性活动，它常常受到像航班延误等旅行社所不能控制的因素影响，而这种影响又势必关系到游客和旅行社的利益。由于我国目前还没有一部包括消费者权责的涵盖旅游各相关方面独立的法律，每当出现这种问题后，旅行社经常采用的办法或是与相关第三人协商交涉，或是以自己的收入补偿游客损失。而这又往往或使旅行社感到冤枉，或使争取权利者费尽周折，并常常使具有法律关系的三方陷于困扰之中。

以航空公司为例，航空、旅行社、游客三方的法律关系如何确定？一种观点认为，游客与航空公司的关系是直接法律关系。旅行社只是游客的代理人而非航空公司的代理人，它不应对后者的延误承担责任。但旅行社有责任帮助游客维权。

10. 游客随身物品遗失，旅行社是否应该赔偿

典型案例

某年2月18日，旅游者李某一家三口参加某旅行社组织的港澳泰十日游。在香港旅游时，李某称其随身携带的装有护照、往返机票、现金等财物（价值3万余元）的背包遗失，致使其一家三口身无分文滞留香港达6天之久。为此，李某认为：依据《旅行社条例》规定，旅行社应当为旅游者提供符合保障旅游者人身财产安全需要的服务，对有危及旅游者人身、财产安全的项目，应当为旅游者作出说明和明确的警示，并采取防止危害发生的措施。但旅行社未能认真履行该义务，致使其随身携带物品丢失，要求旅行社退还旅游团费并赔偿丢失物品损失。

旅行社称：在组织此次港澳泰旅游的过程中遵守了国家有关规定，为旅游者办理了旅游意外保险，对有关旅游者人身、财物安全事项，作了多次明确的说明和警示，因此，不应对旅游者随身携带物品的丢失承担责任。按照惯例和常识，旅游者个人携带的物品属个人隐私，理应自己保管好，如有遗失，责任自负。另外，在旅游者李某声称随身携带物品丢失后，旅行社及时积极协助其报案、登报声明、补办临时护照、提供通讯方便、安排食宿并垫款购买返程机票，共垫付各项费用达11 960.00元港币，因此，从道义上，旅行社已尽了责任。

法津分析

旅行社是否对游客随身携带物品的遗失承担赔偿责任。首先应当明确旅行社对游客的随身物品是否负有保管责任。我国《合同法》第365条规定："保管合同是保管人保管寄存人交付的保管

物，并返还该物的合同。"据此，只有当旅游者将其物品交付旅行社保管，无论游客是否向旅行社支付保管费，只要是由于旅行社保管不慎，将游客物品丢失，就应当承担赔偿责任。而在本案中，李某的物品并没有交给旅行社保管，而是由其本人随身携带保管，也就是说，在李某与旅行社之间并不存在保管法律关系。物品是在李某本人的保管之下丢失的，既然是在自己的保管之下，发生丢失后要旅行社承担赔偿责任便于法无据，况且旅行社在发生物品丢失后采取积极补救措施，及时协助其报案、登报声明、补办临时护照、提供通讯方便、安排食宿和垫款购买返程机票，从道义上，旅行社已尽了责任。

如果旅游者随身携带物品确实丢失，亦应当由保险公司赔偿。在本案中，旅行社在组织旅游者旅游时，已经按照国家法规要求（当时旅游意外保险为强制保险）为旅游者办理了旅游意外保险，一旦旅游者在旅游期间发生事故，应当按照《旅行社办理旅游意外保险暂行规定》和保险协议约定的赔偿条款向承保保险公司申请理赔。旅行社应当及时取得香港警方等有关方面的有效证明，与其承保的保险公司办理索赔事宜。

11. 擅改行程，旅行社被判赔偿

典型案例

2002 年 2 月，王某在报纸上看到某旅行社九寨沟之旅的广告，称能特别安排黑虎寨之游，全国仅此一家，且名为摄影团。2002 年 10 月 20 日至 22 日，王某等 7 位老人参加了这一摄影团。但是，在王某等人旅游过程中，旅行社却以黑虎寨偏僻、交通不便为由，取消了原定的行程，后又擅自取消参观卧龙大小熊猫馆的行程；而且名为摄影团，旅行社却没有提供摄影导游服务，导游连基本的摄影知识都不懂，还将原定一天的摄影时间压缩为半天，而且下午到达景点，光线很弱，照相效果极差。

2002年12月，王某等人将旅行社告上法院，一审法院判令旅行社赔偿7名团员每人导游费、交通费625.2元。王某等人不服此判决，上诉至市第一中级人民法院。法院审理认为，被告旅行社在履行合同中严重违约，未按时接团，擅自变更、取消约定景点，发生交通事故延误时间，未按合同约定标准提供食宿，使游客未充分领略到美丽的自然风景区的风光，应承担赔偿责任，据此作出终审判决。

法津分析

假期旅游旺季，很多人都在计划旅行，旅行社是否靠谱，是十分重要的问题。如果在旅途中旅行社私改了线路，游客如何维权，成为关心的话题。

根据最高人民法院《关于审理旅游纠纷适用法律若干问题的规定》第17条，旅游经营者违反合同约定，有擅自改变旅游行程、遗漏旅游景点、减少旅游服务项目、降低旅游服务标准等行为，旅游者请求旅游经营者赔偿未完成约定旅游服务项目等合理费用的，法院应予支持。

旅行社私改行程，属于违约，如果旅行社在与游客订立合同之初并无意履行合同，那么旅行社涉嫌民事欺诈，旅游者可以据此诉至法院请求赔偿损失。

假日期间，我国的旅游市场异常活跃，各家旅行社打折优惠，使出浑身解数吸引游客。作为消费者怎样才能看清内幕，选择安全可靠的旅行社呢？

应选择证件齐全、资质良好、信誉度高的正规旅行社，慎防超低价的旅游陷阱，以免上当受骗甚至给人身安全带来危险。

应当谨慎签订旅游合同，合同中应明确规定行程安排、食宿标准、交通工具、购物安排等具体内容，并规定违约赔偿标准。

在旅行过程中发现旅行社提供的服务与合同约定不符时，可根据情况要求旅行社继续履行合同，也可要求解除合同，赔偿损失。

12. 游客被狗咬伤，旅行社能不能免责

典型案例

周某参加某国际旅行社组织的九寨沟旅游团。14 日下午 7 时许，旅游团乘汽车至某地段时，一些旅游者提出要上厕所，导游即与司机商量，将汽车停在一个有厕所的商店的门口，导游告知厕所在商店的后面，并引导旅游者到厕所的门口。这时走在最后的周某没有直接上厕所，而是经过厕所门口向离厕所大约 5 米处的土堆走去，被此地大树下拴着的狗咬伤。

事故发生后，导游对周某的伤口进行了应急包扎处理。到达九寨沟的宾馆后，导游将周某送到医院进行医治。由于此地没有狂犬疫苗，导游向其所属成都市某旅行社报告，要求旅行社接站并安排医院和准备好狂犬疫苗。16 日导游将周某送上卧铺车让其返回成都。

旅行社立即派人找到了狂犬疫苗，并按照周某的要求，为其安排了带独立卫生间、有彩电的单间病房。住院时，旅行社支付了周某的医疗费和住宿费 6000 元。四川省消协和质监所对此纠纷进行了多次调解，提出在旅行社支付周某成都治疗期间的费用 6000 元的基础上，再赔偿 6500 元损失，调解未果。

法律分析

本案当事人周某在旅游途中被狗咬伤，其提出由旅行社承担

责任并赔偿损失的请求，缺乏事实法律依据，不应支持。理由是：

1. 旅行社在提供的旅游服务中没有过错。旅游途中，应旅游者的要求，中途停车上厕所，导游做此行为并无不当。导游在停车后告知了厕所的具体位置，并将旅游者引导到厕所门口，已经履行了导游应尽的义务。周某下车后，并未按导游告知的具体位置和引导的路线上厕所，而是向厕所后面 5 米处拴狗的土堆走去，从而导致被狗咬伤的后果。

2. 本案中，周某被狗咬伤，纯属意外事故，旅行社在没有过错的情况下，不应承担违约赔偿责任。但旅行社有义务进行救助，协助有关部门调查取证，依据旅游意外保险协议，向承保保险公司索赔保险金。

3. 被狗咬伤是第三人的侵权行为所致。《民法通则》第 127 条规定："饲养的动物造成他人损害的，动物饲养人或者管理人应当承担民事责任。"本案中，由于狗的主人未尽到管理的义务，致使周某身体受到伤害，因此周某应直接要求侵权人承担赔偿责任，以使自身的利益得到及时的保障。

13. 买不到机票就取消旅游，旅行社行为对否

典 型案例 ‖

王女士一家两人报名参加某旅行社组织的"郑州—海南 6 日游"，按旅行社的要求，报名时足额交纳了 3760 元费用。但是，临行前一天，旅行社的工作人员电话通知：郑州至海南的机票买不到，取消此次旅游，退还所交纳的旅游费用。王女士认为，旅行社由于自己组织不当，取消旅游，除退还所交纳的旅游费用外，还应当承担违约责任。

法 律分析 ‖

郑州市旅游质量监督管理部门表示，游客的要求是有法律依据的，应该得到支持，其理由是：旅行社承诺组织旅游，游客交纳了全部旅游费用，说明旅行社和游客之间形成了合同关系。旅行社有按照约定的时间组织旅游的义务，如果违反约定，除因不可抗力和游客自身的原因外，旅行社应当承担违约责任。

本案中的旅行社因自身原因买不到机票而取消旅游，说明是由于旅行社的原因导致解除合同，按照《合同法》的有关规定，游客除应要求旅行社返还所交旅游费用外，有权要求赔偿损失。

《旅行社质量保证金赔偿试行标准》第4条规定："旅行社收取旅游者预付款后，因旅行社的原因不能成行，旅行社应提前3天通知旅游者，否则应承担违约责任并赔偿旅游者预付款10%的违约金。"此案中，旅行社只提前一天通知旅游者取消旅游，因此，除返还全部预交费用外，还应当支付预付款10%的违约金即376元。

事后，郑州市旅游质量监督管理部门工作人员严肃地向旅行社指出了错误。后经协调，旅行社赔偿了王女士及家人所交预付款3760元的10%的违约金，即376元。

旅游提示：出游报名参加旅行社组织的旅游活动时要详细了解旅游合同的内容，在交纳旅游费用的同时签订旅游合同；出游时要有良好的心理素质，旅游合同签订后，一旦发生违约，可以按照合同的约定或根据国家的法律法规提出赔偿请求。

14. 游客签了谅解协议，事后难以追讨赔偿

典 型案例 ‖

秦先生随团去云南旅游，根据旅游合约规定，游客将下榻四星级宾馆。但是到了旅游目的地，当地导游却将他们安排在了一

家小客栈。房间很小，两张单人床几乎并在一起，没有对外的窗户，卫生也很差，地上四处都是小虫子。众游客意见很大，认为没有达到旅游合约规定的四星级标准，面对客人的不满，地接导游的表现也很差劲，语气生硬地告诉他们：换饭店不可能，而且饭店是公司安排的，与他本人无关。然后就先行回房休息，无视大家的愤怒。

据秦先生讲，他们刚到旅游目的地时，接待游客的旅游车并没有出现，让他们一等就是一个多小时，后来，还是随团导游临时租了一辆客车，才将他们接到用餐地点，所以接下来出现的宾馆不够等级等违约行为，大家实在无法忍受。组团导游接到众人的投诉后，立即与太原方面的组团旅行社取得了联系，经组团旅行社与地接旅行社协商后，地接旅行社负责人出面与游客进行了沟通，并在行程结束前与所有游客达成谅解协议书。一是退还每位游客230元，以补偿游客客栈住宿条件不好的损失；二是更换此团地接导游；三是当天晚上，由组团旅行社出钱，请全团游客免费品尝当地特色小吃。当时，众游客对组团旅行社这样的做法表示认可，随后都接受了退还款。但返回太原后，秦先生又以地接导游和住宿条件太差，原补偿款不足以弥补其损失为由，向组团旅行社提出了后续赔偿要求。

法津分析 ‖

可以看出旅行社已经对游客进行了补偿，所有客人在当地也与旅行社签订了谅解协议书，而且协议已相互履行，因此，秦先生后续赔偿的诉求便很难再得到法律上的支持。作为完全民事行为能力人，秦先生应对自己的签约后果负责。合约唯有在对方存在欺诈或是胁迫的条件下签订，游客方可悔约追讨赔偿。该案例提醒外出旅游的朋友，一定要认真对待每一份协议书。

15. 旅游公司应对游客死亡承担何种赔偿责任

典型案例‖

2010 年 7 月 26 日，案外人李某代表瞿某兵等 20 余人与被告沈河营业部签订《沈阳市国内旅游示范合同》，合同约定线路名称为"龙凤滩海滨 2 日游"。旅游者委托旅行社投保旅游意外伤害保险，保险金额 5 万元，保险费 5 元。2010 年 7 月 28 日上午，瞿某兵随被告沈河营业部的旅游团到达第三人驼山乡政府辖区内的"龙凤滩海滨"，下午 15 时许，瞿某兵在海中游泳时溺水被救上岸，送至瓦房店市复州城镇中医院，经抢救无效死亡，该医院诊断结论为溺水死亡。事故发生后，瓦房店市公安局驼山派出所受理瞿某兵溺水死亡一案，该案卷宗所作询问笔录中，死者亲属瞿红东代表原告瞿某凛、时某玲、朱某兰表示不同意公安机关对死者尸体进行解剖，故公安机关未对死者进行尸体解剖，亦未作出死因鉴定。

死者瞿某兵系原告瞿某凛、时某玲之子，瞿某的父亲，朱某兰的丈夫。死者瞿某兵自 2009 年 6 月起在沈阳市五爱市场进行个体经营活动，且已租房居住，连续居住时间已超过一年。

2010 年 3 月 29 日，被告旅行社与第三人平安辽宁分公司签订责任保险合同，合同约定，每次事故责任限额为 20 万元。该保险合同所附条款第 3 条约定：被保险人在组织旅游活动中发生旅游者人身伤亡、财产损失事件，被保险人依据中华人民共和国法律对旅游者的人身伤亡、财产损失承担经济赔偿责任，在本保险期间内向保险人提出索赔的，保险人按照本保险合同的约定负责赔偿。

2010 年 7 月 27 日，被告沈河营业部与中国人寿保险股份有限公司沈阳市分公司签订旅游意外保险合同，被告沈河营业部作为投保人，为死者等游客投保意外保险。事故发生后，该保险公司依约定向原告支付了理赔款 35 516 元。

法津分析

法院认为：涉案旅游合同，系双方当事人真实意思表示，合法有效。在合同履行过程中，被告沈河营业部选择的旅游目的地为第三人驼山乡政府辖区海域"龙凤滩"，该海域不属于经相关部门批准的旅游景点，没有任何安全警示，亦未配备救生人员，造成死者瞿某兵在游泳时溺水死亡事故的发生。被告沈河营业部未尽到安全保障义务，由此造成的损失，应承担赔偿责任。其辩称死者系在自由活动时间内死亡，不应承担法律责任之抗辩理由，不能成立，不予支持。沈河营业部其他抗辩理由，均不能减轻或免除其责任，不予支持。死者瞿某兵溺水死亡后，原告不同意对尸体作解剖鉴定，导致死亡直接原因无法确认，从而使死亡责任难以区分，原告亦应承担相应责任。介于本案具体情况，以双方各承担 50% 损失为宜。

死亡赔偿金、丧葬费应以受诉法院所在地标准执行。本案涉诉合理费用为：死亡赔偿金 425 860 元、丧葬费 19 838 元、原告时某玲扶养费 6990 元、原告瞿某抚养费合同纠纷 37 571.25 元、医疗费 600 元。关于瞿某抚育费标准，其未提供证据证明已在沈阳生活居住一年以上，故应按山东省农村居民年人均纯收入计算。原告诉称其近亲属参加、料理丧事花交通费、住宿费、误工费等共 4567 元，因其提供证据不能充分证明，该费用酌定为 3500 元为宜。上述费用合计 49 4359.25 元，由被告沈河营业部承担 24 7179.63 元。被告旅行社允许被告沈河营业部挂靠其名下从事旅游业务，对沈河营业部造成的损失，应承担连带责任。本案中因二被告应承担责任，故第三人平安辽宁分公司应依据保险合同约定，在范围内最高保险限额承担赔偿责任。《中华人民共和国保险法》第 65 条第2款规定："责任保险的被保险人给第三者造成损害，被保险人应负的赔偿责任确定的，根据被保险人的请求，保险人应当直接对第三人赔偿保险金。"依据此规定，第三人平安辽宁分公司应直接向原告赔偿保险金20万元。

涉案旅游地"龙凤滩"虽属第三人驼山乡政府辖区之内，但驼山乡政府未将该海域设立成旅游景点，未向游人收取任何门票及其他费用，游人前去旅游，属于其个人自愿。且驼山乡政府对外所作宣传不仅有涉案海域，还包括该地农业等各方面，从宣传内容上看，不属于要约邀请，故第三人驼山乡政府不属于旅游辅助者，在本案中不构成侵权，不应承担赔偿责任。关于原告取得的旅游意外保险金，该保险系死者委托被告沈河营业部办理，且保险费由死者个人承担，故该保险金不应从死者合理损失中扣除。法院依据《民法通则》第111条、第119条，《合同法》第60条、《消费者权益保护法》第7条、第42条，《侵权责任法》第6条、第16条、第18条，最高人民法院《关于审理旅游纠纷案件适用法律若干问题的规定》第1条、第3条、第5条、第7条、第8条、第16条，判决：被告沈阳美某光旅行社有限公司沈河营业部应赔偿原告瞿某凛、时某玲、瞿某、朱某兰死者瞿某兵死亡赔偿金212 930元（425 860元×50%）、丧葬费9919元（19 838元×50%）、交通费、住宿费、误工费等计1750元（3500元×50%），赔偿原告时某玲扶养费3495元（6990元×50%）、赔偿原告瞿某抚育费18 785.63元（37 571.25元×50），合计245 129.63元。由第三人中国平安财产保险股份有限公司辽宁分公司赔偿20万元，余款45 129.63元由被告沈阳美某光旅行社有限公司沈河营业部赔偿。被告沈阳美某光旅行社有限公司对被告沈阳美某光旅行社有限公司沈河营业部的赔偿承担连带责任。驳回原告瞿某凛、时某玲、瞿某、朱某兰的其他诉讼请求。

本案处理重点主要在于被告的责任认定上，即被告主张的自已没有违约、已履行主要义务的抗辩是否成立。根据相关法律规定，在旅游服务合同履行过程中，旅行社等旅游经营者应该对游客积极谨慎地履行安全保障义务，对可能危及人身财产安全的旅游项目要对游客及时告知和警示，这是一种法定义务。旅游经营者未尽到安全保障义务，导致人身损害、财产损失的，旅游经营者要承担赔偿责任，不能以任何理由和借口推脱。如游客发生相应的损失，旅游公司应该按照规定予以赔偿。

16. 游客在途中遭遇意外伤害，旅行社是否应该赔付

典型案例‖

2004 年 8 月 12 日，山东省两位游客抵达西安，参加了西安某国际旅行社组织的"西安—咸阳 4 日游"，签订旅游合同时旅行社承诺的旅游车为豪华车，可游客所乘车辆与该公司所承诺的完全不符，是客货两用车。当晚 8 点该车行至咸阳郊区加油站停车，游客在停车时下车方便，跌倒在水沟里导致右脑骨粉碎性骨折，左前臂多处擦伤，右腿擦伤。事发后该旅行社积极帮助他们处理相关事宜，并向保险公司索赔游客意外伤害保险金。事后，旅游者向旅游行政管理部门投诉，

旅行社称：其所接的这两位外地游客是散客，而且合同上签订的导游服务只是地陪，按操作常规，旅行社当晚安排游客乘坐西安汽运公司的汽卧到咸阳，并通知咸阳地接社于次日早晨接待游客。这是符合其操作常规的，游客在途中受伤属于意外事故。事发后，旅行社就积极协助游客对有关事情作了处置，并从游客利益出发帮助他们索赔应该得到的赔偿金。旅行社认为，从道义上说，旅行社有义务为游客作出必要的协助和处理；但法律上，旅行社不用承担任何责任。

此后，旅行社向游客退还了 900 元团费。由于旅行社主动为游客购买过意外伤害险，通过旅行社与保险公司接洽，游客获得了保险公司赔付的 509 元的第一期医药费，而游客回家乡后因此次意外受伤而继续产生的医疗费用可寄相关证明给旅行社，由旅行社找保险公司联系有关赔付事宜。

法 津分析 ‖

事实上，根据《旅游法》规定，旅行社、住宿、旅游交通以及高空、高速、水上、潜水、探险等高风险旅游项目的经营者应投保责任保险。旅行社责任险是旅行社必须购买的法定险种，在旅游过程中，如果因为旅行社的疏忽或者失误导致游客受伤或发生意外，游客可以向旅行社索赔。但如果是游客自身疏忽，或者遭遇不可预料的意外事件如地震等灾害受到伤害，就不属于旅行社赔偿的范围。

17. 游客称受到精神损害，旅行社是否应该赔偿

典 型案例 ‖

某年 7 月，陈某夫妇到厦门某旅行社报名参加新、马、泰、港团，目的是旅游结婚。该社将二人交给广东某国际旅行社并团。9 月 21 日客人欲从广东出境在广州边检站受到审查，并被当作偷渡处理，男女分开关押。当晚 12 点逐个受审，直至凌晨 2 点多才放人及退还身份证，但护照被边检扣留。客人滞留广州 5 天，旅行社与边检站交涉要求退还护照，拟再次出国，无果。事后，厦门某旅行社承担客人滞留期间食住费用，并退还全部团款。陈某夫妇向福建省旅游质监所投诉，诉称厦门某旅行社私自并团造成其被当作偷渡犯处理并关押，致使旅游结婚受辱，人格受到侮辱，身

心受到极大伤害，为此要求某旅行社赔偿精神损失费 10 万元并登报道歉。厦门某旅行社辩称事件主要涉及的是边检部门，对此其无法控制。客人损失他们也不想发生，对客人遭遇表示同情，事后已采取安抚补救措施，并表示愿意安排客人赴桂林旅游一趟作为补偿，但不同意客人的精神赔偿请求。经查，厦门某旅行社将客人并团未取得客人的书面同意。

法律分析

陈某夫妇和厦门某旅行社成立有效的旅游合同，旅行社应认真履行组织客人完成出国旅游的合同义务。但该旅行社操作不当，在未征得客人的书面同意之下，将客人并到广东的私团，由于私团存在偷渡的嫌疑，连累客人被边检站当作偷渡犯审查扣押，致使未能实现旅游结婚的目的，旅行社对此应承担违约责任，应赔偿客人因此所遭受的经济损失。旅行社的过错行为不但构成违约致使客人未能达到旅游目的，应承担违约责任，而且还损害客人的人格权，应承担侵权责任。客人在边检受审查，并当作偷渡犯关押，使他们人格尊严、人身自由受到侵害，新婚之行遭受羞辱，给客人造成巨大的精神痛苦，旅行社应当承担侵权责任，向受害人赔偿精神损失。本案旅游合同纠纷存在精神赔偿问题，属于违约责任和侵权责任的竞合。民事责任竞合问题我国法律如何处理？根据《合同法》第 122 条的规定，因当事人一方的违约行为，侵害对方人身、财产权益的，受损害方有权选择依照本法要求其承担违约责任或者依照其他法律要求其承担侵权责任。游客要么选择合同之诉要求旅行社承担违约责任，要么选择侵权之诉要求旅行社承担侵权责任，不能同时选择合同之诉和侵权之诉。本案，游客要想实现精神赔偿目的，只能选择侵权之诉，因为合同责任不存在精神赔偿，而侵权责任能够对游客精神损失予以补救措施。投诉前双方当事人对退还团款无争议，本案讼争焦点是游客请求旅行社赔偿精神损失纠纷，因此，本案应按照侵权之诉处理。考虑到旅行社的过错行为侵害客人人格权，给客人造成精神损失者不予以适当补偿，将无法抚平客人受伤的心灵，同时兼顾到厦门经济发展水平、旅行社的主观过错程度以及旅行社承担债务的能力等具体情况，经过对双方当事人的调解，最终促成双方达成和解协议：厦门某旅行社一次性补偿陈某夫妇人民币 15 000 元（实质上是对游客的精神损害赔偿金）。

旅游合同纠纷发生违约责任和侵权责任竞合情况，特别是旅行社一方违约行为同时损害游客人身权，造成游客精神损害的这种情况应如何处理？从有效保护游客的合法权益来看，游客主张侵权责任比请求合同责任更有利。违约责任赔偿损失额可以由当事人在合同中约定，无约定时，赔偿损失相当于受害人因违约而遭受的损失，一般包括直接损失和间接损失。但精神损害赔偿不纳入违约赔偿范围。侵权责任赔偿范围原则上包括直接损失和间接损失，在侵害人身权造成精神损害时，按《民法通则》第120条和最高人民法院《关于确定民事侵权精神损害赔偿责任若干问题的解释》的规定，还可以进行精神损害赔偿。总之，违约责任不能对受害人所受到的精神损害提供补救，而侵权责任则可以。当然，受害人选择侵权之诉，要求旅行社赔偿经济、精神损失，其举证责任比选择违约之诉时所负举证责任更重些。受害人欲主张侵权责任，一般要举证旅行社（侵权人）有过错，还要举证因侵权行为人造成受害人的经济损失，还要举证有精神损失。而受害人要追究旅行社（违约方）的违约责任，只要举证其违约即可（在请求支付违约金以及继续履行情况下），若请求赔偿损失，还应举证因旅行社违约造成其经济损失。

18. 长江三峡游擅自转团

典型案例‖

2001 年 5 月，吴某参加某旅行社组织的"长江三峡精华三日游"。按旅游合同约定，旅游者每人交纳 660 元，可享受全程导游服务及交通、餐饮、住宿各方面的服务。

该团抵达宜昌，在码头上船时，该团导游甲某，要吴某与其朋友二人跟随另一团队导游乙上船。

上船后，吴某发现，导游甲在没有征求自己同意的情况下，已安排自己跟随另一团队游览三峡，并与原来团队完全分离。吴某在跟随第二个团队游览时，导游乙不作导游讲解，几乎全程不见踪影，后来无法实现合同就餐标准，游客被迫自行就餐。游览行程不合理，导致其在凌晨一点，才乘车返汉，整夜未眠，疲于奔波。吴某以旅行社擅自将其转团为由，直接向湖北省旅游局质量监督管理所投诉，要求旅行社承担违约责任，赔偿其相应损失。

法律分析‖

旅游质量监督管理部门经调查证实本案当事人旅行社未经旅游者书面同意，擅自将已签约的旅游者转让给其他旅行社。游客反映的问题基本属实，旅行社违约行为清楚，在质监部门的促成下，双方达成和解：第一，旅行社登门道歉；第二，退还导游服务费 30 元，餐费 70 元，赔偿餐费 70 元。

最高人民法院发布的《关于旅游纠纷案件适用法律若干问题的规定》明确规定，旅游经营者将旅游业务转让给其他旅游经营者，旅游者不同意转让，请求解除旅游合同、追究违约责任的，法院应支持。相关司法解释规定，因旅游经营者方面的原因造成旅客人身损害、财产损失，旅客选择要求旅游经营者承担违约责任或者侵权责任的，人民法院应当根据当事人选择的案由进行审理。该解释还规定，旅游经营者将旅游业务转让给其他旅游经营者，旅客不同意转让，请求解除旅游合同、追究旅游经营者违约责任的，人民法院应予支持。因此，未经旅客的同意，旅行社不能擅自转团。

19. 小孩收费，谁是谁非

典 型案例

2001 年 10 月，张女士携其四岁的小孩参加了武汉某旅行社组织的"长江三峡精华三日游"。

根据双方合同约定，张女士交纳大人旅游费 880 元，小孩 440 元，旅行社提供全程交通、住宿、餐饮、景点第一门票及游览期间导游服务。10 月 4 日上午，旅行社工作人员在长途汽车站接待了张女士及其他散客旅游者，将其送上开往宜昌的捷龙快巴。张女士到达宜昌后，随地接社宜昌西陵旅行社按照合同标准游览了长江三峡。在游览途中，张女士得知同一旅游行程，其他旅行社组团的小孩收费每人 90 元。

从宜昌返汉时，旅行社没有为其小孩安排车位。为此，张女士向省旅游质监所投诉：①武汉组团社在游览过程中没有导游随行，属未征得自己许可，将其转给了西陵旅行社，按双方签订合同第 7 条，要求旅行社退回费用，承担旅游总费用 10% 的转团违约金；②旅行社对小孩的收费高出其他旅行社几倍以上，属于暴利欺诈行为，并且不给小孩安排车位，违反合同约定旅游标准，要求武汉旅行社说明小孩费用明细。

被投诉方旅行社的辩解：①张女士的长江三峡游属于散客旅

游，组团社操作均不派全陪导游，而是委托地接旅行社负责其旅游行程，不存在转团操作，因此没有违约；②公司旅游报价在各种媒体及出游合同上都有标明，况且每家旅行社的服务质量和档次不一，行程安排各具特色，所以收费标准各有差异，不存在暴利欺诈。

法津分析

质监所通过调查核实，作出以下处理意见：

1. 本案投诉人上述旅游行程属于组团社不派全陪的全包价散客旅游。被诉方旅行社为旅游者安排了交通、游船、地接服务等各项旅游环节，履行了合同义务。因此，不属于转团违约。

2. 依照合同约定，小孩收费440元，低于《湖北省国内旅游组团统一合同》中"2～11周岁小孩按成人费用60%收费"的条款。被诉方旅行社旅游收费价格合理，不存在高价欺诈的行为。

3. 被诉人因自身过错未达到合同约定的服务质量标准，根据《旅行社质量保证金赔偿试行标准》第12条规定"旅行社安排的交通工具，因交通部门原因低于合同约定的等级档次，旅行社退还旅游者所付交通费与实际费用的差额，并赔偿差额20%的违约金。"质监所裁定，被诉方旅行社退还投诉人的小孩半价车费35元（原价70元），并赔偿35元的20%违约金7元，共计人民币42元。

4. 鉴于被投诉方旅行社的行为客观造成投诉人的小孩不适，责成被投诉方旅行社主动道歉，并给予投诉人的小孩人民币58元的适当补偿。

小孩收费标准，是容易引起旅行社与旅游者争议的问题。我国交通票价、景点门票、酒店餐饮，对2～12周岁的小孩都有不同幅度的优惠规定。《湖北省国内旅游组团统一合同范本》第3条规定："不满2周岁小孩按成人标准的10%收费；2～11周岁按成人标准的 60% 收费，12 周岁及以上按成人标准收费"的标准系综合旅游团费。广大旅游者出游前应对相关情况进行咨询了解，尤其在签订旅游合同时，要认真仔细审阅每项条款，确认无误方可签字，只有如此，才能维护自己的合法权益，保障旅游行程圆满愉快。

20. 低价揽客对 60 岁以上老人加价收费

典 型案例

某旅行社以"1129 元香港游"的报价来吸引消费者，有 17 名老年人前来报名咨询。旅行社向游客承诺，1129 元的香港游是包括团费和小费的全包价，不会再有任何费用。于是，这 17 名老年人兴致勃勃的当场就交了全款。然而，临出发时，旅行社一负责人却称，每人还要再交 160 元导游费，否则不能发团。游客当时就指责旅行社不诚信，要求退团，旅行社说退款可以，但要扣除订票和酒店预订的费用 200 元，剩下的再退给游客，而且不开发票，游客遂集体向有关部门投诉。

法 津分析

该案中旅行社存在三个方面的违规情况：

1. 本案是典型"零负团费"低价竞争行为。当前，由于旅游市场竞争激烈，有些旅行社以此低价吸引游客。1129 元到香港旅游，仅够来回路费，且当地同档次食宿费用比内地高，旅行社以低价揽客，然后在旅游过程中，通过加收费用、强制购物等形式来"弥补"自己的利润，是典型的"零负团费"操作行为。按照国务院《旅行社条例》第 27 条的规定，旅行社不得以低于旅游成本的报价招徕旅游者。未经旅游者同意，旅行社不得在旅游合同约定之外提供其他有偿服务。旅行社如违反本条规定，按照《旅行社条例》第 53 条第 2 款，由价格主管部门依法给予处罚。

2. 涉嫌职业和年龄价格歧视。一些旅行社认为老年人和 20 岁以下学生以及教师、医生等特殊群体购物消费和参加自费项目的"概率"较低，接待社的利润无法保证，需要通过向这类特殊消费群体加收"差价费"来弥补，于是，加收费用是一些旅行社进行"零负团费"操作的手段之一。这是旅行社削价竞争、低于成本价销售，以购物消费和参加自费项目的回扣补贴团费造成的不正常现象，直接损害了旅游者的利益。

这种不正常经营行为违反了国家《反不正当竞争法》和《旅行社条例》的有关规定。经营者定价应当本着公平、合法和诚信的原则，没有正当的理由，不得另行加价。如对老年人等特殊消费群体加收"差价费"则应提供差异服务，仅仅因为年龄和职业的差异而加价收费涉嫌价格歧视。

3. 关于合同违约责任。该案从工商管理部门投诉受理角度，旅行社还要承担合同违约责任。即旅行社与游客的合同中已经明确注明了 1129 元是包括全部团费和小费的，然而临到出发，旅行社却要求游客重新再交纳其他名目的费用，违背了之前与游客约定的条款。

按照《合同法》第 108 条的规定：当事人一方明确表示或者以自己的行为表明不履行合同义务的，对方可以在履行期限届满之前要求其承担违约责任。即游客可以要求旅行社按照旅游合同上的条款承担违约的责任。

21. 客人因火车晚点未及时赶到出发点，该找谁赔偿损失

典型案例‖

林某参加合肥某旅行社普陀山三日游，出发时间是早上 8 点，

由于其从外地乘火车赶到合肥，火车正常到达时间为 7：34，而当天火车晚点导致 8：25 分林某才赶到出发点。虽然之前客人已打电话通知合肥某旅行社火车晚点，要求多等一会，但由于是散客拼团，车上其他客人不愿意等，致使林某赶到出发点时，车子已经开走，后林某只好自行改乘火车赴普陀山。

林某回程后要求合肥某旅行社退还团款 610 元，合肥某旅行社只退还住宿、门票、早餐、快艇、轮渡等费用，共计 342 元，林某不甘心白白损失 268 元，投诉至旅游质量监督部门。

法律分析

本案是一起因旅游者没有按照旅游合同约定的时间到达旅游合同约定的旅游行程起始地而产生旅游纠纷的案例。本案的关键问题在于谁是该起旅游投诉案件的违约方。

根据《合同法》之规定，当事人一方不履行合同义务或者履行合同义务不符合约定的，应当承担继续履行、采取补救措施或者赔偿损失等违约责任。由此可见，法律规定的违反合同义务有两种表现形式：一是不履行合同，二是履行合同不符合约定。本案中，旅游者未能按照旅游合同约定的时间到达旅游行程的起始地集合，就是履行合同不符合约定的行为，其行为已经构成违约，理应承担因违约所造成的不利法律后果。旅游活动是一项团体活动，旅行社在其他旅游者的要求下，准点发车，其履行旅游合同的行为并无不当，不应对旅游者因自身违约行为造成的损失承担赔偿责任。

虽然造成旅游者未能按时到达集合地点的原因是火车晚点，但是，一方面旅游者乘坐的外地至合肥的列车不在旅游合同约定的旅游行程范围内，要求旅行社为列车晚点造成的后果"买单"，于法无据。另一方面，旅游者在对旅游合同约定的集合时间有充分认知的情况下，理应为到达旅游行程起始地做较为充分的准备和对有可能发生的火车误点进行充分的预见。因此，旅游者提出的火车误点不能成为其要求旅行社承担赔偿责任的理由。

值得注意的是，旅行社在与旅游者订立旅游合同的过程中，往往只与旅游者就行程开始和结束的日期进行约定，至于集合时间，通常采用导游员或接待人员口头通知的方式处理。这种做法极易造成与旅游者发生相关争议时，旅行社难以举证证明双方约定的集合、发车时间的不利局面。建议应当就旅游行程中的相关事项向旅游者进行明确的书面告知，且要求旅游者进行书面确认，这样有利于明确双方约定的具体事项，减少纠纷的发生。

本案处理结果：林某违约在先，合肥某旅行社应该扣除已发生的费用。合肥某旅行社无过错。本案中，旅游质监部门作出的事实认定及处理结果符合法律规定。

22. 团队取消，谁的责任

典型案例

2000 年 9 月 22 日，黄先生一家四人与某旅行社签订了一份赴桂林五日旅游的国内旅游合同。根据合同约定，于 9 月 30 日下午乘火车赴桂林游览七星岩、漓江、冠岩等景点，每人旅游费用 1150 元，共计 4600 元。

黄先生当日就交纳了此次旅游的全部费用。9 月 29 日，黄先生早已做好旅游准备，却突然接到该旅行社业务经理电话，通知其原定桂林旅游团队，因无法落实桂林至武汉的返程火车票，而被迫取消。由于旅行社取消旅游活动距"十一"黄金周仅一天时间，而其他旅行社基本组团完毕，造成黄先生及家人的国庆旅游计划随之落空。黄先生以旅行社单方面终止旅游合同为由，要求旅行社退还全部旅游费用，赔偿其相关经济损失和精神补偿。

由于旅行社仅承诺退还全部团款，并只赔偿150元，双方协商未果，黄先生遂向旅游质监所投诉。

被投诉方旅行社的辩解："十一"旅游旺季，桂林至武汉方向的火车票十分紧张，桂林地接旅行社于28日下午传真告知我社无法确认返程车票事宜，也对我社造成较大经济损失。游客旅游计划之所以无法实现，是由于铁路交通部门的客观原因造成的，并非旅行社的故意行为。况且我社也及时将信息告知对方，并作了详细解释。

法津分析

被诉方旅行社因自身过错，造成旅游活动不能成行。《旅行社质量保证金赔偿试行标准》第4条规定："旅行社收取旅游者预付款后，因旅行社的原因不能成行，应提前3天（出境旅游应提前7天）通知旅游者，否则应承担违约责任，并赔偿旅游者已交预付款10%的违约金。"质监所裁定，被诉方旅行社退还投诉人全额旅游费用，并赔偿4600元的10%违约金460元。黄先生对此处理结果表示满意。

根据我国《合同法》，当事人一方因第三人的原因造成违约的，应当向对方承担违约责任。当事人一方和第三人之间的纠纷，依照法律规定或者按照约定解决。

本案被诉方旅行社因自身原因，操作不当导致旅游协议被迫终止，违约事实成立。因此，应承担违约责任。

2001年3月颁布的《湖北省国内旅游组团统一合同范本》就此作了更加明确的规定：因旅行社方面原因，致使旅游者的旅游活动不能成行而被取消的，旅行社应当立即通知旅游者，并按如下标准支付违约金：①在旅游开始之日前第5日至第4日通知到的，支付全部旅游费用的10%；②在旅游开始之日前第3日至第2日通知到的，支付全部旅游费用的15%；③在旅游开始之日前第1

日通知到的，支付全部旅游费用的 20%；④在旅游开始日通知到的，支付全部旅游费用的 25%。

23. 游客因与旅行社合同纠纷协商未能达成一致，以致滞留，可否要求赔偿

典型案例‖

张某等 16 名游客参加某旅行社组织的"桂林双卧三日游"。按日程计划应于行程结束后乘火车返回长沙，但客人由于全团火车卧铺票不在同一节车厢（合同中未约定必须在同一节车厢）而拒绝上车，导致滞留。旅行社积极采取补救措施，及时退票，拟改乘大巴或改乘飞机返回长沙，但未能与游客协商达成一致。游客坚持按原约定乘火车回长沙，以致滞留桂林两天，直到两天后旅行社买到火车卧铺票后才返程。游客投诉该旅行社，要求其承担违约责任，支付滞留期间的食宿费及误工费等。

法律分析‖

本案中，张某等 16 名游客没有采取适当措施致使损失扩大，根据我国《合同法》第 119 条的规定："没有采取适当措施致使损失扩大的，不得就扩大的损失要求赔偿。当事人因防止损失扩大而支出的合理费用，由违约方承担。"由于全团火车卧铺票不在同一节车厢，未构成旅行社违约，而滞留后旅行社也采取了补救措施，但张某等 16 名游客不予接受致使损失扩大，因此，导致损失扩大的一切费用应由游客自行承担，旅行社不负赔偿责任。

旅游质监部门在查明事实的基础上，处理如下：①旅行社无过错，不承担赔偿责任；②游客承担滞留期间所发生的一切费用。

24. 游客上厕所滑倒，谁该负责任

典型案例‖

A旅行社在组织来长沙的16名散客"长沙一日游"的过程中，一名60多岁女游客在B景区上厕所时，不慎滑倒，造成左大腿骨折。游客即向旅游质监所投诉，认为自己既然是参加旅行社组织的游览，旅行社就应该对其意外情况承担责任，要求旅行社赔偿其治疗费、陪护费、探视费及营养费共计人民币15 000元。

法律分析‖

游客滑倒受伤属意外事故，A旅行社与B景区都无过错，不承担赔偿责任。但A旅行社应当积极协助游客进行治疗，客人如果购买了意外保险，应当积极协助客人向保险公司索赔。目前，虽然旅行社按规定投保了旅行社责任险，但是，旅行社责任险必须是在证明旅行社在经营活动中有过错，并造成游客损失的情况下，保险公司才予以赔付，游客在厕所意外滑倒受伤显然不在旅行社责任险规定的赔付范围。对于游客而言，旅游活动是相对有一定风险的户外活动，容易出现意外事故，因此，游客非常有必要购买旅游意外伤害保险。旅行社应当提醒和建议游客购买旅游意外伤害保险。游客也应从自身利益出发，积极购买旅游意外伤害保险，一旦出现意外也好有一个基本的保障。

长沙市旅游质量监督管理所执法人员依法对此事进行了调查，经查实：①A旅行社是按照合同约定组织客人游览，B景区是具有经营资质的4A级景区，未查实A旅行社存在过错；②B景区厕所是根据星级厕所标准建造，有有关部门颁发的合格证书，厕所内有防滑设备及明显的警示标志；③游客在厕所内滑倒，主要原因

是当天下雨加上游客年纪较大，属于意外事故。

因 A 旅行社帮游客购买了旅游意外伤害保险，保险公司向游客赔付人民币6000元，不足部分由游客自行承担。

25. 旅游服务不达标准，赔偿如何计算

典型案例‖

2002年5月1日，赵先生及同事六人参加某旅行社组织的"黄山五日游"。按旅游协议所定的游览行程、交通、住宿等标准，旅游者每人交纳旅游费880元。然而，在旅游协议的履行过程中，该旅行社原承诺的山上住宿6~8人高低铺，实际为6人高低铺，下铺两人，上铺一人，共住12人；行程计划中的黄山三大主峰之一"天都峰"，也并未安排游览。赵先生等以旅行社所列旅游行程系欺诈行为为由，向旅游质量监督管理所投诉，要求旅行社退赔全额旅游费用，以维护其合法权益。

被投诉方（旅行社）辩解：

1. 黄山山上接待设施有限，一般团队均为6~8人高低铺，"五一"期间山上住房极为紧张，各旅行社都只能按黄山方面惯例将下铺全部合铺。

2. 平时游览黄山，旅行社都安排客人远眺"天都峰"，而"五一"期间，"天都峰"封山，则无该景点。旅行社之所以没有实现合同标准，是由于无法预见的客观原因造成的，并非旅行社故意行为，因此不应承担赔偿责任，至多退还山上房费差价。

法律分析‖

在旅游活动的过程中，因旅行社的故意或过失未达到合同约定的服务质量标准，造成旅游者经济损失，旅行社应承担赔偿责

任。但投诉人要求旅行社赔偿全部旅游费用，是缺乏法律依据的。根据《旅行社质量保证金赔偿试行标准》，旅行社在住宿、交通、景点等方面服务质量不达标准，都应退还已付费用与实际费用的差额，并赔偿差额 20% 的违约金。

质监所通过调查核实，作出以下处理意见：

1. 被诉人因自身过错未达到合同约定的服务质量标准，根据《旅行社质量保证金赔偿试行标准》第 11 条 "旅行社安排的饭店，因饭店原因低于合同约定的等级档次，旅行社退还旅游者所付房费与实际费用的差额，并赔偿差额 20% 的违约金" 的规定，质监所裁定，被诉方旅行社赔偿两位下铺合铺旅游者住宿费用 220 元。

2. 黄山总门票包括 "天都峰" 景点，旅行社并未加收门票，而因黄山方面原因，未能游览。因此旅行社不存在欺诈行为。鉴于被投诉方旅行社没有事先跟旅游者讲明有关情况，客观造成旅游者的合理期望无法实现，责成被投诉方旅行社主动道歉，并给予投诉人每人人民币 30 元的适当补偿。

26. 浙江某旅行社港澳专列团游客购物退款案

典型案例

2010 年 5 月 4 日，大量游客同时前往浙江省旅游局、杭州市政府、杭州市旅委上访，投诉浙江某旅行社不予退赔货款。经查，2009 年 10 月，浙江某旅行社组织港澳六日火车专列团，报价为 796 元/人（参团游客可获价值 100 元的《钱江晚报》1 年赠阅，旅游费用实际为 696 元/人）。超低价吸引了大批游客参团，截止 2010 年 1 月，该旅行社共组织了三趟港澳游专列，游客总人数为 2947 人。在游览期间，旅行社安排多次购物活动，诱导、强迫游客在珠海、香港、澳门等地购物。游客回到内地后发现，所购买商品存在质量问题，要求旅行社退赔，但因该旅行社对退货事件处置不当，没有先行赔付，引发大量游客集体上访的群体事件，经媒体报道后产生了非常恶劣的影响。

法 律分析 ‖

经有关部门积极协调，通过采取四种方式，即港澳购物店退还、划拨、该旅行社的质量保证金（77 万元）、旅行社总社垫付（50 万元）以及业务操作人员支付，截至 2010 年 7 月 9 日基本处理完毕，共计退货 1565 人次，退还货款 312 万余元，其中，退现金 233 余万元，退信用卡 62 余万元，以及退价值 18 余万元的货物。

最高人民法院《关于审理旅游纠纷案件适用法律若干问题的规定》明确了旅游者对于旅游经营者收取的差价费的返还请求权。因拒绝旅游经营者安排的购物活动或者另行付费的项目被增收的费用；在同一旅游行程中，旅游经营者提供相同服务，却因旅游者的年龄、职业等差异而增收的费用，旅游者均有权要求返还。

27. 旅游发生意外，旅行社是否有责任

典 型案例 ‖

2005 年 4 月，游客李某等三人参加由云南某旅行社组织的九乡"一日游"。在旅行社的推荐下购买了旅游意外伤害险，保险费用由游客支付。在返程途中，车辆突然发生剧烈颠簸，致使坐在最后一排座位上的李某被抛起跌倒在车板上致伤，被医院诊断为第二腰椎压缩性骨折。李某的治疗费、误工费和营养费共花费 3000 余元。李某在旅行社的协助下向保险公司提出索赔，2006 年 1 月平安保险公司赔偿李某人民币 5000 元。但李某认为其所获赔偿是自己购买的旅游意外险的赔偿，与旅行社无关，旅行社还应

当承担相应的责任。此后，李某多次与旅行社交涉，要求其赔偿医药费、护理费及营养费等费用共计人民币2.5万元。但旅行社认为李某是在汽车上发生的意外事故，旅行社还协助保险公司对李某进行了赔偿，所以不应该再承担赔偿责任。为此，李某向昆明市旅游质监部门投诉，要求旅行社赔偿其经济损失。

法津分析‖

李某提出的索赔要求是合理的，旅行社应当赔偿李某的经济损失。在旅游质监部门的调解下，旅行社赔偿李某2万元。

李某购买的意外伤害险是他为自己购买的，他与平安保险公司之间构成独立的保险合同关系，他是投保人和被保险人，保险公司是保险人，依照合同约定，保险公司已在意外事故发生后承担了赔偿责任，并对被保险人李某进行了赔偿。

根据我国《保险法》第68条的规定，人身保险的被保险人因第三者的行为而发生死亡、伤残或者疾病等保险事故的，保险人向被保险人或者受益人给付保险金后，不得享有向第三者追偿的权利。但被保险人或者受益人仍有权向第三者请求赔偿。李某对旅行社的投诉是合理的，旅行社应当承担相应赔偿责任。

28. 自由活动时下海游泳溺水，旅行社是否承担责任

典型案例‖

2002年6月7日，周某、何某（女儿和妻子）与周某某（丈夫）随周某某单位人员一起组团参加了某旅行社组织的海南双飞4天旅行团。8日下午14时左右，周某某一家根据合同安排，随团入住三亚某酒店。根据旅行社的安排，下午为自由活动时间，周某某于下午15时30分与团友到某酒店外的海滩安全浴场游泳，旅

行社安排的当地导游也到了现场。由于风浪大，周某某不幸溺水，经抢救无效死亡。

原审认为，在旅游合同关系中，旅行社负有保障旅客人身安全的责任，对安全状况应给予充分的说明、提醒和劝诫、警告或事先说明。无充分证据证明旅行社曾对周某某警告和提醒，因此负有违约过错责任，对周某某的死亡应承担相应责任。被告某酒店管理、使用的海滩有公共的性质，其在各出入口已设置了明确的警示标志，并根据天气预报情况插上相应的警示旗，已尽了提醒的义务，故无过错，不应承担责任。原告作为成年人，不注意被告某酒店的警示，不注意自身安全，故对造成死亡的后果应承担主要责任。判决：被告旅行社赔偿给原告误工费、交通费、丧葬费、死亡赔偿金 17 万多元，女儿必需生活费的 40%，112 287.86 元。

判决后，原被告均不服，提起上诉。

法津分析

二审法院查明，该海滩浴场和其他水上设施是某酒店经三亚市海洋局（现名三亚市海洋与渔业局）批准后所设置的。根据该局的有关文件规定，浴场必须设明显标志和安全防范标志线，必须保持海滩公共开放性，不准设栏、卡阻止游人自由进出沙滩。因此被上诉人某酒店设置了浴场的安全区，在通往海滩浴场的各处通道上设置了告示牌，内容分别为"沙滩设施仅限于酒店客人使用、请在指定区域游泳、无救生员请大家注意自身安全"等，及"绿旗——风平浪静，可畅游；黄旗——海面有风浪，请小心；红旗——风浪大，勿下海"。因事发当日风大浪高，被上诉人某酒店之告示牌上挂上红旗，但所有团友包括导游均称没有注意到。组团社和地接社都为周某某买了意外保险，事发后上诉人共获保险公司赔偿款 145 000 元。

二审法院认为，某旅行社对旅客下海游泳没有尽到提醒义务，应当负有一定责任。周某某作为成年人，在下海时没有观察周围环境情况，没有注意自身安全，故对其死亡应承担一定的责任。某酒店虽已经在沙滩入口处设立了告示性标志，但因其所设的标志还不足以引起游客的注意，旅行社以及死者一方的证人证明旅客及导游均没有注意到警示标志，且某酒店没有设置救生员，应承担主要的责任，某旅行社上诉称周某某是出于特殊环境下潜在的疾病突然发作而死亡的证据不足，不予采信。周某某和某旅行社各承担 30% 的责任，某酒店应承担 40% 的责任。参照《广东省〈消费者权益保护法〉办法》和《道路交通事故处理办法》的有关规定，周某某死亡赔偿金，包括误工费、交通费、丧葬费、周某必需的生活费共计 280 719.64 元。上诉人某旅行社以丧葬费已由保险公司赔付为由，要求从上述费用中扣除该项费用依据不足，不予支持。判决撤销原判。某旅行社和某度假酒店分别赔偿给三上诉人 84 215.89 元和 112 287.86 元。

本案有几个问题需要讨论：第一，包价旅游中自由活动期间旅游组织者对旅游者是否还有安全保障责任？第二，某旅行社和某酒店在周某某死亡事故上的责任如何分配比较合理？第三，旅游意外保险赔偿金与旅游经营者因为责任需要支付的赔偿金之间的关系如何？

旅行社组织包价旅游，自始至终对游客都有安全保障责任。当然，在旅行社安排的活动和游客自行进行的自由活动中，安全保证责任的分量和内容是不同的。安排的活动中，旅行社不仅有警示，还有照顾义务。但是在自由活动中，旅行社的这方面责任就主要集中在恰当的提醒和警示。当然要完成这种警示和提醒，仍然应当以谨慎和职业人的标准来判断，而不是一般的随意说说或是轻描淡写。不难理解，谨慎就是小心翼翼而不是粗枝大叶掉以轻心。本案所涉及的旅游是海滨旅游，游客入住了海滨饭店，依照常理，自由活动时间游客下海游泳的可能性极大。旅行社对其中潜在的危险要有充分的注意和周到的防范警示。作为职业经营者，对类似情况下或者相同地点发生的事故应当了然于心，更要防患于未然，对旅游者进行足够的教育与提醒。尤其应熟悉酒店本身提供的安全警示等级的不同危险性并告知旅游者。很显然，被告旅行社没有做到这一点。

一审判决认为某酒店不承担责任，而二审判决对两个旅游经营者对事故应承担的责任的比例进行了重新分配。笔者认为后者更为恰当。作为位于海滨度假区的酒店，拥有公共浴场，其安全警示工作非常重要。虽然它已经设置了安全警示牌，但正如二审法院认定，其所设标志还不够明显，不足以引起游客的注意，旅行社以及死者一方的证人证明旅客及导游均没有注意到警示标志，且酒店没有设置救生员。所以法院认为酒店对事故的责任略大于旅行社，不无道理。

旅行社赠送旅游者的旅游意外保险的赔付不能代替旅行社的责任。因为旅游意外保险的受益人是旅游者，其得到赔付是因为发生了符合保险合同约定的保险事故，并不是发生事故后充抵旅游经营者因责任而应承担的赔偿数额。而旅行社因为违约或者侵权造成旅游者损失，是另一个法律关系。意外保险金的赔付是旅游者的应得利益，而不是旅行社的应得利益。

29. 对于旅游交通事故赔偿，旅游公司是否承担责任

典型案例‖

2001年初，原告刘某等13人从沈阳、大连等地来到广州，参加由广州今生有约美容美发连锁店举办的培训班。培训结束时，原告刘某等13人找到广东某国际旅行社有限公司中山四路营业部，要组团作广州一日游，并以"今生有约"为名签订了《广东省国

内旅游组团合同》。2001 年 4 月 18 日中午两点左右，旅游团在白云山风景区结束了广州一日游的最后一站，乘车下山。当大客车行驶到白云山摩星岭路段时，大客车失去控制，冲出路面，凌空坠入五六十米的山涧。被甩出车外、挂在山坡树上的随团导游在第一时间用移动电话报了案。正在附近执行任务的武警某部战士、接到报案的公安干警和广东某国际旅行社有限公司的职员，及时赶到事故现场，在周围群众的协助下，对刘某等 13 名游客进行了救助。受伤的游客被很快送到广州南方医院等医疗机构抢救。2001 年 5 月 18 日，经过现场勘察和技术鉴定，广州市公安局交通警察支队白云一大队对这起事故做出非道路交通事故责任建议书认定：大客车司机驾驶制动效能、转向器不合格的大客车上路行驶，应负事故全部责任。这是一起责任明确的交通事故，尽管大客车是广东某国际旅行社有限公司向另一个公司租用的，原告刘某等 13 名旅游者认为，大客车是某旅行社提供的，因此，某旅行社要负责任。理由是旅游合同是与旅行社签订的，与车主没有签合同，没有法律关系，因此没必要找车主或者司机。由于旅行社在履行旅游服务合同过程中，没有提供安全保障，旅游服务质量有缺陷，构成违约。

　　而被告广东某国际旅行社有限公司认为，旅游公司所承担的责任应当是组团的责任，不承担组团责任以外的责任，其他的责任由其他法律主体、其他经营者承担，由其他的法律法规进行调整。旅行社认为，旅行社是代游客租车，不是客车的经营者，出了意外交通事故当然没有责任。

　　在无法协商的情况下，原告刘某等 13 名旅游者以违反合同为由，在 2002 年 2 月，分别向广州市白云区人民法院提起诉讼，要求按照《消费者权益保护法》的规定标准赔偿自己的各种损失，总计近 300 万元人民币。

　　被告广东某国际旅行社有限公司认为，违约不适合他们，因为他们是按照与原告刘某等13名旅游者签订的合同去履行的，适用的法律应该是《道路交通事故处理办法》。旅行社在组团之前为客人买了赔偿金额是3万元人民币的意外保险。而且，在这份旅游合同中双方对违约责任作了约定，其中一条是，"所发生的违约问题是非故意的、非过失的或无法预知的或已采取了预防性措施的"属于"不承担违约责任的情况"。在合同附件《细则》第10条明确规定："游客在旅途中发生意外事故按有关部门的规定处理或由公安部门处理。如非属旅行社的责任所致，旅行社不承担事故责任。"某旅行社认为，依据这些条款，旅行社不构成违约。

而原告刘某等13名旅游者认为，买保险只是转嫁责任，并不意味着就不承担违约责任。况且，这个合同是一个单方制定的格式合同，这些免责条款如果不利于另一方，单方面免除责任是不具备法律效力的，是无效的。"我们跟旅行社签订了合同，交了钱，他就要保证我们的安全，这是最起码的。旅行社应该对我们人身安全和财产安全负责，他有义务保护我们。"而被告广东某国际旅行社有限公司认为，旅行社是为游客代为订车、订房、订餐。旅行社订了车以后，客人上了车，应由客车的经营者负安全责任。在某种程度来说，旅行社和旅游者都属于消费者。旅游合同是合同的一种，凡是合同的责任都是有范围的，不能够把合同责任无限地扩大，远远超出合同应该承担的范围，这样就无限地增加了旅游公司承担的义务，甚至包括其他不应该承担的义务，这是消费者对旅游合同的一个误解。

法律分析

经过审理，广州市白云区人民法院认定，原告和被告在自愿平等的基础上签订的《广东省国内旅游团合同》合法有效，具有法律约束力，双方为此构成消费者与经营者的关系，双方存在服务合同，原告有权选择依照《合同法》要求被告承担违约责任或依照其他法律要求被告承担侵权责任。现在原告选择依照《合同法》要求被告承担违约责任，并选择适用《广东省实施〈中华人民共和国消费者权益保护法〉办法》，请求被告赔偿损失，合理合法。依照《民事诉讼法》第 232 条、《民法通则》第 106 条第 2 款、第 119 条、《广东省实施〈中华人民共和国消费者权益保护法〉办法》第 30 条之规定判决：被告广东某国际旅行社有限公司赔偿原告刘某等 13 名旅游者医疗费、法医鉴定费、误工费、护理费、交通费、住宿费、残疾者生活补助费、残疾赔偿金、财物损失费等共计 355 多万元。扣除已垫付的医药费 140 多万元，还需支付 212 多万元。该判决引起旅行社行业的轰动。

　　整合多起旅游交通事故的案例发现多数事故具备下列几个特点：①大多数肇事车辆都不是旅行社所有的，而是旅行社租用的。如果肇事车辆属旅行社所有，不管是学术界还是实务界，意见都很一致，都认为应由旅行社承担赔偿责任。②交通事故的发生往往是由于肇事车辆自身过错所为，不涉及车辆相撞方面的事故，不涉及行人，也不涉及旅行社的过错和旅游者自身的责任。如果交通事故的发生旅行社也有过错，那么，旅行社应承担相应的责任。③事故发生后，往往涉及两方的责任，一方是旅行社，一方是所雇肇事车辆，双方之间的责任如何划分，没有统一的根据。④受害者究竟该以谁为被告才适格、究竟该提起违约之诉还是侵权之诉无从定论。在司法实践中，既有提起违约之诉的，也有提起侵权之诉的。⑤旅行社和肇事车辆应承担何种责任，各地法院的认定也不尽相同。

　　旅游交通事故发生后，旅游者通常认为，旅游合同是和旅行社签订的，旅游费用是交给旅行社的，不管旅行社有无过错，理所当然地应由旅行社承担赔偿责任。对于这类事故，如果肇事车辆是旅行社所有的，或旅行社在事故中有过错的，学术界和实务界对赔偿责任人的认定，意见比较一致。对于以旅行社名义租用供旅游者乘坐、司机和车主负全责的旅游交通事故中的赔偿责任，学者大多认为应由旅行社承担。人民法院在裁判该类案件时，通常认为旅游合同是服务合同，以《消费者权益保护法》为依据，判决由旅行社赔偿。学者们持此观点的理由是，"旅游合同生效后，旅游组织者即旅行社负有确保旅游者在旅游过程中人身财产安全，顺利完成旅游的义务，旅游者乘坐旅行社提供的车辆，旅行社应保证旅游者的人身安全。如果非因法定或约定的免责事由，造成旅游者伤亡损害，属于违约行为，旅行社应当承担相应的违约责任。同时，如果从该行为侵害公民健康权、生命权的角度看，无疑又是一种侵权行为，应当承担侵权责任。也就是说，旅行社在旅游过程中因交通事故致使旅游者遭受人身损害的行为，既侵害了旅游者在旅游合同中的权利，也侵害了旅游者固有的人身权利，构成侵权责任与违约责任的竞合。""在旅游过程中因交通事故致使旅游者遭受人身损害，旅游者既可以旅行社违反合同约定的义务为由向旅行社提起违约之诉，也可以旅行社侵害其人身权利为由向旅行社提起侵权之诉。"

30. 旅游服务档次降低，如何维权

典 型案例 ‖

李先生等26名游客与某旅行社签订旅游合同，参加该社组织的"清远三日游"，团费为每人360元。双方在旅游合同中约定，旅行社提供"进口空调旅游大巴"，住宿标准为"二星级酒店"等。在旅游行程中，旅行社违反约定，擅自降低服务标准，将合同承诺的"进口空调旅游大巴"换成了"国产金龙空调大巴"，将住宿标准由原来承诺的二星级酒店变为了招待所。

李先生等26名游客认为旅行社违反合同约定，降低服务档次，

要求旅行社退还全部团款，并赔偿每人 500 元的精神损失费。

旅行社认为，因为是旅游旺季，旅游目的地的接待能力有限，旅行社是在花了很大努力的情况下才安排了车和住宿，降低服务标准是旅行社无法左右的客观现实造成的，不存在主观故意。旅行社愿意退还降低服务档次的差价。

法津分析

旅游质量监督管理部门分析与处理：

1. 旅行社违约事实清楚，应当承担赔偿责任。旅游者与旅行社双方在平等自愿的基础上签订的旅游合同是有效的协议，受到法律保护，双方当事人应当自觉遵守。

2. 旅行社没有按照合同约定提供服务存在着主观过错。旅行社是专门提供旅游服务的经营机构，为旅游者安排交通和住宿是其专门的业务，旅游目的地接待能力有限，并不是不可预见、不可避免和不可克服的。旅行社在旅游旺季对旅游市场动态情况掌握不清，对自己的能力把握不准，盲目招徕旅游者组团经营，致使合同不能履行，完全是其自身过错造成的，应当承担相应的责任。

3. 赔偿数额应当依据法律法规执行。李先生等 26 名旅游者要求旅行社退还全部团款，是没有法律法规依据的。李先生等人要求赔偿的精神损失费一事，旅游行政部门不予受理。国家旅游局《旅游投诉暂行规定》只限于对旅游者的经济损失进行赔偿。因此旅游行政部门一般不审理精神赔偿的要求。旅游者有精神赔偿要求的，应当诉至人民法院。旅行社主张赔偿旅游者实际服务档次与双方约定的服务档次的差额也没有体现出对违约行为的惩罚。国家旅游局《旅行社质量保证金赔偿试行标准》第 6 条规定："旅行社安排的旅游活动及服务档次与协议合同不符，造成旅游者经济损失，应当退还旅游者合同金额与实际花费的差额并赔偿同额违约金。"本案中，旅行社安排的"金龙"客车与合同约定的"进口空调旅游大巴"差价每人20元，住宿差价每人30元，旅行社应当退还每位旅游者交通、住宿合同金额与实际花费的差额共50元，并支付合同违约金50元，后旅行社共赔偿26位旅游者2600元。

在旅途中若遇旅游纠纷，可先与组团社的全陪、领队或地接社导游多沟通，不能解决时，再与组团社联系，要求妥善处理。要及时向他们反映自己的意见和建议，听取旅行社的答复后再做决定。若旅行社拒不接受意见，应注意收集证据，待行程结束后再向旅行社交涉或向有关部门投诉或通过法律途径解决。如果客观条件允许，也可以当场向旅行社交涉要求采取补救措施，一般应接受旅行社的合理补救措施，并继续完成旅程。对发生的重大和急难的跨省市旅游纠纷案件，外出的游客可以拨打当地旅游管理部门的投诉电话，请求工作人员予以协调，也可以拨打组团社所在地旅游管理部门的投诉电话要求协调解决。

根据《中华人民共和国消费者权益保护法》第34条的规定，当旅游者认为其合法权益受到侵害时，有五种维权方式可供选择：一是与旅游经营者协商和解，二是请求消费者协会调解，三是向有关行政部门申诉，四是根据与经营者达成的仲裁协议提请仲裁机构仲裁，五是向人民法院提起诉讼。回程后，如游客认为旅行社的服务存在质量问题，可以根据权益受侵害的程度、实际拥有的事实证据、对时效以及赔偿金额的期望值高低和旅行社对事件的处理结果，从上述五种方式中作出具体选择。如需向市旅游管理部门投诉，投诉人应当及时提交赔偿请求书和相关证据资料。

旅游度假者可以对下列损害行为进行投诉：①认为旅游经营者没有提供价值相符的旅游服务；②认为旅游经营者没有履行合同或协议；③认为旅游经营者故意或过失造成旅游者的人身伤害；④认为旅游经营者故意或过失造成旅游者的行李物品破损或丢失；⑤旅

游经营单位的职工私自收受回扣和索要小费；⑥认为旅游经营者欺诈旅游者，损害了旅游者的利益；⑦其他损害旅游者利益的行为。

对旅游度假者提出的投诉，旅游管理部门主要依据国家旅游局发布的《旅行社质量保证金赔偿暂行标准》，认定旅行社的赔偿责任和金额，故游客在确定赔偿金额时，要以双方合同约定的违约责任和管理部门的有关规定为主要依据。如投诉人希望与旅行社以其他方式解决纠纷，可以酌情提出具体可行的办法与对方协商，争取尽快达成共识。此外，根据目前的法律法规规定，绝大多数的旅游违约案件都不支持精神索赔，旅游管理部门也没有依据认定精神损害赔偿。

当案件复杂、重大和极难调解时，尤其是涉及旅游者人身、财物、意外事故等不适用旅行社保证金赔偿范围的经济纠纷案件，建议旅游者尽快选择解决纠纷的其他有效方式，如通过法律途径解决。

31. 不可抗力在旅游途中出现及解决方法

典型案例

某市旅行社组织游客参加包机飞往泰国旅游，行程为5晚6天。由于最近的航空管制，原定今年8月1日和2日的两个包机航班取消，导致前往泰国旅游的游客行程比约定的减少两天，已经在泰国旅游的游客延迟两天返程。旅行社提出游客继续行程，每人补偿300元。有部分游客提出取消行程，旅行社强调机票费用已经产生，只能退还总团款的30%，游客难以接受。如何处理纠纷就摆在了旅行社和旅游主管部门的面前。

法律分析

1.《旅游法》第67条规定："因不可抗力或者旅行社、履行辅助人已尽合理注意义务仍然不能避免的事件，影响旅游行程的，按照下列情形处理：①合同不能继续履行的，旅行社和旅游者均可以解除合同。合同不能完全履行的，旅行社经向旅游者作出说明，可以在合理范围内变更合同；旅游者不同意变更的，可以解除合同。②合同解除的，组团社应当在扣除已向地接社或者履行辅助人支付且不可退还的费用后，将余款退还旅游者；合同变更的，因此增加的费用由旅游者承担，减少的费用退还旅游者。"

《合同法》第 94 条规定："有下列情形之一的，当事人可以解除合同：（一）因不可抗力致使不能实现合同目的……"虽然按照上述法律规定，遇到上述问题时，旅行社和游客有多样选择，如更改行程、解除合同等，但不论是何种方式，旅行社的权益可以得到保障，但都必须解决一个重要的问题：谁来承担旅行社已经支付的相关费用？尤其是机票费用。

（1）从理论上说，只要按照法律规定，旅行社可以要求游客来承担已经发生的费用，旅行社也可以较为从容地证明包机的事实，但旅行社必须解决费用数额的举证难题。上文已经谈到，由于包机业务对于游客个人信息要求不严，机票价格可能也未能明确标注，对于旅行社的举证带来困难，即旅行社如何向游客说明，费用已经发生，且发生的费用有明确的依据。面对一张信息不全、价格不明的登机凭证，旅行社的举证能力并不强，以这样的举证方式来要求游客支付损失，是难以服众的。即使旅行社能够证明已经支付给包机公司相关费用，仍然不能说明特定游客的费用已经支付给包机公司。这是旅行社在做包机业务出现纠纷后的尴尬。

（2）从实务上说，如果旅行社坚持游客必须支付团款的 70%作为包机机票的费用，旅行社可能又陷入另外一个怪圈：旅行社以不合理的低价组团，又触犯了《旅游法》的相关规定，除非旅行社确实能够证明其经营价格的合理性，否则就要面临旅游主管部门的拷问。

在旅游服务过程中，由于天气等不可抗力因素导致旅游合同无法按约履行，进而导致服务纠纷发生的案例不在少数，尤其是在气候变化较为频繁的季节，如台风季节、冰雪灾害季节等，游客和旅行社都拒绝为已经产生的费用承担责任而互不相让，管理部门也为此忙得不可开交。

在我国法律中，对于不可抗力及其后果的规定，主要集中在《民法通则》和《合同法》中。《民法通则》第 107 条规定，因不可抗力不能履行合同或者造成他人损害的，不承担民事责任，法律另有规定的除外。第 153 条规定，本法所称的"不可抗力"，是指不能预见、不能避免并不能克服的客观情况。《合同法》第 117 条规定，因不可抗力不能履行合同的，根据不可抗力的影响，部分或者全部免除责任，但法律另有规定的除外。当事人迟延履行后发生不可抗力的，不能免除责任。第 118 条规定，当事人一方因不可抗力不能履行合同的，应当及时通知对方，以减轻可能给对方造成的损失，并应当在合理期限内提供证明。

虽然法律对不可抗力规定十分明确，但在旅游合同履行过程中，一旦发生不可抗力现象，由于游客和旅行社对不可抗力概念的不同理解，加之旅游合同履行的时效性、关联性及跨地域性等特点，不可抗力对旅游合同履行造成的影响及其后果，仍然时时困扰着旅行社行业。

以不可抗力概念中的所谓"不能预见"为例，游客和旅行社都会以某事件是不能预见为借口，旅行社经常认为机械故障是不可抗力，游客经常认为身体不适是不可抗力，都拒绝承担相应的法律责任。其实，真正的不能预见具有鲜明的时代特征，在十年前属于不可抗力的现象，也许在今天就不属于不可抗力。是否为不可预见，主要依赖于当时的科技水平和人们的一般预见能力。对旅游合同的履行而言，许多所谓的不可抗力，并非真正意义上的不可抗力，只要游客或者旅行社采取了措施，就可以预见且可以克服。

在旅游过程中，导游没有按照旅游合同计划，擅自变更旅游计划，发生不可抗力后，导致某些项目旅行社不能履行。在这种情况下，虽然有不可抗力的出现，但不可以免除旅行社的违约责任。理由是旅行社违约在先。假如旅行社按原计划履行旅游合同，旅游项目的履行就没有障碍，游客的权益也不会遭受损失。所以《合同法》明确规定，当事人迟延履行后发生不可抗力的，不能免除责任。

虽然不可抗力可以成为旅行社和游客减轻或者免责事由，由于旅行社服务业的特殊性，其服务对象是游客，不可抗力的出现必然会给旅行社和游客造成不同形式的损失，其影响也呈现多种不同的形态。

2. 在旅游实务中，旅游合同签订后，由于不可抗力发生在旅游合同履行的不同阶段，给旅游合同的履行造成的影响不尽相同，给旅行社和游客带来的消极后果甚至是损害也是情况各异。

（1）旅游团出团前发生了不可抗力。一般来说，游客与旅行社签订旅游合同到实际履行旅游合同，会有一段间隔时间。就在这段时间里，游客居住地、旅行社所在地及旅游目的地中的任何一方所在地发生了不可抗力，或者同时发生了不可抗力，都直接影响到旅游合同的履行。按照法律规定，发生不可抗力的一方有义务通知对方，并在合理的期限内提供相关证明，其目的是为了尽可能减轻给对方造成的损失。这种情形发生后，通常的处理办法之一是解除旅游合同。根据合同相对性原理，游客可以要求旅行社全额返还旅游团款，但不得要求旅行社赔偿；旅行社也不得扣除游客的团款，以弥补旅行社的损失。在这种情况下，游客的权益得以完全保护，但由于旅行社服务的特殊性，旅行社就面临着经济损失的风险。旅游团的游客的组成往往来自全市各地，甚至是全省各地，居住地较为分散，假如游客居住地发生不可抗力，且持续较长时间，而同团其他游客行程没有受到不可抗力的影响，受不可抗力影响的游客通知旅行社解除合同后，旅行社有全额返还旅游团款的义务，而其他游客按计划出团，旅行社要全额退还该游客的团款就会遭遇障碍。原因之一是由于旅行社向航空公司购买的折扣团队机票，而航空公司与旅行社的约定是，购买此种机票后就不得退票，即使个别游客受到不可抗力的影响，航空公司很难按照旅行社要求为个别游客退票，而游客要求全额退款的要求合情合理，矛盾必将由此产生。处理办法之二是重新签订旅游合同。经过游客与旅行社的协商，或者推迟旅游行程，或者重新确定旅游线路、价格、时间，再组团旅游。这种情况，对游客和旅行社造成的损失最小，甚至没有实际损失。

　　（2）旅游团在机场等地等候出团时发生不可抗力。当游客按约定来到机场、车站，不可抗力可能突然降临。假如不可抗力可以在短时间内消除，对旅游行程影响有限，游客应当承担不可抗力产生的行程缩短的后果，旅行社并不因此承担赔偿责任，但在旅游期间，旅行社应当积极采取诸如提早出团等措施，尽可能弥补游客的损失，游客不得要求旅行社赔偿"行程缩短"的损失。假如不可抗力延续时间较长，导致旅游合同目的不能实现（当然，如何界定旅游合同目的不能实现，又是一个较为棘手的难题），按照《合同法》第94条的规定，游客和旅行社均可以提出解除合同要求。通常的处理方式是，要么旅行社返还全额团款，游客各自返家，要么旅行社与游客协商，重新签订旅游合同。这种情况，会给旅行社和游客带来一定的损失，如旅行社的业务操作费用、游客的交通费用等。

　　在此情况下，旅行社可以向航空公司提出退票，航空公司也会按照旅行社购买价全额退票，表面上看，旅行社没有承担过多的经济负担，但旅行社有时仍然会遇到难以克服的困难。在旅游旺季，旅行社为了确保团队住房，往往是在出团前就向旅游目的地支付住房押金，甚至是全额支付。当不可抗力发生后，从理论上，收取押金的单位和部门有义务退还押金，假如拒绝返还，旅行社完全可以通过协商甚至诉讼解决问题，而事实上，有许多合作单位以各种理由加以拒绝，旅行社考虑到诉讼成本等因素，也只能望押金兴叹。

（3）旅游团行程中发生不可抗力。第三种情形对旅行社和游客都十分棘手，损失也较大。在旅游活动进行中，不可抗力的发生，不可避免地会阻断行程。游客和旅行社必须共同面对这样的事实：要么提早结束旅游行程，要么延长旅游行程。选择前者，就意味着游客必须放弃合同约定的某些服务项目，对游客无疑是一种损失；选择后者，就意味着游客和旅行社必须共同承担一些额外费用，双方都有损失。至于延长行程后，游客在滞留期间产生餐饮、住宿等额外费用的承担问题，法律并没有给出明确的答案，按照"谁受益谁承担"的理论，游客在滞留期间产生的所有费用应当由游客自己承担。

旅行社的困惑是：许多游客认为，在旅游合同履行期间，即使发生了不可抗力，游客没有任何过错，所有费用都不应当由游客承担，因此拒绝承担。旅行社无法说服游客支付费用，既不能采取强制措施，也不能甩手不管，双方的拉锯战由此展开。

（4）不可抗力作用下的几种特殊情形。由于旅游合同履行的跨地域性，经常会出现令旅行社十分被动的情形。

情形之一：杭州旅行社组团，其行程是从杭州起飞，在厦门转机前往境外旅游，旅游团在杭州等待起飞时，机场突降大雾，航班被迫延误，而厦门机场不受天气影响，航班正常起降，等旅游团抵达厦门机场时，厦门飞往境外的航班已按照正常时间起飞，旅游团被迫滞留在厦门，从《合同法》来看，尽管要求旅行社购买前往旅游目的地的机票合乎法律规定，但这的确是旅行社难以承受的经济负担。

情形之二：5.12 汶川大地震发生后，国家旅游局发出指令，要求旅行社停止组团前往地震灾区旅游，这样的指令非常及时和必要。相关旅行社立即通知游客，并解除旅游合同，无条件全额退还团款。问题的关键是，旅行社已经向航空公司购买了机票，航空公司不愿意退还票款，理由很简单，虽然四川发生了地震，但前往成都的航班基本正常，旅行社要退票属于违约行为。如果旅行社不能说服航空公司退票，那么旅行社又面临一次较为惨痛的经济损失，因为机票款是旅游团款最为重要的组成部分。

3. 应对不可抗力的几点建议：

（1）进一步提升旅行社的风险意识。竞争的残酷性，加之旅行社抵抗风险的脆弱性决定了风险意识对于旅行社经营者尤为重要，而现实中，恰恰有一些旅行社风险意识较为薄弱，明知旅游目的地存在不可抗力隐患，仍然坚持组团前往，一旦发生纠纷，又往往以不可抗力作为抗辩理由。部分旅行社缺乏风险意识的另外一个表现，就是没有突发事件的紧急预案。

（2）规范旅行社经营行为是关键。低价竞争是一些旅行社采取的竞争手段。虽然占据了一定的市场份额，得到了一定的经济效益，但也直接降低了旅行社抵御风险的能力。这也是发生不可抗力后，本应由旅行社承担的正常费用也不愿意承担，而一味要求游客承担的原因所在。因此，有关管理部门应引导旅行社调整经营思路，以服务为导向，规范经营行为。

（3）倡导各方的诚信意识。虽然旅游合同已经在旅游服务中广泛应用，但旅游合同不可能包罗万象，不论是旅行社的经营，还是游客参团旅游，或者是旅游供应商的参与，诚信都起到重要作用。即使旅游合同签订得再完备，旅行社利用其职业优势，在服务中仍然可以偷工减料，降低服务品质，损害游客的合法权益；即使旅游合同明确约定，滞留费用由游客承担，但在旅途中游客坚决不承担，旅行社也无可奈何；旅游供应商如饭店，即使旅行社提供了不可抗力的证明，饭店不退还住房押金，旅行社也很难为此走上诉讼之路。如此种种，都需要各环节参与者具备基本的诚信意识，才能保证旅游合同的顺利履行。

（4）将不可抗力的法律后果纳入合同。目前，浙江省旅行社使用的旅游合同，是省旅游局和省工商行政管理局共同制作的，对不可抗力发生的后果作出了原则性约定，如解除旅游合同后，相关费用如何分担；由于不可抗力导致行程滞留，游客和旅行社必须承担的费用；不可抗力发生后，旅行社实际已经发生的操作费用应当由谁承担等等。实践证明，只要相关费用在合同中得到明确约定，不可抗力导致的旅游合同纠纷将大大减少。当然，该约定不能违背《合同法》的基本原理，把该由各自当事人承担的损失转嫁给对方当事人。

（5）将不可抗力损害纳入保险范围。按照我国目前相关法律规定，不可抗力属于免责条款，保险公司不需要承担理赔责任。但随着我国出游人数的不断增多，出游目的地的不断扩大，不可抗力已经成为旅游合同能否顺利履行的重要因素之一，对旅行社和游客权益的损害也日益增多，这点值得旅游业和保险业认真探讨。

32. 旅游合同是否可以随意转让

典型案例‖

案例一：某旅行社和王先生签订了去内蒙古旅游的合同，王先生交纳了全额团费。合同对住宿的约定是：住蒙古包一晚，住三星级酒店三晚。合同签订后的第四天，由于旅行社未能招徕到足够的游客，旅行社取消了团队行程。旅行社通知王先生，请他随另一家旅行社去内蒙古旅游，并且住宿已经变更为蒙古包两晚，住三星级酒店两晚。王先生拒绝了组团社的要求，并向旅游管理部门投诉。

案例二：游客张先生和某国际旅行社签订了出境游旅游合同。由于有重要客户需要接待，张先生无法按约前往旅游。根据合同约定，假如张先生就此放弃旅游，损失会很大。张先生向旅行社提出，由张先生的朋友李先生顶替该名额。由于时间紧迫，无法及时办理护照、签证等相关手续，旅行社拒绝了张先生的要求。在协商未果的情况下，张先生向旅游管理部门投诉。

法津分析‖

合同转让，是指合同权利、义务的转让，亦即当事人一方将合同的权利或义务全部或部分转让给第三人的现象。

1. 所谓旅游合同的转让，是指旅游者或旅行社依法将旅游合同权利、义务全部转让给第三人。旅游合同签订后，由于出现了某种状况，旅行社无法按时成团，或者是旅游者不能随团旅游，不论是旅行社，还是旅游者，假如无法按约履行旅游合同，就面临着承担违约责任的风险。考虑到已经签订旅游合同的既成事实，为了规避风险，旅行社、旅游者都会采取合同转让的方式，尽可能地减少违约带来的经济损失。旅行社通过将签约的旅游者转让给另一家旅行社，旅游者则通过将自己的出游权转让给亲朋好友。所以，旅游合同的转让包括旅行社的转让和旅游者的转让。这里所说的第三人，包括接受转让的旅行社和其他旅游者。

这两则案例，较为典型地反映了旅游合同转让的特征，从中折射出旅游合同转让所包含的以下几个层面的法律问题：

（1）旅游合同的转让有其法律依据。我国现行《合同法》的基本原则之一是合同自由。合同自由原则的核心内容是，合同双方当事人在协商一致的基础上，可以就合同的任何事项进行约定和变更，这自然包括合同的转让。当然，合同双方当事人的约定不得违反国家法律法规强制性规定。在上述案例中，之所以出现了合同纠纷，最后旅游者向旅游管理部门投诉，主要原因是双方虽然进行了有关协商，但未能达成一致的协议。所以，尽管《合同法》允许合同转让，但转让程序必须合法，否则其转让无效。

（2）旅行社和旅游者的权利义务不同。在旅行社与旅游者签订的双务合同中，旅行社与旅游者的权利和义务平等对价，任何一方当事人权利的取得必须以履行相关义务为前提，同样，义务的履行必然导致相应权利的取得。具体来说，在旅游合同中，旅行社具有的权利是向旅游者收取团款，必须承担的义务是按约向旅游者提供服务；旅游者的义务是向旅行社支付团款，其权利是享受旅行社提供的各种服务。换句话说，旅行社收款的权利以履行服务义务为前提，其与旅游者享受服务支付团费是完全对等的。在旅行社的操作程序中，当旅游合同签订完毕，旅游者向旅行社支付了足额的团款，也就意味着旅游者已经履行了合同义务，同时拥有了依约得到服务的权利；与此相对应的是，旅行社接受了旅游费用，这就表明旅行社已经行使了合同权利，必须履行为旅游者提供服务的合同义务。简而言之，在旅游合同的法律关系中，旅游者是该旅游合同的债权人，旅行社则是旅游合同的债务人。所以，我们可以推定，在旅游合同的实际转让中，旅行社所能够转让的是旅游合同的义务，而不是旅游合同权利，即把应当按约由自己为旅游者提供的服务转让给其他旅行社，上述案例一即为此类型。旅游者可以转让的自然是旅游权利，即把按约应当享受的服务权利转让给其他公民，上述案例二为此类型。

（3）旅游合同转让的具体规则。根据《合同法》规定，合同权利和义务的转让，必须遵循以下原则：①合同的转让发生合同主体的变化；②合同的转让并不改变合同原有的权利义务内容；③合同债务的转让必须取得债权人的同意；④债权人转让权利的，应当通知债务人。未经通知，该转让对债务人不发生效力。

不难看出，不论是债权人的转让，还是债务人的转让，发生变化是合同主体，而不是合同的内容，如果合同内容的变化，就不是我们所说的合同转让，而是合同的变更，不属于本书讨论之列。由于债权人和债务人在合同中权利不尽相同，虽然债权人和债务人都必须履行一定的义务，但《合同法》对他们在转让权利和义务时的要求有质的不同。债权人对自己的债权具有处分权，债权人对债权的处理具有较大的主动性。因为在通常情况下，是由债权人还是第三人来享受合同权利，对债务人履行债务并没有什么影响。所以《合同法》只要求债权人在权利转让时，通知债务人即可。相反，债务人的履行义务直接关系到债权人合法权益的实现，如果债务人将义务随意转让给第三人，就存在债权人权益难以得到保障的可能，使债权人的合法利益的取得受到威胁。所以，合同义务的转让应当履行取得债权人同意的义务，而不仅仅是通知债权人。

（4）具体规则的应用及其他。

2. 旅行社的转让。作为债务人，旅行社和王先生签订合同后，假如难以成团，就必须将事实真相告知王先生，取得王先生的谅解，在征得王先生同意的前提下，将王先生出游计划转让给另一家旅行社，且不能降低原合同约定的服务档次和质量。而事实上，旅行社不仅没有根据法律规定，履行征得旅游者王先生同意的义务，反而擅自将王先生转让给其他旅行社，旅行社违反了《合同法》的规定，应当承担相应的责任。此外，新的旅游合同将住宿进行了实质性的变更，同样事先没有征得王先生同意，任由旅行社的单方决定。由此我们可以得出结论：该案例中，旅行社在两个方面违反了《合同法》的规定，即旅行社转让合同义务时，没有取得旅游者王先生的同意；转让后的旅游合同对原合同住宿标准和档次作了实质性的改变，旅行社的违约显而易见。旅游管理部门应当根据《合同法》和《旅行社条例》等有关规定，责令该旅行社对上述行为进行整改；王先生也有权要求旅行社承担违约责任，赔偿经济损失。

在实务中，旅行社操作中的所谓"并团"就是不规范转让合同义务的具体表现。作为债务人的旅行社，由于各种原因，在合同义务转让的过程中，并没有严格按照《合同法》的规定，转让存在较多的问题，旅游管理部门也经常收到此类投诉，特别是在一些短途旅游线路上尤为突出。一些旅行社和旅游者签订了旅游合同，只告诉旅游者什么时候到某地集合。旅游者在旅行社指定的地点上车后才发现，该旅游团的组成有来自几家旅行社的旅游者，没有全陪，甚至旅游车也是旅游目的地直接派出的，几乎看不出一丝组团社的信息。所有的旅游者都以为自己参加的旅行社是组团社，而事实上很难说哪一家是组团社。这些旅行社的实质任务是和旅游者签订旅游合同和收取团费，合同签订后通知地接旅行社。这样的"并团"也许并没有给旅游者造成实质性的损害，但给旅游者留下的印象是"被卖来卖去"。

只要组团社事先征得旅游者的同意，旅行社的"并团"就是旅行社义务的合法转让。在旅行社的经营正在走向集团化、网络化的今天，严格规范的"并团"应当成为旅行社的经营模式之一。

3. 旅游者的转让。由于债权人转让权利，只需要通知债务人即可，所以案例二中出现的纠纷从理论上说非常容易解决，张先生只要通知旅行社，自己的合同权利已经转让给了李先生，旅行社必须无条件接受，不得以任何理由加以拒绝。假如旅行社不接受张先生的通知，就意味着旅行社违反《合同法》，张先生的投诉也就顺理成章了。

尽管《合同法》对合同权利转让作出了明确的规定，但这些规定在施行的过程中，由于旅游合同的特殊性，经常会遇到一些障碍，旅游者虽然已经履行了通知义务，但旅游者的权利转让仍然颇费周折：

情形之一：旅游者权利的转让可能会增加费用。理论上说，债权人履行了通知义务后，第三人就可以无条件地享受合同权利，但旅游合同的特殊性要求债权人或者第三人增加旅游费用，否则转让就难以达成。比如说，由于合同权利的转让，男性债权人将权利转让给女性第三人，恰好旅游团因此产生了单间，比原计划增加了一个房间，因此而增加的房费应当由债权人承担。如果这些费用由旅行社来承担，就意味着在权利转让中，加重了债务人的负担，于理不合，于法无据。

情形之二：旅游者的权利有时无法转让。旅行社的操作往往需要一个过程，某些服务环节的不可变更导致事实上权利无法转让。团队机票的"不可退票、不可转签"表明，旅游者如果把自己出游权转让给第三人，第三人不可能替代出让人占有该机位，只能重新购票；即使第三人愿意另行购票，在旅游旺季也并不一定能如愿以偿。因此，上述案例二中张先生的权利转让出现障碍也就不足为奇了。在这样的纠纷中，我们很难简单地评判孰是孰非。不能因为法律规定，不顾旅行社业务的实际，一味指责旅行社。

33. 旅游纠纷中侵权和合同之诉的竞合选择

典型案例

游客刘先生称：4 月 20 日，他们一行三人参加了某旅行社组织的"郑、汴、洛二日游"旅游活动，其晚上在入住的星级饭店洗澡滑倒后造成左手桡骨骨折。事件发生后，旅行社负责人和星级饭店工作人员陪同其到附近的医院进行了治疗，并先期支付了治疗费 980 元。随后，刘先生提出了旅行社和星级饭店共同赔偿其后续治疗费、误工费、护理费、精神损失费等共计 5 万元的要求。

旅行社辩称：旅行社为游客刘先生安排的星级饭店为四星级

饭店，该饭店内的各种安全提示齐全，安全防护措施到位。游客造成的伤害是由于游客自己的原因造成的，游客要求旅行社和饭店赔偿5万元的要求不能接受。

法津分析‖

本案涉及违约责任与侵权责任竞合问题。所谓责任竞合，即一个违反义务的行为产生两个以上的法律责任。《合同法》第122条规定，当事人一方的违约行为，侵害对方人身、财产权益的，受损害方有权选择依照本法要求其承担违约责任或者依照其他法律要求其承担侵权责任。同时，最高人民法院《关于审理旅游纠纷案件适用法律若干问题的规定》第14条规定，因旅游辅助服务者的原因造成旅游者人身损害、财产损失，旅游者选择请求旅游辅助服务者承担侵权责任的，人民法院应予支持。因此，法律明确规定了受害方的选择权，充分尊重受害方的意思自治，使得受害方能够根据自身具体情况做出灵活选择，以最大限度地保护自己的合法权益。当事人选择不同的诉由，将会直接影响处理结果。

1. 第一种情况：游客刘先生以违约为由主张自己权益的处理。

（1）责任承担主体。合同是平等主体的自然人、法人、其他组织之间设立、变更、终止民事权利义务关系的协议。合同的相对性决定了一方违约后，另外一方当事人就可要求其作为违约责任承担主体承担相应的违约责任。游客刘先生与旅行社签订了《国内团队旅游合同》依法成立，受法律保护，且其已经履行了支付旅游费用、配合旅行社参加旅游活动的合同义务，游客刘先生作为该合同的权利义务相对人之一，有权要求作为另一相对人的旅行社履行相应的合同义务，并且对违约行为承担相应的违约责任。因此，因合同违约的违约责任承担主体应该是作为合同另外一方当事人的旅行社。

（2）归责原则。违约责任以严格责任原则为一般原则，以过错责任为补充。安全保障权作为游客在旅游活动中最基本的权利，应当在旅行社提供和安排的服务中得到保证，即旅行社应当履行保障游客安全的合同义务。倘若旅行社未完全尽到其相应的合同义务而构成违约，就应承担一定的违约责任。本案中，游客刘先生的人身伤害虽然是在星级饭店内发生的，但旅行社作为合同一方当事人，其就应当承担相应的违约责任。对于旅行社因赔付游客刘先生而造成的的损失可以向作为第三人的星级饭店进行追偿。

（3）举证责任。当事人选择违约为由的，只要证明旅行社违反了合同的约定，存在违约行为即可，无须证明违约人是否存在过错。本案中的游客刘先生只要有证据证明旅行社违反合同约定，未尽安全保障的合同义务（包含提供的产品和服务存在安全隐患、缺乏必要的安全措施及明确的服务提示等），即可主张自己的权益。

（4）赔偿范围。《合同法》第113条规定，当事人一方不履行合同义务或者履行合同义务不符合约定，给对方造成损失的，损失赔偿额应当相当于因违约所造成的损失，包括合同履行后可以获得的利益，但不得超过违反合同一方订立合同时能够预见到或者应当预见到的因违反合同可能造成的损失。违约赔偿作为承担民事责任的一种方式，仅具有补偿功能，一方违约后，违约方赔偿标准和原则应该是弥补合同另一方当事人所遭受的实际损失。

因此，如果游客刘先生以违约为由主张自己的权益，其只要证明其伤害是在旅行社提供的服务中造成的即可，作为合同另外一方当事人的旅行社就应当承担一定的违约责任，该赔偿标准和原则为游客刘先生所遭受的实际损失。但是，游客刘先生所主张的精神损害赔偿无法得到支持。

2. 第二种情况：游客刘先生以侵权为由主张自己权益的处理。

（1）责任承担主体。《侵权责任法》第3条规定被侵权人有权要求侵权人承担侵权责任，第6条规定行为人因过错侵害他人民事权益，应当承担侵权责任。同时，最高人民法院《关于审理旅游纠纷案件适用法律若干问题的规定》第 14 条规定，因旅游辅助服务者的原因造成旅游者人身伤害、财产损失，旅游者选择请求旅游辅助服务者承担侵权责任的，人民法院应予以支持。最高人民法院《关于审理人身损害赔偿案件适用法律若干问题的解释》第 6 条规定，从事住宿、餐饮、娱乐等经营活动或者其他社会活动的自然人、法人、其他组织，未尽合理限度范围内的安全保障义务致使他人遭受人身损害，赔偿权利人请求其承担相应赔偿责任的，人民法院应予支持。根据以上法律规定，在旅行社没有过错的前提下，星级饭店作为直接侵权行为人，应当承担相应的侵权责任。因此，侵权责任承担主体应该是造成游客刘先生人身伤害的星级饭店。

（2）归责原则。侵权责任以过错责任原则为一般原则，以过错推定、公平责任、无过错责任为补充。《消费者权益保护法》第 18 条规定，经营者应当保证其提供的商品或服务符合保障人身、财产安全的要求。对可能危及人身、财产安全的商品和服务，应当向消费者做出真实的说明和明确的警示，并说明和标明正确使用商品或者接受服务的方法以及防止危害发生的方法。安全保障权作为游客最基本的权利，应当在经营者提供和安排的服务中得到保证。游客刘先生受到的伤害是在星级饭店发生的。因此，其只要有证据证明星级饭店在提供和安排的服务中存在过错或瑕疵，就可以直接向侵权行为人即该星级饭店主张自己的合法权益。

（3）举证责任。过错责任实行"谁主张、谁举证"，即受害人对其加害人的侵权行为应承担侵权责任的主张负举证责任，法律规定的特殊侵权行为除外。游客刘先生需要提供因为星级饭店存在的过错或瑕疵以至于给本人造成人身伤害的相应证据。

（4）赔偿范围。《侵权责任法》第 16 条规定，侵害他人造成人身损害的，应当赔偿医疗费、护理费、交通费等为治疗和康复支出的合理费用，以及因误工减少的收入。造成残疾的，还应当赔偿残疾人生活辅助具费和残疾赔偿金。造成死亡的，还应当赔偿丧葬费和死亡赔偿金；该法第26条规定，被侵权人对损害的发生也有过错的，可以减轻侵权人的责任。

因此，如果游客刘先生以侵权为由主张自己的权益，其需要证明星级饭店在提供的服务中存在过错或瑕疵，且该过错是导致自己伤害的直接原因，同时，游客刘先生可以向作为侵权人的该星级饭店主张精神损害赔偿。星级饭店应该根据侵权责任的大小承担相应的赔偿责任。

综上所述，侵权责任与违约责任有诸多差异。此外，两者还在诉讼时效、诉讼管辖、责任承担方式等方面存在着差异。这就要求旅游者在主张自己的权益时，必须根据具体案情和自身条件事先做出选择。法律已经赋予了旅游者选择侵权之诉还是违约之诉的权利，具体选择侵权之诉还是违约之诉，要综合各种因素、权衡利弊之后做出选择。同时，旅游投诉处理机构要根据旅游者提供的证据和请求，首先确定受理的旅游投诉属于违约责任纠纷还是侵权责任纠纷，要求旅游者对于纠纷中存在的责任竞合作出明确的选择，并根据确定的旅游投诉纠纷性质，明确告知旅游者关于违约责任和侵权责任不同的责任承担主体、举证责任、投诉（诉讼）时效、赔偿范围等。对于能够调解的，组织当事人进行调解，对于不能解调或调解不成的投诉案件，建议旅游者依据旅游合同中的约定或相关法律的规定提交仲裁委员会仲裁或依法向人民法院提起诉讼。

34. 游客在旅游期间受伤，保险公司支付保险金后，能否要求旅行社赔偿

典 型案例

2004年春节期间，刘某报名参加了某旅行社组织的赴新马泰

的旅游活动。在泰国旅游时，刘某因车祸受伤双腿致残，在医院治疗期间，花去医药费计 10 余万元。回国后，刘某向旅行社提出索赔要求。旅行社称，按规定应由保险公司赔偿，并协助为刘某取回保险公司给付的 8 万元保险金。刘某认为保险金不足以弥补自身所受伤害，要求旅行社对超出部分给予赔偿。而旅行社以保险公司已经支付赔偿金为由拒绝给予任何赔偿。双方协商未果，刘某将旅行社告上法庭，要求旅行社赔偿医疗费、治疗期间的护理费、因误工减少的收入以及残疾者生活自助费、生活补助费、残疾赔偿金等共 15 余万元。法院审理查明，被告旅行社为节约费用为刘某办理了国内旅游保险（赔偿限额为 8 万元），而没有办理出境旅游保险（赔偿限额为 16 万元），于是判决被告旅行社赔偿原告刘某 7 万元。双方均未上诉。

法 律分析

刘某的损失为 15 万元，但保险公司只赔偿其 8 万元，剩下的损失找谁赔？是找旅行社，还是自认倒霉？根据《消费者权益保护法》第 41 条的规定，经营者提供商品或者服务，造成消费者或者其他受害人人身伤害的，应当支付医疗费、治疗期间的护理费、因误工减少的收入等费用；造成残疾的，还应当支付残疾者生活辅助具费、生活补助费、残疾赔偿金以及由其扶养的人所必需的生活费等费用；构成犯罪的，依法追究刑事责任。旅行社为经营者，旅游者是消费者，对消费者的损害，应适用《消费者权益保护法》的这一规定，当保险公司给付的保险金不足以弥补刘某损失时，刘某有权向旅行社索赔。法院判决旅行社赔偿刘某 7 万元符合这一规定。

35. 为游客办理保险，是责任保险还是意外保险

典型案例‖

浙江温州的柳先生打算带着妻儿外出旅游，在旅行社报团时，旅行社的工作人员告诉他，旅行社已经为他们办理了旅游责任险，但是建议他自己可以另外再投保一份旅游意外险。柳先生便不解了：不是已经有保险了吗？为什么还要另外投保呢？其实很多人都跟柳先生一样，并不清楚旅行社所投保险与自己所办理的旅游意外险之间的区别。

法律分析‖

那么何为旅游责任险呢？旅行社的工作人员介绍说，责任险是国家强制规定旅行社一定要为游客统一办理的保险，但是这种保险只能够承保因旅行社的过失而造成的游客损伤，保险的直接受益人是旅行社本身。如果在旅行过程中，由于游客自身的失误造成的人身伤害，并不在该保险的承保范围以内，因此客观来说，工作人员希望游客能够自己再投保一份旅游意外险，才能有更好的保障。

时下自助游、自驾游等旅游方式也非常流行，对于非参团旅游的游客来说，是没有旅行社提供的旅游责任险的，这种情况下，游客就更加应该为自己投保一份可靠的旅游意外险了。这里要提醒大家注意的是，一般的旅游意外险产品不承保高风险运动，如潜水、攀岩、蹦极、跳伞等等，所以说，如果旅游者的行程当中安排了这些高风险运动项目，则应该选择针对这些项目的保险产品。

36. 旅游合同纠纷

典型案例‖

原告冯某诉称，2004年6月9日，原告所在单位组织员工与被告深圳市某国际旅行社有限公司签订了一份集体旅游合同，共计45人参团旅游。2004年6月24日，成某、冯某作为参团人员按照被告通知要求出游。当旅游进行到第三天的下午，原告乘坐被告安排的旅游大客车在上海市延安高架桥上因违反车辆安全操作规范，撞车后失控翻车，车上的乘客受到不同程度的损伤。经上海市公安局交通警察总队认定，被告安排的大客车因违反操作规程造成交通事故，负交通事故全部责任。

原告冯某系重伤者之一，其3/4~6/7椎间盘突出致残，身体和臂膀留下大面积的创伤性疤痕，丧失了10%劳动能力，经司法鉴定，冯某的伤残等级为十级伤残。为此，冯某请求法院判令被告：①合同违约，并承担违约赔偿责任；②支付残疾赔偿金；③支付被抚养人生活费；④支付后续治疗费；⑤支付精神抚慰金；⑥支付误工费；⑦支付住院伙食补贴费。

被告辩称，被告全面履行了合同义务，不存在违约行为。被告签订旅游合同后，依照旅游业管理规定委托上海某旅行社有限公司承担地接任务，地接社则租用专业旅游车队即安徽滁州市某旅游汽车有限公司的旅游大客车承担交通运输任务。原告乘坐的上述车辆发生交通意外后，被告及时采取措施，安排救治、后续治疗、交通事故的处理及有关保险理赔措施，先后多次往返上海等地，但终因原告认为赔偿标准的适用有问题而拒绝向保险公司理赔。原告的伤害结果虽然是由于交通意外事故造成的，但是被告对此既无过错也无违约，本案属交通事故损害赔偿，应当按道路交通安全法规处理，原告的诉求不符合法律规定，据此，请求法院驳回原告的诉讼请求。

法律分析

2005 年 9 月 22 日，深圳市南山区人民法院作出（2005）深南法民二初字第 1090、1091 号民事判决，判决由被告深圳市某国际旅行社有限公司向原告冯某支付残疾赔偿金、误工费、住院伙食补助费；驳回原告冯某的其他诉讼请求。

本案是在旅游过程中发生的一起特殊交通事故，其特殊性表现在，本案的受害者（原告）没有沿用人们以往的习惯思维与做法将肇事车辆所在单位作为肇事者告上法院，而是将与其所在单位签订旅游合同的旅行社作为被告诉至法院。本案是涉及数个法律关系的新类型案件。本案从原告的诉求看，涉及合同之诉、侵权之诉两个完全不同之诉的法律关系。鉴于本案的特殊性，在人们的生活中又经常遇到，因此，有必要对其进行认真的研习，以寻求既符合法律规定，又符合客观实际的解决途径。同时，探讨该案的判决结果对处理同类型的民事案件具有一定的影响和指导、借鉴意义。

1. 本案争议的焦点是违约之诉还是侵权之诉。本案在审理过程中，就案件如何处理存在着不同的看法。从原、被告的诉求和辩称看，双方争议的焦点是在于这个案件是违约之诉还是侵权之诉。

一种意见认为，本案的被告违约，现有证据可以证明，原告（所在单位）与被告之间，依照双方签订的书面协议已经形成事实上的旅游合同关系，原、被告双方都应当依照合同享有权利并履行义务。由于被告没有保证旅游者的人身安全，违反了合同约定，造成原告人身受到伤害的事实，而伤害事实发生在被告安排的交通工具上。公安机关出具的交通事故责任认定书足以认定，被告雇请的旅游车辆违反操作规程造成交通事故，肇事车辆应当承担全部责任。原告与肇事者及车辆所在单位没有签订任何合同关系，原告系乘坐被告安排的车辆，而发生损伤已是不争的事实。因此，原告是在与被告签订合同后因被告的违约行为造成了违约事实，被告应当承担由违约行为造成的全部违约责任。

另一种意见认为，原告虽然与被告签订了旅游合同，但是运输车辆是上海的旅行社安排的，且车辆是在行驶过程中发生的交通肇事，这是被告无法预见的行为和结果，同时，《旅游组团合同》（以下简称《合同》）第3条规定了违约行为以及被告不承担违约责任的具体情况。依据该条规定，旅游公司因故意或过失未达到本合同规定的内容和标准，而造成甲方直接经济损失；同时，旅游公司服务未达到国家或行业规定的标准。从本案实际发生的具体情况看，原告的人身伤害事实确系交通肇事引起，与被告没有直接的因果关系，且被告无过错。因此，本案为交通事故损害赔偿案件，属侵权之诉，应当适用《道路交通安全法》。由于《合同法》是普通法，而《道路交通安全法》属特别法，根据我国法律适用的原则，特别法优于普通法，本案被告不是交通事故的当事人，而原告的诉讼请求，既不符合合同约定，也不符合现行的法律规定，因此，应当驳回原告的诉讼请求，另寻法律途径解决。

2. 本案的争议焦点是否包括精神损害赔偿和赔偿范围。

（1）赔偿标准是否包括精神损害赔偿。由于本案的原告选择了违约之诉，而从目前人民法院审理案件的实际情况而言，通常是处理因一方违约产生的实际损失，没有将精神损害纳入到赔偿的范围之内；侵权之诉则更多地涉及实际损失和精神损害赔偿的范围。根据《合同法》第122条的规定，在违约之诉中，原告不能同时提出人身损害赔偿和精神损害赔偿两种诉求，也就是说，原告不能在违约之诉中提出精神损害赔偿，因此，本案赔偿的标准不包括精神损害赔偿，只能是交通事故发生时给原告造成的实际损失。原告精神损害赔偿的诉讼请求不能支持。反言之，本案原告如果选择侵权，则按照我国现行法律规定，可以主张精神损害赔偿。

（2）赔偿的范围。依照最高人民法院《关于审理人身损害赔偿案件适用法律若干问题的解释》规定，本案原告发生交通事故后，分别住院治疗，且原告为单位与旅游公司签订合同，同时经司法鉴定伤情分别为十级伤残等级，因此，应当支持原告的残疾赔偿金、误工费、住院伙食费的诉讼请求。

3. 原告后续治疗费等费用是否应当支持。《合同法》规定了损害赔偿的可预见性赔偿原则，通常是指双方在履行合同过程中对一方或双方可预期的财产或利益造成损害（损失）的赔偿。就本案而言，一方面，原告伤残的后续治疗费具有相当的不特定性，需要治疗多长时间、需要从哪些方面治疗，需要花费多少才能完成治疗，诸多不确定的因素决定了治疗本身无法确定赔偿的数额；另一方面，对法官而言，究竟赔偿多少才能达到合情、合理、合法，且以今天的损伤现状设定明日的赔偿数额不论是在法律层面上还是在操作层面上都存在一定的困难。因为本案是违约之诉，原、被告在合同条款中对上述可预见的事实没有明确的约定，当然在这种特殊的服务性合同条款中不能也不可能设定这样的内容，而要以预见性的损失来赔偿原告，则只能是沿用或参照侵权之诉的标准，这在某种意义上讲，又违背了合同法的立法精神。鉴于此，只有在受害一方当事人向法院提出明确、具体的证据，证明其治疗的期限、治疗的手段或方法、治疗的具体金额，否则不应支持原告的后续治疗的费用。

综上，依照《合同法》的有关规定，法院支持原告的残疾赔偿金、误工费、住院伙食费，因原告的证据不足而驳回原告提出的精神损害赔偿、后续治疗费用是合理、合法的。

37. 在合同中约定旅行社无故意或重大过失的不承担责任的免责条款是否有效

典型案例‖

周先生报名参加了当地一知名旅行社组织的一次台湾之行活动，双方签定了旅游合同。在旅游合同中有一款约定"旅游过程中发生人身意外，旅行社概不负责"。正在签订合同时，周先生突然接到公司的一个紧急电话，他对合同条款并未认真阅读，即在旅行社销售人员的指引下匆匆的签字，并缴纳了相关费用就离开了旅行社。周先生一行在台湾旅行期间，由于乘坐的缆车突发障碍，包括周先生等四人均不程度受伤，其中周先生伤情最重。疗伤花去医疗费 8 万余元，周先生要求旅行社赔偿。旅行社拿出当时与周先生签订的旅游合同，辩称，周先生已经认可并承诺在旅游过程中发生的人身意外由自己承担，与旅行社没有关系，基于此理由旅行社没有义务赔偿周先生的损失。

法律分析‖

本案中，要确定旅行社是否承担责任，关键在于周先生与旅行社达成的"旅游过程中发生人身意外，旅行社概不负责"这一免责条款是否成立并生效。

所谓免责条款，是指当事人双方在合同中事先约定的，旨在限制或免除未来责任的条款。如何来判断一个免责条款是否有效呢？根据《民法通则》第 4 条、第 6 条、第 7 条的规定，民事活动必须遵循诚实信用原则，民事活动必须遵守法律，民事活动应当尊重社会公德，不得损害社会公共利益，破坏国家经济计划，扰乱社会经济秩序。这就是判断一个免责条款是否有效的标准。

对于免责条款效力的认定，我国《合同法》作出了明确的规定，该法第 53 条规定："合同中下列免责条款无效：（一）造成对方人身伤害的；（二）因故意或者重大过失造成对方财产损失的。"可见，对于合同履行造成的对方人身伤害，不管违约方有无过错，均不能免责。

2010 年 10 月 13 日出台的《合同违法行为监督处理办法》对于经营者与消费者订立的格式条款式合同进行了详细规定，限制了格式条款成为霸王条款的可能。经营者在与消费者采取格式条款订立合同的，经营者不得在合同条款中免除自己造成消费者人身伤害的责任；因故意或者重大过失造成消费者财产损失的责任；对提供的商品或者服务依法应当承担的保证责任；因违约依法应当承担的违约责任。

本案中周先生与旅行社订立的旅游合同存在着一个免责条款，其内容是："旅游过程中发生人身意外，旅行社概不负责"。显然，这一条款内容是违反《合同法》第 53 条、《合同违法行为监督处理办法》第 9 条的，也是与社会公共道德不相符的。因此这一条款是无效的。但这一免责条款的无效，不影响旅游合同的其他部分的有效。

《消费者权益保护法》第 24 条规定："经营者不得以格式合同、通知、声明、店堂告示等方式作出对消费者不公平、不合理的规定，或者减轻、免除其损害消费者合法权益应当承担的民事责任。格式合同、通知、声明、店堂告示等含有前款所列内容的，其内容无效。"

《合同法》第 39 条规定："采用格式条款订立合同的，提供格式条款的一方应当遵循公平原则确定当事人之间的权利和义务，并采取合理的方式提请对方注意免除或者限制其责任的条款，按照对方的要求，对该条款予以说明。格式条款是当事人为了重复使用而预先拟定，并在订立合同时未与对方协商的条款。"

《合同法》第 40 条规定："格式条款具有本法第五十二条和第

五十三条规定情形的，或者提供格式条款一方免除其责任、加重对方责任、排除对方主要权利的，该条款无效。"

《合同法》第 52 条规定："有下列情形之一的，合同无效：（一）一方以欺诈、胁迫的手段订立合同，损害国家利益；（二）恶意串通，损害国家、集体或者第三人利益；（三）以合法形式掩盖非法目的；（四）损害社会公共利益；（五）违反法律、行政法规的强制性规定。"

《合同法》第 53 条规定："合同中的下列免责条款无效：（一）造成对方人身伤害的；（二）因故意或者重大过失造成对方财产损失的。"

38. 第三人的侵权行为造成旅游者损害，旅行社承担怎样的责任

典型案例‖

2002 年 7 月 6 日，迁安市马兰庄镇 53 名村民同百顺达旅行社订立了国内旅游组团合同，旅行社为其提供五台山、大同、晋中五日游。7 月 11 日，旅行社所租的旅游车行至大石线时，由于司机长时间使用制动，整车制动性能严重下降，旅游车翻入路右侧深沟，致使 53 名游客中 7 人死亡，46 人受伤，山西省繁峙县公安局交通警察大队认定司机负事故全部责任。游客及其家属向法院起诉，要求旅行社赔偿 53 名游客的各种损失费以及精神损失费。迁安市人民法院认为原告依据旅行合同认为旅行社违约起诉理由成立，同时又援引最高人民法院的《关于确定民事侵权精神损害赔偿责任若干问题解释》，认为原告提出的精神损害赔偿理由正当。据此，迁安市法院判决旅行社承担原告包括精神损失费在内的所有损失费，共计 190 余万元。

法律分析

由于第三人的原因使游客人身、财产遭受巨大损失，由此发生的问题如何解决，是目前各旅行社遇到的最大的难题。而旅行社究竟承担违约责任还是侵权责任，旅行社与保险公司的赔偿关系该如何处理则是处理旅游纠纷的关键。要解决这些问题，应当首先明确第三人的法律性质是什么，这对于明确受害游客的索赔从而使游客能够积极快速地获得赔偿至关重要。

对于第三人的法律性质，学界有两种不同的观点。第一种是履行辅助人说，第二种是利他合同中的债务人说。所谓履行辅助人，就是合同的债务人与第三人约定，由第三人帮助债务人履行债务，此第三人就是履行辅助人。第三人与债务人的关系是一种履行承担的契约关系，第三人虽然向债权人（旅游者）履行给付，但是旅游合同关系的债务人仍然负有债务。在旅游合同具体给付当中涉及的第三人，其法律性质是旅行社的债务履行辅助人。理由有如下几点：一方面，从旅游合同本身的特点来看，旅游合同给付具有整体给付性。旅游过程中需要的酒店、交通工具、景点方面的配合，都应视为履行旅游给付，它们都是协助旅行社完成旅游任务的人，它们与旅行社及旅游者之间存在的是联营关系，或者是委托合同关系，或者是其他合同关系。例如当旅行社与交通运输企业之间是委托合同关系时，运输企业的行为即代表旅行社，此种情况下旅游者与运输企业之间不建立直接的合同关系，因此而不能认为它们是旅游债权人即游客的债务人。

另一方面，从合同的相对性来看，也应认为第三人是履行辅助人。合同的相对性要求合同项下的权利义务只能赋予当事人或加在当事人身上，合同只能对合同当事人产生拘束力，而非合同当事人不能诉请强制执行合同。旅游合同的签订是在旅行社与旅游者之间进行的，那么合同的主体应当是旅游经营者和旅游者本身，责任的承担也自然发生在合同主体之间。《合同法》第 121 条规定："当事人一方因第三人原因造成违约的，应当向对方承担违约责任。当事人一方与第三人之间的纠纷，依照法律规定或按照约定解决。"这一规定实际上承认了旅行社应对履行辅助人的行为负责。

再者，把第三人视为履行辅助人有利于游客请求损害赔偿时节省人力、物力和财力。因为一旦发生旅游纠纷，游客首先想到的就是旅行社，而能够最积极迅速对游客作出损害赔偿的也是旅行社。如果某人去国外旅游，发生旅游纠纷，让此游客克服语言障碍漂洋过海寻求赔偿是不切实际的。

最后，旅行社与履行辅助人签订的合同并非典型的利他合同。利他合同，又称为第三人利益合同，指不为自己设定权利，并约定对方当事人向第三人履行义务，第三人因而取得直接请求履行权利的合同。如果把旅游者作为利他合同的受益人，就可以直接取得对饭店、运输公司等具体给付人的直接请求权，这在旅游实践中是不实际的。因为在实践中，一般说来，旅游经营人与旅游营业辅助人并不相识，旅馆、饭店、运输公司等并不知道旅游合同的内容，旅游者对于旅行社与这些具体给付人之间签订的合同也不知情。

因此，在上述案例中，游客将旅行社而不是司机起诉到法院是有其合理根据的。

39. 自驾游纠纷，成败在于证据

典 型案例‖

被告胡某、郑某、郭某、张某、汪某、周某六人系同学关系。2006 年 8 月，上述六被告倡议自驾车辆到四川省遂宁市旅游，并分别邀约了原告汪某和其子蓝某（死者）以及被告古某、杨某、黄某、吕某、阮某，部分人员另带有小孩，共计 21 人分乘三辆车自驾游，并口头约定出游费用由参加自驾游的人员自理，但约定不明确。同月 4 日下午，原告汪某和其子蓝某及被告胡某等人分乘三辆汽车从长寿区川维厂出发，被告胡某（已取得驾驶执照）驾驶事故车渝 BD7359 号长安小型普通客车。原告汪某及其子蓝某、被告郭某以及另外二小孩乘坐该车，其余出行人员则分乘另两辆车。当天 19 时 30 分许，被告胡某驾驶渝 BD7359 号长安客车行至渝邻高速公路 R40Km＋868m 处时，车辆向左发生侧翻，蓝某在事故中受伤，后抢救无效死亡。事故发生后，重庆市交通行政执法总队高速公路支队第二大队两次委托国家客车质量监督检验中心对肇事车辆进行了检验，检验结果为右后轮胎嵌入螺钉和铁丝导致车轮缺气，并造成车轮在行驶时操纵稳定性及制动力降低，容易发生侧翻、跑偏等事故。于是该队作出交通事故认定书认定：被告胡某违反了《中华人民共和国道路交通安全法》第 21 条的规定（即驾驶人驾驶机动车上道路行驶前，应当对机动车的安全技术性能进行认真检查，不得驾驶安全设施不全或者机件不符合技术标准等具有安全隐患的机动车），负此交通事故全部责任，该车乘客不负此次交通事故责任。

同时查明，被告陈某系渝 BD7359 号长安小型普通客车所有人。该车由被告郑某委托被告胡某忠找被告陈某平借出。

法 律分析

2006 年 11 月 7 日，原告起诉至法院要求被告驾驶员胡某和车辆所有人陈某平连带赔偿蓝某死亡赔偿金 231 400 元、丧葬费 9606 元、医疗费 758.10 元、交通费 297 元、食宿费 240 元、误工费 800 元、精神损害抚慰金 30 000 元，共计 273 101.1 元。

法院立案受理后，根据被告胡某、陈某平的申请，依法追加郑某、郭某、张某、汪某、周某、古某、杨某、黄某、吕某、阮某 10 位自驾游成员及租车介绍人胡某忠为本案共同被告，共计 13 个被告。并适用普通程序于 2007 年 1 月 8 日、2007 年 9 月 30 日公开开庭进行了审理。因案情复杂，经该院院长和重庆市第一中级人民法院批准，本案审限期限分别延长了 6 个月，并于 2008 年 1 月 10 日中止审理。

法院审理认为：因出游人员对此次自驾游的费用约定不明确，根据日常生活习惯，应认定自驾游的费用（包括自驾游车辆发生的费用）由全体出游成员均担。此次自驾游的成行系所有自驾成员形成合意的结果，亦应是为所有驾驶成员对自驾游倡议人为准备此次自驾游活动而对外所为民事法律行为的认可。出游前从被告陈某平处借出的渝 BD7359 号长安小型普通客车，借用人应认定为此次自驾游成员中具有民事行为能力的成年人，即原告汪某、被告胡某、郑某、郭某、张某、汪某、周某、古某、杨某、黄某、吕某、阮某共 12 人为借用人。上述当事人在借车后成为该车的实际运行支配和运行受益人，应当承担该车辆在运行支配中出现的风险责任。渝 BD7359 号长安小型普通客车在自驾游途中发生道路交通事故致蓝某死亡，上述被告即为本案的赔偿义务人。对二原告的损失，上述被告应承担各自的赔偿份额并负连带责任。

被告胡某作为肇事车辆驾驶员，经交通事故认定书认定负此次交通事故全部责任，被告胡某系侵权行为人。但被告胡某系自愿无偿为整个自驾游团体提供驾驶服务，且出行前无人对此提出异议，被告胡某执行的是自驾游团体共同事务，在此过程中发生交通事故的民事法律责任应由自驾游团体成员中具有民事行为能力的成年人（借用人）共同承担。被告胡某自愿驾驶渝 BD7359 号长安小型普通客车，其行为已赋予其作为驾驶员特定的安全注意义务，由于其出发前未对车辆安全技术性能进行认真检查，驾驶具有安全隐患的车辆行驶是导致此次交通事故发生的直接原因，被告胡某在此次事故中存在重大过失，其承担的民事赔偿责任应适当多于其他赔偿义务人。

原告汪某作为自驾游成员（借用人）之一，其承担的赔偿份额从损失总额中予以扣除。

被告陈某平借出该车后，便失去了对车辆的运行控制，同时没有证据证明陈某平在出借车辆时知道或者应当知道出借的车辆存在缺陷，故被告陈某平不承担民事赔偿责任。被告胡某忠仅作为联系借用被告陈某平车辆的介绍人，无证据证明其从中获益，亦不应承担民事赔偿责任。

本案因蓝某死亡产生的赔偿费用共计 242 301.10 元。同时，蓝某之死给二原告精神造成严重损害，对二原告要求主张 30 000 元精神损害抚慰金的诉讼请求，本院予以支持。

因此，法院判决如下：由被告胡某赔偿原告蓝 A、汪某 54 460.20 元；被告郑某、郭某、张某、汪某、周某、古某、杨某、黄某、吕某、阮某 10 位自驾游成员各赔偿原告蓝 A、汪某 20 021.90 元；上列被告对本判决第一、二项原告蓝 A、汪某所获得的赔偿款承担连带赔偿责任；驳回原告蓝 A、汪某对被告陈某平、胡某忠的诉讼请求；驳回原告蓝 A、汪某的其他诉讼请求。本案诉讼费 9320 元、保全费 630 元由原告负担 730 元，被告驾驶员胡某负担 1990 元，其余 10 自驾游成员被告各负担 723 元。一审判决后，原告和被告均未提起上诉。

40. 旅游公司违约时可以不可抗力主张免责吗

典型案例

某旅游公司在某报上刊登了"新春南岳衡山赏雪四日游"的广告，并指明 8 个主要的景点。同月，李某等 9 人各交付旅游服务费 460 元，参加了旅游公司组织的该四日游活动。1 月 24 日凌晨 4

时许，李某等9人到达衡山某宾馆，旅游公司的导游郑某（无导游证书）将除李某以外的男女8人混合安排在该宾馆同一房间休息。在24日、25日的游览活动中，因天下大雪，旅游公司只安排李某等9人游览了南岳大庙、福严寺和忠烈祠3个景点。旅游结束后，旅游公司的导游未随团返回，而由李某等9人自行返回。李某等9人返回后，认为旅游公司违反了旅游合同，曾两次找到旅游公司要求赔偿和赔礼道歉，但旅游公司除赔礼道歉外，不同意赔偿李某等9人所要求的赔偿数额。同年4月，李某等9人遂以旅游公司违约为由诉至法院。

李某诉称：旅游公司刊登的广告中指明了8个主要景点，而实际上却只安排本人等9人游览了其中的3个景点。旅游公司的行为违反了旅游合同的约定，故请求法院判令：①旅游公司无偿重新安排本人等9人游览未游的5个景点，否则，退还全部旅游费；②旅游公司应登报向本人等9人赔礼道歉并赔偿精神损失费，共计200元；③赔偿重游5个景点的误工费，共计800元。

旅游公司辩称：由于当时下大雪结冰影响交通，致使李某等9人不能按原定景点进行游览，为此，本公司已向李某等9人赔礼道歉。本公司只同意赔偿李某等9人每日200元，不同意李某等9人的其他诉讼请求。故请求法院判令驳回李某等9人的其他诉讼请求。

法津分析

法院经审理后认为，旅游公司没有按照旅游合同的约定安排李某等人游览全部景点，且所派导游不合格、旅游过程安排不周，违反了旅游合同的约定，损害了李某等9人的利益，故旅游公司应承担违约责任。旅游公司在诉讼前和庭审中已向李某等9人赔礼道歉，李某等9人也表示谅解。据此，判决如下：旅游公司赔偿李某等9人每日300元；驳回李某等9人的其他诉讼请求。

本案争议的焦点在于：旅游公司在旅游活动中因天气原因减少旅游景点是否构成违约，这涉及天气原因能否构成不可抗力的问题；若构成违约，李某等人是否有权要求旅游公司无偿重新安排游览未游的 5 个景点，这涉及违约责任的具体承担方式。

我国《民法通则》规定，因不可抗力不能履行合同或者造成他人损害的，不承担民事责任。这里的"不可抗力"，从法律上讲是指不能预见、不能避免且不能克服的客观情况，其必须具备以下基本条件：①它必须独立存在于人的行为之外，是不能为人的意志所左右的客观情况；②它必须构成损害结果发生的事实原因；③当事人按其现有的能力和应有的谨慎与勤勉不能对这种客观情况及后果加以预见；④不可避免并不能克服。实践中，属于不可抗力的情况主要包括：①自然灾害，如地震、台风、洪水、海啸等；②政府行为，主要指政府颁布的新政策、法律和行政措施导致合同不能履行；③社会异常行为，如罢工、骚乱等使合同不能履行。因此，在具体判断某一情况是否属于不可抗力时，应当结合不可抗力的含义及主要范围，并考虑具体案件情况加以认定。也正是由于不可抗力是法定的免责事由，对当事人的权益影响很大，因此，《合同法》第 118 条规定："当事人一方因不可抗力不能履行合同的，应当及时通知对方，以减轻可能给对方造成的损失，并应当在合理期限内提供证明。"即援引不可抗力而主张免责的一方当事人，应当承担相应的举证责任，证明不可抗力的存在。

而在旅游合同中，旅行社的基本义务是按照旅游合同的约定提供旅游服务，其中，包括严格按照事先安排的旅游行程、旅游项目进行游览活动，提供约定条件的住宿环境、餐饮服务等。如果旅行社没有按照合同约定的数量、质量提供旅游服务，则构成违约，应当承担违约责任，除非存在不可抗力，才可以减轻或者免除其违约责任。

在本案中，由于旅游公司宣传的是"新春南岳衡山赏雪四日游"的广告，因此，对于旅游活动中的风雪天气对服务活动的影响，旅游公司应当有所预见，即这一风险责任应当已在旅游公司的预料之中，不符合不可抗力之"不能预见"的特点，因此不能构成其减轻或免除责任的理由。而且，旅游公司也未能对大雪结冰影响交通致使其不能按照原定景点组织游览提供证据，故旅游公司免责的理由不成立，其应当对李某等人承担违约责任。

《合同法》第107条规定，当事人一方不履行合同义务或者履行合同义务不符合约定的，应当承担继续履行、采取补救措施或者赔偿损失等违约责任。可见，继续履行是违约责任的承担方式之一。在本案中，李某要求旅游公司无偿重新安排游览未游的5个景点或者退回全部旅费。其中要求"旅游公司无偿重新安排游览未游的5个景点"属于要求旅游公司继续履行合同义务的情况。

继续履行，我国合同法也叫强制履行，学说上又称强制实际履行或者依约履行，是指合同当事人一方不履行合同义务或者履行合同义务不符合约定时，经另一方当事人的请求，法律强制其按照合同的约定继续履行合同的义务。这一违约方式的采用需要符合一定的条件：①有违约行为的存在；②是非违约方在合理期限内提出继续履行的请求；③违约方能够履行，这主要是不存在下列情形：第一，履行不能；第二，标的不适宜强制履行；第三，强制履行不具有经济上的合理性。

在本案中，旅游公司没有按照旅游合同约定的8个旅游项目进行游览，只游览了其中的3个，故旅游公司存在违约行为，满足第一个条件。而在本案中，旅游公司安排的是新春赏雪活动，具有特定的时间和事件要求，因此已经失去了继续履行的可能性。故法院对李某等人的这一诉讼要求不予支持，而是判令旅游公司赔偿损失，是适当的。

41. 如何认定旅游合同是否显失公平

典型案例

2003 年 4 月 21 日，孟某参加了甲旅行社组织的"三亚自由人旅行团"，并与旅行社签订了《三亚协议》。协议约定：甲旅行社为孟某提供北京往返三亚的机票并安排其入住三亚某酒店，孟某为此支付费用 3580 元；机票为团队折扣票，不得签转、退换、更改。协议签订后，孟某当即支付了全部费用。4 月 22 日，甲旅行社向其委托的乙旅行社交付了机票费，向某酒店支付了订房费。4 月 24 日，孟某以北京市及外地出现"非典"疫情为由，口头提出退团，并要求甲旅行社退还全部款项。甲旅行社表示，可以代为转让机位和酒店房间，但不同意全部退款。4 月 28 日，孟某传真通知甲旅行社退团，甲旅行社以其未正式办理退团手续为由予以拒绝。4 月 30 日，孟某未参加旅游。而关于甲旅行社已预付的机票和住店费用，乙旅行社表示，按约定不能退款；某酒店表示，游客未入住不退款。因甲旅行社拒不退款，孟某遂诉至法院。

孟某诉称：由于出现"非典"疫情，本人不得不向甲旅行社提出退团、返还费用，却遭到了甲旅行社的拒绝。本人与甲旅行社签订的协议是格式合同，甲旅行社未向本人告知机票和房款不能退还，因此该协议显失公平。故请求法院判决撤销该协议，由甲旅行社退还给本人 3580 元。

甲旅行社辩称：孟某以"非典"为由提出退团要求时，本社已经向有关航空公司和酒店支付了全部预付款，开始履行协议，有关费用无法退还给孟某。孟某没有正式办理退团手续，本社只能继续按协议执行，由此产生的经济损失，不应由本社承担。故请求法院判决驳回孟某的诉讼请求。

法津分析

法院经审理后认为，首先，孟某要求免责并解除合同的主张不能成立。当时我国虽然出现了"非典"疫情，但疫情范围很小，对普通公众的日常生活不构成危害，故"非典"疫情不能作为免责并解除合同的依据。且根据《合同法》第117条的规定，不可抗力因素不是当事人不承担解除合同责任的必然条件，故孟某以此为由单方面要求解除合同并由甲旅行社承担全部责任的主张，缺乏事实和法律依据，法院不予支持。其次，合同未履行的责任应由孟某承担。合同生效后，双方当事人应按照合同的约定认真履行义务。一方提出解除合同的，应积极与对方协商，而不能强行要求解除合同，并要求对方承担全部损失。孟某虽提出解除合同，但并未与甲旅行社达成一致意见，且甲旅行社已为孟某预定了机票和酒店房间，合乎常理，且有相应的证据，故孟某的行为已经违约，给甲旅行社造成了损失，故该法律后果应由孟某承担。双方协议中已载明"机票为团队折扣票，不得签转、退换、更改"，这说明双方在签订合同时，已就有关事宜作出了约定，该约定不属于《合同法》规定的格式合同的禁止条件，孟某根据协议享受的权利与甲旅行社提供的服务相当，主张其显失公平没有法律依据。据此，判决如下：①终止孟某、甲旅行社签订的《三亚协议》；②驳回孟某要求撤销《三亚协议》、退还3580元的诉讼请求。

本案的争议焦点在于"非典"疫情能否成为免责并解除合同的理由。

合同终止指合同当事人双方在合同关系建立以后，因一定的法律事实的出现，使合同确立的权利义务关系消灭。合同权利义务终止的原因有多种，《合同法》第91条规定有下列情形之一的，合同的权利义务终止：①债务已经按照约定履行；②合同解除；

③债务相互抵销；④债务人依法将标的物提存；⑤债权人免除债务；⑥债权债务同归于一人；⑦法律规定或者当事人约定终止的其他情形。

可见，权利义务终止的原因之一就是合同的解除。而所谓合同的解除，是指合同成立后，当解除的条件具备时，因当事人一方或者双方的意思表示，使合同关系自始或者仅向将来消灭的行为。

合同解除可以分为法定解除和约定解除，又可以分为协议解除和单方解除。单方解除，是指解除权人行使解除权将合同解除的行为。它不必经过对方当事人的同意，只要解除权人将解除合同的意思表示直接通知对方，或经过人民法院或仲裁机构向对方主张，即可发生合同解除的效果。协议解除，是指当事人双方通过协商同意将合同解除的行为（《合同法》第93条第1款规定：当事人协商一致，可以解除合同）。它不以解除权的存在为必要，解除行为也不是解除权的行使。约定解除，是指当事人以合同形式，约定为一方或双方保留解除权的解除。其中，保留解除权的合意，称之为解约条款。解除权可以保留给当事人一方，也可以保留给当事人双方。保留解除权，可以在当事人订立合同时约定，也可以在以后另订立保留解除权的合同。合同解除的条件由法律直接加以规定者，其解除为法定解除。在法定解除中，有的以适用于所有合同的条件为解除条件，有的则仅以适用于特定合同的条件为解除条件。前者为一般法定解除，后者称为特别法定解除。

《合同法》第94条对合同的法定解除作出了规定，有下列情形之一的，当事人可以解除合同：①因不可抗力致使不能实现合同目的；②在履行期限届满之前，当事人一方明确表示或者以自己的行为表明不履行主要债务；③当事人一方迟延履行主要债务，经催告后在合理期限内仍未履行；④当事人一方迟延履行债务或者有其他违约行为致使不能实现合同目的；⑤法律规定的其他情形。

据此只要符合上述五种情形之一，任何一方当事人都可以主张解除合同，且自通知到达对方时合同解除。如果对方当事人对于合同解除有异议，其可以请求人民法院或者仲裁机构确认解除合同的效力。

在本案中，不存在约定解除的情况，即孟某与甲旅行社并没有就发生"非典"即解除合同作出约定，因此，孟某若要解除合同，或者存在法定解除的情况，或者其与甲旅行社之间协商一致。而在本案发生当时，我国虽然出现了"非典"疫情，但疫情范围很小，对普通公众的日常生活影响很小，不属于不可抗力，故孟某不能以"非典"疫情为由要求解除合同。本案法院对这一问题的认定是正确的。即使"非典"属于不可抗力，也不会必然导致解除合同的后果，只有当不可抗力的发生导致不能实现合同目的时，当事人才可以解除合同。在本案中也没有出现符合第94条规定条件的情形，故本案不适用法定解除。而孟某虽然提出解除合同，但并未与甲旅行社达成一致意见，故本案也不适用协议解除。因此本案中的旅游合同仍然有效，对双方具有法律约束力，双方都应当履行旅游合同约定的义务。在甲旅行社已经支付了机票费和住宿费的情况下，孟某却没有随团旅游，因此，孟某违约，应当自行承担损失，故孟某无权要求旅行社返还其已经支付的费用。

42. 旅游公司不完全履行合同，游客可否请求精神损害赔偿

典 型案例 ‖

甲某因购买楼盘，开发商某房地产公司向其赠送了由乙旅游公司组团的泰国六天豪华游，甲某没有亲自与乙旅游公司签订旅游合同，而由房地产公司与乙旅游公司签订《出境旅游组团合

同》，旅游时间为 2003 年 12 月 30 日至 2004 年 1 月 4 日，团费为每日 1780 元。合同签订后，乙旅游公司向甲某发出了《行程报价单》，该报价单记载了食、住、玩的标准。2004 年 2 月 28 日，乙旅游公司向甲某发出了《乙旅游公司出团通知书》，该通知书记载了具体的日程安排，另在注意事项中列明：须支付境外导游小费，每天每人 20 元港币。泰国导游会建议游客参加一些自费项目，人民币 500 到 800 元每人。2004 年 12 月 30 日晚，乙旅游公司导游收取甲某 120 元港币小费。到泰国后，泰国导游向甲某发出泰国自费项目表，收费标准分别是 880 元、1400 元、1700 元。甲某对乙旅游公司及泰国导游擅自提高自费旅游价格不能接受，没有参加自费项目。团队 2004 年 1 月 1 日到达芭提雅的金沙酒店后，已参加自费项目的游客取得了房间钥匙入住，因未参加自费项目而与导游发生争议的甲某未取得房间钥匙，留在酒店的大堂中至凌晨 3 点才入住，致使甲某不能参加 2004 年 1 月 2 日芭提雅的活动。

旅游归来后，甲某与另外 10 名游客以乙旅游公司没有依行程报价单的标准提供午餐，擅自提供自费旅游项目价格，对不愿参加自费旅游项目的甲某及其他游客进行刁难、折磨，并剥夺其入住酒店的权利为由，于 2004 年 1 月 8 日向旅游质量监督管理所投诉，请求乙旅游公司对甲某的身心、精神、时间、金钱等方面受到的损失作出合理的赔偿。

2004 年 4 月 8 日，旅游质量监督管理所作出《旅游质量投诉处理决定书》，其主要内容为：经本所调查核实，投诉人于 2003 年 12 月 30 日参加由乙旅游公司组织的泰国曼谷芭提雅六天豪华团，行程第 1 日领队向游客每人收取 120 元港币小费；第 3 日乙旅游公司安排的住宿不达标；第 2 日晚餐、第 3 日午餐以及第 5 日午餐均未达到合同约定的服务质量标准；第 4 日乙旅游公司没有安排游客前往珊瑚岛游览。以上情况基本属实。根据现有举证材料，依照《旅行社质量保证金赔偿试行标准》第 6 条、第 8 条第 6 款、

第 10 条的规定以及泰国旅游局向国家旅游局提供的泰国游接待参考价格，对此案处理决定如下：乙旅游公司应赔偿甲某等 11 名游客损失折合人民币每人 568 元。当事人双方对上诉决定不服的，可在接到决定书之日起 15 日内向国家旅游局质监所申诉。

甲某收到上述决定书后，没有向国家旅游局质监所申诉，也没有向法院提出行政诉讼。2004 年 6 月 15 日，甲某以与向旅游质量监督管理所投诉时基本相同的理由向法院提起民事诉讼。

法 律分析

法院经审理认为，甲某通过赠送旅游的房地产公司与乙旅游公司签订合同，由乙旅游公司提供泰国旅游消费服务，甲某与乙旅游公司双方的旅游合同关系成立。同时甲某等游客通过支付一定的费用带来身心的愉悦，乙旅游公司提供旅游服务以满足甲某的目的，故甲某、乙旅游公司符合消费者、经营者的特征，甲某的合法权益应受消费者权益保护法律的保护。根据《中国公民出国旅游管理办法》第 16 条的规定，旅行社、组团社应当维护旅游者合法权益，应当按照旅游合同约定条件为旅游者提供服务，不得擅自改变行程、减少旅游项目，不得强迫旅游者参加额外付费项目，对境外接团社违法前述规定要求的，组团社、领队应予以制止。本案乙旅游公司在向甲某提供旅游服务中，对自费游项目、活动没有恰当的尊重游客的选择，在甲某等游客表示自费游价格前后不一致而不同意去游玩时，没有很好的为甲某与泰国当地接团社进行沟通，在甲某表示不去自费项目游玩后没有及时妥善的安置甲某等人，使甲某第二天（1 月 1 日）晚上未得到很好的休息、第三日的游玩活动未能参加，因此乙旅游公司未能依法律的规定及合同约定充分保障甲某的合法权益，对甲某等游客提供的旅游服务质量存在瑕疵，乙旅游公司应承担违约责任，赔偿甲某的经济损失。甲某在该次出境游第三天未能参加活动，其损失可按乙旅游公司提出的 18 美元标准计，按当时汇价约人民币 148 元。按合同规定，在乙旅游公司提供良好服务条件下付境外导游 20 元每人，即甲某应付 120 元港币，但乙旅游公司在旅游行程一开始即收小费，同时合同约定是"须"付小费，合同条款违反了付小费应是自愿的原则，乙旅游公司提供的旅游服务质量也存在瑕疵，因此乙旅游公司应退还甲某小费人民币 127 元（按当时汇价）。另乙旅游公司未按合同约定给甲某等游客提供标准的午餐，乙旅游公司应适当赔偿甲某该损失 50 元。

关于甲某要求赔礼道歉及赔偿精神损失的法律依据问题，法院认为旅游合同是一项特殊的服务消费合同，旅游是合同的标的，但旅游是一种以精神产品为主的消费行为，旅游合同的不履行或不完全履行，会直接造成游客精神上的阻滞和损害，因此乙旅游公司的违约行为直接造成甲某的精神损害，乙旅游公司应适当赔偿甲某的精神损失。故甲某起诉要求赔偿精神损失的请求合理、合法，法院予以支持。根据甲某旅游行程性质、目的及乙旅游公司违约后果考虑，乙旅游公司适当赔偿甲某精神损失费 300 元。乙旅游公司在履行合同中并无人格侵权行为，也未限制甲某的人身自由，甲某要求乙旅游公司赔礼道歉，依据不足，法院不予支持。

本案争议的焦点在于游客对旅行社的不完全履行合同的行为是否可要求精神赔偿。

关于精神损害赔偿责任的问题，多数学者认为旅游合同的违约责任中应该包括精神损害赔偿，因为旅游活动不仅是一种商业购物活动，对于旅游者而言也是一种精神活动，体现为旅游者通过旅游可以获得精神愉悦、身心放松。旅游度假是一种期待的精神享受利益，旅行社在订立合同的时候应该能够预见到其违约行为将会导致游客精神利益损害，具有可预见性，所以根据《合同法》第 113 条的规定，违约方应当予以赔偿。这也是与精神损害赔偿责任制度设立的目的相吻合的。因此在旅游合同中确定违约精神损害赔偿具有重要意义，旅行社应适当承担赔偿消费者精神损失的民事责任。

43. 混合过错致人损害时，应如何承担责任

典型案例

2005年5月5日，甲某、乙某、丙某等17人参加了由丁旅行社组织的某风景区二日自驾游。由此丁旅行社应为甲某等一行人安排导游服务。当日13时45分左右，戊公司的导游带甲某、乙某、丙某等一行人进入某风景区。当时天色阴沉，有人提出可能会下雨，建议导游调整行程，先就近游玩，次日再进入景区内林区，但导游称即使下雨也不会持续很长时间，坚持带一行人进入林区，进入迎宾大道后，天色更加阴沉，有人再次建议导游不要前行，但导游借了雨具后仍要求大家往林区走。不久即开始刮风，并下起大雨，导游称往回走有一个茶馆可以避雨，一行人便折回原路。14时7分，行至距迎宾大道入口约300米处时，丙某被一颗折断的马尾松砸伤倒地。丙某受伤后，同伴立即联系急救中心及景区工作人员实施救援。一段时间后，景区工作人员抬来一张桌子，将丙某抬到风景区广场，后又从广场运至停车场。在救护车到来之前，景区工作人员打电话联系景区医生进行救治，但景区的医生始终没有出现，现场未采取任何急救措施。救护车约于15时赶到，15时30分将丙某送到医院，经抢救无效，丙某于当日死亡。经法医鉴定，丙某是生前被树干砸压致严重的颅脑损伤和血气胸而死亡。戊公司已于案发后支付给丙某亲属赔偿金2万元、丧葬费2872.2元。

同时，2002年10月20日，戊公司与庚医院签订《协议书》，约定：当遇到较大病患及意外，戊公司安排在景区的医务人员无

法医治时，庚医院愿意在力所能及的情况下协助医治。辛某是戊公司安排在景区的医生。2005 年 4 月 10 日，戊公司制定景区安全应急救援预案，其中"重特大伤亡事件应急处理"规定：因交通、火灾、水灾、经营设施、自然灾害等引发重特大伤亡事件，应急救援领导小组接到报告后，应立即组织医务人员和抢救人员，配备必要的抢险救助设备、设施（如担架、药械等），进行现场施救，同时联系 120 救护中心和庚医院救护中心派出救护车和救护人员进行抢救。

另外，根据马尾松树木健康状况、断枝抛落位置和木材样品力学性能测试结果，该马尾松主梢褐腐对二级枝折断有一定影响，但不是该二级枝折断的主要原因，在通常天气变化情况下的风力不足以导致该二级枝折断，其折断的直接原因是受强风袭击。根据公证处 2005 年 5 月 6 日的现场记录公证书，当时"现场周围目测未见其他断树"。此外，戊公司经营的风景区是 AAAA 级景区。根据国家质量技术监督局批准的有关旅游区质量等级的划分与评定的规定，AAAA 级旅游区在旅游安全方面，应当符合"救护等设备齐全、完好、有效，建立紧急救援体系，或设立医务室，配备专职医务人员，突发事件应急处理能力强，事故处理及时、妥当"的要求。

由于丙某家属甲某、乙某与戊公司等就赔偿事宜无法协商一致，甲某、乙某遂起诉。

甲某等诉称：甲某是本案受害人丙某的妻子，乙某是丙某的女儿，任某是丙某的母亲。丁旅行社负有保障游客安全的法定义务，其导游没有充分考虑天气情况和游客意见，谨慎、安全的安排行程，而是为了完成任务，在极为不利的天气情况下坚持要求游客上山，其错误行为与事故的发生有重大的因果关系，故丁旅行社应当对丙某的死亡承担责任；被告戊公司应当知道天气、树木是影响游客安全的重要因素，却未作任何防范，且在事故发生后连最基本的救护手段都不能提供，延误了最佳救治时机，应对丙某的死亡承担责任。请求判令二者连带赔偿甲某方丧葬费 9510元、被抚养人生活费 161 085 元、死亡补偿费 288 860 元、误工费9654.8 元、交通费 2406 元，并支付精神损害抚慰金 10 万元。

丁旅行社辩称：甲某、乙某及被害人丙某参加的是自驾游，丁旅行社未提供全陪导游服务，为甲某提供导游服务的是戊公司的导游，丁旅行社对于事故的发生没有过错，也无违反合同义务的行为，不应承担任何责任。请求驳回甲某方对丁旅行社的诉讼请求。

戊公司辩称：案发当时，不可预测的飑线导致大树折断，砸伤受害人丙某致其死亡，该事件的发生属不可抗力；被风吹断的马尾松原本长势良好，戊公司对该树木的管理没有瑕疵，故对事件的发生没有过错；事件发生后，戊公司对被害人的救护措施并无不当。请求依法判决。

法津分析

法院经审理认为，导游不顾恶劣天气坚持带游客冒险进入林区的错误行为，被告戊公司管理不善致使马尾松折断伤人，事件发生后又未尽最大救助努力，这三个因素均是导致被害人丙某死亡后果发生的原因。其中，导游的错误行为是导致事故发生的次要原因，其原因力酌定为 20%；戊公司管理不善致使马尾松折断以及事后救助不力的行为是导致事故发生的重要原因，原因力酌定为 80%。根据最高人民法院《关于审理人身损害赔偿案件适用法律若干问题的解释》第 3 条第 2 款的规定，二人以上没有共同故意或者共同过失，但其分别实施的数个行为间接结合发生同一损害后果的，应当根据过失大小或者原因力比例各自承担相应的赔偿责任。本案中，导游既代表丁旅行社，又代表戊公司，故基于导游的错误行为而产生的责任应由二被告共同承担，各自负担

10%，并互负连带责任；戊公司管理不善致使马尾松折断伤人及事后救助不力，相应责任由戊公司自行承担。原告要求丁旅行社对全部损害后果承担连带责任的诉讼请求缺乏法律依据，不予采纳。合计赔偿金额 550 515.8 元，由丁旅行社对其中的 10% 承担赔偿责任，金额为 55 051.58 元；戊公司对其中的 90% 承担赔偿责任，金额为 495 464.22 元；在 55 051.58 元范围内两被告互负连带责任。戊公司已支付给甲某方的赔偿金 2 万元、丧葬费 2872.2 元，应从戊公司承担部分抵扣。据此判决：丁旅行社赔偿甲某、乙某、任某 55 051.58 元，戊公司赔偿甲某、乙某、任某 495 464.22 元，在 55 051.58 元范围内，丁旅行社、戊公司互负连带责任，驳回甲某、乙某、任某其他诉讼请求。

本案的争议焦点在于混合过错致人损害的责任承担问题。

混合过错责任的认定是审理人身损害赔偿案件过程中经常遇到的难点问题。过错是行为人承担民事责任的主观要件，在一般情况下，除法律另有规定外，行为人只有在有过错的情况下，才能对自己行为所造成的损害后果负责。过错是指当事人实施行为的心理状态，是行为人对自己行为的损害后果的主观态度，过错包括故意和过失两种形式：故意，是指行为人已经预见到自己行为的损害后果，仍然希望它发生或者听任其发生；过失则是指行为人对自己的行为后果应当预见，由于疏忽大意而没有预见或虽然预见到却自信能够避免行为后果的发生，但却没有避免而导致损害发生的一种心理状态。

过错虽然是一种心理状态，但它是通过行为人违反义务的行为表现出来的。判断行为人主观上有无过错，首先要坚持客观标准，要考虑法律的客观要求。过错作为一种心理状态，它的性质在于行为人的意志活动，反映行为人对自己行为的理解和判断能力。在某些情况下，法律规定了过错推定，即只要行为人不能证明他是没有过错的，就推定他违反义务的行为是有过错的。对于法人的过错，既可以以整个法人的过错表现出来，也可以以法定代表人或其工作人员的过错表现出来。过错的具体形式，民法上一般区分为故意、重大过失和一般过失三种。过错作为侵权民事责任必不可少的主观构成要件，对于确定民事责任的影响主要体现在两个方面：首先，决定责任的归属。在一般情况下，加害人只有在行为的主观方面有过错的情况下才承担民事责任，在法律特别规定的情况下，依法应当承担无过错责任的当事人，如果能够证明损害是因受害人或者第三人的过错导致，可以免除民事责任。其次，决定责任的范围。在一个案件（例如本案）存在着两个以上原因过错的情况下（例如混合过错，共同过错），决定民事责任在有关当事人之间的分配，应以他们的过错程度为根据。

本案中，丁旅行社承诺提供优秀导游服务，在其未安排全陪导游的情况下，本案导游既代表戊公司也代表丁旅行社，故丁旅行社对于丙某的死亡也具有过错，应当承担因导游行为而产生的责任。但是，法律、行业规范均未禁止下雨天游览林区，因此尽管导游没有尽到其作为景区引导者、游客组织者的职责，未能在天气恶劣的情况下选择安全的路线游览，存在过错，但这并非事故的主要原因，因此法院认定导游的过错行为是事故发生的次要原因，原因力为20%，是适当的。从受害人丙某受伤到送至医院抢救，戊公司仅实施了抬救行为，并未履行AAAA级景区应尽的救助义务。在救护车到来之前，景区工作人员打电话联络景区医生进行抢救，但景区的医生始终没有出现，现场也没有采取任何急救措施。被告戊公司应当知道天气、林木是影响旅游安全的重要因素，却未作任何防范，且在事故发生后连最基本的救护手段都不能提供，延误了最佳救治时机。由此可见，戊公司对丙某死亡的损害结果是有过错的，是造成丙某死亡的主要原因，应承担主要的民事责任，其原因力认定为80%，是适当的。

44. 旅游景点负有安全保障义务吗

典 型案例 ‖

2001年10月29日上午10时许，李某到某公园游玩，当行至公园竹林处时，被一歹徒抢走诺基亚手机一部，价值1699元、现金200元以及化妆品若干。李某在歹徒搏斗中头部受伤，到某医院治疗，花费医疗费45.5元。抢劫后，歹徒利用公园围墙上的孔洞和围墙下的石头，迅速的翻越围墙逃跑。事发后，李某高声呼救，但始终没有公园管理人员到达现场，且在李某到公园保卫处报案时，该处负责人还称其没有权力，态度消极。李某甚为恼怒，遂诉至法院。

李某诉称：由于公园没有修复围墙，也未设置任何防范措施或竖立警示标志，导致本人被抢，给本人的身心和财产均造成损害。故请求法院判决公园赔偿本人手机等财物损失1900元、医疗费45.5元，以及赔偿精神损失费5000元。

公园辩称：李某在公园游玩时被抢劫，其侵害主体是实施侵害的行为人，依国家相关法律规定的罪责自负原则，应当由实施侵害的行为人承担刑事和民事责任。公园只是犯罪实施的场所，并没有对李某的身体和财产造成损害。公园的治安管理属公安机关的职权范围，公园保卫部门的职权仅限于内部保卫和维护正常生产、工作秩序。抢劫犯罪具有突发性和场所非确定性，防止此类犯罪并不能以是否设置警示标志来确认其是否应当承担责任。据此，请求法院驳回李某的诉讼请求。

法 律分析 ‖

法院经审理后认为，由于李某称其于2001年10月29日到公园游玩时被抢劫一案是刑事案件，该案尚未被公安机关破获。因此，对于事件发生经过、致害人及李某被抢劫的具体财物，法院不能对其进行确认。由于案件的基本事实和李某财物受损情况不能确定，导致其缺乏民事赔偿的要件。至于事发后公园的态度，并不是构成民事损害赔偿的要件。李某申请法院到公安机关调查事发地曾发生多起抢劫案件，对于这一申请，由于先前是否发生抢劫案件并不能证实李某陈述的事实，因此，法院对此不予支持。

本案的争议焦点是公园对于在其园内游览的游客的人身、财物遭他人侵害是否承担赔偿责任。

我国《侵权责任法》第 37 条规定："宾馆、商场、银行、车站、娱乐场所等公共场所的管理人或者群众性活动的组织者，未尽到安全保障义务，造成他人损害的，应当承担侵权责任。因第三人的行为造成他人损害的，由第三人承担侵权责任；管理人或者组织者未尽到安全保障义务的，承担相应的补充责任。"

游客在公园中受伤后，应首先明确自己的伤害后果是否因第三人所致，如确为第三人所致，应及时与该第三人沟通解决，并可报警处理，寻求公安机关帮助并保留必要的现场证据及第三人身份信息，以备维权所需。在此基础之上，可考虑此次伤害是否公园亦未尽到相应的安全保障义务，并在公园未尽到义务时以补充责任为由向公园管理处提出主张，必要时提起诉讼。

公园作为"公共场所的管理人"，其对相关公众在合理限度范围内负有安全保障的义务，如游客因公园未尽到安全保障义务而遭受损害，可以依法请求相应的损害赔偿。不过该义务仅仅是"合理限度内的"，因此判断公园是否应向受害游客承担责任的重要标准之一就是该伤害是否因公园没有尽到其应尽的"合理的"安全保障义务而造成。

所谓"合理的"义务，对于公园来说，在其可以预见危险的合理范围内承担危险告知、行为提示和安全管理的义务，将可能威胁游客人身和财产安全的隐患降低至最低即其"合理限度内的"安全保障责任。公园如在该限度内因工作缺失而对游客造成伤害或增加了游客受伤的可能性，即应在此范围内承担责任。

在一般的民事案件之中，"无过错则无责任"是最基本的归责原则，在游客于公园中受到伤害的案件同样适用。对于游客来说，在受到伤害之后，应对自己受到伤害的真实原因有清晰和理性的判断。如受伤是出于自己的过错，那么为自己的过错承担相应的责任不仅仅是法律，同样也是社会伦理的普遍要求。此外，己方过错还存在另一种情形，即该伤害的后果的确因公园未尽到相应责任而发生，但自己对该伤害的发生也确有一定的过错。根据相关法律规定，在此情况下，公园的责任可以减轻。

45. 受害人有过错，是否可以减轻赔偿义务人的责任

典型案例

2005 年 10 月 30 日，乙某向丁跑马场购置马一匹、马车一辆。同时雇请该马的饲养人庚某为其养马，并从事顾客的游乐服务活动。2006 年 2 月 6 日，甲某（9 周岁）随其父母以及其他随同的小朋友到乙某开设的某山庄游玩。游玩期间，甲某之父丙某与该山庄负责沙滩车的庚某约定：甲某与其中一个小朋友辛某同时乘坐沙滩车绕湖一圈，两小孩的安全由庚某负责，乘坐完毕由丙某向庚某支付服务费 10 元。之后，由庚某安排辛某乘坐沙滩车的驾驶台，甲某乘坐在辛某之后位。当沙滩车行至 50 米外的湖堤中段时，该沙滩车滑至坡下，致使甲某右腿受伤。甲某即被送往医院治疗，先后花去医疗费 3225.2 元，其中，甲某在某中医院门诊的医疗费为 815.2 元，某医院附属诊所的医疗费 2410 元。甲某受伤后，在其治疗及上学期间由父母护理 124 天，其伤残等级为 10 级。

由于双方就赔偿问题无法协商一致，甲某遂诉至法院，并由其法定代理人丙某代为诉讼。

甲某诉称：乙某在其开设的游乐场所，未采取任何防护措施，也未履行其安全义务。据此，乙某对本人右腿受伤应承担民事赔偿责任，故诉至法院要求其承担医疗费 3216.7 元、护理费 3750元、营养补助费 1500 元、鉴定费 300 元、伤残赔偿金 20 488 元，共计 29 254.7 元。

乙某辩称：2005 年 10 元 30 日，本人向丁跑马场购置马一匹及马车一辆，并雇请该马的饲养人庚某为本人养马。雇佣期间，庚某虽有将其沙滩车租与游客玩耍的行为，但该沙滩车不属山庄经营项目，故甲某主张其在本人经营的山庄中右腿受伤的事实不成立，应驳回甲某的诉讼请求。

法律分析

法院经审理认为：2006 年 2 月 6 日，原告随其父母到被告开设的某山庄游玩时受伤，是因为经营沙滩车的庚某未尽安全义务所致。而庚某是被告乙某为从事游客的游乐服务活动，而由被告乙某雇请的养马之人，因此，庚某与被告乙某之间是雇佣合同关系。根据最高人民法院《关于审理人身损害赔偿案件适用法律若干问题的解释》第 9 条的规定，被告对庚某在履行游乐服务过程中致使原告右腿受伤的行为，应承担替代赔偿责任。因此，对原告要求被告承担民事赔偿责任的主张，法院予以支持。此外，原告乘坐沙滩车时，虽为无民事行为能力人，但原告随其监护人丙某一道游乐，其监护人应当对原告履行监护之责，然而丙某明知乘坐沙滩车具有危险性却让原告乘坐辛某驾驶的沙滩车导致事故的发生。根据《民法通则》第 131 条的规定，应当减轻被告的民事赔偿责任。

据此，根据《消费者权益保护法》第 41 条、最高人民法院

《关于审理人身损害赔偿案件适用法律若干问题的解释》第9条的规定，判决如下：被告乙某向原告甲某赔偿医疗费、护理费、伤残赔偿金及鉴定费共计16 640元，其余损失由原告甲某自负；驳回原告的其他诉讼请求。

本案中主要是认定乙某、庚某与原告之间的责任承担问题。

最高人民法院《关于审理人身损害赔偿案件适用法律若干问题的解释》第6条规定："从事住宿、餐饮、娱乐等经营活动或者其他社会活动的自然人、法人、其他组织，未尽合理限度范围内的安全保障义务致使他人遭受人身损害，赔偿权利人请求其承担相应赔偿责任的，人民法院应予支持。"从该条的文义来看，安全保障义务前缀有定语"未尽合理限度范围内"，对赔偿权利人所请求的赔偿责任前亦缀有定语"相应"，这些文字的表述，足以表明在该司法解释中已为安全保障义务人不承担全部赔偿责任预留了足够的"空间"。

本案中，某山庄的沙滩车虽由庚某负责经营，但庚某是被告乙某为从事顾客的游乐服务活动所雇请的养马之人，并且受雇期间庚某是受被告的支配从事游乐服务的，因此可以认定庚某与被告乙某之间成立雇佣合同关系。根据最高人民法院《关于审理人身损害赔偿案件适用法律若干问题的解释》第9条第1款的规定，雇员在从事雇佣活动中致人损害的，雇主应当承担赔偿责任；雇员因故意或者重大过失致人损害的，应当与雇主承担连带赔偿责任。雇主承担连带赔偿责任的，可以向雇员追偿。本案中，原告甲某在游玩期间因乘坐沙滩车受损的赔偿责任，应由被告乙某承担。作为被告乙某雇员的庚某，对甲某的损害是存在过错的，因此，在其雇主乙某承担赔偿责任后，可以向有过错的雇员庚某追偿。

此外，原告甲某乘坐沙滩车时，虽为无民事行为能力人，但原告随其监护人丙某一道游乐，其监护人应当对原告履行监护之责，然而丙某明知乘坐沙滩车具有危险性却让原告乘坐辛某驾驶的沙滩车导致事故的发生。因此，丙某对原告甲某所受之伤，也具有一定的过错。《民法通则》第 131 条规定："受害人对于损害的发生也有过错的，可以减轻侵害人的民事责任。"据此，原、被告之间构成混合过错，应适当减轻被告的民事责任。

46. 未成年人在景区内受到损害的，其监护人应当承担责任吗

典 型案例

2005 年 6 月 1 日中午，甲某、乙某、丙某、丁某四人（均为 10 周岁以下）结伴到戊旅游区游玩。四人进入园区后，一路步行至园区内的景点之一：碧波湖。在湖边的一个凉亭休息期间，甲某到湖边洗脚，不慎跌入湖中。甲某拼命地用双手划水，抓着湖堤边往上爬，但没有成功。丁某见状跑去，边跑边呼救，想伸手拉甲某，也没有成功。乙某、丙某、丁某三人的呼叫引起一名路人的注意，帮忙叫来了巡逻的保安。保安打电话报警并下水救人，但此时已经见不到甲某。后查明：碧波湖原来是一个天然水塘，岸边成坡形缓慢向下倾斜，对人畜都不构成危险。自某公司把这天然的水塘纳入园区后，便将原来的坡形水岸挖成垂直的，并以石砌堤岸。甲某溺水的地点位于湖边的一个凉亭旁，该处水深 3 到 4 米。在凉亭周围较远处设有"水深危险，严禁下水"的警示牌。碧波湖从开发至今曾多次发生溺水身亡事件。戊旅游区是某公司投资开发并负责经营管理的集住宿、餐饮、娱乐等项目的旅游度假区，是向公众开放的收费新营业场所。甲某居住的村子与戊旅游区相连，村内有条道路可以直接进入戊旅游区，该村村民进入戊旅游区免收入园费。某公司也没有在此入园处安排管理人员进

行管理。

甲父、甲母诉求：某公司赔偿丧葬费 10 569 元、死亡赔偿金 272 540 元、精神抚慰金 20 000 元，合计 303 109 元。

法 津分析

法院经审理认为，依照最高人民法院《关于审理人身损害赔偿案件适用法律若干问题的解释》第 6 条第 1 款的规定，被告某公司作为戊旅游区的经营者对进入其经营服务场所内的人之人身、财产安全依法负有合理限度内的安全保障义务，应当对甲某死亡的损害后果承担相应的赔偿责任。同时，法院认为在本起溺水事件中，虽然被告某公司未尽到合理限度内的安全保障义务，但造成甲某溺水死亡的主要责任在于两被告未尽监护职责。甲某溺水身亡时尚未满 8 周岁，属于未成年人。两原告作为甲某的父母是其法定监护人，应当依法履行监护职责，保护被监护人的人身、财产及其合法权益。但 2005 年 6 月 1 日事发当天甲某进入园区游玩，两原告却未陪同前往，导致损害结果的发生。依照《民法通则》第 18 条第 3 款的规定，综合本案原告、被告双方的过程程度，法院酌定被告某公司应当对甲某死亡的损害后果承担 20% 的赔偿责任。根据最高人民法院《关于审理人身损害赔偿案件适用法律若干问题的解释》第 6 条、第 17 条、第 18 条的规定，法院核定本案的赔偿范围包括：丧葬费 10 569 元、死亡赔偿金 272 540 元、精神抚慰金 20 000 元，合计 303 109 元。被告某公司承担 20% 的比例，即赔偿 60 621.8 元。原告起诉超过核定的赔偿范围的部分，法院不予支持。驳回原告的其他诉讼请求。

原告一审不服判决，遂提起上诉。原告上诉称：戊旅游区存在的不是一般的安全隐患，一审法院只判决某公司予以 20% 的赔偿是不合理的，不但没有法理依据，而且还有悖常理。为公众提供安全的设施，这是被上诉人的法定义务。碧波湖的现状明显的威胁着游客的生命安全，甲某只不过是众多的受害者之一。即使存在监护不力，也不必然导致甲某死亡。公园的管理者应该对这些溺毙事件承担主要责任。但是，对被上诉人违反法定义务、漠视公众生命的行为，一审判决并没有予以法律制裁，反而将主要责任推给了监护人。据此请求撤销原审判决，依法改判。

二审法院审理认为，根据最高人民法院《关于审理人身损害赔偿案件适用法律若干问题的解释》第 6 条的规定，上诉人未尽到监护责任是本案损害结果发生的主要原因，被上诉人某公司未尽到合理限度的注意义务是损害结果发生的次要原因。综合双方的过错程度，原审判令上诉人和被上诉人分别承担 80% 和 20% 的责任恰当，本院予以维持。上诉人主张被上诉人应当承担主要责任依据不足，本院不予支持。原审判令双方对精神抚慰金 20 000 元按照各自的过错程度分担不当，本院予以纠正。根据最高人民法院《关于审理人身损害赔偿案件适用法律若干问题的解释》第 6 条、第 17 条、第 18 条的规定、《民法通则》第 153 条第 1 款第 2 项的规定，判决如下：①丧葬费 10 569 元、死亡赔偿金 272 540 元，共计 283 109 元，被上诉人某公司应当承担 20% 的比例，即赔偿 56 621.8 元；②被上诉人某公司因赔偿 20 000 元精神抚慰金给上诉人。综上，合计 76 621.8 元。两上诉人上述要求超过法院核定的赔偿范围的部分，法院不予支持；其余请求维持原判。

本案的争议焦点在于旅游区管理者的安全保障义务和监护人对未成年人的监护职责。

安全保障义务是从事住宿、餐饮、娱乐等经营活动或者其他社会活动的自然人、法人或其他组织负有的合理限度范围内的照顾、保护他人免受人身损害的义务。最高人民法院在《关于审理人身损害赔偿案件适用法律若干问题的解释》（以下简称《解释》）中首先确认了安全保障义务，是司法解释、发展法律的重要成果，是调整景区经营管理者与游客权利义务关系的重要法律依据。旅游景区是指任何一个可供旅游者或来访游客参观游览或开展其他休闲活动的场所，是旅游者参观、游览的主要场所。旅游景区以其独特的自然、人文景观和愉快轻松的环境带给游客愉悦的心理感受和体验，成为主要的旅游吸引物。旅游景区作为一种重要的公共空间受到各种人为或自然因素的影响，使旅游景区的安全备受考问和挑战。安全是旅游的生命线，旅游景区发生的这些旅游安全事故不仅给游客的人身财产造成重大损失，也严重损害了景区旅游形象。

本案中，某公司疏于管理，没有采取足够的安全保障措施，先是任由四个未成年人在无成年人陪同的情况下进入园内游玩，继而在甲某落水后，同去的乙某等三人呼叫，也没有看到保安的及时出现，导致救助的迟延，直到在一位路人的帮助下才找到保安人员，但为时已晚，故而导致这一不幸事故的发生，应当认为某公司没有尽到经营者所应尽到的安全保障义务。因此，某公司对甲某之死负有一定的责任，应当承担相应的民事赔偿责任。

监护制度是保护无民事行为能力、限制民事行为能力的未成年人的合法权益的法律制度。我国《民法通则》第16条明确规定，未成年人的父母是未成年人的法定监护人。未成年人的父母已经死亡或者没有监护能力的，由下列人员中有监护能力的人担任监护人：祖父母、外祖父母；兄、姐；经未成年人的父母所在单位或者未成年人住所地的居民委员会、村民委员会同意的关系密切的其他亲属、朋友并愿意承担监护责任的人可以担任监护人。无上述监护人时，由未成年人父、母所在单位或者未成年人住所地的居民委员会、村民委员会或者民政部门担任监护人。

法定监护人的职责主要有：第一，保护被监护的未成年人的人身。监护人担负有维护未成年人的人身健康和安全，保护他们的姓名权、荣誉权的责任，同时，还担负有排除来自于各方面的对未成年人的人身权利实施侵害的义务。监护人也负有对未成年人进行德、智、体、美、劳等方面培养和教育的职责。

第二，管理被监护的未成年人的财产。监护人于监护职责范围内管理好被监护的未成年人的财产，维护未成年人的合法的财产权益。监护人应制止和排除他人侵犯未成年人财产权益的行为，并依法否定未成年人所为的与其行为能力不相适应的处分财产的民事行为，并对不当得利人进行追索，以保护未成年人的财产权益。监护人对未成年人的财产为处分行为时，必须遵循有利于未成年人的原则，否则，监护人不得为未成年人的财产处理行为。

第三，未成年人的父母既是未成年人的法定监护人，同时，也是未成年人的法定代理人。监护人代理未成年人进行民事活动是其履行监护职责的一个重要的内容。根据法律规定，无民事行为能力的未成年人为民事行为由其法定代理人代理，限制民事行为能力的未成年人除从事与其年龄、智力、精神健康状况相适应的民事活动外，其他民事行为须由法定代理人代理或者征得法定代理人的同意。此外，未成年人参加诉讼活动，也应由其监护人代理。在家庭保护中，代理是必不可少的，监护人除具备法定情事外，不得终止代理。

本案中，甲某是不满 10 周岁的未成年人，其对事物的认识和判断能力都较成年人相去甚远，两原告作为甲某的法定监护人，理应履行监护职责。但两原告在事发当天为陪同甲某进入园区游玩，未能对甲某接近湖边的行为进行约束和保护，导致损害结果的发生。《民法通则》第 18 条第 3 款规定，监护人不履行监护职责的，应当承担责任。因此，两原告应当对损害结果承担主要责任。

关于精神抚慰金的问题，20 000 元的精神抚慰金并无不当，但精神抚慰金是对两原告因不幸事故所遭受的精神痛苦的一种经济替代性补偿，其数额的确定已经考虑了责任人的过错程度，故不应按照双方过错比例再次进行分担。一审判令双方对精神抚慰金20 000元按照各自的过错程度分担不当，应予以纠正。

47. 第三人侵权导致游客受损的，旅游场所可否免责

典型案例‖

甲某是乙某的父亲。2001年8月11日下午，乙某在某市丙公园内游玩时，被人用石头打死，案发后凶手逃逸。法医检验鉴定所认定：乙某因机械性窒息合并颅脑损伤死亡。甲某遂提起诉讼。

甲某诉称：乙某之死应由杀人者承担刑事责任，但是被告丙公园是具有经营性质、封闭管理的公共旅游场所，内部设置了保安人员、安全管理机构和安全管理制度。乙某购票入园游玩，其作为一名游客与被告之间形成了合同关系，被告有义务向乙某提供保障其人身、财产安全的服务。凶杀案件从事发、实施直至完成有一段较长的过程，被告有保安巡查制度，但凶杀案没有被及时发现和制止，直到乙某被害数小时后，才被其他游客发现，这说明被告管理措施不到位，保安人员疏于职守，使乙某丧失了可能获救的机会。种种迹象表明被告没有切实履行安全管理职责，对乙某的人身安全没有尽到注意保护的义务，应当对乙某之死承担民事赔偿责任。

丙公园辩称：公园方对乙某的死亡没有责任，乙某的死亡完全是刑事案件所致，应当由杀人者承担刑事及民事责任。公园方所提供的服务是全面和安全的，并不存在瑕疵，并未对乙某的人身、财产造成损害，不存在履行合同中的违约行为。公园建立安全管理责任制，设置内部安全管理机构及人员，配备必要的安全设备和设施，不存在违反《某市旅游管理条例》的行为。乙某自身对于其死亡存在一定的过错，乙某被害地点虽属公园管理范围，但不在八个旅游景点之内，是人员稀少的地方。乙某只身一人到

达此处是不谨慎的，给犯罪分子造成了可乘之机。案发当天，公园游客达 4924 人，公园不可能、也没有能力对乙某进行特殊保护。被告无论从内部管理制度方面或是从为游客提供服务方面，都是无可指责的，故不应对乙某之死承担任何法律责任，不同意原告的诉讼请求。

法津分析 ‖

法院经审理认为，乙某之死并非被告提供的服务行为所直接造成，也不存在被告怠于履行保障乙某人身安全职责的情况，被告对于乙某的死亡不具有过错。被告公园范围较大，游客较多，在治安管理方面，其没有能力，也没有义务避免每一位游客受到他人的伤害。对于刑事案件，被告是无法进行预见和防范的，乙某死亡并不构成被告违约。故甲某要求被告承担赔偿责任，法院不予支持。法院依法判决驳回甲某的诉讼请求。

本案争议焦点在于乙某在公园游玩时被第三人杀害，提供游玩服务的公园是否需要承担过错责任。

在本案中，乙某购票进入公园游玩，作为一位游客与公园之间形成了旅游合同关系，根据合同公园负有为游客提供旅游服务的义务。该旅游服务的义务包括公园应为乙某进行旅游提供各种方便，采取各种措施保证游客在游玩过程中尽情愉悦的游玩。同时，依据诚实信用原则和对现代法律理念、原则的理解，权衡各种社会价值因素，经营者不仅应当为游客提供具体的旅游服务，还应当承担一定范围内游客的人身、财产安全保障义务，以尽量避免游客在游览过程中面临各种意外的危险，至少使游客可能面临的危险的发生概率降至最低。但是，经营者承担安全保障义务的前提是对游客可能发生的危险必须是在其可能预料或者控制的范围之内。对于超出经营者能够或者应当预料、控制范围外的危险，如在发生不可抗力的情况下，经营者不应承担法律责任。

在本案中，被告丙公园依据相关法律、法规，制定了公园管理条例、游客游园须知，并在公园内设置了园内导游标志。丙公园所提供的服务是适当的，并不存在瑕疵。因此，被告并不存在违约行为，也无须承担违约责任。

本案中，乙某死亡是其在公园内游玩时被第三人侵害所致，并非是被告丙公园提供的服务和园内的设施所直接造成的。公园范围较大，游客较多，对于突发刑事案件，公园管理处是无法进行预见和防范的。受害人乙某受到第三人侵害，对于被告丙公园来说，属于不能预料和控制的范围。被告对于乙某之死，是不存在过错的，不应承担民事赔偿责任。

48. 旅游者在安排的商店所购瑕疵物品超过两年，旅行社是否还应该承担责任

典 型案例 ‖

2004 年 12 月，刘某起诉至原审法院称：2002 年 1 月下旬，其参加了某旅行社组织的广州、深圳、香港、澳门、珠海五地游。同年 2 月 1 日，导游带领刘某等人去旅行社知道的香港某钟表公司购物，其选购了一块手表，在交款后，发现手表与其选购的那块在外观上有变化，但销售人员却拒绝退换。2004 年 9 月中旬，才发现该表其实是另一款型。此后，向旅行社投诉，但旅行社却以时间过长为由不予解决。现认为，在旅行社知道的商店购物，其对商品的质量作出了承诺，但却未能保证商品的质量，故诉至法院，要求：某旅行社负责退还刘某购买手表的款项 3000 元并支付赔偿款 3000 元；某旅行社赔偿刘某交通费 69 元、鉴定费 300 元、查询费 30 元；由某旅行社承担诉讼费用。

某旅行社辩称：刘某参加公司组织的旅游并在指定购物点购

物的情况属实，但刘某在购物后一直未向公司提出其对所购商品不满意。2004 年 9 月，刘某才向公司提出投诉，现公司认为，刘某投诉时间过长，已超过两年，公司不同意赔偿。

法津分析

原审法院审理后认为：当事人请求人民法院保护其民事权利不能超过法律规定的诉讼时效。本案中，刘某购买手表的销售凭证所标注的型号与手表后盖标明的型号不符的情况从其购买时便已客观存在，该型号标注的位置在手表外壳上，并非刘某不能自行分辨，且刘某在诉称中认为购物当天即提出退换货物而出卖人拒绝，故可以认定其在购买即应当知道权利被侵害。因刘某从购买手表至其向某旅行社主张权利已经超过两年，故某旅行社以时间过长为由拒绝承担民事责任，予以采纳。据此判决：驳回刘某的诉讼请求。

判决后，刘某不服，上诉至二审法院，请求依法改判。理由是：其购买的某型号手表，在购买初即被更换了。因卖方某钟表公司的造假行为，在"自然力"的作用下，于 2004 年 9 月才发现该表为另一种型号。随即按照发票上的号码给卖方打电话，但履拨不通，于是才与某旅行社联系，所以诉讼时效应从 2004 年 9 月算起，不应从 2002 年买表时计算，其诉讼请求并未超过两年的诉讼时效。

二审法院认为：刘某在香港某钟表公司购买手表，刘某作为买方，香港某钟表公司作为卖方，双方是买卖关系。某旅行社作为刘某参加的旅行团的组织者，虽将香港某钟表公司作为该旅行团指定的购物场所，但刘某是否选择在此公司购买商品以及购买何种商品，均由刘某自主决定，某旅行社不承担买卖关系中的一方所应承担的对刘某所购买的商品退换并赔偿的义务。综上所述，依照《中华人民共和国民事诉讼法》第 108 条的规定，裁决如下：

①撤销原审法院一审判决；②驳回刘某的起诉；③二审案件受理费各 50 元，均由刘某承担。

旅游者在旅行社安排的商店购买了瑕疵商品，旅行社应当承担什么样的责任？

法院裁定旅行社完全不承担责任是不符合旅游合同特点的。旅游者在旅游地点购物，需要选择商家，没有旅行社的安排引导，旅游者几乎没可能来到旅行社安排的商店购物。如果达成了交易，旅行社实际上充当了中介作用，为旅游者提供了订立买卖合同的媒介服务。而旅游者签订旅游合同接受其中安排的行为就可以视为默认同意旅行社为旅游者提供这样的中介服务。没有这样的服务，旅游者没有机会来到特定的购物点。所以如果旅游者购买了瑕疵商品，旅行社应该承担一定的协助处理义务。从旅游合同及保护消费者的角度考虑，旅行社承担这种责任是恰当的。旅行社安排购物是旅游合同的行程内容，旅行社有慎重选择提供购物服务的义务，虽然对买卖合同的签订没有决定权，但是对瑕疵商品纠纷的解决，旅行社显然处于比旅游者有利的优势地位。如果完全从孤立的角度对买卖关系进行判断，让旅行社不承担任何责任，对保护消费者权益不利，也纵容了零负团费现象，对旅游市场建立良好的市场秩序不利。

就本案而言，原审法院认定旅游者的请求超过了受法律保护的诉讼时效，是正确的，而二审法院的裁定，是不妥当的。

旅游购物退货问题的处理如下：

1. 在没有强迫或者变相强迫、欺骗或者变相欺骗的前提下，旅游者自己必须承担较大的责任。作为完全民事行为能力人，旅游者和旅游商场经过讨价还价，购买了旅游商品，应当认定该行为是旅游者真实意思的表现，旅游者应当对自己的购买行为负责，显然必须承担购买商品的后果。

2. 在没有无条件退货承诺地区的旅游购物，单纯的价格纠纷，旅行社不应当承担责任，但必须履行协助义务。这里的协助义务，主要是要求旅行社与购物商场联系，协助旅游者退货。

3. 在承诺无条件退货地区的旅游购物，旅行社应当把退货的注意事项在旅行前告知旅游者，而不能只向旅游者灌输无条件退货的概念。只要履行了告知义务，旅行社仅仅需要承担协助义务，而不需要承担赔偿责任，否则，承诺无条件退货的商品不能退还，或者旅游者因退货遭受经济损失，旅行社应负赔偿责任。

4. 如果旅游者在旅行社安排的购物场所所购商品系假冒伪劣商品，旅游者提出索赔的，旅行社应当积极协助旅游者进行索赔，自索赔之日起超过 60 日（出境旅游为 90 日），旅游者无法从购物点获得赔偿的，旅行社应当先行赔付。

49. 第三人的侵权行为造成旅游者损害，组团社承担怎样的责任

典型案例

某公园游览区是隶属于当地的风景开发总公司，该游览区内禁止机动车辆出入游览区。陆某是个体木工，自 2001 年 3 月起为公园内工程进行装修，公园规定陆某等装修工由公园西门口进出，不许经游览区，但陆某经常骑摩托车从公园南门口进入，经游览区至施工地，公园管理人员对此从未予以制止。

5 月 8 日下午，张某与父亲及亲戚等 6 人在某公园游览区处购买门票 5 张，因张某是幼儿，门票免费。张某等人从某公园南门口入公园内游玩时，张某被途经游览区到施工地的陆某驾驶的摩托车撞伤。张某至医院治疗，前后共用去医疗费近 4000 元。

8 月，张某向人民法院起诉当地的风景开发总公司和陆某，要求两被告承担损害赔偿责任。

　　案件审理过程中，张某撤回对陆某的起诉，选择按合同违约责任要求当地的风景开发总公司承担违约损害赔偿，法院依法裁定准予撤回，继续审理其对风景开发总公司的合同违约损害赔偿的诉请。风景开发总公司则在答辩中提出，该事故由风景区、陆某及张某三方原因造成，责任应由三方共同承担。

法 律分析

　　法院经审理后认为，原告等购票到被告的公园内游玩，原、被告之间即建立了旅游服务合同关系，被告负有为游客提供安全设施、场所之义务。被告虽明令禁止机动车辆驶入游览区，但被告未能完全履行此规定，致陆某驾驶摩托车进入游览区撞伤原告，由此造成原告损失，被告应当向原告承担违约责任。原告所提损失应为因被告违约而产生的实际损失进行计算。被告与陆某之间的纠纷，依照法律规定或者按双方的约定解决。法院遂依照合同法的有关规定判决：被告风景开发总公司赔偿原告各项损失费用6387元。

　　本案主要涉及合同违约责任承担中的两个特殊问题，一是违约责任与侵权责任的竞合，二是因第三人的原因造成违约时法律责任的承担。

　　1. 关于违约责任与侵权责任的竞合。违约行为产生违约责任，侵害人身、财产权益产生侵权责任，这两种责任是两类基本的民事责任，但由于民事关系的复杂性，民事违约行为性质的多重性，这两类责任常常发生竞合。

　　所谓违约责任与侵权责任的竞合，是指行为人的违约行为既违反合同法的有关规定，符合违约责任的构成要件，又违反侵权行为的有关法律规定，符合侵权责任的构成要件，导致违约责任与侵权责任一并产生，而违约责任引发受害人索赔的请求权，侵权责任也引发受害人索赔的请求权，两个请求权有重叠之处，形成请求权的竞合。

责任竞合表现为以下几种形式：①合同当事人的违约行为，包括不履行或不适当履行合同义务的行为，不仅违反了合同法的规定，也侵害了他人的法定权益，包括保护、照顾等附随义务或其他法定不作为义务；②侵权行为直接构成违约原因，即侵权性违约行为，或违约行为导致受害人法定民事权益受到损害，即违约性侵权行为；③不法行为人实施某项侵犯他人权利并造成对他人损害的侵权行为时，若加害人和受害人之间事先存在着一种合同关系，那么加害人对受害人的损害行为，不仅可以作为侵权行为，也可以作为违反了当事人事先规定的合同义务的违约行为对待。

如果允许受害人不受限制地行使两个请求权，就会导致合同违约人因请求权的重叠而承担双重民事责任，造成不公。故《合同法》第122条规定："因当事人一方的违约行为，侵害对方人身、财产权益的，受损害方有权选择依照本法要求其承担违约责任或者依照其他法律要求其承担侵权责任。"

2. 因第三人的原因造成违约时法律责任的承担。《合同法》第121条规定：当事人一方因第三人的原因造成违约的，应当向对方承担违约责任。当事人一方和第三人之间的纠纷，依照法律规定或按照约定解决。

合同法所确立的违约责任为无过错责任原则，即严格责任，因此，只要合同当事人一方有违约行为，就要承担相应的责任，即使违约产生的客观原因各不相同，违约行为人无主观过错，不妨碍违约责任的构成。也就是说，违约问题属于合同当事人之间的问题，合同当事人一方有违约行为，就应承担相应的责任。违约行为即使是由于第三人的原因造成的，违约人也应当承担违约责任。

至于违约方的损失如何救济，则属于另外的法律问题。合同责任的问题旨在平衡合同当事人之间的法律关系，当事人一方与第三人之间的关系属于合同以外的关系。当事人一方向对方承担违约责任，为此所遭受的损失是第三人的行为造成的，根据公平原则，该损失理应由第三人承担，违约方可以就因第三人原因违约而使自己遭受的损失向第三人主张权利。从终极角度来看，这也符合了民事责任的过错责任原则。至于当事人一方与第三人之间的纠纷如何解决，则完全取决于当事人一方与第三人之间的法律关系，依照法律或按照规定解决。

另外本案依照《合同法》第 121 条、第 122 条作出的判决是合法有效的，依该法律规定，受害方既可依合同法请求违约人承担违约责任，也可依其他法律规定请求违约人承担侵权责任，受害人可以自由选择。

50. 旅游意外保险中是否包括财产损失

典型案例

原告郭某、齐某诉称：2009 年 12 月 16 日，其与被告签订了一份出境旅游合同，按约定每人交旅游费 8760 元，两人合计交 17 520 元。随后，由被告组团出游。乘坐的飞机在马来西亚机场降落，行李被运至曼谷机场，在领行李箱时发现行李箱丢失。现起诉到法院，要求被告赔偿经济损失 20 000 元，精神抚慰金 5000 元和退换旅游费 3000 元，并要求被告向原告赔礼道歉，承担本案的诉讼费用。

被告旅行社辩称：旅行社在原告丢失行李箱过程中无任何过错，其所述的损害结果与旅行社的行为无因果关系。故旅行社请求法院驳回原告的诉讼请求。

一审法院审理查明：原告郭某、齐某与被告旅行社与 2009 年 12 月 16 日签订了一份出境旅游合同。按该合同约定，每人交旅游费 8760 元，两原告共向被告交款 17 520 元。旅游路线是乌鲁木齐－深圳－澳门－香港－马来西亚－泰国－乌鲁木齐。两原告在马来西亚乘坐民航班机时，依照旅客乘坐航班的规定，将行李箱随团集体办理了托运，至曼谷机场领行李箱时发现丢失。二原告按规定向机场管理部门提供了一份丢失物品清单，并由随团导游在原告提供的清单上写了"以上情况属实，特此证明，务请查实为感"等字样。2010 年 3 月 2 日被告通知原告到乌鲁木齐机场接行李箱。原告在接行李箱时，发现其行李箱被撬，箱内部分物品丢失，遂要求被告合理解决赔偿问题，但遭到了拒绝，以致引起诉讼。

法津分析

一审法院经审理认为：双方签订的旅游合同符合法律规定，合法有效，且双方已自愿履行完毕。原告已走完该合同所约定的路线，诉讼中要求被告退还旅游费 3000 元没有依据，不能支持。另，原告以被告没有尽到责任、有过错行为为由，要求被告赔偿其途中所丢失的物品价值 20 000 元，及精神抚慰金 5000 元，庭审中虽提供了相应证据，但这些证据均不能证明被告对此损失发生有过错，因此对此诉讼请求不能支持。被告在得知原告行李箱丢失后协助原告寻找，并办理了相关事宜，尽到了被告应尽的职责，因此其在庭审中的反驳理由成立，符合法律规定，法院予以采纳。法院依据上述事实和理由，于 2011 年 10 月 8 日判决如下：驳回原告郭某和齐某的诉讼请求。

郭某、齐某不服一审判决，上诉称，一审法院认定事实有错误。被上诉人旅行社不履行合同约定及法定义务：①按照有关规定，旅行社应当为旅行者投保旅游意外保险，但被上诉人违反规定，没有给上诉人投保；②旅行社没有履行必要告知及明确警示义务，没有办理交接手续。由于旅行社没有履行这些义务，致使上诉人的财产遭受损失，故请求二审法院撤销原判，判令旅行社赔偿经济损失和精神损害赔偿金。

旅行社辩称，原审认定事实清楚，适用法律正确，判决公正，请求二审法院判决驳回上诉人的上诉请求。

二审法院经审理，除了确认一审法院所确认的事实外，还确认：①郭某、齐某与旅行社签订的旅游合同第 3 项约定："乙方（旅行社）须为甲方（郭某齐）购买出境之日至入境之日的'旅游意外伤害保险'，如果甲方在旅游行程中出现意外伤害、死亡或残疾的情况，按照保险公司的保险条款执行理赔事宜。"②在旅行社的对外宣传册中，注明所收取的费用中包括境外保险费；在旅行社向旅游者出具的"注意事项"中，明确游客在旅游时，管好自己的随身物品，对现金、首饰等重要物品一定要随身携带；护照机票等重要的证件一定要保管好。

二审法院经审理认为，根据国务院发布的《旅行社条例》和国家旅游局颁布的《旅行社办理旅游意外保险暂行条例》的规定，旅游意外保险是强制保险，是国家规定旅行社必须为旅游者代办的事项。但被上诉人旅行社与上诉人郭某、齐某签订的旅游合同，仅明确旅行社代办旅游意外伤害、死亡或伤残保险，而未按规定代上诉人办理包含旅游者所携带的行李物品丢失、损坏等情形所需赔偿的旅游意外保险，致使上诉人行李丢失后无法向保险公司索赔，对此旅行社应当承担赔偿责任。

被上诉人旅行社向旅游者提供的"注意事项"中，明确警示旅游者对"现金、首饰等重要物品一定要随身携"。但上诉人郭某、齐某未按此要求行事，将现金、首饰等贵重物品放在托运行李中，其丢失是由于自己过错造成的，因此法院对上诉人请求赔偿现金、首饰损失的部分不予支持；上诉人丢失的其他物品，价值约 5000 元，法院对上诉人这部分损失的赔偿请求予以支持；对于上诉人的其他诉讼主张，因无事实和法律依据，法院不予支持。

原审认定事实基本清楚，但判决不当，法院予以纠正。

二审法院于 2002 年 6 月 1 日判决如下：①撤销法院一审判决；②旅行社赔偿郭某、齐某利益损失 5000 元。

51. 在合同中约定交通事故中旅行社无故意或重大过失的不承担责任的免责条款是否有效

典型案例

原告曾某诉称：2005 年 3 月 8 日，被告与原告签订旅游组团标准合同一份，合同约定：被告组织原告参加被告安排的 2005 年 3 月 11 日"泰国 6 日游"的旅行团旅游，原告支付被告旅游服务费 3110 元。签订合同后原告已经支付给被告 3110 元旅游服务费，履行了合同约定的义务。2005 年 3 月 16 日 22 时 15 分，在旅游途中，被告运送原告的专车与邓某驾驶的车发生交通事故，造成原告多处受伤，经医院诊断，原告伤情：左巴骨骨折；左第五掌骨骨折；左第二、三后肋骨骨折；脑震荡；头皮挫伤。

原告在 2005 年 3 月 17 日至 5 月 24 日期间住院治疗 69 天，被告只支付了原告住院期间的医疗费，原告虽出院，但医院建议仍需要后续治疗，后续治疗费约需 4000 元，同时事故造成原告直接经济损失 700 元。2005 年 5 月 30 日，司法鉴定中心对原告伤残程度评定为八级、十级、十级（多等级伤残），使原告在单位担任的会计职位被他人顶替，以后再也不能驾驶机动车，对今后的工作和生活造成严重影响。

公安厅交警总队高速公路管理支队对本次交通事故作出了交通事故认定书，认定原告不负事故责任。

原告认为，原告与被告签订旅游合同，向被告支付旅游服务费后参加被告组织安排的旅游团旅游，与被告形成消费者与经营者关系，被告在向原告提供旅游服务过程中造成了原告的人身伤害，至今只支付了原告在住院治疗期间的医疗费，拒绝支付其他损失，其行为违反了《中华人民共和国消费者权益保护法》第41条规定，根据《中华人民共和国民事诉讼法》第108条规定，特提出起诉，请求法院判令被告支付原告医疗费4649元（包括门诊治疗费649元，后续治疗费4000元），护理费1468元，住院伙食补助费1035元，营养费1935元，直接经济损失700元（包括伤残鉴定费550元、交通费150元），伤残赔偿金69 520元，以上共计79 307元。

被告旅行社辩称：对原告、被告签订旅游合同及交通事故发生造成原告受伤住院的事实没有异议。但是：①根据公安厅交警总队高速公路管理支队作出的交通事故认定书，驾驶员邓某负该事故的主要责任，运送原告的驾驶员黄某负该事故的次要责任。因此，原告的损失应由事故责任人承担，即原告的损失应由邓某及其车辆所有人陈某共同承担，被告对原告不负任何赔偿责任。②原告被告双方签订的合同中明确约定"在旅游期间发生交通事故，被告无故意或重大过失的，被告对原告不负任何赔偿责任"，被告对该条款作了充分的说明和提示，因此该免责条款合法有效。③原告提出的赔偿项目和数额部分证据不足。④本案原告提出的是违约之诉，但从其诉讼请求及引用的法律来看实际上是侵权之诉而不是违约之诉，因此，应驳回原告的诉讼请求。

经审理查明：2005年3月8日，原告曾某与被告旅行社签订了一份合同，该合同约定：曾某（甲方）自愿参加旅行社（乙方）所组织安排的旅行团旅游。合同附件一《旅游行程表》和附件二《旅游安全须知》经双方签字确认，作为合同的一部分与合同具有同等效力。日程为2005年3月11日"泰国6日游"，线路与主要浏览景点、收费标准、注意事项等内容，以《旅游行程表》为准。团费每人1210元，基本团费1900元由某房地产公司支付，合计3110元。因乙方为代理角色，故甲方旅游期间搭乘飞机、轮渡、火车、长途汽车、地铁、缆车或其他各种交通运输工具时受到人身伤害和财物损失或者其他经济损失的，乙方只负责协助甲方提供向上列服务的经营者索赔，但乙方不承担侵权责任和违约责任以及任何赔偿责任。乙方因不可抗力因素以及一切非乙方所能控制的因素（如交通事故等）造成不能履行合同的，乙方不构成违约，也不承担赔偿责任。合同还就其他问题作了约定。原告已于2005年3月8日向被告交纳了1210元团费。2005年3月11日，原告参加了被告组织安排的"泰国6日游"，2005年3月16日22时15分原告在旅游途中发生交通事故，原告曾某受伤。事故发生后，原告曾某于2005年3月17日至2005年5月24日（共69天）期间在医院住院治疗，经医院诊断，原告伤情：左巴骨骨折；左第五掌骨骨折；左第二、三后肋骨骨折；脑震荡；头皮挫伤。

医院证明住院期间，即2005年3月17日至2005年4月4日（19天）需两人陪护。出院医嘱全休2个月。2005年5月30日，司法鉴定中心对原告伤残程度评定为八级、十级、十级（多等级伤残）。原告花费鉴定费550元。原告因交通事故花费交通费150元。被告已经为原告支付了住院治疗费。出院后，原告门诊治疗共花费治疗费649.8元。由于原告与被告协商赔偿事宜未果，遂向法院提起诉讼，并提出前述诉讼请求。

另查明，本案原告在交通事故发生前，曾某任某联合会某杂志社会计，因事故受伤后未在该单位任职。

以上事实，有《旅行社旅游组团标准合同》及附件、旅游服务费发票、交通事故认定书、病历、疾病证明书、门诊收费收据、司法鉴定中心鉴定书、交通费发票、某联合会证明及当事人陈述等证据证明。

法 律分析

法院认为，原告与被告自愿签订旅游合同，是双方真实意思表示，双方形成旅游合同关系。合同中约定的有关交通事故造成原告人身损害时被告不承担赔偿责任的免责条款内容属于《合同法》第53条第1项规定的情形，依法应无效，故该合同属于部分无效合同。原告参加被告组织的旅游团，被告应负有按照合同约定履行向原告提供旅游服务，并保障其所提供旅游服务安全性的合同义务。被告未能履行上述合同义务，致使原告在接受被告提供的服务过程中遭受交通事故受伤，故被告应对原告的损失承担赔偿责任。根据《合同法》第121条的规定，当事人一方因第三人的原因造成违约的，应当向对方承担违约责任。故被告因事故车辆司机违章驾驶造成违约，仍应当向原告承担违约责任，被告提出原告的损失应由事故责任人承担而不应由被告承担主张的，法院不予支持。因被告的违约行为，侵害了原告的人身权利，原告有权要求被告承担违约责任或者要求其承担侵权责任。原告选择请求被告承担违约责任，是其依法行使诉讼权利，法院予以支持。由于被告的行为造成原告损失，损失赔偿数额应相当于因违约所造成的损失，原告提出的各项赔偿要求，法院经审核后认为：

1. 医疗费，原告请求的649元门诊费，法院予以支持；原告请求的后续治疗费尚未实际发生，法院不予支持。原告可在该费用实际发生后另行起诉。

2. 护理费，原告未提供充分的证据证明护理人员的收入状况，故护理费参照居民服务业工资收入标准计算19天，按2人计应为1276元，原告请求的超出部分，法院不予支持。

3. 住院伙食补助费，原告请求1035元符合法定标准，法院予以支持。

4. 营养费，原告未提交相应的证据予以证明，故法院不予支持。

5. 直接经济损失，原告请求的伤残鉴定费550元及交通费150元均有相应票据证明，且为合理费用，法院予以支持。

6. 残疾赔偿金，由于原告伤情构成多处伤残，故残疾赔偿金应以最高等级即八级伤残为赔偿标准并适当提高，应为 8690 元/年 × 20 年 × 40% = 69 520 元，原告请求超出部分，法院不予支持。综上被告共应赔偿原告 73 180 元。

所谓免责条款，是指当事人双方在合同中事先约定的，旨在限制或免除未来责任的条款。如何来判断一个免责条款是否有效呢？《民法通则》第 4 条、第 6 条、第 7 条规定，民事活动必须遵循诚实信用原则，民事活动必须遵守法律，民事活动应当尊重社会公德，不得损害社会公共利益，破坏国家经济计划，扰乱社会经济秩序。这就是判断一个免责条款是否有效的标准。

对于免责条款效力的认定，我国《合同法》第 53 条规定："合同中下列免责条款无效：（一）造成对方人身伤害的；（二）因故意或者重大过失造成对方财产损失的。"可见，对于合同履行造成的对方人身伤害，不管违约方有无过错，均不能免责。

2010 年 10 月 13 日出台的《合同违法行为监督处理办法》对经营者与消费者订立的格式条款式合同进行了详细规定，降低了格式条款成为霸王条款的可能。经营者与消费者采取格式条款订立合同的，经营者不得在合同条款中免除自己造成消费者人身伤害的责任；因故意或者重大过失造成消费者财产损失的责任；对提供的商品或者服务依法应当承担的保证责任；因违约依法应当承担的违约责任。

而目前的户外运动还没有专门法律规定。结伴出游中受到人身损害而引发纠纷，都是按照《民法通则》以及《消费者权益保护法》来处理。领队的所谓"免责声明"在法律上是无效的。

第一，组织者所做的免责声明是单方意思表示，依法不对活动参与者产生法律效力。显而易见，免责声明是活动组织者向不特定的社会公众所做的单方意思表示，是一种单方的法律行为。根据法理精神，平等的民事主体不能将自己的意思表示强加给另一民事主体的原理，单方的意思表示不能约束作出意思表示以外的人，此免责声明对活动参与者没有约束力。

第二，活动组织者与活动参加者签订的部分免责协议无效。在实践中，有些活动组织者意识到前面提到的那个问题，于是就单独和活动参加者签订免责协议，以免除自己对参加者的法律责任。根据《合同法》第53条，合同中的下列免责条款无效：①造成对方人身伤害的；②因故意或者重大过失造成对方财产损失的。因此，活动的组织者与参加者签订的上述免责协议无效。

第三，组织者是否应对参加者承担法律责任应根据具体情况进行分析，不能一概而论。从法律一般规定来看，侵权责任是过错责任，即有过错就有责任，无过错就无责任。但亦有特殊责任，如最高人民法院《关于贯彻执行〈中华人民共和国民法通则〉若干问题的意见（试行）》第142规定的为维护国家、集体或者他人合法权益而使自己受到损害，在侵害人无力赔偿或者没有侵害人的情况下，如果受害人提出请求的，人民法院可以根据受益人受益的多少及其经济状况，责令受益人给予适当补偿。所以组织者是否有责任应当进行个案具体分析，不能一概而论。

综上所述，活动组织者所做的免责声明对参加者没有约束力，组织者与活动参加者签订的部分免责协议无效，活动组织者是否对参加者承担法律责任应具体分析。以上意见仅供参考。

52. 旅游者在审理过程中亡故，其继承人是否有权继受 其旅游合同中的权益

典型案例▏

原告所属村委会于2010年11月与被告旅行社签订《北京市出境旅游合同》，由被告提供韩国精华七日游服务，即自2010年12

月 12 日起历时七天七夜的赴韩旅游行程。2010 年 12 月 16 日晚 21 时 43 分，原告在看完演出，随团返回旅游车辆途中，与机动车发生交通事故。当地警方出具的交通事故报告中确定事故引发原因：步行者不注意，（司机）前方注视怠慢。事故现场略图中显示如下内容：步行者在绿灯快结束时试图横过马路，在马路中央停留的两位步行者被撞击。2010 年 12 月 17 日至 2011 年 1 月 24 日，原告在民航总医院住院治疗，被诊断为左胫腓骨近端粉碎性骨折，左手软组织伤，行切开复位内固定术，共花费住院费 36 666.88 元。原告庭审前通过律所申请司法鉴定，由于被告对此不予认可。原告于审理中又提出鉴定申请，法院依法出具委托，北京华夏物证鉴定中心于 11 月 25 日出具司法鉴定意见书，鉴定意见为被鉴定人左胫腓骨骨折致左下肢功能障碍，构成十级伤残。同时原告提供医疗急救收费收据及救护车收费收据、辅助器具费票据、护理费发票及证明、病休证明书及误工证明、交通费票据、营养费票据证明其所花费用。

本案在经历二次开庭等待宣判的过程中，原告于 2012 年 2 月 13 日去世，原告之夫、之女（简称二继承人）作为其继承人参加本案诉讼。

法律分析

人民法院认为，原告所在单位与被告签订的旅游合同系双方当事人真实意思表示，不违反法律法规强制性规定，合法有效。原告作为旅游服务接收方，为该合同约定服务的享受者。被告旅行社作为旅游服务的提供者，应当对旅游者的安全负保障义务。现原告在旅游途中因交通事故而受伤，被告旅行社虽辩称其已尽到了足够的提醒告知及安全保障义务，但其提供的证据不足以证明其事实主张，故其应当承担赔偿义务，考虑到原告在此次事件中也有一定的疏忽大意，可在一定程度上减轻被告旅行社的赔偿义务。综合本案情况，本院将被告旅行社赔偿比例确定为 90%，其余部分由被告自行承担。在原告主张的各项费用中有相应证据加以证明，且主张金额合法适当，本院予以支持。原告主张的鉴定费系其自行委托支付的费用，应由其自行承担。本案中的鉴定费用应由旅行社承担。二继承人作为原告的继承人依法继承其应享有的合同权益，故本院对二继承人的诉讼请求，依法予以确定。判决如下：被告赔偿二继承人医疗费、残疾赔偿金、误工费、护理费、住院伙食补助费、营养费、交通费、残疾器具费共计 120 848.2 元。鉴定费 2250 元由被告承担。案件受理费 3560 元，由被告承担 2360 元。

本案存在以下焦点问题：旅行社是否尽到了对交通安全事项的安全告知、警示及旅游过程中妥善照顾等安全保障义务；旅游者选择提起合同之诉的，旅行社是否应对第三人侵权、旅游者自身过错埋单；旅游者在审理过程中亡故，其继承人是否有权继受其旅游合同中的权益；旅游者在审理过程中亡故，其残疾赔偿金是否应予支持。

1. 旅行社是否尽到安全保障义务。《北京市出境旅游合同》通用条款第 4 条"组团社的义务"中，第 6 项规定，所提供的服务应当符合保障旅游者人身、财产安全的要求，对可能危及旅游者人身、财产安全的旅游项目，应当向旅游者作出真实的说明和明确的警示，并采取防止危害发生的措施。根据该条约定及旅游法律规范的规定，安全保障义务是旅行社的约定义务与法定义务，包括告知警示义务。就本案而言，旅行社应当对旅游交通安全事项尽到警示、说明的义务。如韩国的交通规则及韩国司机遵守交通规则状况等。同时，旅行社应对旅游团观看演出结束后，到马路对面旅游车辆乘车尽到妥善组织、照顾的义务。旅行社是否尽到该义务，应以旅游职业人应有的谨慎、专业技能、敬业、勤勉等加以判断。本案中，旅行社讲解人出庭提供了证言，说明旅行社召开了庭前说明会，并强调了旅游交通安全问题，讲解了交通规则，要求旅游者一定不能闯红灯。但旅行社未能提供参加说明会的签到名单以及其他证明印证告知说明情况。对于旅行社是否妥善安排旅游者过马路，是否由领队带队、导游善后组织旅游者过马路，未能提供证据证明。而旅行社是否尽到妥善组织义务，是影响到旅游者是否闯红灯并被撞的重要事实。由此，法院判断旅行社未尽安全保障义务，是正确的。

2. 旅行社应否为第三者侵权、旅游者自身过错埋单。本案中存在三方过错，旅行社未尽安全保障义务、旅游者未尽注意义务、肇事司机未谨慎注视前方。根据最高人民法院《关于审理旅游纠纷案适用法律若干问题》的规定，因第三人的行为造成旅游者人身损害、财产损失，由第三人承担责任；旅游经营者、旅游辅助服务者未尽安全保障义务，旅游者请求其承担相应补充责任的，人民法院应予支持。上述规定显系针对侵权之诉，侵权之诉中，依照上述规定进行责任划分，自无争议。但合同违约之诉中责任如何划分，则存有争议。现行旅游法律规范中未有明确规定，司法实践中，对于完全由第三方交通肇事引起的人身损害，尚有法院驳回旅游者要求组团社承担违约责任的请求，但除此之外的第三方损害，法院一般支持旅游者要求组团社承担违约责任的请求。法院在判决中不引用法律条款，而以旅行社未尽安全保障义务，应承担违约责任为由判决由旅行社承担违约责任。本案中法院就以旅行社应对旅游者的安全负保障义务，而旅游者在旅游途中因交通事故而受伤为由，判决旅行社应当承担赔偿义务。

上述判决由旅行社对肇事司机的过错承担违约责任的依据是《合同法》第121条。该条规定："当事人一方因第三人的原因造成违约的，应当向对方承担违约责任。当事人一方和第三人之间的纠纷，依照法律规定或者按照约定解决。"司法实践中，有的法院判决完全由于第三人原因导致旅游安全事故的，对旅行社是意外，旅行社不承担责任。如旅游过程中，发生交通事故，旅游车方无责，肇事司机负全责。在受害人对旅行社提起的旅游合同纠纷案中，法院判决旅行社不承担责任。相当于在该旅游合同纠纷案中，法官排除适用《合同法》第 121 条。那么，是否所有旅游合同纠纷案均应排除适用该条规定？期待旅游民事规范或解释的出台，对该问题作出规定。

旅行社不必为旅游者个人过失承担责任，本案中也认定由旅游者承担 10% 的责任。本人认为，旅游者承担责任比例过低。原告未注意交通信号灯指示闯红灯，是导致交通事故的根本原因。如此低的责任，难以起到警示人们并指引人们行为的作用。

3. 旅游者在审理过程中亡故，继承人是否有权继受其旅游合同中的权益。根据最高人民法院《关于审理人身损害赔偿案件适用法律若干问题的解释》，在侵权之诉中，死亡受害人的近亲属可以作为赔偿权利人提起诉讼。该规定明确了侵权之诉中，受害人近亲属有权继承损害赔偿求偿权。但继承人能否在违约之诉中继承受害人的合同权益，并未有明确法律规定。根据《民事诉讼法》第 150 条第 1 项之规定，一方当事人死亡，需要等待继承人表明是否参加诉讼的，中止诉讼原因消除后恢复诉讼。该案件中就包括合同诉讼。据此，受害人在审理过程中死亡的，其继承人可以继承其合同权益。

4. 旅游者在审理过程中亡故，其残疾赔偿金是否应予支持。根据最高人民法院《关于审理人身损害赔偿案件适用法律若干问题的解释》，残疾赔偿金应为对构成伤残等级的受害人因伤残造成其财产损失的赔偿。从此角度出发，受害人在审理过程中死亡，其死亡与受伤本身不具有因果关系，则其即使不伤残，也在死亡后不再具有收入能力，则其残疾并不构成其收入损失的减少。但由于我国对残疾赔偿金的规定采取 20 年定期金赔偿。无论受害人存活时间长短，均按 20 年计算其收入损失（超过 20 年后可继续主张）。而残疾赔偿金的计算起点应当是定残之日，因此只要受害人在定残之日生存，就应予计算其残疾赔偿金。本案中，原告于法庭辩论终结等待宣判的过程中死亡，更应享有残疾赔偿金。

本案对旅行社的启迪：为控制团队旅游服务过程中的风险，旅行社应注意在各个环节尽到安全告知警示义务，并注意留存证据。

首先，在行程单中详细告知安全注意事项，并要求旅游者签收。行程单为团队旅游活动中必备文件，旅行社提供的行程单一般较为简单，有关安全告知事项往往就笼统的一句话，如大家需全程注意安全，或旅游过程中团员需注意人身、财产安全。这样的告知不能产生有效告知的效果，发生安全事故时，仍视为旅行社未尽安全告知义务。旅行社应当在行程单中详尽、具体地就行程中可能发生的危及旅游者人身、财产安全的事项进行告知警示，告知警示内容应具体，除了一些旅游过程中共有的风险之外，对于本次旅游中特有的风险要特别加以提示。如本案旅游者均为农民，遵守交通规则意识淡薄。旅行社应告知韩国的交通规则，以及提醒旅游者注意遵守交通信号灯指示，注意不能闯红灯等。

其次，行前说明会中讲解并告知安全事项。团队旅游活动中，旅行社一般召开行前说明会，就旅游活动中相关事项进行讲解，如集合时间、地点、导游、领队及出行中的一些注意事项等。旅行社应在行前说明会中对安全事项进行告知讲解，并且对召开行前说明会及告知内容留存证据。如果有条件，旅行社最好对召开行前说明会过程进行录音录像；如果不具备条件，要求旅游者参加说明会时签到，并在最后对说明会内容（可以事先准备说明会讲解文稿）签字确认。这样就不至于在争议发生时，出现虽然尽到了说明警示告知义务，但难以举证问题。

最后，导游、领队在旅游过程中要尽到审慎、勤勉、敬业，妥善安排好旅游者集合、乘车、过马路行为，注意每一个细节，一个疏忽可能引发人身伤害或者财产损失事故。本案中如果领队、导游组织旅游者过马路乘车过程中，妥善安排，密切注意每一个旅游者的行为，悲剧可能会避免。导游在组织旅游者观看演出之前就应该就观后集合问题作出安排，在演出结束后，领队或者导游应当提前在外等候，待旅游者集合后统一过马路。而本案中，导游采取了带领先出来的旅游者过马路，虽然领队在善后，但未能有效组织旅游者等候，而任其自行过马路，并且不能及时发现旅游者的违反交通规则的行为。领队虽有发现，但因在马路对面，无法有效阻拦。当然，旅游者的过错显而易见，无论是组织还是自行过马路，均不应当闯红灯，均应当遵守交通规则。

53. 自发组织旅游，旅游者冻死，组织者是否承担责任

典型案例‖

黄某、孙某诉称：2007 年 3 月 6 日，郝某和张某在某公司经营的网站上以网名"海和马瑞亚"发布"下马威－灵山－灵山古道－洪水口"1 日户外活动计划，时间定于 2007 年 3 月 10 日。该帖声明领队有权考虑选入队员，并要求队员服从领队管理和安排。其女儿小孙于次日以网名"夏子"的名义报名参加，并表示一切服从安排。根据郝某的事后描述，该次活动将原定的路线变更为从柏峪经黄草梁到北灵山穿越，行走时间大大超出了原先的计划。直至 2007 年 3 月 10 日午夜，全体人员已不间断行走超过 12 小时，此时小孙出现虚脱状况，经多方抢救无效死亡。经法医鉴定，小孙是由于寒冷环境引起体温过低，全身新陈代谢和生命机能抑制造成死亡。郝某和张某发起并组织此次户外活动，制定出行计划、路线，挑选队员并安排活动，其组织行为导致小孙死亡的损害结果，具有侵权的主观过错。某公司为追求商业利益，盲目鼓励存在风险及安全隐患的活动，亦具有明显的主观过错。现起诉要求

郝某、张某、某公司连带赔偿死亡赔偿金 286 574 元、丧葬费 9396 元、公证费 2830 元、误工费 1200 元、交通费 6450 元、精神损害抚慰金 100 000 元，并承担本案诉讼费用。

郝某辩称：其只是户外活动的发起人，而非一般意义上的组织者，在活动中的权利和义务与其他参加者一样。管理的职能主要体现在对队员的挑选、时间及路线的安排，不具备法律上管理与被管理的关系。根据尸检报告，小孙患有先天性心脏病，事发当天正处于生理期，且事发当天其服装保暖性不足，均导致其最终的死亡结果。其已在出行计划中对活动的时间安排、装备要求、报名须知、风险提示等履行了充分的告知，路线的变更是经全体队员协商确定，小孙在事发前状态正常，其死亡完全是意外事件，与活动本身没有法律上的关联性。事后，其马上打电话寻求救援，尽到了充分的救护义务，故不同意承担侵权责任。

张某辩称：同意郝某的答辩意见。此外，其只是户外活动的爱好者，自愿承担召集责任，并非组织户外活动的专业人员，因此不应承担法律上的管理义务。出行前，其已对小孙的户外简历进行了核实，发现小孙有很多户外经历，完全可以胜任本次活动。根据鉴定结论，小孙的不幸是由于环境导致，故不同意承担侵权责任。

某公司辩称：其公司仅是网站的经营者，为不特定用户组织发起活动提供信息交流平台，不及于活动本身，亦没有监管义务。其公司的经营行为不存在主观过错，与小孙的死亡之间没有因果关系，故不同意承担侵权责任。

经审理查明，2007 年 3 月 6 日，郝某在某公司经营的网站论坛-结伴出行-登山活动版发布"3 月 10 日下马威-灵山-灵山古道-洪水口 1 日户外活动计划"。该活动的发起人是郝某、张某，人数限制 11 人，活动强度 1.5 级，报名截止时间 2007 年 3 月 9 日 18 时。行程安排：6 时 40 分在德胜门集合、6 时 50 分出发、

10 时 30 分到达下马威、13 时到达灵山主峰、17 时到达洪水口。报名须知注明"服从领队管理和安排（特别是领队有权决定某人下撤，没有商量余地），主要依据报名系统里的报名先后顺序和户外履历来选择队员"等。该计划另附免责声明，内容如下："本次活动为非盈利自助活动。户外活动有一定的危险性和不可预知性。参加者对自己的行为及后果负完全责任。领队组除接受大家监督、有责任控制费用和公开账目外，不对任何由户外活动本身具有的风险及往返路途中发生的危险所产生的后果负责。凡参加者均视为具有完全民事行为能力人。如在活动中发生人身损害后果，赔偿责任领队组不承担。由受损害人依据法律规定和本声明依法解决。代他人报名者，被代报名者如遭受人身损害，赔偿责任领队组不承担。本声明中关于免除领队组责任及约定效力，同样及于总领队、财务官。"2007 年 3 月 7 日，小孙以网名"夏子"的名义报名参加上述活动，并被确认为成员之一。

　　根据郝某于事后撰写的全程叙述及法院询问，自述因活动当日所租车辆晚点及天气原因，经与大家协商路线变更为从柏峪经黄草梁到北灵山。全体队员上午 10 时开始从柏峪上山，期间 13 时 30 分至 14 时在实心楼午餐，后继续行进。下午 4 时许，因其中一名队员出现体力不支的现象，全体行进速度下降，造成未按原计划抵达目的地，其通过电话向另一户外活动爱好者寻求帮助。当晚 22 时 30 分，小孙突然出现虚脱症状，软倒在地无法行走。在同行者为小孙进行救护的同时，拨打 110 报警求助。次日凌晨 1 时许小孙昏迷不醒，呼之不应，呼吸微弱，同行人员和网友组织的救援人员先后为小孙进行人工呼吸和心肺复苏，直至早 7 时许。2007 年 3 月 11 日中午小孙在救援人员帮助下被送至医院救治，已死亡。经法医鉴定，小孙是由于寒冷环境引起体温过低，全身新陈代谢和生命机能抑制造成死亡。小孙父母事后支付丧葬费共计 9396 元。

　　某公司前任法定代表人杨某出庭证明，其在 2003 年 2 月至

2007年2月期间负责网站的建设和日常维护，某公司所经营的网站论坛供登山爱好者发布活动计划，招募网民参加活动。在其任职期间，领队要求有一定的户外活动经验，另需在论坛注册时间超过6个月。如果不具备领队资格，其所发布的信息将被封锁、删除或移动，论坛管理者亦为网站任命的户外运动爱好人员。在其离职后，公司放宽了对领队的条件限制。某公司委托代理人对杨某证言的真实性予以否认，表示该公司仅为领队提供经验交流机会，从未设置领队资质或建立领队信息登录。发起人之一郝某表示其首次注册时间为2005年，2006年10月开始发布出行计划，在此期间公司对发帖人未设定条件或技术限制。根据公司网站于1月29日发布的说明，网站旨在为户外爱好者提供一个开放的平台，组织和参加活动的平台。领队应有意愿、有能力，是AA制的活动，具备领取资格，活动规模符合规定人数，就可以在周末组织登山活动、休闲活动。跟政策法规不冲突，和论坛定位不违背，即可在论坛发帖。另经法院询问，郝某自述活动中与小孙是初次相识，活动经费由全体队员均摊，事发时尚未实际收取。

黄某、孙某就该起经济损失的发生，向法院提交银行收入证明1份，内容为："孙某同志系我行在职职工，月工资收入为1258元。"孙某往返于北京和重庆的机票4张，金额共计6450元。公证处公证费发票2张，金额共计2830元

上述事实，有双方当事人陈述、公证书、鉴定文书、证人证言等证据材料在案佐证。

法 津分析 ‖

法院审理认为，社会活动安全保障义务的主体应是借以从事社会活动的特定场所的所有者、经营者及其他对进入该场所的人具有安全保障义务的民事主体，其特点体现在对活动场所具有事实上的控制能力。本案中，小孙是在攀登灵山的过程中死亡，事

发地点属于对公众开放的自然风景区，郝某和张某虽制定了出行路线，但二人显然均不具备对环境的控制能力和管理责任。此外，现有证据均不能证明郝某和张某组织此次活动是以盈利为目的，小孙至事发时尚未实际交纳费用，因此二人亦不承担应对产品或服务承担保障人身、财产安全义务的经营者义务。郝某、张某另在免责声明中对领队的权利、义务做出说明，强调领队除接受大家监督、有责任控制费用和公开账目外，不对任何由户外活动本身具有的风险及往返路途中发生的危险所产生的后果负责。因此报名须知中强调的服从领队的管理和安排，无法体现活动的发起人已对安全保障义务做出了合同承诺。因此，在郝某、张某对其他成员承担安全保障义务既无法律规定，亦无合同约定前提下，法院将根据二人在活动中的行为是否具有违法性及是否存在主观过错等判断其是否应承担侵权责任。

郝某、张某所计划的出行地点属于开放性的风景区，对旅游者并无条件限制或禁入情形，故活动地点选择并无不当。根据法医尸检被告显示，小孙符合由于寒冷环境引起体温过低，全身新陈代谢和生命机能抑制造成死亡，排除了人为因素造成的可能性。现有证据不能表明小孙在活动早期即出现体力不支、瞌睡等症状，当晚22时30分许出现特殊情况后，郝某拨打电话报警，参加活动人员另为其采取了"心肺复苏"等措施，并非放任不理，履行了必要的救助义务。特别需要指出的是，自助游区别于其他商业活动的本质在于赋予了参加者更大的主动性，每一名成员均可以自由表达主观意愿。领队在承担制订出行路线、经费管理、协商成员意见等额外责任后，更重要的是其本身也是参与者之一。参加活动对于本案中的领队而言也是享受户外活动所带来的乐趣，而没有从中收获额外利益。因此，虽然事后表明此次活动计划不够完善、对活动中可能出现的困难缺乏预案，但郝某、张某发起活动本身尚不具备违法性，对造成小孙死亡无主观过错。

郝某、张某二人虽然对活动时间、计划路线及成员的选择具有决定权，但根据某公司网站性质、设定的报名条件及免责声明，浏览者应可识别该活动属于户外爱好者的自助出行活动，组织者并非户外运动的专业人员。民事活动遵循平等、自愿的原则，小孙作为对其行为具有完全认知能力的民事主体，其完全可以根据免责声明中的风险提示及对户外登山活动的认识作出判断，根据自身体质、经验和身体状况对活动的种类、路线、强度加以选择，并在活动过程中，依实际情况和个人感受采取退出或求助的防范措施。现黄某、孙某以郝某、张某违反安全保障义务为由，要求其承担侵权责任的诉讼请求，缺乏事实及法律依据，法院不予支持。

某公司作为活动计划发布网站的经营者，虽然出庭证人表明该网站对户外运动的领队资格曾作出限定并鼓励用户发布出行计划，但郝某表示自其 2005 年注册以来网站从未针对发帖人设定条件限制。此外，没有证据显示某公司与领队之间存在雇佣关系或者直接从活动本身获取经济利益。黄某、孙某要求某公司对网络用户组织的户外活动承担赔偿责任的诉讼请求，亦缺乏事实和法律依据，法院不予支持。综上所述，判决如下：驳回黄某、孙某全部诉讼请求。

54. 游客境外旅游意外受伤如何维权

典型案例

原告焦某因与被告 Z 旅行社、K 旅行社发生旅游侵权纠纷，向人民法院提起诉讼。

原告焦某诉称，原告于 2008 年 12 月 15 日参加被告 Z 旅行社组团的赴泰国、新加坡、马来西亚 11 日游活动，并向被告交纳了

4560 元的团费，签订了《江苏省出境旅游合同》。2008 年 12 月 26 日晚，原告和国内其他游客搭乘被告所安排的旅游车由景点返回曼谷途中不幸发生严重车祸，造成原告脾破裂、左锁骨闭合性骨折、左边七根肋骨骨折、胸腔积血、腰椎压缩性骨折，当即被送至泰国医院住院抢救治疗。其间，原告被泰方和被告推来推去，无人过问。原告没得到泰方给予每位受伤人员的赔偿和慰问金，拖着伤病的身体返回国内。直到数月后，原告才得知是被转团给第三人 K 旅行社，被告这种不负责任的转包游客行为没有经过原告同意。因泰国旅行社根据泰国的相关法律规定已为每位游客购买了旅游意外保险，被告和第三人应当出面为原告索赔。被告和第三人违反该义务，理应先向原告支付泰国应赔偿的 6 万元人民币。原告回国后，于 2009 年 2 月 27 日入住医院继续治疗，第二次手术取出肩部钢板，所需费用应由被告及第三人支付。被告还应向原告赔偿人身意外险的保险金。在违约和侵害责任竞合的情况下，原告选择侵权之诉，请求判决：被告与第三人连带赔偿原告医疗费、误工费、护理费、住院伙食补助费、营养费、交通费、物损费、通讯费、资料翻译费、复印费、旅游费、残疾赔偿金、精神抚慰金、直属家属误工费、意外保险金、泰国理赔款等合计 522 437.16 元；被告与第三人承担诉讼费用。

被告 Z 旅行社辩称，本案是旅游过程中因为交通事故导致的损失，如果侵权行为成立，被告对基于侵权造成的损害进行赔偿，故原告焦某主张的意外险和泰国的索赔款不在本案处理范围。原告要求退还旅游费，对其已经游玩的数额不应当退还。原告主张的家属误工费与本案无关，不应得到支持。关于营养费和误工费，应按第二次医院的鉴定结果为准。要求依法判决。

第三人 K 旅行社辩称，答辩意见同被告。第三人尽到了保障义务，泰国旅行社直接替代第三人尽保障义务。要求依法判决。

人民法院一审查明：2008 年 12 月 15 日，原告焦某、被告 Z

旅行社签订《江苏省出境旅游合同》一份。合同约定：焦某购买Z旅行社所销售的出境游旅游服务，游览点为泰国、新加坡、马来西亚，行程共计10晚11日，保险项目为：旅行社责任险、购航空险、赠意外险，团费为4560元。焦某向Z旅行社交纳了4560元的团费。2008年12月21日出发时，系由第三人K旅行社组团出境旅游，Z旅行社未就此征得焦某同意。2008年12月26日23时许，焦某等人乘坐的旅游车在返回泰国曼谷途中发生交通事故车辆侧翻，地点为泰国佛统府城关2组农顺丁村附近。该起交通事故导致1人死亡，焦某等多人受伤，旅游车驾驶员负全部责任。事发后，焦某被送往泰国当地医院治疗，伤情被诊断为：脾破裂、左锁骨闭合性骨折、胸腔积血、腰椎压缩性骨折等。2009年2月27日焦某入住医院治疗17天，由K旅行社垫付住院费1000元。后焦某又入院行摘除肩部钢板手术，住院30天，Z旅行社给付焦某20 000元。经Z旅行社委托，2009年12月4日，南京某司法鉴定所对焦某的伤残等级等进行鉴定后出具鉴定意见：被鉴定人焦某脾切除构成八级伤残；腰1椎体三分之一以上压缩性骨折构成十级伤残；肋骨骨折构成十级伤残；左上肢功能部分丧失构成十级伤残；误工期限以伤后八个月为宜；护理期限以伤后六个月为宜；营养期限以伤后六个月为宜。Z旅行社为此支付鉴定费1743元。

一审审理中，因被告Z旅行社对南京某司法鉴定所出具的鉴定意见中的第四至七项有异议并申请重新鉴定，经法院委托，江苏省人民医院司法鉴定所出具法医学鉴定意见：被鉴定人焦某车祸外伤后致左锁骨骨折，遗留左肩关节功能障碍，构成十级伤残；被鉴定人焦某车祸外伤后，误工期限为90天，护理期限为60天，营养期限为60天。

以上事实，有江苏省出境旅游合同、收条、医疗费票据等证据证实。

人民法院一审认为，旅游经营者擅自将其旅游业务转让给其他旅游经营者，旅游者在旅游中遭受损害，请求与其签订旅游合同的旅游经营者和实际提供旅游服务的旅游经营者承担连带责任的，人民法院应予支持。原告焦某、被告 Z 旅行社之间形成旅游合同关系后，Z 旅行社未经焦某同意将旅游业务转让给第三人 K 旅行社，该转让行为属于共同侵权行为。法律规定承担连带责任的，被侵权人有权请求部分或者全部连带责任人承担责任。现焦某在旅游期间发生了交通事故，身体受到损害，并选择以侵权之诉作为其请求权基础，要求 Z 旅行社与 K 旅行社承担连带赔偿责任，符合法律规定，法院予以支持。

关于本案的赔偿范围。医疗费 25 236.56 元、交通费 568 元、物损费 1000 元、通讯费 1200 元、资料翻译费 300 元、复印费 100 元、残疾赔偿金 151 430.4 元，应当列入损失。住院伙食补助费应为 846 元。对于误工期限、护理期限、营养期限，江苏省人民医院司法鉴定所仅针对左锁骨骨折损伤而评定，故应按南京某司法鉴定所出具的鉴定意见为准。原告焦某的误工期限认定为伤后八个月，护理期限为伤后六个月，营养期限为伤后六个月。以上期限结合焦某第二次住院的期间，误工费、护理费、营养费应当分别确定为 18 000 元、12 600 元、3780 元。对于精神抚慰金，综合考虑残疾等级、侵权情节、处理经过等因素，酌定为 30 000 元。对于焦某支出的团费 4560 元，焦某受伤后未游览其后的行程安排，从倾斜保护旅游者利益出发，酌定应返还费用为 3000 元。对于护理费已予处理，焦某主张家属误工费无法律依据。焦某所称的意外保险金并非基于侵权的实际损失，不予支持；焦某所称的泰国理赔款，不在本案处理范围，亦不予支持，焦某可另行主张相应权利。综上，应纳入赔偿范围的赔偿总额为 248 060.96 元。扣除被告 Z 旅行社预付的 20 000 元及第三人 K 旅行社垫付的 1000 元，Z 旅行社与 K 旅行社应向焦某连带赔偿227 060.96 元。

据此，人民法院依照《中华人民共和国民法通则》第 130 条，最高人民法院《关于审理人身赔偿案件适用法律若干问题的解释》第 17 条、第 18 条，最高人民法院《关于审理旅游纠纷案件适用法律若干问题的规定》第 10 条之规定，于 2011 年 10 月 14 日判决：被告 Z 旅行社、第三人 K 旅行社于本判决生效之日起十日内一次性连带赔偿原告焦某 227 060.96 元；驳回原告焦某的其他诉讼请求。如果未按本判决指定的期间履行给付金钱义务，应当按照《中华人民共和国民事诉讼法》第 232 条之规定，加倍支付迟延履行期间的债务利息。

Z 旅行社不服一审判决，向南京市中级人民法院提起上诉，请求依法改判上诉人不承担赔偿责任。主要理由为：①原审法院认为，焦某、Z 旅行社之间形成旅游合同关系后，Z 旅行社未经焦某同意将旅游业务转让给 K 旅行社，该转让行为属于共同侵权行为没有事实依据，即使存在擅自转让旅游业务，上诉人的行为也只是一种违约行为，而非侵权行为。旅游业务是否转让与交通事故及损害后果的产生并无必然因果关系。最高人民法院《关于审理旅游纠纷案件适用法律若干问题的规定》第 7 条规定："因第三人的行为造成旅游者人身损害、财产损失，由第三人承担责任；旅游经营者、旅游辅助服务者未尽安全保障义务，旅游者请求其承担相应补充责任的，人民法院应予支持。"原审第三人 K 旅行社选择的旅游辅助服务者具有合法运营资质，发生交通事故是驾驶员的过错所致，被上诉人焦某的损失应由第三人即泰方车队承担赔偿责任，上诉人没有侵权行为，主观上也没有过错，本案在没有证据证明上诉人未尽安全保障义务的情况下，判决上诉人与 K 旅行社承担连带责任不当。②误工、营养期限应当按照江苏省人民医院司法鉴定意见为依据。③原审判决认定精神损害抚慰金 30 000 元过高，如果法院认定上诉人是侵权责任主体，也只应承担 12 000 元精神损害抚慰金。

被上诉人焦某答辩称：根据合同法的规定，被上诉人在遭受人身损害后，既可以选择违约也可以选择侵权之诉。上诉人 Z 旅行社未经同意，擅自转团，导游没有资质，不负责任，和被上诉人的损害后果有一定的因果关系。车祸给被上诉人造成了严重的损害后果，上诉人没有购买意外保险，事发后也未积极解决，泰国方面把被上诉人赶出医院，并称要送被上诉人坐牢，对被上诉人精神造成极大损害，精神损害抚慰金 30 000 元并不高。被上诉人的伤情构成一个八级伤残、三个十级伤残，上诉人为了拖延时间，要求重新鉴定，鉴定后还是十级，原审判决依照第一次鉴定结果认定误工、营养期限并无不当。

原审第三人 K 旅行社答辩称，一审案由确定为旅游侵权纠纷不当，受害人可以选择合同也可以选择侵权之诉的前提是合同和侵权的相对方都是旅行社，实际上到了外地或者外国，都是由当地旅行社进行接待，我方不是侵权人，不应当作为本案的诉讼主体。

人民法院经二审，确认了一审查明的事实。

本案二审的争议焦点是：①上诉人 Z 旅行社、原审第三人 K 旅行社是否系侵权责任主体，应否对被上诉人焦某的损失承担连带赔偿责任；②误工、营养期限及精神损害抚慰金数额应如何认定。

法津分析

人民法院二审认为：

关于上诉人 Z 旅行社、原审第三人 K 旅行社是否系侵权责任主体，应否对被上诉人焦某的损失承担连带赔偿责任的问题，最高人民法院《关于审理旅游纠纷案件适用法律若干问题的规定》（以下简称《旅游纠纷若干规定》）第 7 条规定，旅游经营者、旅游辅助服务者未尽到安全保障义务，造成旅游者人身损害、财产损失，旅游者请求旅游经营者、旅游辅助服务者承担责任的，人民法院应予支持；第 10 条第 2 款规定，旅游经营者擅自将其旅游业务转让给其他旅游经营者，旅游者在旅游过程中遭受损害，请求与其签订旅游合同的旅游经营者和实际提供旅游服务的旅游经营者承担连带责任的，人民法院应予支持。本案中，焦某与 Z 旅行社签订出境旅游合同，双方形成旅游服务合同关系，Z 旅行社所提供的服务应当符合保障旅游者人身、财产安全的要求。Z 旅行社未经旅游者同意擅自将旅游业务转让给他人系违约行为，其所负有的安全保障义务不发生转移的效力。K 旅行社作为实际提供旅游服务的旅游经营者，所提供的食宿、交通运输等服务亦应当符合保障旅游者人身、财产安全的要求，同时应受 Z 旅行社与焦某签订的旅游服务合同的约束；泰方车队属于受 K 旅行社委托，协助 K 旅行社履行旅游合同义务的旅游辅助服务者，与旅游者之间并未直接形成旅游服务合同关系，其为旅游者提供的交通服务是 K 旅行社履行旅游服务合同义务的延续，应认定为是代表 K 旅行社的行为。泰方车队在代表 K 旅行社为旅游者提供交通服务的过程中未能安全驾驶造成车辆侧翻，致焦某的身体受到损害，K 旅行社应承担相应民事赔偿责任，Z 旅行社作为旅游服务合同的相对方，未经旅游者同意擅自将旅游业务转让给 K 旅行社，依照上述司法解释的规定，其对旅游者在旅游过程中遭受的损害，应当与 K 旅行社承担连带赔偿责任。

《合同法》第 122 条规定，因当事人一方的违约行为，侵犯对方人身、财产权益的，受损害方有权选择本法要求其承担违约责任或者依照其他法律要求其承担侵权责任。《旅游纠纷若干规定》第 3 条规定，因旅游经营者方面的同一原因造成旅游者人身损害、财产损失，旅游者选择要求旅游经营者承担违约责任或者侵权责任的，人民法院应当根据当事人选择的案由进行审理。本案中，被上诉人焦某的损害系泰方车队的侵权行为造成，而泰方车队系受原审第三人 K 旅行社委托，代表 K 旅行社为旅游者提供交通服务，其提供交通服务的行为应视为 K 旅行社履行旅游服务行为，据此，泰方车队的侵权行为可直接认定为 K 旅行社的侵权行为，焦某在旅游过程中遭受人身损害后，选择要求 K 旅行社承担侵权责任，符合法律规定，应予支持。上诉人 Z 旅行社虽非本案直接侵权人，其擅自转让旅游业务的行为亦属违约行为，但《旅游纠纷若干规定》第 10 条已明确在擅自转让的情形下，其应当与实际提供旅游服务的旅游经营者承担连带责任，这里的连带责任既可以是违约责任，也可以是侵权责任的连带，司法解释并未对连带责任的性质作出限制，故在焦某依法选择要求 K 旅行社承担侵权责任的同时，要求 Z 旅行社承担连带责任，并不违反法律规定。Z 旅行社以其并非侵权责任主体为由，主张不应与 K 旅行社承担连带侵权责任的上诉理由依据不足，法院不予采信。

上诉人 Z 旅行社主张被上诉人焦某的损害系第三人的行为造成，依照《旅游纠纷若干规定》第 7 条，应由第三人承担责任。法院认为，《旅游纠纷若干规定》第 7 条规定："因第三人的行为造成旅游者人身损害、财产损失，由第三人承担责任；旅游经营者、旅游辅助服务者未尽安全保障义务，旅游者请求其承担相应补充责任的，人民法院应予支持。"该条规定中的第三人，应该是除旅游经营者、旅游辅助服务者之外的第三人，本案焦某的损害系泰方车队的侵权行为所致，泰方车队作为原审第三人 K 旅行社选定的旅游辅助服务者，不属于该司法解释所称的第三人，故本案不属于第三人侵权的情形，不应适用《旅游纠纷若干规定》第 7 条的规定，Z 旅行社依据该条规定认为不应由其承担赔偿责任的上诉理由与法不符，法院不予支持。

关于误工、营养期限及精神损害抚慰金数额应如何认定的问题。本起交通事故造成被上诉人焦某身体多处受伤，经上诉人 Z 旅行社委托，南京某司法鉴定所对焦某身体多处伤残及伤后误工、护理、营养期限出具了明确的鉴定意见。一审审理中，因 Z 旅行社对鉴定意见确定的左上肢伤残程度及误工、护理、营养期限提出异议并申请重新鉴定，经法院委托，江苏省人民医院司法鉴定所出具鉴定意见，该鉴定意见对焦某左锁骨骨折后构成十级伤残的认定与南京某司法鉴定所的鉴定意见一致，虽然该鉴定意见同时确定的焦某车祸外伤后误工、护理和营养期限均低于南京某司法鉴定所确定的期限，但因江苏省人民医院司法鉴定所评定的误工、护理和营养期限仅针对焦某车祸外伤中的左上肢损伤作出，并不包含焦某车祸后脾切除和腰椎、肋骨骨折损伤所需要的误工、护理和营养期限，仅以此不能否定南京某司法鉴定所此前综合焦某身体多处损失所作出的误工、护理和营养期限评定，Z旅行社亦未能提供相应证据证明南京某司法鉴定所的鉴定存在程序违法等足以导致鉴定结论无效的情形，原审法院对南京某司法鉴定所出具的鉴定意见予以采纳并无不当。Z旅行社主张应以江苏省人民医院司法鉴定所的鉴定意见作为认定焦某伤后误工和营养期限依据的上诉意见与本案事实不符，不予采纳。精神损害赔偿的主要功能是填补和抚慰受害人的精神损害，根据最高人民法院《关于确定民事侵权精神损害赔偿责任若干问题的解释》相关规定，是否判令侵权人承担精神损害抚慰金以及如何确认数额，应结合侵权人的过错、损害后果、当地一般生活水平、侵权人承担责任的经济能力等因素综合考虑确定。鉴于本案侵权人对损害的发生负有全部过错，并造成受害人焦某多处伤残，损害后果较为严重，原审法院判决认定精神损害抚慰金30 000元数额适当，Z旅行社主张原审判决精神损害抚慰金过高的上诉理由依据不足，不予采纳。

综上，原审判决认定事实清楚，适用法律正确，应予维持。上诉人Z旅行社的上诉请求依据不足。据此，南京市中级人民法院依照《中华人民共和国民事诉讼法》第153条第1款第1项之规定，于2012年3月19日判决：驳回上诉，维持原判。本判决为终审判决。

　　根据最高人民法院《关于审理旅游纠纷案件适用法律若干问题的规定》，旅行社未尽到安全保障义务，造成游客人身损害、财产损失，游客有权请求旅行社承担责任。未经游客同意擅自转让旅游业务的，游客还有权请求转让方和受让方承担连带责任。出境旅游和境内旅游有很大的不同，游客在外人生地疏、语言不通，一旦遇到纠纷，难免手足无措。该案的承办法官殷天华表示，旅游者如果遇到类似孟某的情况，可以按照《旅游法》的规定，要求旅行社立即采取必要的救助和处置措施。对于发生人身安全意外后的损失，若是旅行社未尽到必要提示、提醒、救助、安全保障义务，根据法律规定，旅行社应承担责任。

55. 旅游团队成员对行程变更多数赞成少数反对，变更是否合法

典型案例

　　原告诉称：2004 年 10 月 12 日，孙某与某旅行社签订《国内旅游组团合》，约定孙某参加被告组织的"九寨沟、黄龙四日游"，费用（含九寨沟、黄龙门票）为 730 元/人。2004 年 10 月 15 日在游完九寨沟前往黄龙的过程中，下午 14 时 30 分该旅游团有一人出现高山反应不适，其与配偶遂要求终结旅程。某旅行社即以"救助患病旅客"为由，要终结"整个旅游团"的旅程。此时，孙某和车内多数游客立即表示，坚决反对旅行社违反旅游合同和侵害游客合法权益的做法，孙某和其他游客表示："完成救助"之后"继续旅游"两者并不矛盾，因为距离最近的救助地点川主寺和松潘县均不超过 50 公里，且道路、天气情况良好，故应在完成救助后，继续游览黄龙。然而某旅行社强行终结了整个旅程，致使孙某和其他游客痛失游览黄龙的机会。孙某认为旅行社未经其同意

擅自提起终止旅游，违反合同约定，对孙某的权益造成侵害，请求判令旅行社赔偿其损失702元（该费用为孙某到四川旅游的火车票，扣除孙某已旅游景点费用后的旅游团费，在成都滞留解决纠纷而产生的住宿费用、出租车费、按照总金额50%赔偿）。

被告某旅行社辩称：孙某所诉提起终止旅游属实。但是认为，提起终止旅游的原因是有旅客出现高山反应，需紧急救助。在无法解决既救助伤病游客，又继续旅游的矛盾情况下，征得其他多数游客同意，提前终止了旅游。旅行社的行为符合国务院《导游人员管理条例》的规定。孙某虽然未同意终止旅游，但接受了旅行社退回的黄龙景区门票120元，应视为同意放弃继续旅游。旅行社认为，孙某的诉讼请求无事实和法律依据，其要求赔偿702元损失也属恶意扩大损失，应予驳回。

双方当事人在陈述和答辩中一致的事实是：2004年10月12日孙某与旅行社签订《国内组团旅游合同》，约定孙某参加该旅行社组织的"九寨沟、黄龙四日游"；费用（含九寨沟黄龙门票）为每人730元。合同签订后，孙某参加旅行社的九寨沟、黄龙旅游团开始旅游，并向旅行社交纳旅游费730元。2004年10月15日在游完九寨沟前往黄龙的过程中，下午14时30分该旅游团有一人出现高山反应不适，需要救助。旅行社在未征得孙某同意的情况下，即以"救助患病游客"为由，提前终止了旅程。孙某未游玩黄龙景点。旅游团回行至茂县，旅行社退回了孙某黄龙景区门票120元。

双方当事人争议的焦点是：①旅行社因救助伤病游客提前终止旅游的行为是否符合合同约定或法律规定；②孙某所诉702元的构成；③孙某的损失702元是否应由旅行社承担。

针对上述争议焦点，孙某向法院提交了如下证据材料：武汉往返成都火车票2张、成都住宿发票6张、出租车票2张，证明孙某为此次旅游与旅行社协商纠纷而产生的车费住宿费的情况。被告旅行社向法院提交了如下证据材料：①该旅游团其他23名游客签字的证明一份，证明因游客中有人出现高原反应，为救助病人，23名游客表示同意提前终止旅游的事实。②由孙某母亲王某签字的旅行社服务质量跟踪调查表一份，证明孙某对旅行社的服务表示满意的事实。上述证据材料经庭审质证，旅行社对孙某提交的证据的票据真实性无异议，但认为上述票据中火车票无名字，不能证明是孙某购买、使用的。住宿发票上无时间，且票据联号，不能证明是孙某实际支出的。孙某认为旅行社所提交的第一项证据材料此前孙某从未见过，证明的下部纸张被剪裁，又有可能其他旅客的异议声明被旅行社故意裁掉，故该证据材料不客观。孙某认为旅行社所提交的第二项证据材料真实，但王某在该调查表上批注了"对旅行社的安排很不满意"，证明孙某始终对旅行社的违约行为持有异议。法院认为，孙某所提交的证据材料中火车票和住宿发票均是不记名票据，孙某持有该票据，即享有票据权利，故旅行社对该证据材料的异议不成立，孙某所提交的证据材料来源合法，内容真实，与本案纠纷有关联，法院予以采信。旅行社所提交的第一项证据材料，因该证明中并无孙某签字同意终止旅游的事实，而本案纠纷起源是孙某认为旅行社在履行旅游合同时对孙某构成违约，其他游客是否放弃旅游，与本案纠纷无直接关联。故该证据材料中法院对游客发生高原反应的事实予以确认，其他证明事项因与本案无关联，法院不予认定。旅行社提交的第二项证据材料来源合法，内容真实，与本案纠纷有关联，法院予以采信。

就双方争议的证明对象问题，法院认为根据该调查表内容，应认定孙某对旅行社的安排持有异议。

根据上述证据，法院对双方争议的事实作如下认定：旅行社提前终止旅游，回成都后，孙某要求旅行社赔偿损失，双方协商未果，孙某起诉至法院。

经查明，孙某为此次至四川旅游与旅行社协商处理纠纷，产生如下费用：①武汉往返成都火车票624元；②成都住宿费用6天共240元；③出租车费40元；④旅行团团费500元（总额730元扣除旅游的景点门票230元），上述费用共计1404元，孙某主张旅行社赔偿50%，即702元。

法 律分析

法院认为，孙某参加旅行社组织的九寨沟、黄龙旅游团，双方签订的旅游合同符合我国法律规定，是有效合同。保证游客按照合同约定的旅程旅游是旅行社的合同义务。在本案中，虽出现了旅游过程中有旅客身体不适的情况，但该事实并非法定的不可抗力，旅行社应在妥善安置伤病旅客的情况下，继续履行其合同义务，保证其他游客的旅程完整。旅行社未取得孙某同意，擅自终止旅游，旅行社有违约行为，应承担违约责任。旅行社以有病员需要救助为由，在未征得孙某同意的情况下提前终止旅游，其行为无合同约定和法律依据，故旅行社以此辩称其应免除责任，法院不予支持。旅行社辩称孙某已经取了退回的黄龙景区门票，应视为孙某同意终止旅游。法院认为，孙某收取退费的行为发生在旅游团已回到茂县的情况下，孙某继续旅游已无可能，旅行社违约的事实已成立。故旅行社的此项辩称理由无事实依据，法院不予支持。旅行社辩称孙某所诉损失有恶意扩大的情况，法院认为，孙某所主张的损失有相关票据凭证，上述费用也是孙某的合理支出，故旅行社的此项辩称理由不成立。因此判决旅行社应于判决发生法律效力之日起10日内赔偿孙某损失702元。

这是一起因导游变更行程引起的纠纷。本案产生的问题是导游在带团过程中，是否可以变更行程的问题。本案涉及深层次的法律问题，即合同的变更问题。导游人员是指依法取得导游证，接受旅行社委派，为旅游者提供向导、讲解及相关旅游服务的人员。《导游人员管理条例》第 13 条规定:"导游人员应当严格按照旅行社确定的接待计划,安排旅游者的旅行、游览活动,不得擅自增加、减少旅游项目或者中止导游活动。"导游出于对游客负责任的考虑,征得多数游客同意,将行程终止。问题是:导游是否有权自己变更旅游合同。旅游合同是游客与旅行社签订的书面协议。游客是旅游合同当事人一方,旅行社是当事人另一方。导游不是旅游合同的当事人,无权变更旅游合同。旅游者在旅游过程中要求变更自费旅游项目的,导游人员应当报告旅行社,经旅行社同意后方可变更。导游人员应在旅游行程表上标明,并由所有旅游者签字。当游客要求变更旅游合同(行程)时,导游应当通知旅行社,经旅行社同意后,方可变更旅游合同(行程)。合同变更包括主体的变更和内容的变更两部分。旅游合同内容的变更是指变更旅游合同安排的行程,包括:减少游览项目或者缩短游览时间;增加或者变更游览项目;增加购物次数或者延长购物时间等。变更旅游合同的内容只有合同的当事人可以提出变更要求,经合同当事人另一方同意,双方协商一致,才发生变更的法律效力。

导游人员不得拒绝履行旅游合同约定的义务,不得擅自改变旅游合同安排的行程。只有当发生不可抗力、危及旅游者人身、财产安全,或者非旅行社责任造成的意外情形,旅行社不得不调整或者变更旅游合同约定的行程安排时,导游才可以改变行程,但应当在事前向旅游者做出说明;确因客观情况无法在事前说明的,应当在事后做出说明。所以,导游无权擅自变更合同安排的行程。游客要求变更旅游行程的,导游应当通知旅行社,由旅行社做出是否同意变更的决定。在本案中,旅行社没有征得游客同意,擅自终止旅游,合同的变更没有发生法律效力。旅行社违反了合同义务,理应承担相应的赔偿责任。

56. 近亲属病危，是否可以作为旅游者解除合同而不承担赔偿责任的正当理由

典型案例‖

2009 年 4 月 28 日原告至被告 A 旅行社报名参加 5 月 4 日赴泰国旅游活动，签署旅游合同，同时交 4 人团费共 11 200 元（另三人为原告父亲、丈夫、儿子），并取得了发票。原告回家后发现合同中旅行社一方为被告 B 公司，后被告解释为两被告是拼团，合同上使用被告 B 公司名义。同年 4 月 30 日原告父亲突然病危，原告电话告知被告 A 旅行社副总经理，要求取消 4 人旅程，被告 A 旅行社表示依据协议处理。之后，原告及家人均未参加此次旅游。2004 年 5 月起，原告多次联系被告 A 旅行社要求退还团费，其称因被告 B 公司表示团购机票不能退，故仅能归还 1800 元。原告认为依据《中华人民共和国和泰王国政府民用航空协议》及《中国民用航空旅客、行李国际运输规则》有关规定，客票全部未使用，应退还全部已付票款。另根据《中国民用航空旅客、行李国际运输规则》第 24 条、第 31 条，团体游客因病要求退票的，应退还全部票款，均不收取退票款，患病旅客的陪伴人员要求退票，也应按此规定处理。所购机票是 5 月 4 日起飞的，而原告 4 月 30 日就已提出取消行程，两被告没有为原告向航空公司退票，反而借口行规不退团费，明显违反我国法律。且被告 A 旅行社超越经营范围，被告 B 公司是在明知的情况下与该社共同组团，均违反《旅行社条例》，故原告要求两被告共同返还旅游费（差旅费）10 800 元。

原告为起诉提供下列证据：①《上海市出境旅游合同》、《出团通知及注意事项》、被告 B 公司出具的发票，证明原告与被告 B 公司形成了旅游合同关系；②原告父亲病危通知书，证明原告未

能按约定出行的原因；③机票4张，证明与原告同行人的情况及原告事后取得机票的事实；④被告A旅行社副总经理书写便笺，证明被告方仅愿意退还1800元的事实；⑤电话明细单，证明原告为此次旅游一直与被告A旅行社联系。

被告A旅行社辩称：被告A旅行社完全是出于朋友帮忙，为原告介绍被告B公司办理出境旅游业务。4月28日被告B公司派业务员在A旅行社与原告签订旅游合同，收取旅游费，并向原告出具发票，原告对合同的相对人及发票上的收款单位是明知无误的。被告A旅行社事后与原告的接触是原告主动要求及出于朋友情面。综上，A旅行社认为，其与本起旅游合同纠纷无任何关系，不应承担任何责任。

被告A旅行社没有提供证据。

被告B公司辩称：原告与本公司签订出境旅游合同，双方建立了旅游服务合同关系，双方的权利义务均应按照合同规定和约定内容履行。被告B公司已严格履行了合同义务，为原告提供了办理旅游签证，预定住房、旅游目的地往返航空机票等服务，对原告因其个人原因要求退团的要求是团队回国后才得知，被告B公司为原告已实际支付的上述费用成为无法挽回的损失，依据合同约定已实际发生的费用应由原告自行承担。至于原告作为机票的持票人，如认为可以退票也应自行向航空公司主张，与被告B公司无关。B公司仅愿退还1800元。

被告B公司为应诉提供以下证据：①《上海市出境旅游合同》（同原告证据1），证明依据合同特别告知，因旅游者原因不能成行，旅游者应当提前通知对方，否则应视为违约，旅游者承担5%的违约金。旅行社已办理护照成本手续费、订房损失、实际签证费用、国际国内交通费按实际计算。②东方航空公司上海营业部通告，证明航空公司有关2004年4月、5月两月前往泰国的机票价格和一律不得退票的规定。③航空公司香港代理方的通知及证明、泰国地接社发票，证明被告 B 公司已经支付有关的机票费用，该机票不得退票，被告 B 公司另支付泰国当地旅行社团体酒店住宿、车票等费用。

被告 B 公司、被告 A 旅行社对原告证据 2 的真实性有异议，认为病区出具病危通知书程序上不合法，原告又无相关病历相印证，其余证明事实不成立，另该证据与本案不具有关联性；对原告其余证据真实性无异议，但认为原告证据亦不能证明 A 旅行社是合同相对方的事实。原告对被告 B 公司证据 1 真实性无异议，对证据 2 认为与本案无关联性，对证据 3 认为是境外证据，未办理相关公证、认证手续，其真实性不予确认。被告 A 旅行社对 B 公司证据无异议。

法院对上诉证据认证认为：两被告对原告证据中真实性无异议部分，依法应予确认；对原告证据 2，因无相关病历相互印证，且该证据由非就诊单位直接出具，仅有该病区证明，尚不足以证明原告所主张的事实成立；被告 B 公司提供的证据 2 与本案无关联性，不应作为本案证据予以采用，证据 3 是中华人民共和国领域外形成，依据最高人民法院《关于民事诉讼证据的若干规定》第 11 条，必须履行一定的证明手续，才能作为证据加以使用，现被告 B 公司提供的证据尚不符合程序要求，法院对其真实性不予确认。

法院经审理查明：2004 年 4 月 28 日原告与被告 B 公司在被告 A 旅行社处签订《上海市出境旅游合同》，约定原告等 4 人参加被告 B 公司组织的 4 晚 5 天的泰国普吉岛境外旅游，出行时间为 5 月 4 日至 5 月 8 日。该合同"特别告知"中旅游者义务一节，明确旅游者应当遵守合同约定，自觉履行合同义务，非经旅行社同意，不得单方变更、解除旅游合同，但法律、法规另有规定的除外。因旅游者的原因不能成行造成违约的，旅游者应当提前 7 天（含 7 天）通知对方，是否按照规定通知对方，合同约定了不同的违约全额数。另合同约定旅行社已办理的护照成本手续费、订房损失费、实际签证费、国际国内交通票损失费按实际计算，因违约造成的其他损失，按有关法律、法规和规章承担赔偿责任。同日，原告交纳了 4 人团费 11 200 元（另三人为原告父亲、丈夫、儿子），并取得了被告 B 公司开具的发票。同年 4 月 30 日原告以父亲突然病危，电话告知 A 旅行社副总经理，要求取消 4 人旅程，被告 A 旅行社表示依据协议办理。之后，原告及家人均未参加此次旅游。2004 年 5 月起，原告多次联系被告 A 旅行社要求退还团费，被告 A 旅行社称 B 公司表示因已实际购买机票花费 9000 元及签证费支出 400 元，故仅退还 1800 元。

法津分析

法院认为：原告与被告 B 公司签订的《上海市出境旅游合同》及收取旅游费用的发票均已显示原告与被告 B 公司形成了旅游服务合同关系，该合同是确定合同相对人及合同权利义务关系的依据，原告现认为被告 A 旅行社是该合同的一方当事人，仅凭签约地址及原告曾多次与该被告联系的事实，尚不足以确认被告 A 旅行社与被告 B 公司有联合组团的事实，原告要求被告 A 旅行社承担旅游合同责任的请求，法院不予支持。原告以其同行者患病为由，未按约定赴泰国旅游，属于旅游者自身原因，应属旅游者违约情形，旅行社已办理的护照成本手续费、订房损失费、实际签证费、国际国内交通票损失费按实际计算。对双方有争议的机票款损失问题，首先对原告认为 4 月 30 日即已通知两被告，两被告未向航空公司退票有过错一节，从目前查明事实看，原告现无证据证明其该日已通知被告 B 公司，更无证据证明该被告有延误退票的事实；其次对原告称依据民用航空运输有关规定，未实际成行的机票可以全额退款的理由，由于原告是机票的合法持有人，被告 B 公司是代购方，对该机票是否退票及是否可以退票，均是原告与航空公司之间的航空运输关系，与本案被告 B 公司无关，故原告理应自行承担购买机票的损失。被告 B 公司现愿意扣除签证及机票费后将剩余的 1800 元归还原告并无不当，依法可予准许。原告要求被告 B 公司退还所购机票的费用，法院不予支持。法院判决如下：被告 B 公司应于本判决生效之日起 10 日内归还原告张某旅游费 1800 元。原告张某要求被告 A 旅行社共同归还 10 800 元的请求不予支持。

从本案中引申对旅游合同解除及当事人的违约责任的讨论。

1. 旅游合同的解除。《上海市出境旅游合同》第 13 条规定："低于成团人数不能成团时，旅游者既不同意转团，也不同意延期和改变其他线路出团的，视为旅行社解除合同，按本合同第 14 条、第 16 条第 1 款相关约定处理。"第 14 条规定："旅游者和旅行社在行程前可以书面形式提出解除合同。在出发前 7 日（按出发日减去解除合同通知到达日的自然日之差计算，下同）以上（不含第 7 日）提出解除合同的，双方互不承担违约责任。旅行社提出解除合同的，全额退还旅游费用；旅游者提出解除合同，如已发生旅游费用的，应当扣除已发生的旅游费用。旅行社应当在解除合同的通知到达日起 5 个工作日内，向旅游者退还旅游费用。旅游者或者旅行社在出发前 7 日以内（含第 7 日，下同）提出解除合同的，由提出解除合同的一方承担违约责任。"第 15 条规定："旅游者未按约定时间到达约定集合出发地点，也未能在出发中途加入旅游团队的，视为旅游者解除合同，按照本合同第 17 条第 1 款相关约定处理；旅游者在行程中脱团的，旅行社可以解除合同，旅游者不得要求旅行社退还旅游费用，给旅行社造成经济损失的，旅游者应当承担相应的赔偿责任。在旅游合同中旅游活动还未进行之前，合同双方当事人都有权利去解除合同。"

2. 旅客的解除权。

（1）任意解除权。在旅游开始前应当承认旅客可以任意解除旅游合同，允许其在旅游合同签订后，旅游开始前，可随时解除合同，且此解除也无须提出正当理由。这是因为如果旅客在此时不能参加旅游，也不能由第三人替代其参加，法律又不允许其退出合同关系的话，就会导致旅客构成迟延，旅行社在旅客不能参加时也不能停办旅游，从而造成财产的不必要的浪费。

由于此时旅游尚未开始，旅行社还尚未正式开始旅游给付，但可能已经就证照办理、客票、客房预订等非继续性内容为给付，此种给付不因旅游之解除而无效，应当由旅客负担偿还价款的义务。因此一般在解除发生后，只发生回复原状请求权，旅行社可就自己一方遭受的财产损失请求赔偿。赔偿范围应当包括因退票、退房而花费的手续费、定金等内容。

（2）旅游开始前旅行社变更预订的旅程，旅客可以解除合同。旅行社有义务按照合同约定的行程安排为给付，为了防止旅行社任意变更旅游行程、景点品质，从而损害旅客利益，应当在旅行社未经旅客同意擅自变更或者旅客不接受该种变更时赋予旅客解除权。

（3）旅游开始前旅客因不可归责于己的事由致不能参加旅游时，可解除合同。由于旅游的履行需要旅客亲身参加全部过程才能实现，因此旅游开始前如旅客有不可归责于己的事由（如因死亡或疾病等）不能参加旅游时，可以解除合同。旅客行使此种解除权要求具备事由的"不可归责性"，旨在强调旅客因不能受领给付与拒绝受领给付承担的损害赔偿责任不同，即旅客只为因自己一方的主观过错导致的合同解除承担责任。虽然我国《合同法》在总则中规定了严格责任，但并不意味着当事人过错的有无不再影响责任的承担。相反，一方之有无过错仍然会决定违约责任的大小及范围。但此处的事由应当视为免责事由从而不应承担违约损害赔偿责任，还是应当适用过错责任从而在合同解除后仍应承担赔偿责任，则还有待探讨。

旅客的上述解除权由本人行使，但旅客死亡的，由其继承人行使合同解除权。

（4）旅游开始前，旅行社因天灾、动乱、交通阻塞或政府命令等不可归责于双方当事人的事由致不能给付时，可以解除合同。在这种情况下，旅行社同样也享有合同解除权。

3. 旅游业者的解除权。

（1）旅游需旅客的行为才能完成，而旅客不为该行为时，旅行社可定相当期限催告旅客为该行为，旅客于该期限届满仍不为该行为的，旅行社可解除合同。

由于旅游尚需作为债权人的旅客的行使尚能完成，旅客的行为属于"给付兼需债权人行为"。所谓"给付兼需债权人行为"是指债务人履行合同需债权人的行为才能完成，债权人如果不为该行为，债务人可以催告其在一定的合理期间为该行为，债权人在该期限内不为该行为的，债务人有权解除合同。旅游合同中的某些给付内容，如旅行社为旅客办理出国手续需要旅客提供证件、提交身份证件以便旅行社预订机票等就是如此。

我国《合同法》第259条没有明确提出"给付兼需债权人行为"的概念，但在承揽合同一章中有关于定作人协助义务的规定。我国台湾地区"民法"第507条与我国合同法第259条的规定尚有不同，主要分歧在于，我国《合同法》明确将定作人应为的协助行为规定成一种义务，而台湾地区"民法"并未将给付兼需债权人行为中的行为称为定作人的义务。依照史尚宽先生的观点，定作人为完成工作所需之协力并非义务，定作人未为协力之不作为，不构成给付迟延，承揽人并不享有请求其为工作必要协助之诉权。而承揽人之所以可以行使解除权，也是因为定作人此时已构成受领迟延，而非因定作人违反法定义务。旅客不为协力行为，对于旅行社为旅游给付即构成受领迟延，旅客在旅行社催告后于一定期限内不为协力行为的，应类推适用《合同法》第94条规定，旅行社可以解除合同，因合同解除所生之损害，由旅客承担。

（2）旅行社因不得已的事由致难以履行的，可解除合同。"旅游营业人非有不得已之事由，不得变更旅游内容"，即旅行社可以因不得已之事由而解除合同。此处所说的"不得已之事由"，主要包括前述内容之外，还应包括因旅行社丧失资格、行业公会的联合抵制行为而发生的履行不能等情形。此种事由对旅行社而言不具有可归责性，但其发生已足以使旅行社不能履行合同。因此在这种情形中，旅行社享有合同的解除权，合同解除后，只依法发生回复原状请求权。

4. 旅行社的违约责任。

（1）旅行社在出发前 7 日以内（含第 7 日，下同）提出解除合同的，向旅游者退还全额旅游费用，并按下列标准向旅游者支付违约金：出发前 7 日至 4 日，支付旅游费用总额 10% 的违约金；出发前 3 日至 1 日，支付旅游费用总额 15% 的违约金；出发当日，支付旅游费用总额 20% 的违约金。如上述违约金不足以赔偿旅游者的实际损失，旅行社应当按实际损失对旅游者予以赔偿。旅行社应当在取消出团通知到达日起 5 个工作日内，向旅游者退还全额旅游费用，并支付上述违约金。

（2）旅行社未按合同约定提供服务，或者未经旅游者同意调整旅游行程，造成项目减少、旅游时间缩短或者标准降低的，应当采取措施予以补救，未采取补救措施或者已采取补救措施但不足以弥补旅游者损失的，应当承担相应的赔偿责任。

（3）旅行社未经旅游者签字确认，安排合同约定以外的另行付费项目的，应当承担自费项目的费用；擅自增加购物次数的，每次按旅游费用总额的 10% 向旅游者支付违约金；强迫或者变相强迫旅游者购物的，每次按旅游费用总额的 20% 向旅游者支付违约金。

（4）旅行社违反合同约定，中止对旅游者提供住宿、用餐、交通等旅游服务的，应当负担旅游者在被中止旅游服务期间所订的同等级别的住宿、用餐、交通等必要费用，并向旅游者支付旅游费用总额 30％ 的违约金；如果因此给旅游者造成其他人身、财产损害的，还应当承担损害赔偿责任。

（5）旅行社未经旅游者同意，擅自将旅游者转团、拼团的，旅游者在出发前（不含当日）得知的，有权解除合同，旅行社全额退还已交旅游费用，并按旅游费用总额的 15％ 支付违约金；旅游者在出发当日或者出发后得知的，旅行社应当按旅游费用总额的 25％ 支付违约金，旅游者要求解除合同的，旅行社全额退还已交旅游费用；如违约金不足以赔偿旅游者的实际损失，旅行社应当按实际损失对旅游者予以赔偿。

（6）与旅游者出现纠纷时，旅行社应当采取积极措施防止损失扩大，否则应当就扩大的损失承担责任。

（7）旅行社委托的第三方违反本合同约定，视同旅行社违约，旅行社应当按照本合同约定承担违约责任。

5. 旅游者的违约责任。

（1）旅游者在出发前 7 日以内（含第 7 日，下同）提出解除合同的，应当按下列标准向旅行社支付业务损失费：出发前 7 日至 4 日，支付旅游费用总额 50％；出发前 3 日至 1 日，支付旅游费用总额 60％；出发当日，支付旅游费用总额 80％。如按上述比例支付的业务损失费不足以赔偿旅行社的实际损失，旅游者应当按实际损失对旅行社予以赔偿，但最高额不应当超过旅游费用总额。

旅行社在扣除上述业务损失费后，应当在旅游者退团通知到达日起 5 个工作日内向旅游者退还剩余旅游费用。

（2）旅游者未能按照合同约定的时间足额支付旅游费用的，旅行社有权解除合同，并要求旅游者承担旅行社的业务损失费。

（3）旅游者因不听从旅行社及其导游的劝告而影响团队行程，给旅行社造成损失的，应当承担相应的赔偿责任。

（4）旅游者超出合同约定的内容进行个人活动所造成的损失，由其自行承担。

（5）由于旅游者的过错，使旅行社遭受损害的，旅游者应当赔偿损失。

（6）与旅行社出现纠纷时，旅游者应当采取积极措施防止损失扩大，否则应当就扩大的损失承担责任。

57. 旅游者违约解除旅游合同后，旅游费用怎么退还

典型案例

原审判决决定：两被告签订的《协议书》，是双方真实意思表示，内容合法，应受法律保护。原告作为第二被告课程中心的第一期 MBA 班学员，在办理赴英国的报名手续时，已收到《声明》且第二被告已告知了《出国须知》的有关规定，理应遵守。但原告在 1999 年 5 月 6 日办理面试签证及收到 5 月 10 日的出国机票时，仍于 5 月 8 日下午向两被告提出取消此次出国旅游，违反了《出国须知》和《协议书》的"出团前三天（不包括出发当天）要求退团者，扣取全部的团款"的有关规定。且第二被告按每人港币 1.6 万元付给第一被告的团费价格，是基于第二被告保证团体人员在 20 人以上而享受的优惠价格。有关所交团费与全体 MBA 班学员所交团费已不可分，该团不因减少原告一人而减少支出。因此，原告要求返还全部机票款和团费的 80% 的请求无理，其主张法院不予支持。原告称在 5 月 6 日已向第二被告声明退团和 5 月 7 日要求第一被告退款，证据不足，不予认定。鉴于新加坡航空公司已退回机票款人民币 4000 元给了第一被告，第一被告也表示将该款退回给原告，法院照准。并判决：第一被告旅行社应于本判决生效之日起五日内付给原告崔某人民币 4000 元。驳回原告的其

他诉讼请求。

上诉人崔某诉称：协议书是由两被告所签，对上诉人无约束力。《出国须知》上诉人至今仍不知其内容，如有也并未得到上诉人的认可，关键是它违反了《海南省旅游市场管理条例》第 15 条，应当认定无效。不能以协议与《出国须知》来判上诉人承担旅游费用。上诉人已在 1999 年 5 月 6 日申请退团，并告知了课程中心的唐老师及旅行社负责人金总，被上诉人旅行社应退还 80% 旅行费给上诉人。上诉人的请求是合理合法的，又有证人证言支持。请求二审法院撤销原判，支持上诉人的请求。

被上诉人旅行社答辩称：我社与课程中心签协议赴英国，至签证完毕机票出后，上诉人才临时提出退团，所交费用理应不可退还，但经我们力争，航空公司同意退还票款 4000 元，我们愿意返还，现上诉人不服原判上诉，我们请求维持原判，驳回上诉人的上述请求。

经审理查明，法院围绕双方当事人争议的焦点，调查事实如下：1999 年 4 月 21 日，课程中心为了让其所培训的第一期 MBA 班学员赴英国威尔士大学参加毕业典礼，便与旅行社签订了一份协议书，约定由课程中心出资，旅行社负责办理赴英国有关手续及机票、食宿等事宜。课程中心按每人 2070 美元交付，并保证团体人数在 20 人以上。行期从 5 月 10 日到 5 月 20 日，课程中心需在旅行社送签证资料前支付 30% 团费，在出国际机票出票前付清全部团费。同时，旅行社还将《出国须知》等有关资料交给了课程中心。《出国须知》对办理出国手续、付款等问题都作了规定，对退团责任也作了规定，即规定出国前 3 天，不包括出发当天，要求退团者，扣除全部团款。签约后，课程中心筹备安排第一期学员报名参加此次活动，并发表一份《声明》，声称本中心与旅行社的协议只是代表学生办事，不从中盈利，任何争议按协议中规定处理，中心不负任何责任。学生向课程中心报名时，课程中心发给每个学生一份声明，并将《出国须知》的内容告知了报名参加的学生。上诉人崔某在报名时，课程中心也同样将该《声明》发给原告。并告知了其《出国须知》的有关规定。1999 年 4 月 29 日，上诉人交给课程中心赴英国费用港币 16 000 元。课程中心将款交给了旅行社。同年 5 月 6 日，包括上诉人在内的 20 名赴英国第一期全体学员前往英国驻北京大使馆面试签证。获取 20 人签证后，当天下午旅行社便委托北京旅行社会同课程中心留下的代表从英国使馆取出护照签证，前往新加坡航空公司驻北京办事处购买了 20 人 5 月 10 日、5 月 20 日由香港到伦敦和由伦敦到香港的双程团体机票。5 月 7 日，旅行社又购买该 20 人的 5 月 10 日和 5 月 20 日海口到香港和香港到海口的双程团体国际机票，5 月 7 日崔某收到了所购买的全部机票。5 月 8 日下午，因上诉人的公司不同意上诉人出国，上诉人便向课程中心的唐老师发出一份取消此次行程的传真通知，唐老师接到传真后，即转告了旅行社。当天崔某也向旅行社的副总理金总发了一份传真件，称他已在 5 月 6 日上午 8 时 30 分左右在英国使馆处电话通知金某取消行程，上午 11 时 10 分左右签证后再次电话告知不要出票，但旅行社仍出票。并称，按出国旅行条款规定，他已在团队出团前 3 天通知取消旅游，不承担任何费用。接到传真后旅行社即表示根据国际惯例和航空公司的规定及《出国须知》之条例现在取消崔某的行程，但对所交费用不予退还，并与各航空公司联系了退费事宜。后新加坡航空公司同意退回票款人民币 4000 元，而港龙航空公司回复不予办理退票和退款，为此上诉人多次要求旅行社退回 80% 的团费，但旅行社只是同意返还 4000 元，上诉人遂向法院提起诉讼。

上述事实的认定，有两被上诉人订立的《协议书》、《出国须知》，上诉人交款的收据，《声明》、上诉人的传真件，有关证人证言及当事人的陈述等证据在案为凭，这些证据已经过质证，可以作为认定本案事实的依据。

法津分析‖

二审法院认为，根据本案事实，处理意见如下：两被上诉人订立的《协议书》是双方的真实意思表示，内容合法，应受到法律保护。上诉人作为课程中心第一期 MBA 班学员，在办理赴英国的报名手续时，已收到了《声明》，课程中心亦已对上诉人告知了《出国须知》的有关规定，上诉人理应遵守，但上诉人 1999 年 5 月 6 日在北京英国使馆办理面试签证后并在收到 5 月 10 日的出国机票后，才于 5 月 8 日下午向被上诉人提出取消此次出国行程，违反了《出国须知》中关于"出团前 3 天（不包括出发当天）要求退团者，扣取全部的团费"的有关规定，况且课程中心按每人16 000元港币付给旅行社团费是基于团队 20 人以上而享受的团体优惠价格，上诉人所交团费与全体 MBA 班学员所交团费不可分，团队不能因减少上诉人一人而减少开支，因此，上诉人在出国前二天取消出国行程，所造成的损失理应自负。原审据此不支持上诉人要求退还 80% 团费的请求并无不妥。至于上诉人提到，他在 5 月 6 日签证前就已告知两被上诉人已取消出国行程，对此两被上诉人均表示否认。上诉人在二审期间虽提供二位证人证言，但两人与崔某是同学，且没有其他证据佐证，故该证言不予采纳。上诉人否认自己知道《出国须知》的内容，与事实不符，法院不予采纳。而《出国须知》虽是有旅行社制定，但体现了双方共同的真实意思表示，且每个出国的学员均是按该通知来办理有关手续，故所规定的退团责任对每个学员均有约束力。上诉人认为该《出国须知》无效，其理由不能成立。故上诉人的上述请求，应予驳回。原审判决认定事实清楚，所作判决正确，应予维持。根据《中华人民共和国民事诉讼法》第 153 条第 1 款第 1 项之规定，判决如下：驳回上诉，维持原判。

58. 旅游行程受阻，如何退还旅游费

典型案例

　　两原告诉称：两原告（夫妻关系）于 2008 年 12 月下旬到被告处报名参加新加坡和马尔代夫 7 天自由行旅游，确定出发时间为 2009 年 1 月 15 日及具体行程安排，并约定由被告为两原告办理新加坡签证。被告选择在新加坡驻厦门总领事馆办理签证，并谎称有熟人好办理，且广州只是新加坡驻厦门总领事馆广州办公室，不宜在广州办理。同年 1 月 3 日两原告按被告提供的"新加坡旅游签证要求及所需资料"向其提交了资料。同年 1 月 6 日下午被告又通知两原告须补交户口簿复印件，同年 1 月 7 日上午两原告向被告补交了该份资料，之后被告通知两原告在同年 1 月 13 日可以拿到办理好的签证。同年 1 月 13 日被告要求交纳旅游团费并告知取得签证延后一天。同日下午，两原告支付了团费 42 776 元。但 14 日下午 4 点被告突然通知签证被拒签，因此两原告被迫取消整个行程。两原告拿回护照后发现签证申请时间实为 1 月 12 日。之后两原告多次要求退回全部团费，但被告一直推托。两原告认为，被告在提供旅游服务过程中存在欺诈行为。据此，两原告请求判令被告双倍返还旅游团费 85 552 元并承担本案诉讼费。

　　被告辩称：原告陈述的事实不详实，真实情况是：原告在 2008 年 12 月中旬到被告营业部了解春节前后到马尔代夫、新加坡的旅游行程及报价，原告在 2009 年 1 月 3 日表示同意团费及确认行程，并约定由被告代办新加坡入境签证。被告随即为原告预订机票、酒店，因 2009 年 1 月 7 日前必须支付机票、酒店定金，而此时间之前无法办好签证，被告向原告说明上述情况，经原告确认，原告于 1 月 7 日垫付了预订机票、酒店的费用。原告于 1 月

13 日以转账方式支付了团费 42 776 元。但 1 月 14 日被告收到新加坡厦门总领事馆的通知，拒签了原告申请新加坡入境的请求。被告立即通知原告，事实上，马尔代夫是落地签证，新加坡拒签并不影响马尔代夫的行程，且马尔代夫的机票、酒店占团费的大部分（24 946 元），且不能退定金。因此，被告提出变更为 1 月 17 日出发、马尔代夫行程部分不变的方案。实际上应变方案只有 1500 元的损失，但原告拒绝接受，造成马尔代夫的巨额房费和退机票等费用损失。被告认为：①原告 2009 年 1 月 3 日才确认行程，且没有及时办理签证，造成拒签后没有足够时间重签和申诉。②原告表示被告"谎称有熟人好办理"没有依据，是原告自编的。③办理签证的依据和流程是相同的，选择厦门总领事馆签证合情合理，权限和便捷优于广州办事处。④签证是否成功由签证官根据个人情况决定，被告无法左右签证官拒签的事实，国家工商总局 2007 年 2 月制定的《中国公民出境旅游合同》的条款和旅游行业标准规定，发生拒签情况的相关费用和责任由旅行者负责。⑤被告已提出变更解决方案，取消整个行程是原告不明智的选择。⑥原告认为被告存在欺诈行为无事实依据。⑦根据《中国公民出境旅游合同》的条款和旅游行业标准规定，不按旅行社安排出发，可视为无故解除合同，并按旅游费总额 90% 支付组团社的业务损失费。原告曾经向顺德区旅游质量监督管理所投诉，但得不到支持，被告为息事宁人，可以按相关标准退还 10% 即 4277.6 元，但原告根本不予接受。综上所述，请求法院驳回原告的诉求。

法律分析

1. 法院经审理查明，两原告（夫妻关系）于 2008 年 12 月中下旬到旅游公司杏坛营业部咨询参加新加坡和马尔代夫 7 天自由行旅游，经双方商定，于次年 1 月 3 日确定了新加坡和马尔代夫 7 天自由行旅游具体行程安排及费用合计 42 776 元，出发时间为 2009

年1月15日,并约定由旅游公司为两原告办理新加坡申请入境签证(另马尔代夫入境可以落地签证)。旅游公司杏坛营业部向原告提供了行程表、"顺德旅游新加坡旅游签证要求及所需资料"说明书。2009年1月5日,原告按说明书要求提供了相关办证资料,因说明书上没有列明需要提供户口簿,旅游公司于次日通知原告补交,同年1月7日,原告补交了户口簿复印件,同日,旅游公司向某旅行社垫付了33 976元,用于预订两原告往返马尔代夫的机票及酒店房费,双方在《付款通知单》中约定:由于现为马尔代夫旅游旺季,酒店及机票预定须支付全款后才能确认,请于1月7日中午12时前付清全款,一经确认,如果取消,恕不退还。旅游公司另委托某航空服务有限公司预订新加坡三天住宿酒店,房费3600元(旅游公司于同年1月23日付款,实际扣收房费1465元)。同年1月12日,旅游公司向新加坡驻厦门领事馆申请入境签证,支付签证费用700元。同年1月13日,两原告向旅游公司支付了全程费用42 776元。次日,新加坡驻厦门领事馆拒签了两原告的入境请求。旅游公司立即通知两原告,并提出变更方案:新加坡行程取消,行程改为1月17日出发前往马尔代夫。但两原告认为不能停留新加坡而拒绝变更,因此两原告预定行程没有成行。原、被告就损失未能达成协议,两原告遂向佛山市顺德区旅游质量监督管理所投诉,但经调解无效,双方因此成讼。

法院认为,原、被告确定了新加坡和马尔代夫7天自由行旅游具体行程,该事实系双方当事人真实意思表示,虽未形成书面合同,且该旅游业务的内容与传统的旅游合同内容存在不同之处,但原、被告双方所形成的仍是旅游业务经营者与游客的关系。自由行旅游业务是当前社会形势下的一种新型旅游业务品种,无论就社会大众还是国家旅游管理部门而言,对该旅游业务都是予以认可的,从尊重事实的角度出发,原、被告双方所形成的事实上的合同关系,仍应定性为旅游合同关系。但由于双方对这种非即时清结的合同关系没有订立书面合同，造成双方权利义务不明确，双方对此都负有过错，均应承担一定的责任。依照公平合理、诚实信用原则，造成旅游费损失的过错应由原告承担次要责任，被告承担主要责任，双方按照 40%、60% 分别承担实际损失。原告请求被告双倍返还旅游团费，并不符合相关法律规定，被告应按实际损失承担赔偿和返还余款的责任。造成损失费用合共 35 441元中，原告被拒签证，因此产生的签证费 700 元应由原告自行承担。被告因存在主要责任，相应的报酬也不应计算，实际损失费用 34 741 元由原告承担 13 896 元，被告承担 20 845 元。两原告向被告支付了全程费用 42 776 元，扣除损失费用 34 741 元尚余 7335 元，被告应返还给原告。根据《中华人民共和国民事诉讼法》第 128 条，《中华人民共和国合同法》第 60 条的规定，判决如下：①被告应于本判决发生法律效力之日起 10 日内向原告支付赔偿款 20 845 元，返还费用 7335 元；②驳回原告的其他诉讼请求。

本案双方约定的合同实际是原告为实现"自由行"的目的，由原告指定目的地及行程、时间，被告负责按原告的要求订票、联系酒店住宿、安排地陪接待，全程不派遣导游。因此，在定性问题上，本案是属于委托代理合同纠纷，还是一个新型的旅游服务合同纠纷案件？在履行过程中，究竟应认定为违约还是欺诈？在本案纠纷中，合同的定性，认定欺诈还是违约，不仅是旅游者和旅游企业争论的焦点，还关系到是否承担责任问题，或者承担的赔偿责任相差悬殊。如果定性为委托代理合同，只要被告按照双方约定，完成原告委托处理的事务，就不承担责任。如果定性为旅游服务合同，被告违约，则旅游企业按补偿性原则给予赔偿，如果定性为欺诈，旅游企业要承担惩罚性的赔偿。根据《合同法》的规定，委托合同是委托人和受托人约定，由受托人处理委托人事务的合同；代理合同是指代理人以被代理人的名义与他人处理事务的合同。《国际旅游合同公约》规定："旅游合同系指一项组织旅游的合同或者一项中间旅游合同。"所谓有组织的旅游合同是指一方当事人提供他方"一项一次计酬的综合性服务，包括交通、住宿或任何其他有关服务"的合同。中间旅游合同是指一方当事人为他方媒介旅游合同或媒介一项或多项个别给付，使他方得以完成旅游或短期居留的合同。我国国家旅游局《旅行社出境服务质量》规定，出境旅游服务合同是指组团社与旅游者（团）双方共同签署并遵守的，约定双方权利和义务的格式化合同。旅游合同主要表现为旅行社为旅行者提供旅游服务，旅行者支付旅游费用，其新颖性主要表现在旅行社提供的旅游服务的典型性上。旅游服务是一种无形的服务，包括交通、住宿、餐饮、导游等在内的服务，内容繁多。笔者认为，本案中"自由行"是一种新型的旅游服务，类似于《国际旅游合同公约》中规定的中间旅游合同，因此，本案应将合同定性为旅游服务合同。

违约是指合同当事人不履行合同义务或者履行合同不符合约定的行为，而欺诈是指一方当事人故意实施某种欺诈他人的行为，并使他人陷入错误而订立合同，表现为隐瞒真相或虚构事实并使他人陷入错误的行为。按照《消费者权益保护法》第49条的规定，经营者提供商品或者服务有欺诈行为的，应当按照消费者的要求增加赔偿其受到的损失，增加赔偿的金额为消费者购买商品的价款或者接受服务的费用的一倍。认定欺诈行为必须同时满足四个要件：①欺诈故意，即经营者虚构事实，隐瞒真相；②经营者实施欺诈行为；③被欺诈方因欺诈而陷入错误；④被欺诈人因错误而作出了意思表示。本案中，旅行社并没有用根本不存在或者虚假的产品或服务欺骗消费者的故意，他们的主观目的还是想履行合同，只是在履行合同中存在过错，因此导致了本案的违约行为。

2. 本案中原被告承担责任的几个问题认定。

（1）关于代办签证问题。原告认为被告没有按新加坡使馆签证要求通知被告提供足够资料，且没有就近在新加坡驻广州领事馆办理签证，而选择在新加坡驻厦门总领事馆办理签证，造成签证延误及增加难度。根据实际情况，被告在 2009 年 1 月 5 日通告原告提供资料时，确实漏通知提供户口本，但被告已及时告知原告并在次日补交资料，在时间上对签证影响不大，至于应在新加坡驻厦门总领事馆还是在广州领事馆办理签证，并不违反领事馆管辖范围的限制，被告可根据本身的业务能力从有利于高效、低成本角度考虑选择。但被告在收齐原告签证的相关资料后，明知离 1 月 15 日出发时间不多，正常签证需 3 个工作日，且应知道存在被拒签入境的风险，在 2009 年 1 月 12 日才向新加坡驻厦门总领事馆递交资料，导致在 1 月 14 日正常签证期满被拒签的事实发生时，被告已没有足够时间重签和申诉，失去救济机会。

（2）关于预订机票住宿问题。被告是从事旅游行业的专业公司，掌握丰富的信息资源和旅游经验，被告在履行合同过程中应当承担将有关重要的事项、情况告诉对方的通知义务，这也是合同法所规定的附随义务。虽然原告确定的旅游期间属于旺季，客观上（按照行业习惯）必须在 2009 年 1 月 7 日前预订机票、酒店并支付定金，且发生违约行为相应费用不能退回，被告在预付相应费用时应该可以预见一旦被拒签会造成损失，但没有证据表明被告已将可能存在的风险告知原告，并征得原告同意，使原告的利益受到损害，被告应承担未能预先告知风险的责任。

（3）关于签证拒签问题。被告代办新加坡入境签证，只是代理行为，不能决定是否取得签证。真正能决定是否同意签证的权力在于领事馆的签证官员，而签证官员是以其标准针对被签证人作出决定的。原告被拒签入境的事实，是导致不能如期出行的主要原因，原、被告双方未能举证证明对方的过错责任，被告已按要求办理了申请签证，只能按照被拒签的事实归责于原告。

（4）关于防止扩大损失问题。在原告被拒签新加坡入境后，原告不能如期成行已成为事实，被告虽然及时向原告建议调整行程，客观上可以降低经济损失的程度，但原告以不能实现合同目的为由拒绝接受，双方未能达成合意。综合上述几个问题的认定，作出上述判决。

3. 对旅游服务合同纠纷案件要求双倍返还旅游费用的思考。民事责任的承担采用补偿性原则，但在经营者有欺诈行为的前提下，经营者承担民事责任形式就有了质的变化：经营者在承担补偿性赔偿外，还应当受到惩罚。由于旅游产品构成的特殊性，在旅游企业出现欺诈行为时，要求旅游企业双倍返还旅游费用时，应当遵循以下基本原则：

（1）应当剔除已经实际发生的实际费用。确认这样的原则，和旅游服务的特殊性密不可分。理论上说，旅游企业的欺诈行为一经查实，旅游企业必须按照上述规定，给予旅游者双倍赔偿，旅游企业不能找借口拒绝赔偿。但在具体实施双倍返还旅游费用时，应当考虑到旅游企业已经为旅游者提供服务必须支出的费用，也就是说，虽然旅游企业必须双倍赔偿，但旅游者实际获得的赔偿应当低于计算出来的赔偿，这和一般的商品交易过程中出现的欺诈赔偿有较大的区别。在一般的商品交易中，消费者购买商品被经营者欺诈，只要将商品退还给经营者，就可以要求经营者按照销售价格给予双倍的赔偿，工商管理部门则根据有关法律的规定，对经营者进行行政处罚；而在旅游服务消费中，一旦旅游者接受了旅游企业的服务，必然导致这些服务被旅游者实际消耗，旅游者没有办法把该"商品"，即已经消费的旅游产品"退还"给旅游企业。假如旅行社为旅游者提供的住房服务有欺诈行为，在按规定赔偿时，应当考虑旅游者已经住宿的事实。无论如何，住房已被旅游者使用过，这是个不容回避的事实，旅游者也不可能将已经享受的"住房"服务退还给旅行社。

（2）欺诈赔偿必须针对具体项目。旅游产品其中一个项目出现欺诈行为，并不必然导致其他项目出现欺诈行为。因此，旅游企业提供的某一个服务项目有欺诈，并不能要求旅游企业双倍返还所有的旅游费用，只能针对被欺诈的该部分服务项目提出。比如，由于旅行社的欺诈，导致旅行社没有按照合同约定提供的住宿，旅行社应就住宿欺诈向旅游者双倍赔偿（剔除已经发生的费用），旅游者不能要求旅行社双倍返还全部旅游团款。

59. 旅游合同在履行中严重违约，法院判决旅行社欺诈并双倍赔偿旅游费用是否正确

典型案例

　　原告张某、陈某根据被告某 W 旅游总公司于 2007 年 1 月中旬在报刊上发布的旅游广告，向被告联系咨询"马尔代夫休闲度假游"相关事宜，并于 2007 年 2 月 9 日向被告支付了两人的团费 24 520 元。2 月 22 日，与被告签订《出境旅游合同》，约定行程第一天，从香港乘飞机到科伦坡国际机场，转机到马尔代夫，乘飞机上岛，酒店入住。第二天，早上乘小型飞机到岛上。第三天，去原住民岛看土著人的生活习俗。第四天，观赏海上日出，观看海底世界。下午乘小型飞机回马里。第五天，从马里乘飞机回港。在马尔代夫期间，被告将原告二人委托给深圳 PY 国际旅行社阳光营业部（后该部将此团转由 YQ 旅行社沿江路门市部万里之旅）代为组织接待。原告二人与湖南一旅行社拼团至马尔代夫旅游。在马尔代夫旅游期间，领队谭某未认真履行义务，造成无人带领旅游。同时，马尔代夫地接社降低接待标准，2 月 23 日，按合同原定入住马里 R 酒店，实际安排入住一家家庭旅馆；该团应乘小飞机至 G 岛，后改为乘游艇；另原属团费内项目"原住民岛参观"，改为自费，游客每人被加收 60 美元。回国后，原告向旅游

质监所投诉，因对旅游质监所调解意见不服，诉至法院，请求判令被告双倍返还团费 49 040 元；赔偿贵阳往返深圳机票 1530 元/人，合计 3060 元；长途电话费 63 元；被迫参加的自费项目费用 230 美元/人（合计 460 美元），精神损失费 2000 元，合计 57 665 元。

原审法院认为，原告与被告所签订的《出境旅游合同》是双方当事人真实意思表示，内容不违反法律、法规的规定，属于有效合同，受法律保护。原告、被告双方当事人均应按照合同约定全面履行自己的义务。原告如约履行了向被告支付团费的义务，而被告未按合同约定的条件为原告提供质价相符的服务，降低了服务标准。改变交通工具，增加收费项目，损害了原告的合法权益，违反了原告、被告所签订的合同，属于违约行为，故被告应承担违约责任。被告应赔偿原告各 12 260 元；但其行为未构成《消费者权益保护法》第 49 条所说的欺诈，不予支持原告要求双倍赔偿及赔偿精神损失。电话费及往返深圳机票费、被迫参加的自费项目费用，赔偿的 12 260 元已足够弥补，对此不予支持。

原告不服上诉称：①要求按《消费者权益保护法》第 49 条规定判令违法经营者违法应首先返还消费者的服务费用，并按消费者要求增加支付其服务费用一倍的赔偿金。被上诉人的行为造成原告极大的痛苦，应根据《贵州省消费者权益保护条例》第 61 条、《中国公民出国旅游管理办法》第 10 条、第 14 条，赔偿上诉人精神损失费。②一审判决将经营者依法应向消费者支付的赔偿金和被上诉人违约造成的其他直接损失混为一谈。③一审判决对部分事实认定有误。

法律分析

二审法院经审理后认为，被上诉人未经上诉人同意，将上诉人交由其他旅行社接待，无境外导游陪伴，降低接待标准的行为违反了合同相关约定，也违反了《贵州省消费者权益保护条例》

第 35 条之规定，应承担违约赔偿责任。被上诉人并团的行为还违反了该条例第 60 条第 1 款第 6 项的规定，应按该条返还两上诉人已交的 24 520 元旅游费并支付旅游费一倍的赔偿金 24 520 元。一审仅判决上诉人返回服务费用不当。对精神损失费问题，由于上诉人提起的是违约之诉，精神损害赔偿则是侵权之诉范畴，不予支持。被上诉人支付的赔偿金就是对其违约的惩罚性赔偿，上诉人主张的电话费、自费项目等损失足以包含不应再重复计算。判决：被告退还原告 24 520 元，支付原告赔偿金 24 520 元。

本案一审判决被告旅行社违约，二审否定这个判决，认为旅行社的行为已经构成了欺诈，并判决旅行社以旅游费双倍数额对旅游者赔偿。笔者不赞同二审法院的判决，因为它混淆了违约和欺诈的界限。违约是指合同当事人不履行合同义务或者履行合同不符合约定的行为，而欺诈是指一方当事人故意实施某种欺诈他人的行为，并使他人陷入错误而订立合同，表现为隐瞒真相或虚构事实并使他人陷入错误的行为。按照《消费者权益保护法》的规定，欺诈方应给予被欺诈方双倍的赔偿。认定欺诈行为必须同时满足四个要件：①欺诈故意，即经营者虚构事实，隐瞒真相；②经营者实施欺诈行为；③被欺诈方因欺诈而陷入错误；④被欺诈人因错误而作出了意思表示。本案被告旅行社确实存在严重违反合同的行为。

未经旅游者同意两次转团，尽管这种行为引起旅游者的极大反感，但是从《合同法》的角度分析，实际上是合同主体变更。《合同法》规定，合同签订后合同主体变更必须经过对方当事人同意，否则变更主体行为不生效力，原主体仍然要对合同的履行承担全部责任。经营包价旅游需要达到一定的人数才能享受较高折扣，一般双方都约定出发前报名人数达到一定数量才能成团。但是现实中如果没有达到单独组团的人数，旅游经营者一般都不采取解除合同的方式而是将已经招徕的人数转给其他经营相同产品

的旅行社，一方面避免合同解除给双方造成的损失，另一方面也
保留了自己的市场份额和利润。现实操作中出现了很多不规范的
现象，最为突出的就是未经旅游者同意擅自转团，甚至多次转团，
转团后合同履行质量得不到保证，本案就是一个典型例子。尽管
大家都非常反感这种现象，但是仍然不赞同将它定性为欺诈，因
为它的根本特征还是违约而不是故意欺诈，《贵州省消费者权益保
护条例》第 60 条第 1 款第 6 项所说的"不以自己的真实名称或者
标记销售商品或者提供服务"，不能完全适用于旅行社销售的产
品，因为旅行社提供的包价旅游服务其中有很多内容并非由包价
旅游经营者亲自提供，而是由诸如航空、铁路这些服务提供方履
行，孤立地适用这条规定必然会引起混乱。当然，这条规定所制
止的行为应该是以欺骗消费者为目的，故意地"不以自己的真实
名称或者标记销售商品或者提供服务"，而本案旅行社的行为尚不
属于这种性质，转团是行业的操作惯例，尽管不规范的现象时有
发生，但是行为者并没有用根本不存在或者虚假的产品或服务欺
骗消费者的故意，他们的主观目的还是想履行合同，只是对履行
合同的质量非常不负责任，因此导致了本案的严重违约行为。对
此比较赞同一审法院的判决，对于严重的违约，可以加大赔偿力
度，让违约者无利可图，付出代价。但在定性上，就需要严谨，
经得起推敲。

60. 签订的合同与广告宣传路线不同，旅行社是否构成欺诈

典型案例 ‖

原告阮某诉称：2006 年 2 月 16 日，在《都市快报》上看到被
告杭州某旅行社刊登的广告，称到天宁、塞班岛旅游是全程五星，
费用不到 5000 元。原告因此于同年 2 月 23 日与被告签订一份出境

旅游合同，旅游线路为天宁—塞班。

同年 2 月 27 日原告从上海出发旅游，当到塞班岛住到岛上某 A 酒店时，却发现里面的设施陈旧破败，服务很差，空调噪音大，经了解，这家酒店是三星级的。三天之后，原告入住所谓的五星级酒店天宁皇朝酒店，该酒店也未经酒店星级标准评定。原告因此感觉受到了欺骗，游玩兴致全无，身心疲惫。原告认为被告存在欺诈行为，根据《消费者权益保护法》第 49 条及《欺诈消费者行为处罚办法》第 3 条的规定，请求法院依法判令被告返还旅游费 4890 元，并在杭州报纸上公开向原告道歉。

被告辩称：原告与公司签订的旅游合同的线路与报纸上刊登的非同一条线路，亦未约定全程五星。原告交付的价格也非广告价格。原告诉称酒店卫生差无相应依据。请求法院依法驳回原告的诉讼请求。

法院经审理查明：2006 年 2 月 16 日，被告在都市快报上刊登广告，称其推出的天宁塞班 5 天游，费用为 4380 元 + 560 元税，周一、周五出发，全程五星。原告见广告后，于同月 23 日与被告签订出境旅游合同一份。约定原告及其兄弟金某参加被告组织的天宁塞班游。旅游时间为 6 日游，共 4 晚 6 天，于 2 月 27 日自上海出发，同年 3 月 4 日至上海结束。合同第 3 条约定，游览景点，住宿饭店标准，交通工具详见具体出团计划。合同中对被告提供住宿饭店标准的违约责任约定为："乙方擅自改变住宿饭店，应当支付旅游合同总价 1% 的违约金；降低住宿饭店、餐饮和交通工具标准的，每降低一项，应当支付旅游合同总价 5% 的违约金，并退还降低标准的门市差额。"次日原告及其兄弟金某共同支付被告旅游费 9780 元。被告提供原告行程表确定第一天晚 17 点 50 分在上海浦东国际机场的国际出境大厅集合，办理离境手续，次日晨到达塞班岛，入住度假村酒店或同级酒店，第三天入住酒店与第二天相同，第四、五天住宿五星级天宁皇朝酒店，第六天返回。后依双方合同约定被告如期组织原告出境旅游。到达塞班岛后，原告被安排至岛上某 A 酒店入住。第四、五天入住天宁皇朝酒店。旅行期间双方均无争议。行程结束后，原告以被告未按广告所称提供全程五星级宾馆，且被告提供的某 A 酒店设施、卫生服务差，被告已构成欺诈为由要求被告赔偿其损失。因双方协商未成，原告诉至法院要求赔偿其旅游费 4890 元并登报赔礼道歉。

另查明，某 A 酒店及天宁皇朝酒店均非五星级酒店，但天宁皇朝酒店系天宁岛上 A 级酒店。

法律分析

法院认为，被告在报刊上刊登广告提供出境旅游服务，根据广告刊登的项目看，有全程五星级的项目之天宁塞班 5 天游，费用为 4940 元。而原告与被告签订的合同系天宁塞班 6 天游，其费用为 4890 元。据此可见被告刊登的广告对原告而言仅是要约邀请。原告与被告签订了书面的旅游合同，根据合同约定，被告提供的行程安排表应视为合同的附件，被告应按该行程表约定内容提供服务。根据行程表安排，被告应安排原告入住塞班岛的度假村酒店或同级酒店，入住天宁岛五星级天宁皇朝酒店。合同履行中被告安排原告入住塞班岛某 A 酒店，因原告未举证证明该酒店与度假村酒店非同级酒店，故本院不能认定被告未按合同履行。但根据约定被告应安排原告入住五星级的天宁皇朝酒店，事实上该酒店未经星级评定，故现亦无法确认其等级，仅为具备五星级的设备及享受的酒店，故被告在行程安排上标明五星级的天宁皇朝酒店不当，但被告行为尚不构成民事欺诈，未给原告造成损失，故原告主张被告违反《中华人民共和国消费者权益保护法》应赔偿损失并公开赔礼道歉的请求，缺乏依据，本院不予支持。原告就被告违约行为可另行主张。据此，依照《中华人民共和国民法通则》第 58 条第 1 款第 3 项、第 111 条、第 112 条的规定，判决如下：

驳回原告阮某的诉讼请求。案件受理费 206 元，由原告阮某负担。

广告在本案中的作用与通常所见广告内容成为合同内容的情形不同，由于实际合同并没有按照广告所宣传的内容签订，旅游天数和价格都不相同，因此在这里广告只是起到了要约邀请的作用。实际签订的合同对广告内容作了实质性的更改，产生了与广告内容不完全相同的合同，因而合同义务应当以双方的新的书面及口头约定为准。由于在合同签订过程中，没有证据表明被告旅行社承诺了入住的宾馆必须是五星级宾馆，因此不能以广告刊登的线路全程住宿五星宾馆为由，认为被告旅行社没有履行合同。

本案还有一个问题是违约和欺诈的区别以及这两者是否不能同时提起。违约和欺诈最重要的区别就在于违反合同的主观状态不同。违约一般是过失行为，而欺诈都是故意；违约往往发生在履行合同的过程中，而欺诈则通常是在签订合同时就埋下祸根。当然，这两者也有联系，导致了有时难于区分二者的界限，首先违约的原因多种多样，不完全排除当事人一方故意违约的情形，其次欺诈之中必然有违约。所以最重要的判断标准就是违约一方是否故意告知虚假信息或隐瞒真实情况。在本案中，原告签订的合同并未说明必须入住五星级宾馆，因此不存在被告旅行社故意告知虚假信息或隐瞒真实情况而引诱其上当受骗的问题。虽然在合同履行过程中存在违约情形，但是原告没有提出违约损害赔偿的请求，因此没有得到违约的赔偿。

61. 旅游者在自费项目中受到的损害，旅行社是否应当承担赔偿责任

典型案例

原告李某诉称：2010 年 2 月 3 日，被告某旅行社与吴某签订

旅游合同，约定吴某、李某参加某旅行社组织的"海南双飞五日游"，2010 年 2 月 18 日 8 时从郑州出发，2010 年 2 月 22 日 8 时从三亚返回，其中 2 月 20 日的旅游行程包括博鳌玉带滩景点。合同签订后，吴某、李某依约付清了旅游费用 8300 元，并于 2010 年 2 月 18 日在某旅行社组织下开始了旅游活动。2010 年 2 月 20 日，某旅行社转由被告海南某旅行社组织游览博鳌玉带滩景点时，吴某、李某参加了水上滚筒（气球）项目，12 时 40 分左右，二人在滚筒内受伤，后被 120 急救车送往琼海市人民医院救治。经诊断，李某右股骨闭合性骨折。李某在琼海市人民医院住院 4 天后转往郑州大学第一附属医院继续治疗。截至目前，李某在郑州大学第一附属医院住院 26 天，花医疗费 25 913.25 元。但被告却一直不管不问，经原告多次与被告交涉，被告至今未支付费用。故原告诉至法院，请求判令：①被告赔偿原告李某医疗费、护理费、住院伙食补助费、营养费、补课费、精神损害赔偿金等共计 76 223.25 元（暂计算至 2010 年 8 月 23 日）；②本案的诉讼费用由被告承担。

被告某旅行社辩称：原告在玉带滩景区受到损害是在其自行安排的活动期间遭受的，被告某旅行社已尽到必要的提醒和救助义务，不应承担责任。

被告海南某旅行社辩称：被告海南某旅行社是受某旅行社委托接待游客，在原告旅游期间，被告海南某旅行社按行程表的安排已尽到义务，在玉带滩景区活动中，被告海南某旅行社多次提醒游客注意安全，且原告参加的水上活动不是行程表上的项目，是游客自行参加的项目，已经超出了被告海南某旅行社旅游合同注意义务的范围，但事故发生后，被告海南某旅行社及时救助并帮助游客返回郑州。因此，被告海南某旅行社认为其已经尽到义务，不应再承担责任。

法院经审理查明：2010 年 2 月 3 日，原告的母亲吴某与被告某旅行社签订《河南省国内旅游组团合同》，合同约定：原告和其母亲吴某参加被告某旅行社的海南三亚等地 2 月 18 日至 2 月 22 日的旅游；旅游费成人 4100 元，儿童 4200 元，合计 8300 元；原告的母亲委托被告某旅行社办理旅游意外险；双方还对合同权利义务转让作如下约定：出发前，旅行社可以在保证不降低旅游服务标准的前提下将旅游者转至其他旅行社合并组团，并由原旅行社就本合同内容对旅游者承担先行赔偿责任；赔偿后，原旅行社可以向受让旅行社追偿。该合同通用条款第 5 条第 5 项规定：旅行社所提供的服务符合旅游者人身、财产安全的要求，对可能危及旅游者人身、财产安全的旅游服务项目，应当作出真实的说明和明确的警示，并采取防止危害发生的措施。被告某旅行社同时向原告提供了五日旅游行程表，按照行程表规定，2010 年 2 月 20 日被告某旅行社安排原告和其母亲吴某在玉带滩（上下船全程 60 分钟另行付费）游玩。原告和其母亲吴某到达三亚后，由被告海南某旅行社委托的被告海南某旅行社负责接待，海南某旅行社按前述的旅游行程表安排原告和其母亲吴某在海南旅游。2010 年 2 月 20 日，原告和其母亲吴某在海南某旅行社导游的带领下到玉带滩景区游玩，并自费参加了水上滚筒（气球）活动，原告在气球内右腿意外受伤。原告受伤后，博鳌玉带滩景区管理中心将原告送往琼海市人民医院治疗，后经原告要求，24 日又将原告送上飞机回河南继续治疗。原告伤情诊断为右股骨下段闭合性骨折。原告 2010 年 2 月 20 日至 2 月 23 日在琼海市人民医院住院 3 天，产生医疗费用 3110.71 元；2010 年 2 月 24 日至 3 月 15 日原告第一次在郑州大学第一附属医院住院治疗 20 天，产生医疗费用 17 638.25 元；2010 年 4 月 12 日，原告在郑州大学第一附属医院检查花费 140 元；2010 年 8 月 7 日至 8 月 14 日原告第二次在郑州大学第一附属医院住院治疗 8 天，产生医疗费用 8135.75 元。原告父亲前往海南接原告回郑州治疗产生来回机票费共计 4030 元；原告陈述因需用担架占用前后 9 个飞机座位，原告 2010 年 2 月 24 日乘坐同一航班从海南至郑州产生 9 张机票款共计 16 560 元。

另查明：2009 年 12 月 21 日，被告某旅行社和海南某旅行社签订一份《国内旅游委托接待合同书》，双方约定：合同自签订之日起生效，自动延期一年；海南某旅行社保证按照国务院《旅行社条例》接待某旅行社组织游客；团队回程无投诉，某旅行社当月团款在 15 个工作日内支付海南某旅行社；合同还对双方的责任进行了约定。原告受伤后，被告某旅行社向投保旅游者人身意外伤害险的保险人天安保险股份有限公司申请理赔，该保险公司以李某出险时所玩的游玩项目为非旅行社组织的旅游项目或活动，属责任免除为由，不受理索赔。

诉讼中，原告撤销了对海南博鳌镇玉带滩景区管理中心、海南博鳌镇人民政府的起诉，并坚持提起违约之诉。

人民法院于 2011 年 4 月 6 日作出民事判决：①本判决生效之日起 10 日内，被告某旅行社支付原告李某医疗费、护理费、住院伙食补助费、营养费、交通费共计 29 712 元；②驳回原告李某的其他诉讼请求。宣判后，某旅行社不服，向中级人民法院提起上诉。中级人民法院于 2011 年 8 月 2 日以同样的事实作出民事判决，驳回上诉，维持原判。

法律分析

法院生效判决认为：某旅行社向李某提供的接待说明和五日旅游行程表系双方旅游合同的组成部分，五日旅游行程表的内容显示某旅行社安排李某和其母亲吴某在玉带滩（上下船全程 60 分钟另行付费）游玩，故应认定李某自费参加的水上滚筒（气球）活动项目在双方约定的旅游服务范围内。某旅行社作为带领原告到玉带滩游玩的旅游经营者，应当保证其提供的服务符合保障游客人身、财产安全的要求，对可能危及旅游者人身、财产安全的旅游服务项目，应当作出真实的说明和明确的警示，并采取防止危害发生的措施。本案中，某旅行社仅提供了导游证言，不足以证明某旅行社完全履行了上述义务。

因此，某旅行社所提供的服务不完全符合履行合同要求，对原告受伤造成的损失应承担相应的违约责任。

原告系未成年人，是在母亲吴某的带领下参加水上滚筒（气球）活动，吴某作为具有完全民事行为能力的人，应该对自费项目可能给人身、财产安全造成的危险有所预见，根据自身情况尽可能理智地选择是否参加自费项目；遵守自费项目中有关保障人身、财产的安全措施及规定，在可预见的范围内尽可能防止危险的发生。吴某在履行上述义务的过程中存在过错，对水上滚筒（气球）活动的危险性估计不足，导致原告受伤，原告本人也应对此承担相应的责任。

被告海南某旅行社是受某旅行社的委托，在海南接待原告，其与原告之间没有直接的合同关系。某旅行社将原告转至海南某旅行社合并组团，符合涉案合同的约定，该合同明确约定由某旅行社就本合同内容对原告承担先行赔偿责任。因此，原告要求被告海南某旅行社承担民事责任，理由不当。

原告要求的医疗费，依据有效票据确认为 29 024.71 元。因博鳌玉带滩景区管理中心已支付原告 3110.71 元，故应支持原告医疗费 25 914 元；护理费参照上年度河南省居民服务和其他服务业年平均工资 17 232 元计算 31 天（原告住院期间）为 1466 元；住院伙食补助费按照原告住院期间每天 30 元计算为 930 元；营养费按照原告住院期间每天 20 元计算为 620 元；因原告在本案中坚持提起违约之诉，对其精神损害主张，不予支持；原告诉请中要求被告支付补课费，证据不足，不予支持。因海南距郑州遥远，且原告右股骨闭合性骨折急需治疗，原告在家人陪护下乘飞机返回郑州合理。关于原告从海南至郑州的 9 张机票问题，李某购买 9 张票是按照航空公司的要求及自身病情的需要而购买，并非单纯是托运担架，应予支持，共计支持原告交通费 20 590 元。以上各项费用共计 49 520 元，根据原告和被告某旅行社的过错程度，酌情确定双方承担比例为 4∶6。

本案中，原告的监护人与被告某旅行社之间签订了旅游组团合同，是当事人的真实意思表示，合法有效。主合同一旦成立，附随义务便产生，原告如果在合同所述的"自行安排活动期间"受到伤害，被告某旅行社就应当承当相应的赔偿责任。

玉带滩是旅游行程表中的一处景区，原告在事先安排的游玩景点参加自费项目，明显属于合同所述的"自行安排活动期间"中的第一种情况，并且，二被告也一直辩称其已尽到了必要的提醒和救助义务，说明他们对原告参与自费项目这一事实知晓，因此，被告应该对原告的损伤担负一定的责任，至于责任的大小应视"提醒和救助"的程度而定。

本案的被告某旅行社，必须保证其提供的服务符合保障旅客人身、财产安全的要求，对可能产生的危险进行必要的提示，并采取必要的防范、救助措施，才能免责，但某旅行社没有完全履行上述义务，仅仅是提供了导游的证言，明显属于证据不力，因此其应当对原告的损伤承担一定的赔偿责任。同时，自费项目的特殊性也是不得不考虑的一个问题，如果是旅游经营者指定的游玩项目，旅游经营者没有对参与人员进行筛选、告诫或救助，那么其承担全责是毋庸置疑的，但毕竟本案涉及的是自费项目，并且损伤发生时，原告才 3 岁，是在其母亲吴某的带领下参加的，那么作为一个完全民事行为能力人，吴某自身也应该对自费项目的危险性作出一个合理的判断，尽可能防止损害的发生，但吴某明显对儿童参与水上滚筒（气球）活动的危险性估计不足，这也是损害发生的一个诱因，原告自身也应该承担一定的责任。由于本案涉及的自费项目也属于某旅行社提供服务项目的范畴，因此由某旅行社承担主要责任也是合适的。

关于人身损害的赔偿项目，一般有医疗费、护理费、住院伙食补助费、营养费、交通费、精神损害抚慰金等。本案中，最具争议的是精神损害赔偿、交通费两项。最高人民法院《关于审理旅游纠纷案件适用法律若干问题的规定》第21条规定："旅游者提起违约之诉，主张精神损害赔偿的，人民法院应告知其变更为侵权之诉；旅游者仍坚持提起违约之诉的，对于其精神损害赔偿的主张，人民法院不予支持。"诉讼中，法院已经对原告详细释明，但原告仍坚持提起违约之诉，因此，对原告要求的精神损害赔偿不能给予支持。交通费是本案另一个争议较大的问题。交通费应当根据受害人及其必要的陪护人员因就医或者转院治疗实际发生的费用计算，也就是要看支付的交通费是否是治疗所必须的。从表面上看，本案9张机票的交通费数额难以让人接受，但结合案件实际情况，海南至郑州相距较远，原告伤情需要尽快继续治疗，原告年纪尚小、行动不便需要家人陪护，所以坐飞机返回是合理的；另外，从民航允许原告以一人的名义购买同一航班多张机票来看，也印证了是原告伤情的特别需要，因此，原告请求的交通费应该得到支持。

旅行社在安排旅游日程时，除安排集体旅游项目外，一般会安排部分自费项目。根据《合同法》第122条的规定，当事人一方的违约行为，侵害对方人身、财产权益的，受损方有权选择依照本法要求其承担违约责任或者依照其他法律要求其承担侵权责任。游客在旅行社安排的自费项目中遭受人身伤害或财产损失，可以基于与旅行社签订的旅游服务合同对旅行社提起诉讼，要求其承担违约赔偿责任。

1. 关于旅行社的责任认定问题。《消费者权益保护法》第7条规定，消费者在购买、使用商品和接受服务时享有人身、财产安全不受损害的权利。第18条规定，经营者应当保证其提供的商品或者服务符合保障人身、财产安全的要求。对可能危及人身、财产安全的商品和服务，应当向消费者作出真实的说明和明确的警示，并说明和标明正确使用商品或者接受服务的方法以及防止危害发生的方法。国务院《旅行社条例》规定，旅行社组织旅游，应当为旅游者办理旅游意外保险，并保证所提供的服务符合保障旅游者人身、财物安全的要求；对可能危及旅游者人身、财物安全的事宜，应当向旅游者作出真实的说明和明确的警示，并采取防止危害发生的措施。根据上述规定，旅行社作为旅游服务的提供者，应当保证其提供的服务符合保障游客人身、财产安全的要求。因此，游客在旅行社安排的集体旅游项目中遭受人身伤害或财产损失，其责任一般由旅行社承担，对此，法院比较容易认定，当事人也能够理解。对于旅行社安排的自费项目，因系游客自愿选择的项目，且费用由其他经营者收取，游客在自费项目中遭受人身伤害或财产损失，旅行社是否承担相应责任，存在一定争议。第一种意见认为，自费项目系游客自愿参加，愿意参加的游客在向自费项目的经营者支付费用后，接受其服务，视为游客与经营者自愿达成新的旅游服务合同，经营者作为合同的一方当事人以及服务的直接提供者，应当确保游客的人身、财产安全。旅行社在自费项目中既不是合同当事人也不是服务的提供者，不应承担责任。第二种意见认为，对自费项目中可能危及旅游者人身、财产安全的事宜，旅行社仍负有向旅游者作出真实的说明和明确的警示，并采取防止危害发生的措施的义务，如果旅行社拒绝履行该义务或者在履行该义务的过程中存在过错，则仍应承担与其过错相当的责任。旅行社在具体安排自费项目时，应当履行以下两项义务：①在对自费项目的选择上，应尽审慎注意义务，以保证自费项目的内容、经营者、安全措施等符合保障游客人身、财产安全的要求；②在自费项目中可能危及人身、财产安全的事宜上，应尽警示说明义务，对有关注意事项给予游客充分、真实、明确的告知。虽然游客与自费项目的实际经营者达成了新的旅游服务合同，自费项目的实际经营者收取了费用并承担相应的安全保障义务，但旅行社的上述两项义务并不因此得以减轻或免除。旅行社拒绝履行上述义务或者在履行上述义务的过程中存在过错，应当承担与其过错相当的责任。

2. 关于游客的责任认定问题。由于游客的经济、身体状况以及兴趣爱好差异较大，旅行社在安排旅行日程时，对有的旅游项目采用自费的方式，由游客根据个人情况自愿选择是否参加。游客或其监护人作为完全民事行为能力人，负有如下义务：①应该对自费项目可能给人身、财产安全造成的危险有所预见，根据自身情况尽可能理智地选择是否参加自费项目；②遵守自费项目中有关保障人身、财产的安全措施及规定，在可预见的范围内尽可能防止危险的发生。根据《合同法》第120条的规定，当事人双方都违反合同的，应当各自承担相应的责任。游客拒绝履行上述义务或履行上述义务过程中存在过错，最终导致人身伤害或财产损失的，应当承担相应的责任。

旅行社在安排自费项目时，应尽诚实经营者的审慎注意义务和警示说明义务，确保自费项目符合保证游客人身、财产安全要求，并对自费项目中可能危及人身、财产安全的事宜给予游客充分明确的告知。游客在参加自费项目时，应根据自身情况尽可能理智地选择是否参加自费项目，并遵守自费项目中有关保障人身、财产的安全措施及规定。如游客在参加自费项目时造成人身伤害或财产损失，法院应根据旅行社、游客履行上述义务的情况认定各自的责任。

62. 旅游者在自由活动时受伤，旅行社是否担责？

典型案例

2004年9月18日，广东某公司组织李某等18人参加某旅行社组织的广州——日本 4 天观光旅游团，全部的旅游费用由某公司支付给旅行社。李某填写的个人资料标明工作单位为某管理顾问有限公司，年薪 30 万元，并在旅行社已印刷好的"本人已仔细阅读《广东省出境游须知及责任细则》，愿意遵守须知各项条款"字样下签名，但李某未参加旅行社的行前告知会。9 月 18 日，李某等人乘飞机赴日；19 日晚上九点半左右到达日本山梨县住宿，晚餐后约 10 点多，李某及其他几个游客邀请旅行社全陪导游以及日本当地地陪外出吃夜宵，后全陪及地陪因故离开。李某吃完夜宵后返回酒店的路上，在人行道被一辆行驶的汽车从背后撞伤，被送往日本医院住院治疗。10 月 9 日回国，10 月 13 日在广州市某医院住院治疗，11 月 25 日至 2005 年 9 月 16 日门诊治疗，2005 年 9 月 16 日至 2005 年 11 月 25 日再住院治疗。

一审中，旅游团的领队袁某到庭作证：行前会议强调了行程、须知和注意事项等，要求游客注意保护自己的人身财产安全，不要单独行动。李某对自己的损失提供了如下证据：①2002 年 9 月 16 日，李某与中山市某有限公司签订劳动合同。约定：合同期限 2002 年 10 月 1 日至 2006 年 12 月 30 日，岗位总经理，年薪 70 万元。合同规定若连续 3 个月不能工作（非因公负伤），公司可以解除劳动合同等。②2004 年 10 月 15 日，该公司出具的辞退李某的辞退函，写明因李某在日本观光期间，发生交通事故受伤，连续 3 个月无法正常工作，底薪发至 2004 年 9 月 30 日，并取消相关奖金。③账号为 x 的银行款项记录单显示该账号自 2003 年 1 月至 12 月每月有 58 000 多元入账。

原审法院认为，李某与某旅行社之间构成了旅游合同关系。争议焦点是对李某的伤害旅行社有无责任以及责任大小。旅行社制订的旅游日程表虽然在事发当晚没有安排消夜，但旅行社的导游全陪及地陪同意并陪同李某和其他团友外出消夜，由于导游是职务行为，故应视为该活动属旅行社准许，李某并非私自外出。

旅行社对李某所受的伤害应负相应的责任。李某作为一个成年人，在夜晚忽视安全问题外出，对事故的发生亦有一定责任。李某和旅行社应按6:4的比例承担该次事故的损失。判决某旅行社赔偿李某2004年9月1日至2004年11月24日的误工费损失43162元。案件受理费5010元，李某负担3274元，旅行社负担1736元。

某旅行社不服，提起上诉认为：①原审法院认定导游准许李某外出，并应邀在外餐厅消夜属于职务行为是错误的。我方旅行社仅对提供的服务负有安全保障义务。在《出团须知》和出团说明会上均对注意交通安全作了提醒说明和警示。双方是平等的民事主体，李某外出消夜无须经过旅行社批准。导游应客人要求，为客人额外提供方便，在餐厅点好饮品后离开，并非履行旅游合同的行为。李某的行为属于其个人行为，与旅行社及导游、地陪无关。②我方和导游均无过错，且在最大限度内尽到了安全提示和警示义务。发生事故是旅行社无法预料、无法防止和制止的。李某应当对自己的行为负全部责任。

法津分析

二审法院认为，某旅行社作为经营旅游服务的专业公司，应按照合同约定的义务提供诸如景点、住宿、餐饮、交通等相关旅游服务，且保证所提供的服务符合保障旅游者人身、财物安全的要求，并对可能危及旅游者人身、财物安全的事宜，向旅游者作出真实的说明和明确的警示，并采取防止危害发生的措施。本案中，旅行社已经按照合同约定和旅游行程项目向李某提供了旅游观光服务，履行了合同约定的相关义务。提供的服务亦符合保障旅客人身和财产安全的标准。李某在人行道上被醉酒司机驾驶汽车撞伤，属于意外事故。旅行社对该事故的发生不能事先预见，亦不能防止。李某遭受的损害后果，并非由旅行社在合同履行期间存在违约行为造成。判决：撤销一审判决，驳回李某的诉讼请求，并由其承担二审诉讼费用。

　　旅游经营者的安全保障义务应该只局限在其提供服务的过程中和范围内。如果将安全保障义务贯穿旅行始终，旅行社是无法承担的。因为在旅游过程中的许多时候旅游者完全处在旅游经营者控制之外，比如自由活动期间、旅游团队的正常休息时间等。旅行社的工作人员实际上没有能力控制旅游者的行为，在这个时候要求他们仍然照顾旅游者的安全是不合理的。如果导游人员24小时全天候处于工作状态，也不符合劳动法对劳动者的保护要求。有的国家就明确规定导游人员一天只能工作8个小时，超过这个时间就需要旅游者自己照顾自己。一审法院认为导游陪同旅行团是在执行职务，其同意李某外出应视为该活动属旅行社准许，其实是将导游行为绝对化了。导游只有在代表旅行社履行旅游合同的时候才是在执行职务，而李某是在旅行社当天预定的旅游服务已经全部完成之后才外出活动的，导游没有理由反对也没有权利限制。旅行社在这次旅游中，服务没有瑕疵，合同签订、内容、行前说明会和实际履行，都没有问题。但是李某行走在人行道上，被醉酒的司机驾车撞伤，旅行社在此事上不存在过失，而且事件本身就是无法预见、无法防止的意外事故，不可抗拒。二审法院判决驳回旅游者要求旅行社承担事故责任的请求，认定事实清楚，适用法律恰当，是正确的。

旅游相关法律法规及旅游合同范本 | 下篇

1. 《中华人民共和国旅游法》重点条文解读

《旅游法》的主要特色：

1. 创立了社会经济法的法域模式。《旅游法》全篇共设 10 章 112 条，从政府对旅游业的规划促进与旅游市场监管要求、旅游市场秩序、旅游者和旅游经营者的合法权益、旅游安全、旅游服务合同以及旅游纠纷的处理等多方面作出了规定。本法克服了一贯以来国务院部门立法的弊端，冲破传统大陆法系公法与私法、公权与私权对立的藩篱，在公法与私法之间兴起了第三法域——经济社会法（又称社会经济法）。《旅游法》在总则中，明确提出了社会责任、综合协调机制，以及应遵循社会效益、经济效益和生态效益相统一的原则，都是体现了社会经济法的基本理论思想。

2. 将旅游活动中的各种行为规范上升至法律层面来规制。以往的《旅行社条例》、《导游人员管理条例》以及《中国公民出国旅游管理办法》均属于法的渊源的第三位阶——行政法规，其调整的范围对象仅限于政府行政管理部门及其管理相对人——属地旅游企业，且对旅游活动的主体之一的旅游者以及位于异地的履行辅助人（即服务供应商）则鞭长莫及。《旅游法》的颁布实施，有效提升了法的位阶（提升到第二位阶——法律），并以其既是促进法、行政法又是民商法的社会经济法特点，实现了对旅游活动中各社会关系的所有主体——政府部门、各类旅游经营者、履行辅助人和旅游者的有效规制，确保了旅游业的可持续发展。

3. 将原旅游法规的相关规定提升到法律层面予以强化。《旅游法》将原旅游法规中已有的旅行社经营许可的获得和合法使用、有效打击零负团费经营模式、旅游安全、导游领队的上岗资质许可，以及旅行社的诚信经营义务和向有关行政机关报告的义务等规定，提升到了法律层面予以进一步强化和固化，法的效力得到进一步增强。

4. 明确了旅游者的义务。《旅游法》第二章"旅游者"除了就旅游者作为消费者应享有的各项权利与其他法律法规进行了有机衔接外，还明确了旅游者应尽的责任义务，如：第 13 条的公序良俗文明旅游义务、第 14 条的依法理性维权义务、第 15 条的个人健康信息告知义务以及安全注意和应急配合义务、第 16 条的依法随团旅游义务、第 67 条的相关费用合理承（分）担义务等。同时，对旅游者未尽上述义务的后果承担也作出了相应的规定，从而使旅游活动中各主体的行为都得到了有效的规制，平衡了旅游活动各主体的权利义务，为旅游活动的合法有序进行提供了法律保障。

5. 覆盖了对履行辅助人（服务供应商）的要求。《旅游法》较原旅游法规来讲，新增了向合格供应商订购产品和服务的要求（第 34 条），以及当因供应商原因致旅游者人伤财损时，旅游者有直接追究供应商责任的权利（第 71 条第二款）。因此，当出现前述情形时，导游领队应在现场尽力代表旅游者与供应商交涉维权，尽量避免将纠纷带回旅行社处理。

6. 明确政府要推进旅游休闲体系建设和旅游服务标准化建设。《旅游法》第 23 条的此项规定，使我国公民的旅游休闲度假权得到了保障，为旅行社开发策划休闲旅游度假产品和研制休闲度假线路产品标准提供了法律支撑。

7. 旅游经营者的告知（警示）义务要求明确提高。《旅游法》对旅行社的告知义务作出了明确的规定，分别分布在销售环节、旅游合同履行过程中和不可抗力发生时等。在旅行社方面有：①第 41 条的解释旅游文明行为规范、第 58 条的包价旅游合同的 9 项必备信息的告知；②第60条地接社基本信息和导游服务费用的告知；③第62条旅行社就旅游安全和自我减免责任信息的告知；④第63条旅行社因不达成团人数而解约或转让旅游合同的告知；⑤第64条拒绝旅游者转让旅游合同正当理由的告知；⑥第67条不可抗力或已尽合理注意义务仍不能避免的事件的告知；⑦第80条旅游安全警示的告知等。旅游景区方面，有第44条的价格公示义务、散票与套票的选择公示、景点停开公示，以及第45条的景区最大承载量的公示等。旅游交通方面，有第53条的客运专用标识、经营者与驾驶员信息以及行管监督电话等信息的公示等。告知义务不是漫无边际的，因为告知义务是《旅游法》规定的，因此其范围不应超出《旅游法》的适用范围。也就是说，根据属地管理和属人管理的原则，告知范围应当在中国境内发生的旅游活动（属地）和中国公民出境旅游（属人）的范围之内。超出此范围的内容旅行社无告知义务，也超出其应知的能力。

8. 旅游经营者的报告义务进一步明确。第55条规定了旅游经营者发现旅游者从事违法活动、擅自分（脱）团或者非法滞留时向公安机关、旅游主管部门或者我国驻外机构报告的义务。第81条规定了突发事件或者旅游安全事故发生后，旅游经营者要依法履行报告的义务。第45条第2款规定了旅游景区达到最大承载量时向政府报告的义务。此外，《旅行社条例》第35条还规定，旅行社违约，采取补救措施后，应向旅游主管部门报告。

在《旅游法》出台以前，我国有《旅行社条例》、《导游人员管理条例》、《中国公民出国旅游管理办法》等有关旅游的条例办法。旅游法经人大常委会通过，是旅游业的基本大法，《旅游法》的出台意味着我国旅游业监管正式上升到法律层面。

《旅游法》除总则、法律责任和附则外，分别对旅游者、旅游规划和促进、旅游经营、旅游服务合同、旅游安全、监督管理、旅游纠纷的处理等内容作了规定，内容全面，是一部综合性法律，兼顾了旅游产业各要素和旅游经营全链条，综合了经济、行政和民事法律规范，明确了政府统筹、部门负责、综合协调的旅游发展和管理机制，符合旅游产业的综合性特征和发展需要。

旅游法强调了对旅游者的保护。旅游法在平衡旅游经营者和旅游者权益的基础上，突出以人为本，将旅游者权益保障作为主线贯穿始终，对人民群众普遍关心的旅游公共服务提供、旅游市场秩序规范、旅游安全保障、旅游纠纷解决等问题作出了详细规定。

《旅游法》注重建立健全旅游市场规则。《旅游法》按照市场经济和法治政府的要求，对政府公共服务和监管、行业组织自律、企业依法自主经营及旅游者守法都作出了较为明确的规定；强调了民事规范在维护市场秩序和保障各方权益方面的主体性作用；坚持诚信经营、公平竞争原则，建立健全经营主体间的一系列规则；坚持统一市场原则，强调解决旅游发展中的部门、行业和地区分割问题。

《旅游法》是旅游发展经验和市场规律的总结。《旅游法》按照充分发挥市场配置资源基础性作用的要求，体现了市场主导和加强政府公共服务的结合；体现了旅游业30多年来发展经验，确立了旅游业发展和管理的综合协调模式；以市场需求为导向，进行了一系列体制制度创新。

《旅游法》借鉴吸收了国际旅游立法经验。《旅游法》对国际旅游组织、其他国家（地区）的关于旅游者权利保护、旅游服务合同、资源旅游利用、综合协调机制、市场监管和行业自律等内容，进行了广泛的借鉴吸收，体现了国际旅游规则与中国特色社会主义市场经济的结合

第一章　总　则

第一条　为保障旅游者和旅游经营者的合法权益，规范旅游

市场秩序，保护和合理利用旅游资源，促进旅游业持续健康发展，制定本法。

第二条　在中华人民共和国境内的和在中华人民共和国境内组织到境外的游览、度假、休闲等形式的旅游活动以及为旅游活动提供相关服务的经营活动，适用本法。

解读：本法所称旅游，是指自然人为休闲、娱乐、游览、度假、探亲访友、就医疗养、购物、参加会议或从事经济、文化、体育、宗教活动，离开常住地到其他地方，连续停留时间不超过 12 个月，并且主要目的不是通过所从事的活动获取报酬的行为。

第三条　国家发展旅游事业，完善旅游公共服务，依法保护旅游者在旅游活动中的权利。

第四条　旅游业发展应当遵循社会效益、经济效益和生态效益相统一的原则。国家鼓励各类市场主体在有效保护旅游资源的前提下，依法合理利用旅游资源。利用公共资源建设的游览场所应当体现公益性质。

第五条　国家倡导健康、文明、环保的旅游方式，支持和鼓励各类社会机构开展旅游公益宣传，对促进旅游业发展做出突出贡献的单位和个人给予奖励。

第六条　国家建立健全旅游服务标准和市场规则，禁止行业垄断和地区垄断。旅游经营者应当诚信经营，公平竞争，承担社会责任，为旅游者提供安全、健康、卫生、方便的旅游服务。

第七条　国务院建立健全旅游综合协调机制，对旅游业发展进行综合协调。

县级以上地方人民政府应当加强对旅游工作的组织和领导，明确相关部门或者机构，对本行政区域的旅游业发展和监督管理进行统筹协调。

解读：旅游业综合性强、产业链长、涉及范围广、主管部门多，现实中可能会存在部门职能交叉和管理缺位等影响旅游业发展和市场规范的问题，单靠一个部门难以解决所有问题。为此，《旅游法》提高旅游监督管理层次，建立旅游综合管理体系，包括建立政府旅游综合协调机制、旅游市场联合执法监管机制和旅游投诉统一受理机制。

第八条 依法成立的旅游行业组织，实行自律管理。

解读：国家鼓励和支持发展旅游职业教育和培训，提高旅游从业人员素质。依法成立的旅游行业组织依照法律、行政法规和章程的规定，制定行业经营规范和服务标准，对其会员的经营行为和服务质量进行自律管理，组织开展职业道德教育和业务培训，提高从业人员素质。推动旅游协会改革和规范行业管理，包括部分政府职能向行业组织的移转、加强旅游行业组织建设和对旅行社、导游、领队管理制度作必要调整。

第二章 旅游者

解读：旅游者的基本权利主要包括对产品和服务的自主选择权、拒绝交易权，对购买的旅游产品和服务的知情权以及请求救护和保护的权利。此外，对于残疾人、老年人、未成年人这些特殊人群的保护和提供便利也作了专门规定。

第九条 旅游者有权自主选择旅游产品和服务，有权拒绝旅游经营者的强制交易行为。

旅游者有权知悉其购买的旅游产品和服务的真实情况。

旅游者有权要求旅游经营者按照约定提供产品和服务。

解读：本条明确旅游者有权知悉或旅行社有义务告知旅游活动的详细内容，如路线、景点、住宿地点等。

第十条　旅游者的人格尊严、民族风俗习惯和宗教信仰应当得到尊重。

解读：本条规定了旅游者的受尊重权。人格尊严权受到侵害，即构成严重侵权，受害者有权主张精神损害赔偿。人格尊严权包括身体权、姓名权、名誉权、荣誉权和肖像权等，《消费者权益保护法》修正案将隐私权和个人信息权也列入其中。旅游经营者在经营中应当切实注意维护好旅游者的上述权益，尤其是慎用旅游者提供的个人信息。我国是一个多民族国家，各民族的行为习惯、膳食禁忌等风俗习惯及不同的宗教信仰应当得到充分尊重。本条实际上有三层含义：旅游经营者要保障旅游者的权益、旅游者之间要相互保障权益、当地居民也要保障旅游者的权益。

第十一条　残疾人、老年人、未成年人等旅游者在旅游活动中依照法律、法规和有关规定享受便利和优惠。

解读：本条规定了三种特殊群体便利优惠依法享有权，所依据的法律分别为《残疾人保障法》、《老年人权益保障法》以及《未成年人保护法》，国务院颁布的《国民旅游休闲纲要（2013－2020）》也提出了对上述特殊人群的优惠要求。本条规定的含义包括三个方面：①明确政府在保障特殊人群旅游权利方面的责任；②给予特殊人群的便利和优惠要以相关法律法规为依据；③旅游经营者应当在平等交易的前提下，给予特殊群体必要的人文关怀。当然，旅游者在行使该项权利时有向旅游经营者提供足以证实自身的身份证件的义务。根据本条的立意，所有的旅游经营者都应在旅游活动中，依法向上述三类特殊人群提供便利和优惠。至于便利和优惠如何实施及其要掌握的尺度，由于本条属于倡导性规定，本法并未具体规定，应当适用他法。至于旅行社能否拒绝上述三类特殊人群参团，本法并未作出规制，可以适用"法无禁止则可行"的民商法法理原则处理。旅游经营者应当在经营场所的显著位置公示特殊人群可享受的便利和优惠措施。

第十二条 旅游者在人身、财产安全遇有危险时，有请求救助和保护的权利。

旅游者人身、财产受到侵害的，有依法获得赔偿的权利。

第十三条 旅游者在旅游活动中应当遵守社会公共秩序和社会公德，尊重当地的风俗习惯、文化传统和宗教信仰，爱护旅游资源，保护生态环境，遵守旅游文明行为规范。

第十四条 旅游者在旅游活动中或者在解决纠纷时，不得损害当地居民的合法权益，不得干扰他人的旅游活动，不得损害旅游经营者和旅游从业人员的合法权益。

第十五条 旅游者购买、接受旅游服务时，应当向旅游经营者如实告知与旅游活动相关的个人健康信息，遵守旅游活动中的安全警示规定。

旅游者对国家应对重大突发事件暂时限制旅游活动的措施以及有关部门、机构或者旅游经营者采取的安全防范和应急处置措施，应当予以配合。

旅游者违反安全警示规定，或者对国家应对重大突发事件暂时限制旅游活动的措施、安全防范和应急处置措施不予配合的，依法承担相应责任。

解读：本条主要体现了"诚信原则"。若不告知，那么旅游者在一些特殊项目中受到损害，应承担相应的过错责任，比如隐瞒心脏病而参与"垂直过山车"活动。

第十六条　出境旅游者不得在境外非法滞留，随团出境的旅游者不得擅自分团、脱团。

入境旅游者不得在境内非法滞留，随团入境的旅游者不得擅自分团、脱团。

解读：本条规定了团队旅游者必须随团出入境以及旅游者不得非法滞留的法定义务。首先需要明确几个不同概念：①离团：指旅游者根据旅游合同的约定或者已依法办妥所需离团手续后暂时离开旅游团队或者不再归队的合法合约行为；②擅自分团：指在没有办妥合法分团手续的情况下，旅游团队中部分旅游者擅自离开旅游团队并很可能不再归队的违法行为；③脱团：指旅游者在没有办理任何合法离团手续的情况下离开旅游团队不再归队的违法行为。这里需要说明的是，擅自分团、脱团未必一定引起非法滞留的后果，这是两个不同性质的概念和问题，必须区别对待。非法滞留是指旅游者超过所持签证允许的停留时间仍在旅游地逗留的违法行为。旅游者所持的签证一般有两种：一是个人签证（一般自入境之日起准许停留3个月），二是团体签证（一般与团队在目的地国的停留时间相同，且要求必须全程随团集体活动）。可见，持个人签证者擅自分团或者脱团未必就是非法滞留，而持团体签证者自离团时起即视为擅自分团或者脱团。这里要注意的是，擅自分团和脱团均不属于本法第65条和第67条赋予旅游者的合同解除权范畴。因为擅自分团和脱团最突出的行为特征就是在不打任何招呼的情况下擅自离去，也不符合《合同法》第93条、第94条和第96条规定的法理特征，没有履行解除通知的法定义务。再者，旅游者不打招呼，会导致旅行社无法确定其解约的准确时点，造成退费核算的困难。因此旅行社可以在旅游合同中明确约定旅游者的合同解除告知义务。根据本法第55条和《旅行社条例》第40条的规定，旅游者违反上述规定的，旅行社应当及时向我国驻外机构、旅游行政部门和公安部门报告，否则旅游行政部门将按照第99条的规定实施处罚。

第三章　旅游规划和促进

解读：设《旅游规划和促进》专章，建立两个体系，一是旅游规划编制和评价体系，二是旅游促进和公共服务体系。

第十七条　国务院和县级以上地方人民政府应当将旅游业发展纳入国民经济和社会发展规划。

国务院和省、自治区、直辖市人民政府以及旅游资源丰富的设区的市和县级人民政府，应当按照国民经济和社会发展规划的要求，组织编制旅游发展规划。对跨行政区域且适宜进行整体利用的旅游资源进行利用时，应当由上级人民政府组织编制或者由相关地方人民政府协商编制统一的旅游发展规划。

第十八条　旅游发展规划应当包括旅游业发展的总体要求和发展目标，旅游资源保护和利用的要求和措施，以及旅游产品开发、旅游服务质量提升、旅游文化建设、旅游形象推广、旅游基础设施和公共服务设施建设的要求和促进措施等内容。

根据旅游发展规划，县级以上地方人民政府可以编制重点旅游资源开发利用的专项规划，对特定区域内的旅游项目、设施和服务功能配套提出专门要求。

第十九条　旅游发展规划应当与土地利用总体规划、城乡规划、环境保护规划以及其他自然资源和文物等人文资源的保护和利用规划相衔接。

解读：本条对旅游规划和其他保护类规划的衔接提出了要求。

第二十条　各级人民政府编制土地利用总体规划、城乡规划，应当充分考虑相关旅游项目、设施的空间布局和建设用地要求。规划和建设交通、通信、供水、供电、环保等基础设施和公共服务设施，应当兼顾旅游业发展的需要。

第二十一条　对自然资源和文物等人文资源进行旅游利用，必须严格遵守有关法律、法规的规定，符合资源、生态保护和文物安全的要求，尊重和维护当地传统文化和习俗，维护资源的区域整体性、文化代表性和地域特殊性，并考虑军事设施保护的需要。有关主管部门应当加强对资源保护和旅游利用状况的监督检查。

解读：本条对旅游利用、资源保护方面作出了衔接性规定，提出"一遵守一符合，两维护一需要"，明确要严格遵守有关法律、法规关于资源保护的规定，符合资源保护与文物安全的要求，维护和传承当地传统文化和习俗，维护资源的区域整体性、文化代表性和地域特殊性，并考虑军事设施保护的需要

第二十二条　各级人民政府应当组织对本级政府编制的旅游发展规划的执行情况进行评估，并向社会公布。

解读：第 23～26 条建立旅游促进和公共服务体系，包括旅游基础设施建设制度配套和政策衔接、建立国家旅游形象推广战略和构建旅游形象推广机构和网络。明确政府有落实宣传营销和提供公共服务的义务。本法有很多内容涉及政府的义务。以往的《导游人员管理条例》、《出国人员管理办法》里大部分都是政府享有权利，但是《旅游法》反过来，政府有大量的义务，从促进旅游业发展的义务角度看，主要包括旅游目的地形象推广、营销和目的地政府要向旅游者提供公务服务。

第二十三条 国务院和县级以上地方人民政府应当制定并组织实施有利于旅游业持续健康发展的产业政策，推进旅游休闲体系建设，采取措施推动区域旅游合作，鼓励跨区域旅游线路和产品开发，促进旅游与工业、农业、商业、文化、卫生、体育、科教等领域的融合，扶持少数民族地区、革命老区、边远地区和贫困地区旅游业发展。

第二十四条 国务院和县级以上地方人民政府应当根据实际情况安排资金，加强旅游基础设施建设、旅游公共服务和旅游形象推广。

第二十五条 国家制定并实施旅游形象推广战略。国务院旅游主管部门统筹组织国家旅游形象的境外推广工作，建立旅游形象推广机构和网络，开展旅游国际合作与交流。

县级以上地方人民政府统筹组织本地的旅游形象推广工作。

第二十六条 国务院旅游主管部门和县级以上地方人民政府应当根据需要建立旅游公共信息和咨询平台，无偿向旅游者提供旅游景区、线路、交通、气象、住宿、安全、医疗急救等必要信息和咨询服务。设区的市和县级人民政府有关部门应当根据需要在交通枢纽、商业中心和旅游者集中场所设置旅游咨询中心，在景区和通往主要景区的道路设置旅游指示标识。

旅游资源丰富的设区的市和县级人民政府可以根据本地的实际情况，建立旅游客运专线或者游客中转站，为旅游者在城市及周边旅游提供服务。

解读：以往的《旅行社条例》、《导游人员管理条例》所保护的游客都是团队游客，本条规定建立和完善"一日游"相关公共服务设施和管理制度，明确政府有提供公共信息服务义务，保护散客权利。

第二十七条　国家鼓励和支持发展旅游职业教育和培训，提高旅游从业人员素质。

第四章　旅游经营

解读： 经营者范围扩大，涉及的主体较以往法律法规大幅度扩张。以往的单行法里，涉及的经营主体要么是旅行社，要么是导游、领队，这次把景区纳进来了。以往的景区法规主要是住建部《风景名胜条例》，但是无法涵盖森林资源、草原、海洋等自然保护区，这次《旅游法》把各种类型的景区都纳入了其中，无论是地质地貌公园、海洋遗迹还是博物馆统统都纳入进来，统一到景区。此外，住宿、交通、餐饮、娱乐和高风险旅游项目也被纳入进来，经营主体的范围大大扩大。

对"零负团费"采取标本兼治的办法，一方面，在解决现实问题上，做了一系列有针对性的规定，如对旅行社经营提出五个"不得"，对导游和领队提出"三不得"，对其他经营者提了一个"不得"，清晰地明确了低价招徕、通过强迫购物途径获取利益的经营行为非法。另一方面，从旅游经营活动的全链条明确了市场规则和行为规范。

第二十八条　设立旅行社，招徕、组织、接待旅游者，为其提供旅游服务，应当具备下列条件，取得旅游主管部门的许可，依法办理工商登记：

（一）有固定的经营场所；

（二）有必要的营业设施；

（三）有符合规定的注册资本；

（四）有必要的经营管理人员和导游；

（五）法律、行政法规规定的其他条件。

第二十九条　旅行社可以经营下列业务：

（一）境内旅游；

（二）出境旅游；

（三）边境旅游；

（四）入境旅游；

（五）其他旅游业务。

旅行社经营前款第二项和第三项业务，应当取得相应的业务经营许可，具体条件由国务院规定。

第三十条　旅行社不得出租、出借旅行社业务经营许可证，或者以其他形式非法转让旅行社业务经营许可。

解读：本条对旅行社出租、出借旅行社业务经营许可证（即对外承包经营或挂靠）等行为做了禁令性规定，该禁令首先是对《行政许可法》第 9 条和第 80 条的衔接。《行政许可法》第 9 条规定，依法取得的行政许可，除法律法规规定依照法定条件和程序可以转让的外，不得转让；第 80 条又规定，涂改、倒卖、出租、出借行政许可证件，或者以其他形式非法转让行政许可的，行政机关应当依法给予行政处罚，构成犯罪的，依法追究刑事责任。其次是对《旅行社条例》第 47 条的衔接，《旅行社条例》第 47 条也对上述行为下了禁令并作出了处罚的规定。本法第 95 条设定了罚则，最高罚幅为没收违法所得并罚旅行社 10 万元，有关责任人员 2 万元；最严重的后果是吊销业务经营许可证。如前所述，旅行社的核心业务可分为招徕、组织和接待三大部分。《旅行社条例实施细则》第 27 条对转让、出租或者出借旅行社业务经营许可证的行为做了界定，根据细则该条的立意，招徕可以委托企业法人代理，接待可以委托符合资质的地接社代理，但组织组团社必须全部自己做（即必须由与本旅行社有劳动关系的正式员工直接操作），组织的任何一部分都不得委托或外包。除异地依法设立的非

法人分社外，允许任何人员或机构从事旅游团队的"组织"和
"接待"全过程的工作，即属违反本条的行为，具体体现为：①操
作人员与旅行社无劳动合同和社保关系以及旅行社不向该操作人
员支付工资不承担其社保福利待遇；②旅行社向操作人员个人下
达经营任务指标；③门市部以自己的名义与旅游者签订旅游合同，
即旅游合同的抬头和印章都是门市部而不是旅行社；④门市部或
者属于旅行社内部正常分工的计调岗位以外的人员从事了旅游线
路策划设计、采购和联系供应商、安排行程等团队接待计划落实
等销售收客以外的任何工作；⑤门市部的团费没有存入旅行社统
一开设且只能存款不能取款的银行账户内；⑥门市部不开具或者
以自己的名义和印章开具旅游发票；⑦门市部或者非计调（导游）
部门直接委派领队/导游带团。

第三十一条 旅行社应当按照规定交纳旅游服务质量保证金，
用于旅游者权益损害赔偿和垫付旅游者人身安全遇有危险时紧急
救助的费用。

解读：本条规定主要是发生重大伤亡事故时，能够第一时间保
障旅行者得到及时的救助、治疗，避免旅行社经营者跑路而贻误
救助、治疗时机。

第三十二条 旅行社为招徕、组织旅游者发布信息，必须真
实、准确，不得进行虚假宣传，误导旅游者。

解读：本条是《消费者权益保护法》中经营者业务的延伸。

第三十三条 旅行社及其从业人员组织、接待旅游者，不得
安排参观或者参与违反我国法律、法规和社会公德的项目或者
活动。

解读：《旅行社条例》第 26 条规定："旅行社为旅游者安排或者介绍的旅游活动不得含有违反有关法律、法规规定的内容。"第 52 条规定："违反本条例的规定，旅行社为旅游者安排或者介绍的旅游活动含有违反有关法律、法规规定的内容的，由旅游行政管理部门责令改正，没收违法所得，并处 2 万元以上 10 万元以下的罚款；情节严重的，吊销旅行社业务经营许可证。"

《中国公民出国旅游管理办法》第 16 条规定："组团社及其旅游团队领队应当要求境外接待社按照约定的团队活动计划安排旅游活动，并要求其不得组织旅游者参与涉及色情、赌博、毒品内容的活动或者危险性活动，不得擅自改变行程、减少旅游项目，不得强迫或者变相强迫旅游者参加额外付费项目。"第 30 条规定："组团社或者旅游团队领队违反本办法第十六条的规定，未要求境外接待社不得组织旅游者参与涉及色情、赌博、毒品内容的活动或者危险性活动，或者在境外接待社违反前述要求时未制止的，由旅游行政部门对组团社处组织该旅游团队所收取费用 2 倍以上 5 倍以下的罚款，并暂停其出国旅游业务经营资格，对旅游团队领队暂扣其领队证；造成恶劣影响的，对组团社取消其出国旅游业务经营资格，对旅游团队领队吊销其领队证。"

第三十四条 旅行社组织旅游活动应当向合格的供应商订购产品和服务。

解读：本条实质上是指与有相应资质、经营许可的商家签订合同，如包车、住宿、食品等。

第三十五条 旅行社不得以不合理的低价组织旅游活动，诱骗旅游者，并通过安排购物或者另行付费旅游项目获取回扣等不正当利益。

旅行社组织、接待旅游者，不得指定具体购物场所，不得安

排另行付费旅游项目。但是，经双方协商一致或者旅游者要求，且不影响其他旅游者行程安排的除外。（完善了合同制度）

解读：本款禁止指定的仅是"购物场所"，因此，指定餐馆、酒店是可以的，也方便统一管理。

发生违反前两款规定情形的，旅游者有权在旅游行程结束后三十日内，要求旅行社为其办理退货并先行垫付退货货款，或者退还另行付费旅游项目的费用。

解读：旅游者"被购物"或被不合理收费的，可在 30 日内要求旅行社协助办理退货并先垫付退货款，或退回被不合理收取的费用。注意：被不合理收取的费用，旅行社无"垫付义务"。

第三十六条　旅行社组织团队出境旅游或者组织、接待团队入境旅游，应当按照规定安排领队或者导游全程陪同。

第三十七条　参加导游资格考试成绩合格，与旅行社订立劳动合同或者在相关旅游行业组织注册的人员，可以申请取得导游证。

解读：本条是关于导游执业资格制度的规定，根据本条的规定，导游资格考试合格是办理导游证的前提条件，与旅行社签订劳动合同或者在相关旅游行业组织登记注册是必备条件。《导游人员管理条例》第 3 条规定了参加导游资格考试的条件。本条是本法的又一个亮点，它改变了社会导游现有的管理模式，也对导游人员准入制度做了优化。首先，本法取消了《导游人员管理条例》设立的导游人员资格证书制度，改为凭导游资格考试合格成绩单办理。其次，取消了导游服务公司的社会导游登记注册的职能，改由旅游行业组织登记注册。这是国家将从业人员管理职能从政

府向行业协会转变的一个重大步骤。最后，本法第103条改变了
《导游人员管理条例》对导游执业资格一经吊销终身淘汰的规定，
自吊销之日起满3年后可以按照本条的规定重新报考申办导游证。
这里的旅游行业组织是指经民政部门登记注册依法成立的社团组
织，如旅游协会、旅行社协会、导游协会或者旅游协会导游分会
等。鉴于导游协会或分会尚未普遍成立，可在各地已比较完善的
旅游协会中先行设立导游工作部作为过渡，承担相关职能。这里
需要说明的是，到相关旅游行业组织登记注册并不意味着一定要
加入该协会成为会员。根据行业协会管理的相关法律法规，行业
协会可以对资深会员和仅依法登记注册成员在其权利义务上分别
对待。《导游人员管理条例》第5条规定了不予颁发导游证的四种
情况：①丧失民事行为能力或者民事行为能力被限制的；②患有
（高致病性）传染性疾病的；③受过刑事处罚的，过失犯罪的除
外；④被吊销导游证的（本法增加了未满3年的附加条件）。

　　第三十八条　旅行社应当与其聘用的导游依法订立劳动合同，
支付劳动报酬，缴纳社会保险费用。

　　旅行社临时聘用导游为旅游者提供服务的，应当全额向导游
支付本法第六十条第三款规定的导游服务费用。

　　旅行社安排导游为团队旅游提供服务的，不得要求导游垫付
或者向导游收取任何费用。

　　解读：本条说明应向导游支付合同中约定的服务费用。

　　第三十九条　取得导游证，具有相应的学历、语言能力和旅
游从业经历，并与旅行社订立劳动合同的人员，可以申请取得领
队证。

　　解读：本条说明领队证的取得需以取得导游证为前提。

第四十条　导游和领队为旅游者提供服务必须接受旅行社委派，不得私自承揽导游和领队业务。

解读：本条禁止的原因在于：①导游或领队无承办旅游活动的资质，有非法经营之嫌；②发生事故时，导游或领队（自然人）的赔偿能力非常有限，对旅游者不利，因此予以禁止。

第四十一条　导游和领队从事业务活动，应当佩戴导游证、领队证，遵守职业道德，尊重旅游者的风俗习惯和宗教信仰，应当向旅游者告知和解释旅游文明行为规范，引导旅游者健康、文明旅游，劝阻旅游者违反社会公德的行为。

导游和领队应当严格执行旅游行程安排，不得擅自变更旅游行程或者中止服务活动，不得向旅游者索取小费，不得诱导、欺骗、强迫或者变相强迫旅游者购物或者参加另行付费旅游项目。

解读：本款似乎与35条重复，可参照35条的解读。

第四十二条　景区开放应当具备下列条件，并听取旅游主管部门的意见：

（一）有必要的旅游配套服务和辅助设施；

（二）有必要的安全设施及制度，经过安全风险评估，满足安全条件；

（三）有必要的环境保护设施和生态保护措施；

（四）法律、行政法规规定的其他条件。

第四十三条　利用公共资源建设的景区的门票以及景区内的游览场所、交通工具等另行收费项目，实行政府定价或者政府指导价，严格控制价格上涨。拟收费或者提高价格的，应当举行听证会，征求旅游者、经营者和有关方面的意见，论证其必要性、可行性。

利用公共资源建设的景区，不得通过增加另行收费项目等方式变相涨价；另行收费项目已收回投资成本的，应当相应降低价格或者取消收费。

公益性的城市公园、博物馆、纪念馆等，除重点文物保护单位和珍贵文物收藏单位外，应当逐步免费开放。

解读：本条规定定价机制、定价程序。景区拟进行收费或提高价格，须先举行听证、论证，但还需出台更具体可行的操作办法。

第四十四条 景区应当在醒目位置公示门票价格、另行收费项目的价格及团体收费价格。景区提高门票价格应当提前六个月公布。

将不同景区的门票或者同一景区内不同游览场所的门票合并出售的，合并后的价格不得高于各单项门票的价格之和，且旅游者有权选择购买其中的单项票。

景区内的核心游览项目因故暂停向旅游者开放或者停止提供服务的，应当公示并相应减少收费。

解读：本条规定保护消费者的知情权，并且旅游者有权从被打包的套票当中，选择购买适合自己的单项或多项票。

第四十五条 景区接待旅游者不得超过景区主管部门核定的最大承载量。景区应当公布景区主管部门核定的最大承载量，制定和实施旅游者流量控制方案，并可以采取门票预约等方式，对景区接待旅游者的数量进行控制。

旅游者数量可能达到最大承载量时，景区应当提前公告并同时向当地人民政府报告，景区和当地人民政府应当及时采取疏导、分流等措施。

第四十六条 城镇和乡村居民利用自有住宅或者其他条件依

法从事旅游经营，其管理办法由省、自治区、直辖市制定。

第四十七条　经营高空、高速、水上、潜水、探险等高风险旅游项目，应当按照国家有关规定取得经营许可。

解读：本条是关于高风险旅游项目经营许可的规定。高风险旅游项目中，高空类主要包括滑翔伞、热气球、动力伞等空中项目；高速类主要包括轮滑、滑雪、卡丁车以及大型游乐设施等速度类项目；水上类主要包括飞伞以及水上游乐设施等水域类项目；潜水类主要指穿戴潜水服和氧气瓶潜入水下的观光休闲项目；探险类主要包括穿越高山、峡谷、暴走以及蹦极、攀岩等项目。目前已经有法律法规对上述高风险项目作出申请行政许可的规定。本条的含义是，上述高风险旅游项目都必须事先获得行政许可，具体细则和项目目录由国务院另行规定。

第四十八条　通过网络经营旅行社业务的，应当依法取得旅行社业务经营许可，并在其网站主页的显著位置标明其业务经营许可证信息。

发布旅游经营信息的网站，应当保证其信息真实、准确。

解读：本条是关于通过网络经营旅行社专属业务和发布旅游经营信息的规定。目前，网络经营主要有两种主要形式：①网络经营商直接经营旅行社专属业务，以携程、芒果网以及旅行社自身的互联网络平台为代表，因其本身同时兼有旅行社和网络经营商的双重身份，因此必须依法获得旅行社经营许可并标明该信息；②网络经营商仅向旅行社、景区等旅游经营者提供发布产品信息的网络平台，此类经营商虽无须取得自身的旅行社经营许可，但其必须在公布的旅游产品信息中明确标明提供该产品的旅行社的经营许可证信息。该信息主要包括旅行社的名称、法定代表人、许可证编号、业务经营范围以及作出许可的旅游局的投诉电话等。

网站所发布的信息必须与事实相符，无虚假成分。此外，根据《互联网信息服务管理办法》和《增值电信业务经营许可证规定》的规定，网络运营商需要获得网络经营的相关行政许可。

第四十九条 为旅游者提供交通、住宿、餐饮、娱乐等服务的经营者，应当符合法律、法规规定的要求，按照合同约定履行义务。

第五十条 旅游经营者应当保证其提供的商品和服务符合保障人身、财产安全的要求。

旅游经营者取得相关质量标准等级的，其设施和服务不得低于相应标准；未取得质量标准等级的，不得使用相关质量等级的称谓和标识。

第五十一条 旅游经营者销售、购买商品或者服务，不得给予或者收受贿赂。

第五十二条 旅游经营者对其在经营活动中知悉的旅游者个人信息，应当予以保密。

解读： 本条是关于旅游经营者对旅游者个人信息保密义务的规定。旅游者的个人信息指旅游者的个人身份信息，主要包括姓名、性别、年龄、血型、身高、健康状况、证件号码、工作单位、通讯地址、联系方式、教育程度、家庭状况等信息，属于旅游者的个人隐私。除旅行社外，旅游酒店同样会接触到上述旅游者的个人信息。保密一般指不得泄露旅游者个人信息和未经旅游者同意不得公开其个人信息。本条设定了旅游经营者对旅游者个人信息的保密义务，最高人民法院《关于审理旅游纠纷案件适用法律若干问题的规定》第9条、《刑法修正案七》第7条、《侵权责任法》第2条、《旅行社条例实施细则》第44条和第58条也设定了保密义务和违反保密义务时的法律责任。

第五十三条　从事道路旅游客运的经营者应当遵守道路客运安全管理的各项制度，并在车辆显著位置明示道路旅游客运专用标识，在车厢内显著位置公示经营者和驾驶人信息、道路运输管理机构监督电话等事项。

第五十四条　景区、住宿经营者将其部分经营项目或者场地交由他人从事住宿、餐饮、购物、游览、娱乐、旅游交通等经营的，应当对实际经营者的经营行为给旅游者造成的损害承担连带责任。

解读:此条表明：①扩大旅游者的索赔对象范围，更好保护旅游者合法权益，避免互相推诿；②提高景区、住宿经营者对合作对象的监督力度，以及对合作方的甄别、选任责任。

第五十五条　旅游经营者组织、接待出入境旅游，发现旅游者从事违法活动或者有违反本法第十六条规定情形的，应当及时向公安机关、旅游主管部门或者我国驻外机构报告。

第五十六条　国家根据旅游活动的风险程度，对旅行社、住宿、旅游交通以及本法第四十七条规定的高风险旅游项目等经营者实施责任保险制度。

解读:本条是关于旅行社、住宿、旅游交通和高风险旅游项目实施责任保险制度的规定。责任保险一般可以分为公众责任险、产品责任险、雇主责任险、职业责任险和第三者责任险等五类。其中旅行社责任险和承运人责任险就属于公众责任险的一种，在旅行社责任保险统保项目的扩展责任中，已涵盖了雇主责任险。在本条的 4 个投保主体中，旅行社和旅游交通已有法定的责任险（分别为旅行社责任险、承运人责任险、第三人责任险、机动车交通事故责任强制保险等），是对现有制度的衔接和进一步确认；住宿和高风险旅游项目是本法新增的规定。

第五章　旅游服务合同

解读：针对目前旅游市场上存在的"零负团费"、强迫购物、强迫参加自费项目等问题，专设"旅游服务合同"一章，确立了旅游合同从订立、履行到解除的较为完整的规制，厘清了旅行社、消费者等各方的权利和义务。

同时，基于旅游市场的阶段性特征，针对现阶段人民群众最为关注的"零负团费"、强迫购物、强迫参加自费项目等问题，《旅游法》规定了旅行社及其从业人员对合同必备内容的说明、告知、严格履约等义务，规定了旅游者可无条件退货、退费等权利，最大限度降低发生上述问题的可能性。

《旅游法》在"旅游经营"一章的内容中，明确了若干禁止性规定，如针对旅行社的"五不得"、针对旅游从业人员的"三不得"、针对其他旅游经营者的"一不得"等，并在法律责任中对应地设定了严厉的处罚。此外，还对行业组织加强自律、政府加强综合监管提出要求，从而最大限度地遏制上述问题的发生。

第五十七条　旅行社组织和安排旅游活动，应当与旅游者订立合同。

第五十八条　包价旅游合同应当采用书面形式，包括下列内容：

（一）旅行社、旅游者的基本信息；

（二）旅游行程安排；

（三）旅游团成团的最低人数；

（四）交通、住宿、餐饮等旅游服务安排和标准；

（五）游览、娱乐等项目的具体内容和时间；

（六）自由活动时间安排；

（七）旅游费用及其交纳的期限和方式；

（八）违约责任和解决纠纷的方式；

（九）法律、法规规定和双方约定的其他事项。

订立包价旅游合同时，旅行社应当向旅游者详细说明前款第二项至第八项所载内容。

规定了旅行社及其从业人员对合同必备内容的说明义务

解读：本条是关于包价旅游合同的要式合同性质及其必备条款以及旅行社合同条款解释义务的规定。本法第 111 条第 3 项给出了包价旅游合同的定义，根据该定义，判断包价旅游合同的核心标准就是"安排行程"。这里要注意的是，本法第 73 条所指的合同虽然是按照旅游者的计划要求确定合同内容，但也属于包价旅游合同，因为合同的内容包括"事先安排"（即在出发前）的"行程"。本条规定了包价旅游合同属于要式合同的性质，即必须采用书面形式签订。需要指出的是，书面形式并不局限于纸质合同，电子合同也属于书面形式。本条规定了包价旅游合同的 9 项必备条款，旅行社在订立合同条款时必须具备此 9 项必备条款，不能遗漏。本条取消了《旅行社条例》第 28 条关于购物安排和自费项目安排作为合同必备条款的规定，是为了配合本法第 35 条关于旅行社不得安排购物和不得安排自费项目的规定。据此，旅行社不得再在旅游合同或行程单上作出购物和自费项目的安排。关于第 4 项住宿标准的约定，未取得星级的境内外酒店，其标准可以其名称、位置或坐落标示，或者以门市散客公布价作为档次认定参考标准。本条第 2 款规定了旅行社的合同内容说明义务，未履行该说明义务的，有可能因违反法定义务而导致包价旅游合同的不成立或者被撤销。为表明旅行社已经履行告知义务，可以在旅游合同的末端加上"旅行社已向旅游者详细解释本合同的内容，旅游者同意接受上述条款"一句并以与众不同的字体或颜色刊印。违反本条第 1

款规定的，本法并未给出罚则，但《旅行社条例》第55条做出了处罚规定，其合同关系，依据《合同法》第36条的规定，仍然成立。

第五十九条　旅行社应当在旅游行程开始前向旅游者提供旅游行程单。旅游行程单是包价旅游合同的组成部分。

第六十条　旅行社委托其他旅行社代理销售包价旅游产品并与旅游者订立包价旅游合同的，应当在包价旅游合同中载明委托社和代理社的基本信息。

旅行社依照本法规定将包价旅游合同中的接待业务委托给地接社履行的，应当在包价旅游合同中载明地接社的基本信息。

安排导游为旅游者提供服务的，应当在包价旅游合同中载明导游服务费用。

第六十一条　旅行社应当提示参加团队旅游的旅游者按照规定投保人身意外伤害保险。

解读：本条是关于旅行社对旅游者投保提示义务的规定。人身意外伤害保险是指保险人于被保险人遭受意外伤害时承担给付保险金责任的保险，属于寿险的一种。保险标的是被保险人的人身意外伤害（包括死亡）；保险人为承保的保险公司；被保险人为旅游者；受益人可以是投保人、作为被保险人的旅游者，也可以是其指定的人（投保人指定必须得到被保险人的同意）或其法定监护人、法定继承人；投保人可以是被保险人，也可以是其以外的任何人，但根据《保险法》第12条的规定，前提是投保人与被保险人对保险标的应当具有保险利益。《保险法》第31条对具有保险利益的情形作了规定。本条对旅行社设定的法定义务是投保提示，不是强制旅游者投保或者强制旅行社为旅游者投保。旅行社的此项义务，属于包价旅游合同中的附随义务。旅行社如未履行该项义务，当旅游者出现意外伤害时，旅行社应承担与其提示义务相应的过错责任。旅行社可以依据《旅行社条例实施细则》第40条的规定依法成为保险兼业代理人，为旅游者投保提供便利。需要注意的是，为避免违反《保险法》第31条而导致保险合同无效，旅行社向旅游者赠送意外险时，应在包价旅游合同中约定旅游者接受赠送，或者直接以旅游者名义投保。此外，由于意外险的被保险人不是旅行社，保险标的也不是旅行社的损害责任，因此意外险的赔付不能减免旅行社应承担的侵权赔偿责任。

第六十二条　订立包价旅游合同时，旅行社应当向旅游者告知下列事项：

（一）旅游者不适合参加旅游活动的情形；

（二）旅游活动中的安全注意事项；

（三）旅行社依法可以减免责任的信息；

（四）旅游者应当注意的旅游目的地相关法律、法规和风俗习惯、宗教禁忌，依照中国法律不宜参加的活动等；

（五）法律、法规规定的其他应当告知的事项。

在包价旅游合同履行中，遇有前款规定事项的，旅行社也应当告知旅游者。

解读：本条规定旅行社如未尽到上述告知义务的，一旦发生事故，应承担相应的过错责任。

第六十三条　旅行社招徕旅游者组团旅游，因未达到约定人数不能出团的，组团社可以解除合同。但是，境内旅游应当至少提前七日通知旅游者，出境旅游应当至少提前三十日通知旅游者。

因未达到约定人数不能出团的，组团社经征得旅游者书面同意，可以委托其他旅行社履行合同。组团社对旅游者承担责任，受委托的旅行社对组团社承担责任。旅游者不同意的，可以解除合同。

因未达到约定的成团人数解除合同的，组团社应当向旅游者退还已收取的全部费用。

解读：本条赋予了经营者变更、解除合同的权利。

第六十四条 旅游行程开始前，旅游者可以将包价旅游合同中自身的权利义务转让给第三人，旅行社没有正当理由的不得拒绝，因此增加的费用由旅游者和第三人承担。

解读：本条是关于旅游者转让自身合同权利义务的规定。依据本条的规定，转让是有条件的。旅游者提出转让的前提条件是在旅游行程开始前；转让的必备条件是旅行社没有拒绝的正当理由（如第三人的签证已来不及办妥、第三人所需机位或火车铺位无法确认，又或者第三人的身份、资格等不符合该项旅游活动的特殊要求等都属于正当理由）；转让的充分条件是旅游者或第三人必须承担因此增加的费用。以上条件有一项不符合，旅游者都不能转让。

第六十五条 旅游行程结束前，旅游者解除合同的，组团社应当在扣除必要的费用后，将余款退还旅游者。

解读：虽然本条也赋予旅游者在行程结束前可任意解除合同的权利，但通常认为本条更适合一些特殊的情况，如旅游者突然犯病而须医治，此种情形，旅行社退还相应的款项，也体现了民法的公平原则。

第六十六条 旅游者有下列情形之一的，旅行社可以解除合同：

（一）患有传染病等疾病，可能危害其他旅游者健康和安全的；

（二）携带危害公共安全的物品且不同意交有关部门处理的；

（三）从事违法或者违反社会公德的活动的；

（四）从事严重影响其他旅游者权益的活动，且不听劝阻、不能制止的；

（五）法律规定的其他情形。

因前款规定情形解除合同的，组团社应当在扣除必要的费用后，将余款退还旅游者；给旅行社造成损失的，旅游者应当依法承担赔偿责任。

解读:本条与第62条相似，如旅游者未尽到如实告知义务的，一旦发生事故，应承担相应的过错责任。

第六十七条　因不可抗力或者旅行社、履行辅助人已尽合理注意义务仍不能避免的事件，影响旅游行程的，按照下列情形处理：

（一）合同不能继续履行的，旅行社和旅游者均可以解除合同。合同不能完全履行的，旅行社经向旅游者作出说明，可以在合理范围内变更合同；旅游者不同意变更的，可以解除合同。

（二）合同解除的，组团社应当在扣除已向地接社或者履行辅助人支付且不可退还的费用后，将余款退还旅游者；合同变更的，因此增加的费用由旅游者承担，减少的费用退还旅游者。

（三）危及旅游者人身、财产安全的，旅行社应当采取相应的安全措施，因此支出的费用，由旅行社与旅游者分担。

（四）造成旅游者滞留的，旅行社应当采取相应的安置措施。因此增加的食宿费用，由旅游者承担；增加的返程费用，由旅行社与旅游者分担。

解读:本条明确了在发生不可抗力或意外事件时，双方对合同解除、变更、必要救助费用的分担。

发生不可抗力或意外事件而导致滞留的，食宿费由旅游者自理，返程费双方分担。但如果是因为旅行社过错导致延误而遇上不可抗力或意外事件的，则所产生的食宿、路费原则上应由旅行社承担。

对不可抗力等原因造成的合同变更、解除的处理和费用分担进行了明确说明，确定了合理分担的原则，使得类似的纠纷、争议有了明确的法律界定。具体情况可能比较复杂，双方可以协商解决，也可通过调解、法院裁判等方式解决。

第六十八条 旅游行程中解除合同的，旅行社应当协助旅游者返回出发地或者旅游者指定的合理地点。由于旅行社或者履行辅助人的原因导致合同解除的，返程费用由旅行社承担。

解读：本条规定的一是旅行社妥善协助义务；二是旅行社过错承担的责任。

第六十九条 旅行社应当按照包价旅游合同的约定履行义务，不得擅自变更旅游行程安排。

经旅游者同意，旅行社将包价旅游合同中的接待业务委托给其他具有相应资质的地接社履行的，应当与地接社订立书面委托合同，约定双方的权利和义务，向地接社提供与旅游者订立的包价旅游合同的副本，并向地接社支付不低于接待和服务成本的费用。地接社应当按照包价旅游合同和委托合同提供服务。

第七十条 旅行社不履行包价旅游合同义务或者履行合同义务不符合约定的，应当依法承担继续履行、采取补救措施或者赔偿损失等违约责任；造成旅游者人身损害、财产损失的，应当依法承担赔偿责任。旅行社具备履行条件，经旅游者要求仍拒绝履行合同，造成旅游者人身损害、滞留等严重后果的，旅游者还可以要求旅行社支付旅游费用一倍以上三倍以下的赔偿金。

由于旅游者自身原因导致包价旅游合同不能履行或者不能按照约定履行，或者造成旅游者人身损害、财产损失的，旅行社不承担责任。

在旅游者自行安排活动期间，旅行社未尽到安全提示、救助义务的，应当对旅游者的人身损害、财产损失承担相应责任。

解读：本条是关于旅行社在包价旅游合同中违约责任的规定。第 1 款的第 1 句是对《合同法》第 107 条的衔接，规定了旅行社在一般情形下的违约责任承担原则。违约行为是旅行社依法承担责任的前提，主要包括：擅自变更旅游行程、遗漏或减少旅游景点或服务项目以及降低服务标准等。本款规定的三种违约责任承担方式中，继续履行的前提是旅游者在合理期限内请求且旅行社能够继续履行，也就是说必须以继续履行不出现《合同法》第 110 条第 2 项的"旅行费用过高"情形为限，换句话说，指旅游团尚未离开当地时继续履行；采取补救措施通常指以合理的服务项目替代，前提也必须是旅游者在合理期限内请求；赔偿损失通常指赔偿旅游者的实际损失，主要包括：未履行项目的费用（含景点门票、导服费、观光交通费等）、降低标准的差价等，如导致食宿费用增加和误工费的，也包括在内。第 1 款第 2 句是对旅行社出现"甩团"恶意行为的惩罚性赔偿责任规定，是本法的一项创新。在包价旅游合同履行过程中，只要不出现不可抗力等法定免于履行情形或者旅游者免于旅行社履行的约定情形的，都可理解为"具备履行条件"。第 2 款是旅行社不担责情形的规定，属于本法第 62 条第 3 项要求告知旅游者的必要信息。旅游者的违约行为一般包括擅自脱团或分团、自行参加行程外的活动等。本款的特定情形与本法第 63 条、第 65 条、第 66 条和第 67 条规定的包价旅游合同的依法解除不同，旅游者的违约行为导致合同解除的，属于旅游者违法解除（违反本法第 16 条的规定），旅行社的免责包括免去协助其返程之责。第 3 款是旅游者自行安排活动期间旅行社的责任规定。"旅游者自行安排活动期间"指旅行社不提供服务，由旅游者在离开旅行社方及其工作人员视野的情况下自己安排活动的期间；该活动不属于合同提供服务的组成部分，旅行社也无法预期其内容和控制其风险。因此旅行社仅承担事前的安全提示和事后（即在旅游经营者得知旅游者遇险时）的救助义务。本款的"相应责任"是指与旅行社过错程度相当的责任。旅行社"机 + 酒"小包价自助游产品中，超出"机 + 酒"范围的活动，也属于"旅游者自行的安排活动"，适用本款的规定。这里要注意的是，根据前述界定，旅游者在旅行团下榻的酒店的房间内及其公共区域的活动以及于行程指定的时间内在行程安排的景区（点）里的游览（不论集体行进与否），不属于"旅游者自行安排活动期间"。旅游者在旅行团下榻酒店或行程安排的景区（点）内出险后，尽管酒店或景区属于本法所指的履行辅助人，但救助不能仅靠履行辅助人及其工作人员，旅行社的导游或领队应当积极组织救助，因为履行辅助人的救助未必完全等同于旅行社的救助。

第七十一条 由于地接社、履行辅助人的原因导致违约的，由组团社承担责任；组团社承担责任后可以向地接社、履行辅助人追偿。

由于地接社、履行辅助人的原因造成旅游者人身损害、财产损失的，旅游者可以要求地接社、履行辅助人承担赔偿责任，也可以要求组团社承担赔偿责任；组团社承担责任后可以向地接社、履行辅助人追偿。但是，由于公共交通经营者的原因造成旅游者人身损害、财产损失的，由公共交通经营者依法承担赔偿责任，旅行社应当协助旅游者向公共交通经营者索赔。

解读:本条规定合同相对性原理，但仅限于违约责任。

因旅行社的合作方过错造成旅游者人身、财产损害的，旅游者可要求旅行社及其合作方承担连带赔偿责任。

注意:与第63条第3款的情形比较，该条的索赔对象仅为组团者，而本条的索赔对象为旅行社及其合作方。

但是，由于公共交通经营者的原因造成旅游者人身损害、财产损失的，由公共交通经营者依法承担赔偿责任，旅行社应当协助旅游者向公共交通经营者索赔。

第七十二条　旅游者在旅游活动中或者在解决纠纷时，损害旅行社、履行辅助人、旅游从业人员或者其他旅游者的合法权益的，依法承担赔偿责任。

第七十三条　旅行社根据旅游者的具体要求安排旅游行程，与旅游者订立包价旅游合同的，旅游者请求变更旅游行程安排，因此增加的费用由旅游者承担，减少的费用退还旅游者。

第七十四条　旅行社接受旅游者的委托，为其代订交通、住宿、餐饮、游览、娱乐等旅游服务，收取代办费用的，应当亲自处理委托事务。因旅行社的过错给旅游者造成损失的，旅行社应当承担赔偿责任。

旅行社接受旅游者的委托，为其提供旅游行程设计、旅游信息咨询等服务的，应当保证设计合理、可行，信息及时、准确。

第七十五条　住宿经营者应当按照旅游服务合同的约定为团队旅游者提供住宿服务。住宿经营者未能按照旅游服务合同提供服务的，应当为旅游者提供不低于原定标准的住宿服务，因此增加的费用由住宿经营者承担；但由于不可抗力、政府因公共利益需要采取措施造成不能提供服务的，住宿经营者应当协助安排旅游者住宿。

解读：本条是关于住宿经营者为旅游团队提供住宿服务及其承担的责任的规定。因住宿经营者与团队旅游者之间没有直接的合同关系，住宿经营者按旅游服务合同提供服务主要体现为按照其承诺的旅行社住宿订单的要求本着诚实信用的原则向旅游者提供住宿服务，否则构成违约，需按《合同法》第107条的规定承担责任，承担的方式是另订与本酒店不远处且档次不低于原标准的酒店，并依法承担因此增加的费用（该费用是指因饭店违约所导致的所有增加费用，包括因订不到就近的同等酒店而增加的交通费用以及旅行社因此需支付给旅游者的违约金等）。尽管本条规定酒店因不可抗力和政府行为导致不能提供服务的，可免于继续提供并免付违约责任，但本条同时设定了酒店协助另行安排的法定义务（但无须承担增加的费用），如果拒绝或怠于协助，属于违反合同的法定义务，酒店仍须就此过错承担违约责任。

第六章　旅游安全

解读：专章规定旅游安全，建立旅游安全综合管理、保障和救助体系，包括确立旅游安全风险提示、高风险旅游、旅游保险管理等旅游安全保障制度，明确了政府、旅游经营者、旅游者在旅游安全问题上的责任和义务，突出了以人为本和安全问题高于一切的指导思想。

第七十六条　县级以上人民政府统一负责旅游安全工作。县级以上人民政府有关部门依照法律、法规履行旅游安全监管职责。

第七十七条　国家建立旅游目的地安全风险提示制度。旅游目的地安全风险提示的级别划分和实施程序，由国务院旅游主管部门会同有关部门制定。

县级以上人民政府及其有关部门应当将旅游安全作为突发事件监测和评估的重要内容。

第七十八条　县级以上人民政府应当依法将旅游应急管理纳入政府应急管理体系，制定应急预案，建立旅游突发事件应对机制。

突发事件发生后，当地人民政府及其有关部门和机构应当采取措施开展救援，并协助旅游者返回出发地或者旅游者指定的合理地点。

解读：本条规定政府及相关部门的救助、协助义务。

第七十九条　旅游经营者应当严格执行安全生产管理和消防安全管理的法律、法规和国家标准、行业标准，具备相应的安全生产条件，制定旅游者安全保护制度和应急预案。

旅游经营者应当对直接为旅游者提供服务的从业人员开展经常性应急救助技能培训，对提供的产品和服务进行安全检验、监测和评估，采取必要措施防止危害发生。

旅游经营者组织、接待老年人、未成年人、残疾人等旅游者，应当采取相应的安全保障措施。

第八十条　旅游经营者应当就旅游活动中的下列事项，以明示的方式事先向旅游者作出说明或者警示：

（一）正确使用相关设施、设备的方法；

（二）必要的安全防范和应急措施；

（三）未向旅游者开放的经营、服务场所和设施、设备；

（四）不适宜参加相关活动的群体；

（五）可能危及旅游者人身、财产安全的其他情形。

第八十一条　突发事件或者旅游安全事故发生后，旅游经营者应当立即采取必要的救助和处置措施，依法履行报告义务，并对旅游者作出妥善安排。

第八十二条 旅游者在人身、财产安全遇有危险时，有权请求旅游经营者、当地政府和相关机构进行及时救助。

中国出境旅游者在境外陷于困境时，有权请求我国驻当地机构在其职责范围内给予协助和保护。

旅游者接受相关组织或者机构的救助后，应当支付应由个人承担的费用。

第七章 旅游监督管理

解读：确立了政府统筹、部门各负其责的管理机制。政府负总责，牵头建立旅游联合执法、违法行为信息共享和跨部门、跨地区督办机制，避免各自为政的局面；各职能部门应根据各自既有的监管职责，依照旅游法和现有相关法律、法规的规定，分工负责，加强对旅游市场秩序的规范和监管。

对于旅游市场监管多头执法、旅游者在旅游过程中遇到问题投诉无门等问题，明确了旅游主管部门、相关部门各自的责任。比如，饭店归商务部管，交通归交通部管。在这种情况下，在执法中强调了政府负主要责任，并明确了相应主管部门以及职能部门的权限。

把总则的规定与第七章的规定协调起来，与现在的行政体制相适应，适应现在的形势，能够加强对旅游发展的综合协调，加强对旅游市场的监督管理，有利于保证旅游法的贯彻实施。

第八十三条 县级以上人民政府旅游主管部门和有关部门依照本法和有关法律、法规的规定，在各自职责范围内对旅游市场实施监督管理。

县级以上人民政府应当组织旅游主管部门、有关主管部门和工商行政管理、产品质量监督、交通等执法部门对相关旅游经营行为实施监督检查。

第八十四条　旅游主管部门履行监督管理职责，不得违反法律、行政法规的规定向监督管理对象收取费用。

旅游主管部门及其工作人员不得参与任何形式的旅游经营活动。

解读:本条对管理者的不良行为作出了相应的限定性规定。

第八十五条　县级以上人民政府旅游主管部门有权对下列事项实施监督检查:

（一）经营旅行社业务以及从事导游、领队服务是否取得经营、执业许可;

（二）旅行社的经营行为;

（三）导游和领队等旅游从业人员的服务行为;

（四）法律、法规规定的其他事项。

旅游主管部门依照前款规定实施监督检查，可以对涉嫌违法的合同、票据、账簿以及其他资料进行查阅、复制。

解读:本条对旅游主管部门监督检查的范围作出限定。

第八十六条　旅游主管部门和有关部门依法实施监督检查，其监督检查人员不得少于二人，并应当出示合法证件。监督检查人员少于二人或者未出示合法证件的，被检查单位和个人有权拒绝。

监督检查人员对在监督检查中知悉的被检查单位的商业秘密和个人信息应当依法保密。

第八十七条　对依法实施的监督检查，有关单位和个人应当配合，如实说明情况并提供文件、资料，不得拒绝、阻碍和隐瞒。

第八十八条　县级以上人民政府旅游主管部门和有关部门，在履行监督检查职责中或者在处理举报、投诉时，发现违反本法规定行为的，应当依法及时作出处理；对不属于本部门职责范围的事项，应当及时书面通知并移交有关部门查处。

第八十九条　县级以上地方人民政府建立旅游违法行为查处信息的共享机制，对需要跨部门、跨地区联合查处的违法行为，应当进行督办。

旅游主管部门和有关部门应当按照各自职责，及时向社会公布监督检查的情况。

第九十条　依法成立的旅游行业组织依照法律、行政法规和章程的规定，制定行业经营规范和服务标准，对其会员的经营行为和服务质量进行自律管理，组织开展职业道德教育和业务培训，提高从业人员素质。

解读： 本条规定了推动旅游协会改革和规范行业管理，包括部分政府职能向行业组织的移转、加强旅游行业组织建设和对旅行社、导游、领队管理制度作必要调整。

第八章　旅游纠纷处理

解读： 针对旅游投诉渠道不畅，不知道该向谁投诉的问题，建立旅游综合协调机制，规定了县级以上人民政府指定或设立统一的投诉受理机构，并就部门之间的转办职责提出了要求，厘清了纠纷投诉处理渠道，避免管理缺位各自为政。

第九十一条　县级以上人民政府应当指定或者设立统一的旅游投诉受理机构。受理机构接到投诉，应当及时进行处理或者移交有关部门处理，并告知投诉者。

第九十二条　旅游者与旅游经营者发生纠纷，可以通过下列途径解决：

（一）双方协商；

（二）向消费者协会、旅游投诉受理机构或者有关调解组织申请调解；

（三）根据与旅游经营者达成的仲裁协议提请仲裁机构仲裁；

（四）向人民法院提起诉讼。

解读：本条是关于旅游纠纷解决途径的规定。本条指定了双方协商、调解、仲裁和诉讼四种解决旅游纠纷的合法有效途径。此四种途径相互独立，不互为前提。双方协商又称双方和解，即由旅游者和旅游经营者双方在平等自愿的基础上，本着诚实信用、互谅互让的原则，通过协商达成一致的处理结果的方法，其优点是简便、快捷、高效、平和、成本低，其弱点是在协商达成的协议的效力方面，虽说适用《合同法》总则的规定对双方都有法律约束力，但无法律强制力，一旦一方或双方反悔，即造成执行障碍，则需通过其他法律途径再行解决。调解是指在中立第三方主持下，在当事双方自愿的基础上，通过劝解、疏导，使双方自愿进行协商并达成解决纠纷协议的方法。实践证明，调解有利于消除隔阂，防止矛盾激化，低成本快速解决旅游纠纷。关于调解机构，本条列举了三类：消费者协会、旅游质监机构和相关调解组织（指依据《人民调解法》的规定设立的人民调解委员会以及企事业单位成立的其他各类调解委员会）。上述三类机构均有法定调解功能。经人民调解委员会的调解达成的调解协议，依据《民事诉讼法》第194条和《人民调解法》第33条的规定申请人民法院司法确认后具有法律强制力。经其他各类调解委员会调解达成的协议，由于目前尚无法律规定可申请司法确认，因此其效力与协商结果相同。仲裁是指当事人依据《仲裁法》的规定，根据事先或事后达成的书面协议，自愿将纠纷提交作为第三方的仲裁机构裁决以解决争议的一种法律制度。仲裁属于约定管辖，不受地域限制，因此仲裁协议必须至少包含两项主要内容：双方达成的提请仲裁的意思表示和管辖仲裁机构的约定。如以上主要内容无约定或者约定不明确，将引起仲裁协议（条款）的无效，导致仲裁机构拒绝受理。依据《仲裁法》的规定，仲裁实行一裁终局制度，除出现被人民法院裁定撤销或者不予执行的情形外，裁决作出后即具法律效力。仲裁与诉讼两种途径是竞合（互斥）的，当事人只能选择其中一种。诉讼是人民法院代表国家行使司法审判权来解决争议的一种途径。人民法院作出的判决或裁定一经生效，即具国家强制力、最终决定力和最高权威性。旅游纠纷属于民事纠纷，适用民事诉讼程序进行。根据《民事诉讼法》第二章第二节的规定，旅游纠纷案件适用法定地域管辖（第 23 ~ 28 条）或约定地域管辖（第 34 条）。如受诉法院不符合前述规定，任何一方当事人均有权向法院提出管辖权异议。法院应当先行解决管辖权异议后再行继续审理或移送审理。

第九十三条　消费者协会、旅游投诉受理机构和有关调解组织在双方自愿的基础上，依法对旅游者与旅游经营者之间的纠纷进行调解。

第九十四条　旅游者与旅游经营者发生纠纷，旅游者一方人数众多并有共同请求的，可以推选代表人参加协商、调解、仲裁、诉讼活动。

第九章　法律责任

第九十五条　违反本法规定，未经许可经营旅行社业务的，由旅游主管部门或者工商行政管理部门责令改正，没收违法所得，并处一万元以上十万元以下罚款；违法所得十万元以上的，并处违法所得一倍以上五倍以下罚款；对有关责任人员，处二千元以上二万元以下罚款。

旅行社违反本法规定，未经许可经营本法第二十九条第一款第二项、第三项业务，或者出租、出借旅行社业务经营许可证，或者以其他方式非法转让旅行社业务经营许可的，除依照前款规定处罚外，并责令停业整顿；情节严重的，吊销旅行社业务经营许可证；对直接负责的主管人员，处二千元以上二万元以下罚款。

第九十六条　旅行社违反本法规定，有下列行为之一的，由旅游主管部门责令改正，没收违法所得，并处五千元以上五万元以下罚款；情节严重的，责令停业整顿或者吊销旅行社业务经营许可证；对直接负责的主管人员和其他直接责任人员，处二千元以上二万元以下罚款：

（一）未按照规定为出境或者入境团队旅游安排领队或者导游全程陪同的；

（二）安排未取得导游证或者领队证的人员提供导游或者领队服务的；

（三）未向临时聘用的导游支付导游服务费用的；

（四）要求导游垫付或者向导游收取费用的。

第九十七条　旅行社违反本法规定，有下列行为之一的，由旅游主管部门或者有关部门责令改正，没收违法所得，并处五千元以上五万元以下罚款；违法所得五万元以上的，并处违法所得一倍以上五倍以下罚款；情节严重的，责令停业整顿或者吊销旅行社业务经营许可证；对直接负责的主管人员和其他直接责任人员，处二千元以上二万元以下罚款：

（一）进行虚假宣传，误导旅游者的；

（二）向不合格的供应商订购产品和服务的；

（三）未按照规定投保旅行社责任保险的。

第九十八条　旅行社违反本法第三十五条规定的，由旅游主管部门责令改正，没收违法所得，责令停业整顿，并处三万元以上三十万元以下罚款；违法所得三十万元以上的，并处违法所得一倍以上五倍以下罚款；情节严重的，吊销旅行社业务经营许可证；对直接负责的主管人员和其他直接责任人员，没收违法所得，处二千元以上二万元以下罚款，并暂扣或者吊销导游证、领队证。

第九十九条 旅行社未履行本法第五十五条规定的报告义务的，由旅游主管部门处五千元以上五万元以下罚款；情节严重的，责令停业整顿或者吊销旅行社业务经营许可证；对直接负责的主管人员和其他直接责任人员，处二千元以上二万元以下罚款，并暂扣或者吊销导游证、领队证。

第一百条 旅行社违反本法规定，有下列行为之一的，由旅游主管部门责令改正，处三万元以上三十万元以下罚款，并责令停业整顿；造成旅游者滞留等严重后果的，吊销旅行社业务经营许可证；对直接负责的主管人员和其他直接责任人员，处二千元以上二万元以下罚款，并暂扣或者吊销导游证、领队证：

（一）在旅游行程中擅自变更旅游行程安排，严重损害旅游者权益的；

（二）拒绝履行合同的；

（三）未征得旅游者书面同意，委托其他旅行社履行包价旅游合同的。

第一百零一条 旅行社违反本法规定，安排旅游者参观或者参与违反我国法律、法规和社会公德的项目或者活动的，由旅游主管部门责令改正，没收违法所得，责令停业整顿，并处二万元以上二十万元以下罚款；情节严重的，吊销旅行社业务经营许可证；对直接负责的主管人员和其他直接责任人员，处二千元以上二万元以下罚款，并暂扣或者吊销导游证、领队证。

第一百零二条 违反本法规定，未取得导游证或者领队证从事导游、领队活动的，由旅游主管部门责令改正，没收违法所得，并处一千元以上一万元以下罚款，予以公告。

导游、领队违反本法规定，私自承揽业务的，由旅游主管部门责令改正，没收违法所得，处一千元以上一万元以下罚款，并暂扣或者吊销导游证、领队证。

导游、领队违反本法规定，向旅游者索取小费的，由旅游主管部门责令退还，处一千元以上一万元以下罚款；情节严重的，并暂扣或者吊销导游证、领队证。

第一百零三条　违反本法规定被吊销导游证、领队证的导游、领队和受到吊销旅行社业务经营许可证处罚的旅行社的有关管理人员，自处罚之日起未逾三年的，不得重新申请导游证、领队证或者从事旅行社业务。

第一百零四条　旅游经营者违反本法规定，给予或者收受贿赂的，由工商行政管理部门依照有关法律、法规的规定处罚；情节严重的，并由旅游主管部门吊销旅行社业务经营许可证。

第一百零五条　景区不符合本法规定的开放条件而接待旅游者的，由景区主管部门责令停业整顿直至符合开放条件，并处二万元以上二十万元以下罚款。

景区在旅游者数量可能达到最大承载量时，未依照本法规定公告或者未向当地人民政府报告，未及时采取疏导、分流等措施，或者超过最大承载量接待旅游者的，由景区主管部门责令改正，情节严重的，责令停业整顿一个月至六个月。

第一百零六条　景区违反本法规定，擅自提高门票或者另行收费项目的价格，或者有其他价格违法行为的，由有关主管部门依照有关法律、法规的规定处罚。

第一百零七条　旅游经营者违反有关安全生产管理和消防安全管理的法律、法规或者国家标准、行业标准的，由有关主管部门依照有关法律、法规的规定处罚。

第一百零八条　对违反本法规定的旅游经营者及其从业人员，

旅游主管部门和有关部门应当记入信用档案，向社会公布。

第一百零九条 旅游主管部门和有关部门的工作人员在履行监督管理职责中，滥用职权、玩忽职守、徇私舞弊，尚不构成犯罪的，依法给予处分。

第一百一十条 违反本法规定，构成犯罪的，依法追究刑事责任。

第十章　附　则

第一百一十一条 本法下列用语的含义：

（一）旅游经营者，是指旅行社、景区以及为旅游者提供交通、住宿、餐饮、购物、娱乐等服务的经营者。

（二）景区，是指为旅游者提供游览服务、有明确的管理界限的场所或者区域。

（三）包价旅游合同，是指旅行社预先安排行程，提供或者通过履行辅助人提供交通、住宿、餐饮、游览、导游或者领队等两项以上旅游服务，旅游者以总价支付旅游费用的合同。

（四）组团社，是指与旅游者订立包价旅游合同的旅行社。

（五）地接社，是指接受组团社委托，在目的地接待旅游者的旅行社。

（六）履行辅助人，是指与旅行社存在合同关系，协助其履行包价旅游合同义务，实际提供相关服务的法人或者自然人。

解读：本条对旅游行业中的一些术语进行了法律定义，有助于双方在一些问题上达成共识，便于学术的分析、探讨，也给实际经营带来沟通交流的便利。

第一百一十二条 本法自 2013 年 10 月 1 日起施行。

2. 中华人民共和国出境入境管理法

第一章　总　则

第一条　为了规范出境入境管理，维护中华人民共和国的主权、安全和社会秩序，促进对外交往和对外开放，制定本法。

第二条　中国公民出境入境、外国人入境出境、外国人在中国境内停留居留的管理，以及交通运输工具出境入境的边防检查，适用本法。

第三条　国家保护中国公民出境入境合法权益。

在中国境内的外国人的合法权益受法律保护。在中国境内的外国人应当遵守中国法律，不得危害中国国家安全、损害社会公共利益、破坏社会公共秩序。

第四条　公安部、外交部按照各自职责负责有关出境入境事务的管理。

中华人民共和国驻外使馆、领馆或者外交部委托的其他驻外机构（以下称驻外签证机关）负责在境外签发外国人入境签证。出入境边防检查机关负责实施出境入境边防检查。县级以上地方人民政府公安机关及其出入境管理机构负责外国人停留居留管理。

公安部、外交部可以在各自职责范围内委托县级以上地方人民政府公安机关出入境管理机构、县级以上地方人民政府外事部门受理外国人入境、停留居留申请。

公安部、外交部在出境入境事务管理中，应当加强沟通配合，并与国务院有关部门密切合作，按照各自职责分工，依法行使职权，承担责任。

第五条 国家建立统一的出境入境管理信息平台，实现有关管理部门信息共享。

第六条 国家在对外开放的口岸设立出入境边防检查机关。

中国公民、外国人以及交通运输工具应当从对外开放的口岸出境入境，特殊情况下，可以从国务院或者国务院授权的部门批准的地点出境入境。出境入境人员和交通运输工具应当接受出境入境边防检查。

出入境边防检查机关负责对口岸限定区域实施管理。根据维护国家安全和出境入境管理秩序的需要，出入境边防检查机关可以对出境入境人员携带的物品实施边防检查。必要时，出入境边防检查机关可以对出境入境交通运输工具载运的货物实施边防检查，但是应当通知海关。

第七条 经国务院批准，公安部、外交部根据出境入境管理的需要，可以对留存出境入境人员的指纹等人体生物识别信息作出规定。

外国政府对中国公民签发签证、出境入境管理有特别规定的，中国政府可以根据情况采取相应的对等措施。

第八条 履行出境入境管理职责的部门和机构应当切实采取措施，不断提升服务和管理水平，公正执法，便民高效，维护安全、便捷的出境入境秩序。

第二章 中国公民出境入境

第九条 中国公民出境入境，应当依法申请办理护照或者其他旅行证件。

中国公民前往其他国家或者地区，还需要取得前往国签证或者其他入境许可证明。但是，中国政府与其他国家政府签订互免签证协议或者公安部、外交部另有规定的除外。

中国公民以海员身份出境入境和在国外船舶上从事工作的，应当依法申请办理海员证。

第十条　中国公民往来内地与香港特别行政区、澳门特别行政区，中国公民往来大陆与台湾地区，应当依法申请办理通行证件，并遵守本法有关规定。具体管理办法由国务院规定。

第十一条　中国公民出境入境，应当向出入境边防检查机关交验本人的护照或者其他旅行证件等出境入境证件，履行规定的手续，经查验准许，方可出境入境。

具备条件的口岸，出入境边防检查机关应当为中国公民出境入境提供专用通道等便利措施。

第十二条　中国公民有下列情形之一的，不准出境：

（一）未持有效出境入境证件或者拒绝、逃避接受边防检查的；

（二）被判处刑罚尚未执行完毕或者属于刑事案件被告人、犯罪嫌疑人的；

（三）有未了结的民事案件，人民法院决定不准出境的；

（四）因妨害国（边）境管理受到刑事处罚或者因非法出境、非法居留、非法就业被其他国家或者地区遣返，未满不准出境规定年限的；

（五）可能危害国家安全和利益，国务院有关主管部门决定不准出境的；

（六）法律、行政法规规定不准出境的其他情形。

第十三条　定居国外的中国公民要求回国定居的，应当在入境前向中华人民共和国驻外使馆、领馆或者外交部委托的其他驻外机构提出申请，也可以由本人或者经由国内亲属向拟定居地的县级以上地方人民政府侨务部门提出申请。

第十四条　定居国外的中国公民在中国境内办理金融、教育、医疗、交通、电信、社会保险、财产登记等事务需要提供身份证明的，可以凭本人的护照证明其身份。

第三章　外国人入境出境

第一节　签　证

第十五条　外国人入境，应当向驻外签证机关申请办理签证，但是本法另有规定的除外。

第十六条　签证分为外交签证、礼遇签证、公务签证、普通签证。

对因外交、公务事由入境的外国人，签发外交、公务签证；对因身份特殊需要给予礼遇的外国人，签发礼遇签证。外交签证、礼遇签证、公务签证的签发范围和签发办法由外交部规定。

对因工作、学习、探亲、旅游、商务活动、人才引进等非外交、公务事由入境的外国人，签发相应类别的普通签证。普通签证的类别和签发办法由国务院规定。

第十七条　签证的登记项目包括：签证种类，持有人姓名、性别、出生日期、入境次数、入境有效期、停留期限，签发日期、地点，护照或者其他国际旅行证件号码等。

第十八条　外国人申请办理签证，应当向驻外签证机关提交本人的护照或者其他国际旅行证件，以及申请事由的相关材料，按照驻外签证机关的要求办理相关手续、接受面谈。

第十九条　外国人申请办理签证需要提供中国境内的单位或者个人出具的邀请函件的，申请人应当按照驻外签证机关的要求提供。出具邀请函件的单位或者个人应当对邀请内容的真实性负责。

第二十条　出于人道原因需要紧急入境，应邀入境从事紧急商务、工程抢修或者具有其他紧急入境需要并持有有关主管部门同意在口岸申办签证的证明材料的外国人，可以在国务院批准办理口岸签证业务的口岸，向公安部委托的口岸签证机关（以下简称口岸签证机关）申请办理口岸签证。

旅行社按照国家有关规定组织入境旅游的，可以向口岸签证机关申请办理团体旅游签证。

外国人向口岸签证机关申请办理签证，应当提交本人的护照或者其他国际旅行证件，以及申请事由的相关材料，按照口岸签证机关的要求办理相关手续，并从申请签证的口岸入境。

口岸签证机关签发的签证一次入境有效，签证注明的停留期限不得超过三十日。

第二十一条　外国人有下列情形之一的，不予签发签证：

（一）被处驱逐出境或者被决定遣送出境，未满不准入境规定年限的；

（二）患有严重精神障碍、传染性肺结核病或者有可能对公共卫生造成重大危害的其他传染病的；

（三）可能危害中国国家安全和利益、破坏社会公共秩序或者从事其他违法犯罪活动的；

（四）在申请签证过程中弄虚作假或者不能保障在中国境内期间所需费用的；

（五）不能提交签证机关要求提交的相关材料的；

（六）签证机关认为不宜签发签证的其他情形。

对不予签发签证的，签证机关可以不说明理由。

第二十二条　外国人有下列情形之一的，可以免办签证：

（一）根据中国政府与其他国家政府签订的互免签证协议，属于免办签证人员的；

（二）持有效的外国人居留证件的；

（三）持联程客票搭乘国际航行的航空器、船舶、列车从中国过境前往第三国或者地区，在中国境内停留不超过二十四小时且不离开口岸，或者在国务院批准的特定区域内停留不超过规定时限的；

（四）国务院规定的可以免办签证的其他情形。

第二十三条 有下列情形之一的外国人需要临时入境的，应当向出入境边防检查机关申请办理临时入境手续：

（一）外国船员及其随行家属登陆港口所在城市的；

（二）本法第二十二条第三项规定的人员需要离开口岸的；

（三）因不可抗力或者其他紧急原因需要临时入境的。

临时入境的期限不得超过十五日。

对申请办理临时入境手续的外国人，出入境边防检查机关可以要求外国人本人、载运其入境的交通运输工具的负责人或者交通运输工具出境入境业务代理单位提供必要的保证措施。

第二节　入境出境

第二十四条 外国人入境，应当向出入境边防检查机关交验本人的护照或者其他国际旅行证件、签证或者其他入境许可证明，履行规定的手续，经查验准许，方可入境。

第二十五条 外国人有下列情形之一的，不准入境：

（一）未持有效出境入境证件或者拒绝、逃避接受边防检查的；

（二）具有本法第二十一条第一款第一项至第四项规定情形的；

（三）入境后可能从事与签证种类不符的活动的；

（四）法律、行政法规规定不准入境的其他情形。

对不准入境的，出入境边防检查机关可以不说明理由。

第二十六条 对未被准许入境的外国人，出入境边防检查机关应当责令其返回；对拒不返回的，强制其返回。外国人等待返回期间，不得离开限定的区域。

第二十七条　外国人出境，应当向出入境边防检查机关交验本人的护照或者其他国际旅行证件等出境入境证件，履行规定的手续，经查验准许，方可出境。

第二十八条　外国人有下列情形之一的，不准出境：

（一）被判处刑罚尚未执行完毕或者属于刑事案件被告人、犯罪嫌疑人的，但是按照中国与外国签订的有关协议，移管被判刑人的除外；

（二）有未了结的民事案件，人民法院决定不准出境的；

（三）拖欠劳动者的劳动报酬，经国务院有关部门或者省、自治区、直辖市人民政府决定不准出境的；

（四）法律、行政法规规定不准出境的其他情形。

第四章　外国人停留居留

第一节　停留居留

第二十九条　外国人所持签证注明的停留期限不超过一百八十日的，持证人凭签证并按照签证注明的停留期限在中国境内停留。

需要延长签证停留期限的，应当在签证注明的停留期限届满七日前向停留地县级以上地方人民政府公安机关出入境管理机构申请，按照要求提交申请事由的相关材料。经审查，延期理由合理、充分的，准予延长停留期限；不予延长停留期限的，应当按期离境。

延长签证停留期限，累计不得超过签证原注明的停留期限。

第三十条　外国人所持签证注明入境后需要办理居留证件的，

应当自入境之日起三十日内，向拟居留地县级以上地方人民政府公安机关出入境管理机构申请办理外国人居留证件。

申请办理外国人居留证件，应当提交本人的护照或者其他国际旅行证件，以及申请事由的相关材料，并留存指纹等人体生物识别信息。公安机关出入境管理机构应当自收到申请材料之日起十五日内进行审查并作出审查决定，根据居留事由签发相应类别和期限的外国人居留证件。

外国人工作类居留证件的有效期最短为九十日，最长为五年；非工作类居留证件的有效期最短为一百八十日，最长为五年。

第三十一条 外国人有下列情形之一的，不予签发外国人居留证件：

（一）所持签证类别属于不应办理外国人居留证件的；

（二）在申请过程中弄虚作假的；

（三）不能按照规定提供相关证明材料的；

（四）违反中国有关法律、行政法规，不适合在中国境内居留的；

（五）签发机关认为不宜签发外国人居留证件的其他情形。

符合国家规定的专门人才、投资者或者出于人道等原因确需由停留变更为居留的外国人，经设区的市级以上地方人民政府公安机关出入境管理机构批准可以办理外国人居留证件。

第三十二条 在中国境内居留的外国人申请延长居留期限的，应当在居留证件有效期限届满三十日前向居留地县级以上地方人民政府公安机关出入境管理机构提出申请，按照要求提交申请事由的相关材料。经审查，延期理由合理、充分的，准予延长居留期限；不予延长居留期限的，应当按期离境。

第三十三条 外国人居留证件的登记项目包括：持有人姓名、性别、出生日期、居留事由、居留期限、签发日期、地点，护照或者其他国际旅行证件号码等。

外国人居留证件登记事项发生变更的，持证件人应当自登记事项发生变更之日起十日内向居留地县级以上地方人民政府公安机关出入境管理机构申请办理变更。

第三十四条　免办签证入境的外国人需要超过免签期限在中国境内停留的，外国船员及其随行家属在中国境内停留需要离开港口所在城市，或者具有需要办理外国人停留证件其他情形的，应当按照规定办理外国人停留证件。

外国人停留证件的有效期最长为一百八十日。

第三十五条　外国人入境后，所持的普通签证、停留居留证件损毁、遗失、被盗抢或者有符合国家规定的事由需要换发、补发的，应当按照规定向停留居留地县级以上地方人民政府公安机关出入境管理机构提出申请。

第三十六条　公安机关出入境管理机构作出的不予办理普通签证延期、换发、补发，不予办理外国人停留居留证件、不予延长居留期限的决定为最终决定。

第三十七条　外国人在中国境内停留居留，不得从事与停留居留事由不相符的活动，并应当在规定的停留居留期限届满前离境。

第三十八条　年满十六周岁的外国人在中国境内停留居留，应当随身携带本人的护照或者其他国际旅行证件，或者外国人停留居留证件，接受公安机关的查验。

在中国境内居留的外国人，应当在规定的时间内到居留地县级以上地方人民政府公安机关交验外国人居留证件。

第三十九条　外国人在中国境内旅馆住宿的，旅馆应当按照旅馆业治安管理的有关规定为其办理住宿登记，并向所在地公安机关报送外国人住宿登记信息。

外国人在旅馆以外的其他住所居住或者住宿的，应当在入住后二十四小时内由本人或者留宿人，向居住地的公安机关办理登记。

第四十条 在中国境内出生的外国婴儿，其父母或者代理人应当在婴儿出生六十日内，持该婴儿的出生证明到父母停留居留地县级以上地方人民政府公安机关出入境管理机构为其办理停留或者居留登记。

外国人在中国境内死亡的，其家属、监护人或者代理人，应当按照规定，持该外国人的死亡证明向县级以上地方人民政府公安机关出入境管理机构申报，注销外国人停留居留证件。

第四十一条 外国人在中国境内工作，应当按照规定取得工作许可和工作类居留证件。任何单位和个人不得聘用未取得工作许可和工作类居留证件的外国人。

外国人在中国境内工作管理办法由国务院规定。

第四十二条 国务院人力资源社会保障主管部门、外国专家主管部门会同国务院有关部门根据经济社会发展需要和人力资源供求状况制定并定期调整外国人在中国境内工作指导目录。

国务院教育主管部门会同国务院有关部门建立外国留学生勤工助学管理制度，对外国留学生勤工助学的岗位范围和时限作出规定。

第四十三条 外国人有下列行为之一的，属于非法就业：

（一）未按照规定取得工作许可和工作类居留证件在中国境内工作的；

（二）超出工作许可限定范围在中国境内工作的；

（三）外国留学生违反勤工助学管理规定，超出规定的岗位范围或者时限在中国境内工作的。

第四十四条 根据维护国家安全、公共安全的需要，公安机关、国家安全机关可以限制外国人、外国机构在某些地区设立居住或者办公场所；对已经设立的，可以限期迁离。

未经批准，外国人不得进入限制外国人进入的区域。

第四十五条　聘用外国人工作或者招收外国留学生的单位，应当按照规定向所在地公安机关报告有关信息。

公民、法人或者其他组织发现外国人有非法入境、非法居留、非法就业情形的，应当及时向所在地公安机关报告。

第四十六条　申请难民地位的外国人，在难民地位甄别期间，可以凭公安机关签发的临时身份证明在中国境内停留；被认定为难民的外国人，可以凭公安机关签发的难民身份证件在中国境内停留居留。

第二节　永久居留

第四十七条　对中国经济社会发展做出突出贡献或者符合其他在中国境内永久居留条件的外国人，经本人申请和公安部批准，取得永久居留资格。

外国人在中国境内永久居留的审批管理办法由公安部、外交部会同国务院有关部门规定。

第四十八条　取得永久居留资格的外国人，凭永久居留证件在中国境内居留和工作，凭本人的护照和永久居留证件出境入境。

第四十九条　外国人有下列情形之一的，由公安部决定取消其在中国境内永久居留资格：

（一）对中国国家安全和利益造成危害的；

（二）被处驱逐出境的；

（三）弄虚作假骗取在中国境内永久居留资格的；

（四）在中国境内居留未达到规定时限的；

（五）不适宜在中国境内永久居留的其他情形。

第五章　交通运输工具出境入境边防检查

第五十条　出境入境交通运输工具离开、抵达口岸时，应当接受边防检查。对交通运输工具的入境边防检查，在其最先抵达的口岸进行；对交通运输工具的出境边防检查，在其最后离开的口岸进行。特殊情况下，可以在有关主管机关指定的地点进行。

出境的交通运输工具自出境检查后至出境前，入境的交通运输工具自入境后至入境检查前，未经出入境边防检查机关按照规定程序许可，不得上下人员、装卸货物或者物品。

第五十一条 交通运输工具负责人或者交通运输工具出境入境业务代理单位应当按照规定提前向出入境边防检查机关报告入境、出境的交通运输工具抵达、离开口岸的时间和停留地点，如实申报员工、旅客、货物或者物品等信息。

第五十二条 交通运输工具负责人、交通运输工具出境入境业务代理单位应当配合出境入境边防检查，发现违反本法规定行为的，应当立即报告并协助调查处理。

入境交通运输工具载运不准入境人员的，交通运输工具负责人应当负责载离。

第五十三条 出入境边防检查机关按照规定对处于下列情形之一的出境入境交通运输工具进行监护：

（一）出境的交通运输工具在出境边防检查开始后至出境前、入境的交通运输工具在入境后至入境边防检查完成前；

（二）外国船舶在中国内河航行期间；

（三）有必要进行监护的其他情形。

第五十四条 因装卸物品、维修作业、参观访问等事由需要上下外国船舶的人员，应当向出入境边防检查机关申请办理登轮证件。

中国船舶与外国船舶或者外国船舶之间需要搭靠作业的，应当由船长或者交通运输工具出境入境业务代理单位向出入境边防检查机关申请办理船舶搭靠手续。

第五十五条 外国船舶、航空器在中国境内应当按照规定的路线、航线行驶。

出境入境的船舶、航空器不得驶入对外开放口岸以外地区。因不可预见的紧急情况或者不可抗力驶入的，应当立即向就近的出入境边防检查机关或者当地公安机关报告，并接受监护和管理。

第五十六条　交通运输工具有下列情形之一的，不准出境入境；已经驶离口岸的，可以责令返回：

（一）离开、抵达口岸时，未经查验准许擅自出境入境的；

（二）未经批准擅自改变出境入境口岸的；

（三）涉嫌载有不准出境入境人员，需要查验核实的；

（四）涉嫌载有危害国家安全、利益和社会公共秩序的物品，需要查验核实的；

（五）拒绝接受出入境边防检查机关管理的其他情形。

前款所列情形消失后，出入境边防检查机关对有关交通运输工具应当立即放行。

第五十七条　从事交通运输工具出境入境业务代理的单位，应当向出入境边防检查机关备案。从事业务代理的人员，由所在单位向出入境边防检查机关办理备案手续。

第六章　调查和遣返

第五十八条　本章规定的当场盘问、继续盘问、拘留审查、限制活动范围、遣送出境措施，由县级以上地方人民政府公安机关或者出入境边防检查机关实施。

第五十九条　对涉嫌违反出境入境管理的人员，可以当场盘问；经当场盘问，有下列情形之一的，可以依法继续盘问：

（一）有非法出境入境嫌疑的；

（二）有协助他人非法出境入境嫌疑的；

（三）外国人有非法居留、非法就业嫌疑的；

（四）有危害国家安全和利益，破坏社会公共秩序或者从事其他违法犯罪活动嫌疑的。

当场盘问和继续盘问应当依据《中华人民共和国人民警察法》规定的程序进行。

县级以上地方人民政府公安机关或者出入境边防检查机关需要传唤涉嫌违反出境入境管理的人员的，依照《中华人民共和国治安管理处罚法》的有关规定执行。

第六十条　外国人有本法第五十九条第一款规定情形之一的，经当场盘问或者继续盘问后仍不能排除嫌疑，需要作进一步调查的，可以拘留审查。

实施拘留审查，应当出示拘留审查决定书，并在二十四小时内进行询问。发现不应当拘留审查的，应当立即解除拘留审查。

拘留审查的期限不得超过三十日；案情复杂的，经上一级地方人民政府公安机关或者出入境边防检查机关批准可以延长至六十日。对国籍、身份不明的外国人，拘留审查期限自查清其国籍、身份之日起计算。

第六十一条　外国人有下列情形之一的，不适用拘留审查，可以限制其活动范围：

（一）患有严重疾病的；

（二）怀孕或者哺乳自己不满一周岁婴儿的；

（三）未满十六周岁或者已满七十周岁的；

（四）不宜适用拘留审查的其他情形。

被限制活动范围的外国人，应当按照要求接受审查，未经公安机关批准，不得离开限定的区域。限制活动范围的期限不得超过六十日。对国籍、身份不明的外国人，限制活动范围期限自查清其国籍、身份之日起计算。

第六十二条　外国人有下列情形之一的，可以遣送出境：

（一）被处限期出境，未在规定期限内离境的；

（二）有不准入境情形的；

（三）非法居留、非法就业的；

（四）违反本法或者其他法律、行政法规需要遣送出境的。

其他境外人员有前款所列情形之一的，可以依法遣送出境。

被遣送出境的人员，自被遣送出境之日起一至五年内不准入境。

第六十三条　被拘留审查或者被决定遣送出境但不能立即执行的人员，应当羁押在拘留所或者遣返场所。

第六十四条　外国人对依照本法规定对其实施的继续盘问、拘留审查、限制活动范围、遣送出境措施不服的，可以依法申请行政复议，该行政复议决定为最终决定。

其他境外人员对依照本法规定对其实施的遣送出境措施不服，申请行政复议的，适用前款规定。

第六十五条　对依法决定不准出境或者不准入境的人员，决定机关应当按照规定及时通知出入境边防检查机关；不准出境、入境情形消失的，决定机关应当及时撤销不准出境、入境决定，并通知出入境边防检查机关。

第六十六条　根据维护国家安全和出境入境管理秩序的需要，必要时，出入境边防检查机关可以对出境入境的人员进行人身检查。人身检查应当由两名与受检查人同性别的边防检查人员进行。

第六十七条　签证、外国人停留居留证件等出境入境证件发生损毁、遗失、被盗抢或者签发后发现持证人不符合签发条件等情形的，由签发机关宣布该出境入境证件作废。

伪造、变造、骗取或者被证件签发机关宣布作废的出境入境证件无效。

公安机关可以对前款规定的或被他人冒用的出境入境证件予以注销或者收缴。

第六十八条　对用于组织、运送、协助他人非法出境入境的交通运输工具，以及需要作为办案证据的物品，公安机关可以扣押。

对查获的违禁物品，涉及国家秘密的文件、资料以及用于实施违反出境入境管理活动的工具等，公安机关应当予以扣押，并依照相关法律、行政法规规定处理。

第六十九条　出境入境证件的真伪由签发机关、出入境边防检查机关或者公安机关出入境管理机构认定。

第七章　法律责任

第七十条　本章规定的行政处罚，除本章另有规定外，由县级以上地方人民政府公安机关或者出入境边防检查机关决定；其中警告或者五千元以下罚款，可以由县级以上地方人民政府公安机关出入境管理机构决定。

第七十一条　有下列行为之一的，处一千元以上五千元以下罚款；情节严重的，处五日以上十日以下拘留，可以并处二千元以上一万元以下罚款：

（一）持用伪造、变造、骗取的出境入境证件出境入境的；

（二）冒用他人出境入境证件出境入境的；

（三）逃避出境入境边防检查的；

（四）以其他方式非法出境入境的。

第七十二条　协助他人非法出境入境的，处二千元以上一万元以下罚款；情节严重的，处十日以上十五日以下拘留，并处五千元以上二万元以下罚款，有违法所得的，没收违法所得。

单位有前款行为的，处一万元以上五万元以下罚款，有违法所得的，没收违法所得，并对其直接负责的主管人员和其他直接责任人员依照前款规定予以处罚。

第七十三条　弄虚作假骗取签证、停留居留证件等出境入境证件的，处二千元以上五千元以下罚款；情节严重的，处十日以上十五日以下拘留，并处五千元以上二万元以下罚款。

单位有前款行为的，处一万元以上五万元以下罚款，并对其直接负责的主管人员和其他直接责任人员依照前款规定予以处罚。

第七十四条　违反本法规定，为外国人出具邀请函件或者其他申请材料的，处五千元以上一万元以下罚款，有违法所得的，没收违法所得，并责令其承担所邀请外国人的出境费用。

单位有前款行为的，处一万元以上五万元以下罚款，有违法所得的，没收违法所得，并责令其承担所邀请外国人的出境费用，对其直接负责的主管人员和其他直接责任人员依照前款规定予以处罚。

第七十五条　中国公民出境后非法前往其他国家或者地区被遣返的，出入境边防检查机关应当收缴其出境入境证件，出境入境证件签发机关自其被遣返之日起六个月至三年以内不予签发出境入境证件。

第七十六条　有下列情形之一的，给予警告，可以并处二千元以下罚款：

（一）外国人拒不接受公安机关查验其出境入境证件的；

（二）外国人拒不交验居留证件的；

（三）未按照规定办理外国人出生登记、死亡申报的；

（四）外国人居留证件登记事项发生变更，未按照规定办理变更的；

（五）在中国境内的外国人冒用他人出境入境证件的；

（六）未按照本法第三十九条第二款规定办理登记的。

旅馆未按照规定办理外国人住宿登记的，依照《中华人民共和国治安管理处罚法》的有关规定予以处罚；未按照规定向公安机关报送外国人住宿登记信息的，给予警告；情节严重的，处一千元以上五千元以下罚款。

第七十七条 外国人未经批准，擅自进入限制外国人进入的区域，责令立即离开；情节严重的，处五日以上十日以下拘留。对外国人非法获取的文字记录、音像资料、电子数据和其他物品，予以收缴或者销毁，所用工具予以收缴。

外国人、外国机构违反本法规定，拒不执行公安机关、国家安全机关限期迁离决定的，给予警告并强制迁离；情节严重的，对有关责任人员处五日以上十五日以下拘留。

第七十八条 外国人非法居留的，给予警告；情节严重的，处每非法居留一日五百元，总额不超过一万元的罚款或者五日以上十五日以下拘留。

因监护人或者其他负有监护责任的人未尽到监护义务，致使未满十六周岁的外国人非法居留的，对监护人或者其他负有监护责任的人给予警告，可以并处一千元以下罚款。

第七十九条 容留、藏匿非法入境、非法居留的外国人，协助非法入境、非法居留的外国人逃避检查，或者为非法居留的外国人违法提供出境入境证件的，处二千元以上一万元以下罚款；情节严重的，处五日以上十五日以下拘留，并处五千元以上二万元以下罚款，有违法所得的，没收违法所得。

单位有前款行为的，处一万元以上五万元以下罚款，有违法所得的，没收违法所得，并对其直接负责的主管人员和其他直接责任人员依照前款规定予以处罚。

第八十条 外国人非法就业的，处五千元以上二万元以下罚款；情节严重的，处五日以上十五日以下拘留，并处五千元以上二万元以下罚款。

介绍外国人非法就业的，对个人处每非法介绍一人五千元，总额不超过五万元的罚款；对单位处每非法介绍一人五千元，总额不超过十万元的罚款；有违法所得的，没收违法所得。

非法聘用外国人的，处每非法聘用一人一万元，总额不超过十万元的罚款；有违法所得的，没收违法所得。

第八十一条　外国人从事与停留居留事由不相符的活动，或者有其他违反中国法律、法规规定，不适宜在中国境内继续停留居留情形的，可以处限期出境。

外国人违反本法规定，情节严重，尚不构成犯罪的，公安部可以处驱逐出境。公安部的处罚决定为最终决定。

被驱逐出境的外国人，自被驱逐出境之日起十年内不准入境。

第八十二条　有下列情形之一的，给予警告，可以并处二千元以下罚款：

（一）扰乱口岸限定区域管理秩序的；

（二）外国船员及其随行家属未办理临时入境手续登陆的；

（三）未办理登轮证件上下外国船舶的。

违反前款第一项规定，情节严重的，可以并处五日以上十日以下拘留。

第八十三条　交通运输工具有下列情形之一的，对其负责人处五千元以上五万元以下罚款：

（一）未经查验准许擅自出境入境或者未经批准擅自改变出境入境口岸的；

（二）未按照规定如实申报员工、旅客、货物或者物品等信息，或者拒绝协助出境入境边防检查的；

（三）违反出境入境边防检查规定上下人员、装卸货物或者物品的。

出境入境交通运输工具载运不准出境入境人员出境入境的，处每载运一人五千元以上一万元以下罚款。交通运输工具负责人证明其已经采取合理预防措施的，可以减轻或者免予处罚。

第八十四条　交通运输工具有下列情形之一的，对其负责人处二千元以上二万元以下罚款：

（一）中国或者外国船舶未经批准擅自搭靠外国船舶的；

（二）外国船舶、航空器在中国境内未按照规定的路线、航线行驶的；

（三）出境入境的船舶、航空器违反规定驶入对外开放口岸以外地区的。

第八十五条 履行出境入境管理职责的工作人员，有下列行为之一的，依法给予处分：

（一）违反法律、行政法规，为不符合规定条件的外国人签发签证、外国人停留居留证件等出境入境证件的；

（二）违反法律、行政法规，审核验放不符合规定条件的人员或者交通运输工具出境入境的；

（三）泄露在出境入境管理工作中知悉的个人信息，侵害当事人合法权益的；

（四）不按照规定将依法收取的费用、收缴的罚款及没收的违法所得、非法财物上缴国库的；

（五）私分、侵占、挪用罚没、扣押的款物或者收取的费用的；

（六）滥用职权、玩忽职守、徇私舞弊，不依法履行法定职责的其他行为。

第八十六条 对违反出境入境管理行为处五百元以下罚款的，出入境边防检查机关可以当场作出处罚决定。

第八十七条 对违反出境入境管理行为处罚款的，被处罚人应当自收到处罚决定书之日起十五日内，到指定的银行缴纳罚款。被处罚人在所在地没有固定住所，不当场收缴罚款事后难以执行或者在口岸向指定银行缴纳罚款确有困难的，可以当场收缴。

第八十八条 违反本法规定，构成犯罪的，依法追究刑事责任。

第八章　附　则

第八十九条　本法下列用语的含义：

出境，是指由中国内地前往其他国家或者地区，由中国内地前往香港特别行政区、澳门特别行政区，由中国大陆前往台湾地区。

入境，是指由其他国家或者地区进入中国内地，由香港特别行政区、澳门特别行政区进入中国内地，由台湾地区进入中国大陆。

外国人，是指不具有中国国籍的人。

第九十条　经国务院批准，同毗邻国家接壤的省、自治区可以根据中国与有关国家签订的边界管理协定制定地方性法规、地方政府规章，对两国边境接壤地区的居民往来作出规定。

第九十一条　外国驻中国的外交代表机构、领事机构成员以及享有特权和豁免的其他外国人，其入境出境及停留居留管理，其他法律另有规定的，依照其规定。

第九十二条　外国人申请办理签证、外国人停留居留证件等出境入境证件或者申请办理证件延期、变更的，应当按照规定缴纳签证费、证件费。

第九十三条　本法自 2013 年 7 月 1 日起施行。《中华人民共和国外国人入境出境管理法》和《中华人民共和国公民出境入境管理法》同时废止。

3. 中华人民共和国民法通则（节选）

第一章　基本原则

第七条　民事活动应当尊重社会公德，不得损害社会公共利益，扰乱社会经济秩序。

第八条　在中华人民共和国领域内的民事活动，适用中华人民共和国法律，法律另有规定的除外。

本法关于公民的规定，适用于在中华人民共和国领域内的外国人、无国籍人，法律另有规定的除外。

第二章　公民（自然人）

第一节　民事权利能力和民事行为能力

第九条　公民从出生时起到死亡时止，具有民事权利能力，依法享有民事权利，承担民事义务。

第十条　公民的民事权利能力一律平等。

第十一条　十八周岁以上的公民是成年人，具有完全民事行为能力，可以独立进行民事活动，是完全民事行为能力人。

十六周岁以上不满十八周岁的公民，以自己的劳动收入为主要生活来源的，视为完全民事行为能力人。

第十二条　十周岁以上的未成年人是限制民事行为能力人，可以进行与他的年龄、智力相适应的民事活动；其他民事活动由他的法定代理人代理，或者征得他的法定代理人的同意。

不满十周岁的未成年人是无民事行为能力人，由他的法定代理人代理民事活动。

第十三条　不能辨认自己行为的精神病人是无民事行为能力人，由他的法定代理人代理民事活动。

不能完全辨认自己行为的精神病人是限制民事行为能力人，可以进行与他的精神健康状况相适应的民事活动；其他民事活动由他的法定代理人，或者征得他的法定代理人的同意。

第十四条　无民事行为能力人、限制民事行为能力人的监护人是他的法定代理人。

第十五条　公民以他的户籍所在地的居住地为住所，经常居住地与住所不一致的，经常居住地视为住所。

第二节　监　护

第十六条　未成年人的父母是未成年人的监护人。

未成年人的父母已经死亡或者没有监护能力的，由下列人员中有监护能力的人担任监护人：

（一）祖父母、外祖父母；

（二）兄、姐；

（三）关系密切的其他亲属、朋友愿意承担监护责任，经未成年人的父、母的所在单位或者未成年人住所地的居民委员会、村民委员会同意的。

对担任监护人有争议的，由未成年人的父、母的所在单位或者未成年人住所地的居民委员会、村民委员会在近亲属中指定。对指定不服提起诉讼的，由人民法院裁决。

没有第一款、第二款规定的监护人的，由未成年人的父、母的所在单位或者未成年人住所地的居民委员会、村民委员会或者民政部门担任监护人。

第十七条 无民事行为能力或者限制民事行为能力的精神病人，由下列人员担任监护人：

（一）配偶；

（二）父母；

（三）成年子女；

（四）其他近亲属；

（五）关系密切的其他亲属、朋友愿意承担监护责任，经精神病人的所在单位或者住所地的居民委员会、村民委员会同意的。

对担任监护人有争议的，由精神病人的所在单位或者住所地的居民委员会、村民委员会在近亲属中指定。对指定不服提起诉讼的，由人民法院裁决。

没有第一款规定的监护人的，由精神病人的所在单位或者住所地的居民委员会、村民委员会或者民政部门担任监护人。

第十八条 监护人应当履行监护职责，保护被监护人的人身、财产及其他合法权益，除为被监护人的利益外，不得处理被监护人的财产。

监护人依法履行监护的权利，受法律保护。

监护人不履行监护职责或者侵害被监护人的合法权益的，应当承担责任；给被监护人造成财产损失的，应当赔偿损失。人民法院可以根据有关人员或者有关单位的申请，撤销监护人的资格。

第十九条 精神病人的利害关系人，可以向人民法院申请宣告精神病人为无民事行为能力人或者限制民事行为能力人。

被人民法院宣告为无民事行为能力人或者限制民事行为能力人的，根据他健康恢复的状况，经本人或者利害关系人申请，人民法院可以宣告他为限制民事行为能力人或者完全民事行为能力人。

第三节　宣告失踪和宣告死亡

第二十条　公民下落不明满二年的,利害关系人可以向人民法院申请宣告他为失踪人。

战争期间下落不明的,下落不明的时间从战争结束之日起计算。

第二十一条　失踪人的财产由他的配偶、父母、成年子女或者关系密切的其他亲属、朋友代管。代管有争议的,没有以上规定的人或者以上规定的人无能力代管的,由人民法院指定的人代管。

失踪人所欠税款、债务和应付的其他费用,由代管人从失踪人的财产中支付。

第二十二条　被宣告失踪的人重新出现或者确知他的下落,经本人或者利害关系人申请,人民法院应当撤销对他的失踪宣告。

第二十三条　公民有下列情形之一的,利害关系人可以向人民法院申请宣告他死亡:

(一) 下落不明满四年的;

(二) 因意外事故下落不明,从事故发生之日起满二年的。

战争期间下落不明的,下落不明的时间从战争结束之日起计算。

第二十四条　被宣告死亡的人重新出现或者确知他没有死亡,经本人或者利害关系人申请,人民法院应当撤销对他的死亡宣告。

有民事行为能力人在被宣告死亡期间实施的民事法律行为有效。

第二十五条　被撤销死亡宣告的人有权请求返还财产。依照继承法取得他的财产的公民或者组织,应当返还原物;原物不存在的,给予适当补偿。

第四章　民事法律行为和代理

第一节　民事法律行为

第五十四条　民事法律行为是公民或者法人设立、变更、终止民事权利和民事义务的合法行为。

第五十五条　民事法律行为应当具备下列条件：

（一）行为人具有相应的民事行为能力；

（二）意思表示真实；

（三）不违反法律或者社会公共利益。

第五十六条　民事法律行为可以采取书面形式、口头形式或者其他形式。法律规定用特定形式的，应当依照法律规定。

第五十七条　民事法律行为从成立时起具有法律约束力。行为人非依法律规定或者取得对方同意，不得擅自变更或者解除。

第五十八条　下列民事行为无效：

（一）无民事行为能力人实施的；

（二）限制民事行为能力人依法不能独立实施的；

（三）一方以欺诈、胁迫的手段或者乘人之危，使对方在违背真实意思的情况下所为的；

（四）恶意串通，损害国家、集体或者第三人利益的；

（五）违反法律或者社会公共利益的；

（六）以合法形式掩盖非法目的的。

无效的民事行为，从行为开始起就没有法律约束力。

第五十九条　下列民事行为，一方有权请求人民法院或者仲裁机关予以变更或者撤销：

（一）行为人对行为内容有重大误解的；

（二）显失公平的。

被撤销的民事行为从行为开始起无效。

第六十条　民事行为部分无效，不影响其他部分的效力的，其他部分仍然有效。

第六十一条　民事行为被确认为无效或者被撤销后，当事人因该行为取得的财产，应当返还给受损失的一方。有过错的一方应当赔偿对方因此所受的损失，双方都有过错的，应当各自承担相应的责任。

双方恶意串通，实施民事行为损害国家的、集体的或者第三人的利益的，应当追缴双方取得的财产，收归国家、集体所有或者返还第三人。

第六十二条　民事法律行为可以附条件，附条件的民事法律行为在符合所附条件时生效。

第二节　代　理

第六十三条　公民、法人可以通过代理人实施民事法律行为。

代理人在代理权限内，以被代理人的名义实施民事法律行为。被代理人对代理人的代理行为，承担民事责任。

依照法律规定或者按照双方当事人约定，应当由本人实施的民事法律行为，不得代理。

第六十四条　代理包括委托代理、法定代理和指定代理。

委托代理按照被代理人的委托行使代理权，法定代理人依照法律的规定行使代理权，指定代理人按照人民法院或者指定单位的指定行使代理权。

第六十五条　民事法律行为的委托代理，可以用书面形式，也可以用口头形式。法律规定用书面形式的，应当用书面形式。

书面委托代理的授权委托书应当载明代理人的姓名或者名称、代理事项、权限和期间，并由委托人签名或者盖章。

委托书授权不明的，被代理人应当向第三人承担民事责任，代理人负连带责任。

第六十六条 没有代理权、超越代理权或者代理权终止后的行为，只有经过被代理人的追认，被代理人才承担民事责任。未经追认的行为，由行为人承担民事责任。本人知道他人以本人名义实施民事行为而不作否认表示的，视为同意。

代理人不履行职责而给被代理人造成损害的，应当承担民事责任。

代理人和第三人串通，损害被代理人的利益的，由代理人和第三人负连带责任。

第三人知道行为人没有代理权、超越代理权或者代理权已终止还与行为人实施民事行为给他人造成损害的，由第三人和行为人负连带责任。

第六十七条 代理人知道被委托代理的事项违法仍然进行代理活动的，或者被代理人知道代理人的代理行为违法不表示反对的，由被代理人和代理人负连带责任。

第六十八条 委托代理人为被代理人的利益需要转托他人代理的，应当事先取得被代理人的同意。事先没有取得被代理人同意的，应当在事后及时告诉被代理人，如果被代理人不同意，由代理人对自己所转托的人的行为负民事责任，但在紧急情况下，为了保护被代理人的利益而转托他人代理的除外。

第六十九条 有下列情形之一的，委托代理终止：

（一）代理期间届满或者代理事务完成；

（二）被代理人取消委托或者代理人辞去委托；

（三）代理人死亡；

（四）代理人丧失民事行为能力；

（五）作为被代理人或者代理人的法人终止。

第七十条 有下列情形之一的，法定代理或者指定代理终止：

（一）被代理人取得或者恢复民事行为能力；

（二）被代理人或者代理人死亡；

（三）代理人丧失民事行为能力；

（四）指定代理的人民法院或者指定单位取消指定；

（五）由其他原因引起的被代理人和代理人之间的监护关系消灭。

第五章　民事权利

第一节　财产所有权和与财产所有权有关的财产权

第七十一条　财产所有权是指所有人依法对自己的财产享有占有、使用、收益和处分的权利。

第七十二条　财产所有权的取得，不得违反法律规定。

按照合同或者其他合法方式取得财产的，财产所有权从财产交付时起转移，法律另有规定或者当事人另有约定的除外。

第七十三条　国家财产属于全民所有。国家财产神圣不可侵犯，禁止任何组织或者个人侵占、哄抢、私分、截留、破坏。

第七十四条　劳动群众集体组织的财产属于劳动群众集体所有，包括：

（一）法律规定为集体所有的土地和森林、山岭、草原、荒地、滩涂等；

（二）集体经济组织的财产；

（三）集体所有的建筑物、水库、农田水利设施和教育、科学、文化、卫生、体育等设施；

（四）集体所有的其他财产。

集体所有的土地依照法律属于村农民集体所有，由村农业生产合作社等农业集体经济组织或者村民委员会经营、管理。已经属于乡（镇）农民集体经济组织所有的，可以属于乡（镇）农民集体所有。

集体所有的财产受法律保护，禁止任何组织或者个人侵占、哄抢、私分、破坏或者非法查封、扣押、冻结、没收。

第七十五条 公民的个人财产，包括公民的合法收入、房屋、储蓄、生活用品、文物、图书资料、林木、牲畜和法律允许公民所有的生产资料以及其他合法财产。

公民的合法财产受法律保护，禁止任何组织或者个人侵占、哄抢、破坏或者非法查封、扣押、冻结、没收。

第七十六条 公民依法享有财产继承权。

第七十七条 社会团体包括宗教团体的合法财产受法律保护。

第七十八条 财产可以由两个以上的公民、法人共有。

共有分为按份共有和共同共有。按份共有人按照各自的份额，对共有财产分享权利，分担义务。共同共有人对共有财产享有权利，承担义务。

按份共有财产的每个共有人有权要求将自己的份额分出或者转让。但在出售时，其他共有人在同等条件下，有优先购买的权利。

第七十九条 所有人不明的埋藏物、隐藏物，归国家所有。接收单位应当对上缴的单位或者个人，给予表扬或者物质奖励。

拾得遗失物、漂流物或者失散的饲养动物，应当归还失主，因此而支出的费用由失主偿还。

第八十条 国家所有的土地，可以依法由全民所有制单位使用，也可以依法确定由集体所有制单位使用，国家保护它的使用、收益的权利；使用单位有管理、保护、合理利用的义务。

公民、集体依法对集体所有的或者国家所有由集体使用的土地的承包经营权，受法律保护。承包双方的权利和义务，依照法律由承包合同规定。

土地不得买卖、出租、抵押或者以其他形式非法转让。

第八十一条　国家所有的森林、山岭、草原、荒地、滩涂、水面等自然资源，可以依法由全民所有制单位使用，也可以依法确定由集体所有制单位使用，国家保护它的使用、收益的权利；使用单位有管理、保护、合理利用的义务。

国家所有的矿藏，可以依法由全民所有制单位和集体所有制单位开采，也可以依法由公民采挖。国家保护合法的采矿权。

公民、集体依法对集体所有的或者国家所有由集体使用的森林、山岭、草原、荒地、滩涂、水面的承包经营权，受法律保护。承包双方的权利和义务，依照法律由承包合同规定。

国家所有的矿藏、水流，国家所有的和法律规定属于集体所有的林地、山岭、草原、荒地、滩涂不得买卖、出租、抵押或者以其他形式非法转让。

第八十二条　全民所有制企业对国家授予它经营管理的财产依法享有经营权，受法律保护。

第八十三条　不动产的相邻各方，应当按照有利生产、方便生活、团结互助、公平合理的精神，正确处理截水、排水、通行、通风、采光等方面的相邻关系。给相邻方造成妨碍或者损失的，应当停止侵害，排除妨碍，赔偿损失。

第二节　债　权

第八十四条　债是按照合同的约定或者依照法律的规定，在当事人之间产生的特定的权利和义务关系，享有权利的人是债权人，负有义务的人是债务人。

债权人有权要求债务人按照合同的约定或者依照法律的规定履行义务。

第八十五条　合同是当事人之间设立、变更、终止民事关系的协议。依法成立的合同，受法律保护。

第八十六条 债权人为二人以上的，按照确定的份额分享权利。债务人为二人以上的，按照确定的份额分担义务。

第八十七条 债权人或者债务人一方人数为二人以上的，依照法律的规定或者当事人的约定，享有连带权利的每个债权人，都有权要求债务人履行义务；负有连带义务的每个债务人，都负有清偿全部债务的义务，履行了义务的人，有权要求其他负有连带义务的人偿付他应当承担的份额。

第八十八条 合同的当事人应当按照合同的约定，全部履行自己的义务。

合同中有关质量、期限、地点或者价款约定不明确，按照合同有关条款内容不能确定，当事人又不能通过协商达成协议的，适用下列规定：

（一）质量要求不明确的，按照国家质量标准履行，没有国家质量标准的，按照通常标准履行。

（二）履行期限不明确的，债务人可以随时向债权人履行义务，债权人也可以随时要求债务人履行义务，但应当给对方必要的准备时间。

（三）履行地点不明确，给付货币的，在接受给付一方的所在地履行，其他标的在履行义务一方的所在地履行。

（四）价款约定不明确的，按照国家规定的价格履行；没有国家规定价格的，参照市场价格或者同类物品的价格或者同类劳务的报酬标准履行。

合同对专利申请权没有约定的，完成发明创造的当事人享有申请权。

合同对科技成果的使用权没有约定的，当事人都有使用的权利。

第八十九条 依照法律的规定或者按照当事人的约定，可以采用下列方式担保债务的履行：

（一）保证人向债权人保证债务人履行债务，债务人不履行债务的，按照约定由保证人履行或者承担连带责任；保证人履行债务后，有权向债务人追偿。

（二）债务人或者第三人可以提供一定的财产作为抵押物。债务人不履行债务的，债权人有权依照法律的规定以抵押物折价或者以变卖抵押物的价款优先得到偿还。

（三）当事人一方在法律规定的范围内可以向对方给付定金。债务人履行债务后，定金应当抵作价款或者收回。给付定金的一方不履行债务的，无权要求返还定金；接受定金的一方不履行债务的，应当双倍返还定金。

（四）按照合同约定一方占有对方的财产，对方不按照合同给付应付款项超过约定期限的，占有人有权留置该财产，依照法律的规定以留置财产折价或者以变卖该财产的价款优先得到偿还。

第九十条　合法的借贷关系受法律保护。

第九十一条　合同一方将合同的权利、义务全部或者部分转让给第三人的，应当取得合同另一方的同意，并不得牟利。依照法律规定应当由国家批准的合同，需经原批准机关批准。但是，法律另有规定或者原合同另有约定的除外。

第九十二条　没有合法根据，取得不当利益，造成他人损失的，应当将取得的不当利益返还受损失的人。

第九十三条　没有法定的或者约定的义务，为避免他人利益受损失进行管理或者服务的，有权要求受益人偿付由此而支付的必要费用。

第三节　知识产权

第九十四条　公民、法人享有著作权（版权），依法有署名、发表、出版、获得报酬等权利。

第九十五条 公民、法人依法取得的专利权受法律保护。

第九十六条 法人、个体工商户、个人合伙依法取得的商标专用权受法律保护。

第九十七条 公民对自己的发现享有发现权。发现人有权申请领取发现证书、奖金或者其他奖励。

公民对自己的发明或者其他科技成果，有权申请领取荣誉证书、奖金或者其他奖励。

第四节 人身权

第九十八条 公民享有生命健康权。

第九十九条 公民享有姓名权，有权决定、使用和依照规定改变自己的姓名，禁止他人干涉、盗用、假冒。

法人、个体工商户、个人合伙享有名称权。企业法人、个体工商户、个人合伙有权使用、依法转让自己的名称。

第一百条 公民享有肖像权，未经本人同意，不得以营利为目的使用公民的肖像。

第一百零一条 公民、法人享有名誉权，公民的人格尊严受法律保护，禁止用侮辱、诽谤等方式损害公民、法人的名誉。

第一百零二条 公民、法人享有荣誉权，禁止非法剥夺公民、法人的荣誉称号。

第一百零三条 公民享有婚姻自主权，禁止买卖、包办婚姻和其他干涉婚姻自由的行为。

第一百零四条 婚姻、家庭、老人、母亲和儿童受法律保护。

残疾人的合法权益受法律保护。

第一百零五条 妇女享有同男子平等的民事权利。

第六章　民事责任

第一节　一般规定

第一百零六条　公民、法人违反合同或者不履行其他义务的，应当承担民事责任。

公民、法人由于过错侵害国家的、集体的财产，侵害他人财产、人身的，应当承担民事责任。

没有过错，但法律规定应当承担民事责任的，应当承担民事责任。

第一百零七条　因不可抗力不能履行合同或者造成他人损害的，不承担民事责任，法律另有规定的除外。

第一百零八条　债务应当清偿。暂时无力偿还的，经债权人同意或者人民法院裁决，可以由债务人分期偿还。有能力偿还拒不偿还的，由人民法院判决强制偿还。

第一百零九条　因防止、制止国家的、集体的财产或者他人的财产、人身遭受侵害而使自己受到损害的，由侵害人承担赔偿责任，受益人也可以给予适当的补偿。

第一百一十条　对承担民事责任的公民、法人需要追究行政责任的，应当追究行政责任；构成犯罪的，对公民、法人的法定代表人应当依法追究刑事责任。

第二节　违反合同的民事责任

第一百一十一条　当事人一方不履行合同义务或者履行合同义务不符合约定条件的，另一方有权要求履行或者采取补救措施，并有权要求赔偿损失。

第一百一十二条　当事人一方违反合同的赔偿责任，应当相当于另一方因此所受到的损失。

当事人可以在合同中约定，一方违反合同时，向另一方支付一定数额的违约金；也可以在合同中约定对于违反合同而产生的损失赔偿额的计算方法。

第一百一十三条 当事人双方都违反合同的，应当分别承担各自应负的民事责任。

第一百一十四条 当事人一方因另一方违反合同受到损失的，应当及时采取措施防止损失的扩大；没有及时采取措施致使损失扩大的，无权就扩大的损失要求赔偿。

第一百一十五条 合同的变更或者解除，不影响当事人要求赔偿损失的权利。

第一百一十六条 当事人一方由于上级机关的原因，不能履行合同义务的，应当按照合同约定向另一方赔偿损失或者采取其他补救措施，再由上级机关对它因此受到的损失负责处理。

第三节 侵权的民事责任

第一百一十七条 侵占国家的、集体的财产或者他人财产的，应当返还财产，不能返还财产的，应当折价赔偿。

损坏国家的、集体的财产或者他人财产的，应当恢复原状或者折价赔偿。

受害人因此遭受其他重大损失的，侵害人并应当赔偿损失。

第一百一十八条 公民、法人的著作权（版权）、专利权、商标专用权、发现权、发明权和其他科技成果权受到剽窃、篡改、假冒等侵害的，有权要求停止侵害，消除影响，赔偿损失。

第一百一十九条 侵害公民身体造成伤害的，应当赔偿医疗费、因误工减少的收入、残废者生活补助费等费用；造成死亡的，并应当支付丧葬费、死者生前扶养的人必要的生活费等费用。

第一百二十条　公民的姓名权、肖像权、名誉权、荣誉权受到侵害的，有权要求停止侵害，恢复名誉，消除影响，赔礼道歉，并可以要求赔偿损失。

法人的名称权、名誉权、荣誉权受到侵害的，适用前款规定。

第一百二十一条　国家机关或者国家机关工作人员在执行职务中，侵犯公民、法人的合法权益造成损害的，应当承担民事责任。

第一百二十二条　因产品质量不合格造成他人财产、人身损害的，产品制造者、销售者应当依法承担民事责任。运输者、仓储者对此负有责任的，产品制造者、销售者有权要求赔偿损失。

第一百二十三条　从事高空、高压、易燃、易爆、剧毒、放射性、高速运输工具等对周围环境有高度危险的作业造成他人损害的，应当承担民事责任；如果能够证明损害是由受害人故意造成的，不承担民事责任。

第一百二十四条　违反国家保护环境防止污染的规定，污染环境造成他人损害的，应当依法承担民事责任。

第一百二十五条　在公共场所、道旁或者通道上挖坑、修缮安装地下设施等，没有设置明显标志和采取安全措施造成他人损害的，施工人应当承担民事责任。

第一百二十六条　建筑物或者其他设施以及建筑物上的搁置物、悬挂物发生倒塌、脱落、坠落造成他人损害的，它的所有人或者管理人应当承担民事责任，但能够证明自己没有过错的除外。

第一百二十七条　饲养的动物造成他人损害的，动物饲养人或者管理人应当承担民事责任；由于受害人的过错造成损害的，动物饲养人或者管理人不承担民事责任；由于第三人的过错造成损害的，第三人应当承担民事责任。

第一百二十八条　因正当防卫造成损害的，不承担民事责任。正当防卫超过必要的限度，造成不应有的损害的，应当承担适当的民事责任。

第一百二十九条　因紧急避险造成损害的，由引起险情发生的人承担民事责任。如果危险是由自然原因引起的，紧急避险人不承担民事责任或者承担适当的民事责任。因紧急避险采取措施不当或者超过必要的限度，造成不应有的损害的，紧急避险人应当承担适当的民事责任。

第一百三十条　二人以上共同侵权造成他人损害的，应当承担连带责任。

第一百三十一条　受害人对于损害的发生也有过错的，可以减轻侵害人的民事责任。

第一百三十二条　当事人对造成损害都没有过错的，可以根据实际情况，由当事人分担民事责任。

第一百三十三条　无民事行为能力人、限制民事行为能力人造成他人损害的，由监护人承担民事责任。监护人尽了监护责任的，可以适当减轻他的民事责任。

有财产的无民事行为能力人、限制民事行为能力人造成他人损害的，从本人财产中支付赔偿费用。不足部分，由监护人适当赔偿，但单位担任监护人的除外。

第四节　承担民事责任的方式

第一百三十四条　承担民事责任的方式主要有：

（一）停止侵害；

（二）排除妨碍；

（三）消除危险；

（四）返还财产；

（五）恢复原状；

（六）修理、重作、更换；

（七）赔偿损失；

（八）支付违约金；

（九）消除影响、恢复名誉；

（十）赔礼道歉。

以上承担民事责任的方式，可以单独适用，也可以合并适用。

人民法院审理民事案件，除适用上述规定外，还可以予以训诫、责令具结悔过、收缴进行非法活动的财物和非法所得，并可以依照法律规定处以罚款、拘留。

第七章　诉讼时效

第一百三十五条　向人民法院请求保护民事权利的诉讼时效期间为二年，法律另有规定的除外。

第一百三十六条　下列的诉讼时效期间为一年：

（一）身体受到伤害要求赔偿的；

（二）出售质量不合格的商品未声明的；

（三）延付或者拒付租金的；

（四）寄存财物被丢失或者损毁的。

第一百三十七条　诉讼时效期间从知道或者应当知道权利被侵害时起计算。但是，从权利被侵害之日起超过二十年的，人民法院不予保护。有特殊情况的，人民法院可以延长诉讼时效期间。

第一百三十八条　超过诉讼时效期间，当事人自愿履行的，不受诉讼时效限制。

第一百三十九条　在诉讼时效期间的最后六个月内，因不可抗力或者其他障碍不能行使请求权的，诉讼时效中止。从中止时效的原因消除之日起，诉讼时效期间继续计算。

第一百四十条　诉讼时效因提起诉讼、当事人一方提出要求或者同意履行义务而中断。从中断时起，诉讼时效期间重新计算。

第一百四十一条 法律对诉讼时效另有规定的，依照法律规定。

第九章 附 则

第一百五十三条 本法所称的"不可抗力"，是指不能预见、不能避免并不能克服的客观情况。

第一百五十四条 民法所称的期间按照公历年、月、日、小时计算。

规定按照小时计算期间的，从规定时开始计算。规定按照日、月、年计算期间的，开始的当天不算入，从下一天开始计算。

期间的最后一天是星期日或者其他法定休假日的，以休假日的次日为期间的最后一天。

期间的最后一天的截止时间为二十四点。有业务时间的，到停止业务活动的时间截止。

第一百五十五条 民法所称的"以上"、"以下"、"以内"、"届满"，包括本数；所称的"不满"、"以外"，不包括本数。

4. 中华人民共和国合同法（节选）

第一章　一般规定

第一条　为了保护合同当事人的合法权益，维护社会经济秩序，促进社会主义现代化建设，制定本法。

第二条　本法所称合同是平等主体的自然人、法人、其他组织之间设立、变更、终止民事权利义务关系的协议。

婚姻、收养、监护等有关身份关系的协议，适用其他法律的规定。

第三条　合同当事人的法律地位平等，一方不得将自己的意志强加给另一方。

第四条　当事人依法享有自愿订立合同的权利，任何单位和个人不得非法干预。

第五条　当事人应当遵循公平原则确定各方的权利和义务。

第六条　当事人行使权利、履行义务应当遵循诚实信用原则。

第七条　当事人订立、履行合同，应当遵守法律、行政法规，尊重社会公德，不得扰乱社会经济秩序，损害社会公共利益。

第八条　依法成立的合同，对当事人具有法律约束力。当事人应当按照约定履行自己的义务，不得擅自变更或者解除合同。

依法成立的合同，受法律保护。

第二章　合同的订立

第九条　当事人订立合同，应当具有相应的民事权利能力和民事行为能力。

当事人依法可以委托代理人订立合同。

第十条　当事人订立合同，有书面形式、口头形式和其他形式。

法律、行政法规规定采用书面形式的，应当采用书面形式。当事人约定采用书面形式的，应当采用书面形式。

第十一条　书面形式是指合同书、信件和数据电文（包括电报、电传、传真、电子数据交换和电子邮件）等可以有形地表现所载内容的形式。

第十二条　合同的内容由当事人约定，一般包括以下条款：

（一）当事人的名称或者姓名和住所；

（二）标的；

（三）数量；

（四）质量；

（五）价款或者报酬；

（六）履行期限、地点和方式；

（七）违约责任；

（八）解决争议的方法。

当事人可以参照各类合同的示范文本订立合同。

第十三条　当事人订立合同，采取要约、承诺方式。

第十四条　要约是希望和他人订立合同的意思表示，该意思表示应当符合下列规定：

（一）内容具体确定；

（二）表明经受要约人承诺，要约人即受该意思表示约束。

第十五条　要约邀请是希望他人向自己发出要约的意思表示。寄送的价目表、拍卖公告、招标公告、招股说明书、商业广告等为要约邀请。

商业广告的内容符合要约规定的，视为要约。

第十六条　要约到达受要约人时生效。

采用数据电文形式订立合同，收件人指定特定系统接收数据电文的，该数据电文进入该特定系统的时间，视为到达时间；未指定特定系统的，该数据电文进入收件人的任何系统的首次时间，视为到达时间。

第十七条　要约可以撤回。撤回要约的通知应当在要约到达受要约人之前或者与要约同时到达受要约人。

第十八条　要约可以撤销。撤销要约的通知应当在受要约人发出承诺通知之前到达受要约人。

第十九条　有下列情形之一的，要约不得撤销：

（一）要约人确定了承诺期限或者以其他形式明示要约不可撤销；

（二）受要约人有理由认为要约是不可撤销的，并已经为履行合同作了准备工作。

第二十条　有下列情形之一的，要约失效：

（一）拒绝要约的通知到达要约人；

（二）要约人依法撤销要约；

（三）承诺期限届满，受要约人未作出承诺；

（四）受要约人对要约的内容作出实质性变更。

第二十一条　承诺是受要约人同意要约的意思表示。

第二十二条　承诺应当以通知的方式作出，但根据交易习惯或者要约表明可以通过行为作出承诺的除外。

第二十三条　承诺应当在要约确定的期限内到达要约人。

要约没有确定承诺期限的，承诺应当依照下列规定到达：

（一）要约以对话方式作出的，应当即时作出承诺，但当事人另有约定的除外；

（二）要约以非对话方式作出的，承诺应当在合理期限内到达。

第二十四条　要约以信件或者电报作出的，承诺期限自信件载明的日期或者电报交发之日开始计算。信件未载明日期的，自投寄该信件的邮戳日期开始计算。要约以电话、传真等快速通讯方式作出的，承诺期限自要约到达受要约人时开始计算。

第二十五条　承诺生效时合同成立。

第二十六条　承诺通知到达要约人时生效。承诺不需要通知的，根据交易习惯或者要约的要求作出承诺的行为时生效。

采用数据电文形式订立合同的，承诺到达的时间适用本法第十六条第二款的规定。

第二十七条　承诺可以撤回。撤回承诺的通知应当在承诺通知到达要约人之前或者与承诺通知同时到达要约人。

第二十八条　受要约人超过承诺期限发出承诺的，除要约人及时通知受要约人该承诺有效的以外，为新要约。

第二十九条　受要约人在承诺期限内发出承诺，按照通常情形能够及时到达要约人，但因其他原因承诺到达要约人时超过承诺期限的，除要约人及时通知受要约人因承诺超过期限不接受该承诺的以外，该承诺有效。

第三十条　承诺的内容应当与要约的内容一致。受要约人对要约的内容作出实质性变更的，为新要约。有关合同标的、数量、质量、价款或者报酬、履行期限、履行地点和方式、违约责任和解决争议方法等的变更，是对要约内容的实质性变更。

第三十一条　承诺对要约的内容作出非实质性变更的，除要约人及时表示反对或者要约表明承诺不得对要约的内容作出任何变更的以外，该承诺有效，合同的内容以承诺的内容为准。

第三十二条　当事人采用合同书形式订立合同的，自双方当事人签字或者盖章时合同成立。

第三十三条　当事人采用信件、数据电文等形式订立合同的，可以在合同成立之前要求签订确认书。签订确认书时合同成立。

第三十四条　承诺生效的地点为合同成立的地点。

采用数据电文形式订立合同的，收件人的主营业地为合同成立的地点；没有主营业地的，其经常居住地为合同成立的地点。当事人另有约定的，按照其约定。

第三十五条　当事人采用合同书形式订立合同的，双方当事人签字或者盖章的地点为合同成立的地点。

第三十六条　法律、行政法规规定或者当事人约定采用书面形式订立合同，当事人未采用书面形式但一方已经履行主要义务，对方接受的，该合同成立。

第三十七条　采用合同书形式订立合同，在签字或者盖章之前，当事人一方已经履行主要义务，对方接受的，该合同成立。

第三十八条　国家根据需要下达指令性任务或者国家订货任务的，有关法人、其他组织之间应当依照有关法律、行政法规规定的权利和义务订立合同。

第三十九条　采用格式条款订立合同的，提供格式条款的一方应当遵循公平原则确定当事人之间的权利和义务，并采取合理的方式提请对方注意免除或者限制其责任的条款，按照对方的要求，对该条款予以说明。

格式条款是当事人为了重复使用而预先拟定，并在订立合同时未与对方协商的条款。

第四十条　格式条款具有本法第五十二条和第五十三条规定情形的，或者提供格式条款一方免除其责任、加重对方责任、排除对方主要权利的，该条款无效。

第四十一条　对格式条款的理解发生争议的，应当按照通常理解予以解释。对格式条款有两种以上解释的，应当作出不利于提供格式条款一方的解释。格式条款和非格式条款不一致的，应当采用非格式条款。

第四十二条　当事人在订立合同过程中有下列情形之一，给对方造成损失的，应当承担损害赔偿责任：

（一）假借订立合同，恶意进行磋商；

（二）故意隐瞒与订立合同有关的重要事实或者提供虚假情况；

（三）有其他违背诚实信用原则的行为。

第四十三条　当事人在订立合同过程中知悉的商业秘密，无论合同是否成立，不得泄露或者不正当地使用。泄露或者不正当地使用该商业秘密给对方造成损失的，应当承担损害赔偿责任。

第三章　合同的效力

第四十四条　依法成立的合同，自成立时生效。

法律、行政法规规定应当办理批准、登记等手续生效的，依照其规定。

第四十五条　当事人对合同的效力可以约定附条件。附生效条件的合同，自条件成就时生效。附解除条件的合同，自条件成就时失效。

当事人为自己的利益不正当地阻止条件成就的，视为条件已成就；不正当地促成条件成就的，视为条件不成就。

第四十六条　当事人对合同的效力可以约定附期限。附生效期限的合同，自期限届至时生效。附终止期限的合同，自期限届满时失效。

第四十七条　限制民事行为能力人订立的合同，经法定代理人追认后，该合同有效，但纯获利益的合同或者与其年龄、智力、精神健康状况相适应而订立的合同，不必经法定代理人追认。

相对人可以催告法定代理人在一个月内予以追认。法定代理人未作表示的，视为拒绝追认。合同被追认之前，善意相对人有撤销的权利。撤销应当以通知的方式作出。

第四十八条　行为人没有代理权、超越代理权或者代理权终止后以被代理人名义订立的合同，未经被代理人追认，对被代理人不发生效力，由行为人承担责任。

相对人可以催告被代理人在一个月内予以追认。被代理人未作表示的，视为拒绝追认。合同被追认之前，善意相对人有撤销的权利。撤销应当以通知的方式作出。

第四十九条　行为人没有代理权、超越代理权或者代理权终止后以被代理人名义订立合同，相对人有理由相信行为人有代理权的，该代理行为有效。

第五十条　法人或者其他组织的法定代表人、负责人超越权限订立的合同，除相对人知道或者应当知道其超越权限的以外，该代表行为有效。

第五十一条　无处分权的人处分他人财产，经权利人追认或者无处分权的人订立合同后取得处分权的，该合同有效。

第五十二条　有下列情形之一的，合同无效：

（一）一方以欺诈、胁迫的手段订立合同，损害国家利益；

（二）恶意串通，损害国家、集体或者第三人利益；

（三）以合法形式掩盖非法目的；

（四）损害社会公共利益；

（五）违反法律、行政法规的强制性规定。

第五十三条　合同中的下列免责条款无效：

（一）造成对方人身伤害的；

（二）因故意或者重大过失造成对方财产损失的。

第五十四条　下列合同，当事人一方有权请求人民法院或者仲裁机构变更或者撤销：

（一）因重大误解订立的；

（二）在订立合同时显失公平的。

一方以欺诈、胁迫的手段或者乘人之危，使对方在违背真实意思的情况下订立的合同，受损害方有权请求人民法院或者仲裁机构变更或者撤销。

当事人请求变更的，人民法院或者仲裁机构不得撤销。

第五十五条　有下列情形之一的，撤销权消灭：

（一）具有撤销权的当事人自知道或者应当知道撤销事由之日起一年内没有行使撤销权；

（二）具有撤销权的当事人知道撤销事由后明确表示或者以自己的行为放弃撤销权。

第五十六条　无效的合同或者被撤销的合同自始没有法律约束力。合同部分无效，不影响其他部分效力的，其他部分仍然有效。

第五十七条　合同无效、被撤销或者终止的，不影响合同中独立存在的有关解决争议方法的条款的效力。

第五十八条　合同无效或者被撤销后，因该合同取得的财产，应当予以返还；不能返还或者没有必要返还的，应当折价补偿。有过错的一方应当赔偿对方因此所受到的损失，双方都有过错的，应当各自承担相应的责任。

第五十九条　当事人恶意串通，损害国家、集体或者第三人利益的，因此取得的财产收归国家所有或者返还集体、第三人。

第四章　合同的履行

第六十条　当事人应当按照约定全面履行自己的义务。

当事人应当遵循诚实信用原则，根据合同的性质、目的和交易习惯履行通知、协助、保密等义务。

第六十一条　合同生效后，当事人就质量、价款或者报酬、履行地点等内容没有约定或者约定不明确的，可以协议补充；不能达成补充协议的，按照合同有关条款或者交易习惯确定。

第六十二条　当事人就有关合同内容约定不明确，依照本法第六十一条的规定仍不能确定的，适用下列规定：

（一）质量要求不明确的，按照国家标准、行业标准履行；没有国家标准、行业标准的，按照通常标准或者符合合同目的的特定标准履行。

（二）价款或者报酬不明确的，按照订立合同时履行地的市场价格履行；依法应当执行政府定价或者政府指导价的，按照规定履行。

（三）履行地点不明确，给付货币的，在接受货币一方所在地履行；交付不动产的，在不动产所在地履行；其他标的，在履行义务一方所在地履行。

（四）履行期限不明确的，债务人可以随时履行，债权人也可以随时要求履行，但应当给对方必要的准备时间。

（五）履行方式不明确的，按照有利于实现合同目的的方式履行。

（六）履行费用的负担不明确的，由履行义务一方负担。

第六十三条　执行政府定价或者政府指导价的，在合同约定的交付期限内政府价格调整时，按照交付时的价格计价。逾期交付标的物的，遇价格上涨时，按照原价格执行；价格下降时，按照新价格执行。逾期提取标的物或者逾期付款的，遇价格上涨时，按照新价格执行；价格下降时，按照原价格执行。

第六十四条　当事人约定由债务人向第三人履行债务的，债务人未向第三人履行债务或者履行债务不符合约定，应当向债权人承担违约责任。

第六十五条　当事人约定由第三人向债权人履行债务的，第三人不履行债务或者履行债务不符合约定，债务人应当向债权人承担违约责任。

第六十六条　当事人互负债务，没有先后履行顺序的，应当同时履行。一方在对方履行之前有权拒绝其履行要求。一方在对方履行债务不符合约定时，有权拒绝其相应的履行要求。

第六十七条　当事人互负债务，有先后履行顺序，先履行一方未履行的，后履行一方有权拒绝其履行要求。先履行一方履行债务不符合约定的，后履行一方有权拒绝其相应的履行要求。

第六十八条　应当先履行债务的当事人，有确切证据证明对方有下列情形之一的，可以中止履行：

（一）经营状况严重恶化；

（二）转移财产、抽逃资金，以逃避债务；

（三）丧失商业信誉；

（四）有丧失或者可能丧失履行债务能力的其他情形。

当事人没有确切证据中止履行的，应当承担违约责任。

第六十九条　当事人依照本法第六十八条的规定中止履行的，应当及时通知对方。对方提供适当担保时，应当恢复履行。中止履行后，对方在合理期限内未恢复履行能力并且未提供适当担保的，中止履行的一方可以解除合同。

第七十条　债权人分立、合并或者变更住所没有通知债务人，致使履行债务发生困难的，债务人可以中止履行或者将标的物提存。

第七十一条　债权人可以拒绝债务人提前履行债务，但提前履行不损害债权人利益的除外。

债务人提前履行债务给债权人增加的费用，由债务人负担。

第七十二条　债权人可以拒绝债务人部分履行债务，但部分履行不损害债权人利益的除外。

债务人部分履行债务给债权人增加的费用，由债务人负担。

第七十三条　因债务人怠于行使其到期债权，对债权人造成损害的，债权人可以向人民法院请求以自己的名义代位行使债务人的债权，但该债权专属于债务人自身的除外。

代位权的行使范围以债权人的债权为限。债权人行使代位权的必要费用，由债务人负担。

第七十四条　因债务人放弃其到期债权或者无偿转让财产，对债权人造成损害的，债权人可以请求人民法院撤销债务人的行为。债务人以明显不合理的低价转让财产，对债权人造成损害，并且受让人知道该情形的，债权人也可以请求人民法院撤销债务人的行为。

撤销权的行使范围以债权人的债权为限。债权人行使撤销权的必要费用，由债务人负担。

第七十五条　撤销权自债权人知道或者应当知道撤销事由之日起一年内行使。自债务人的行为发生之日起五年内没有行使撤销权的，该撤销权消灭。

第七十六条　合同生效后，当事人不得因姓名、名称的变更或者法定代表人、负责人、承办人的变动而不履行合同义务。

第五章　合同的变更和转让

第七十七条　当事人协商一致，可以变更合同。

法律、行政法规规定变更合同应当办理批准、登记等手续的，依照其规定。

第七十八条　当事人对合同变更的内容约定不明确的，推定为未变更。

第七十九条　债权人可以将合同的权利全部或者部分转让给第三人，但有下列情形之一的除外：

（一）根据合同性质不得转让；

（二）按照当事人约定不得转让；

（三）依照法律规定不得转让。

第八十条　债权人转让权利的，应当通知债务人。未经通知，该转让对债务人不发生效力。

债权人转让权利的通知不得撤销，但经受让人同意的除外。

第八十一条 债权人转让权利的，受让人取得与债权有关的从权利，但该从权利专属于债权人自身的除外。

第八十二条 债务人接到债权转让通知后，债务人对让与人的抗辩，可以向受让人主张。

第八十三条 债务人接到债权转让通知时，债务人对让与人享有债权，并且债务人的债权先于转让的债权到期或者同时到期的，债务人可以向受让人主张抵销。

第八十四条 债务人将合同的义务全部或者部分转移给第三人的，应当经债权人同意。

第八十五条 债务人转移义务的，新债务人可以主张原债务人对债权人的抗辩。

第八十六条 债务人转移义务的，新债务人应当承担与主债务有关的从债务，但该从债务专属于原债务人自身的除外。

第八十七条 法律、行政法规规定转让权利或者转移义务应当办理批准、登记等手续的，依照其规定。

第八十八条 当事人一方经对方同意，可以将自己在合同中的权利和义务一并转让给第三人。

第八十九条 权利和义务一并转让的，适用本法第七十九条、第八十一条至第八十三条、第八十五条至第八十七条的规定。

第九十条 当事人订立合同后合并的，由合并后的法人或者其他组织行使合同权利，履行合同义务。当事人订立合同后分立的，除债权人和债务人另有约定的以外，由分立的法人或者其他组织对合同的权利和义务享有连带债权，承担连带债务。

第六章　合同的权利义务终止

第九十一条 有下列情形之一的，合同的权利义务终止：

（一）债务已经按照约定履行；

（二）合同解除；

（三）债务相互抵销；

（四）债务人依法将标的物提存；

（五）债权人免除债务；

（六）债权债务同归于一人；

（七）法律规定或者当事人约定终止的其他情形。

第九十二条　合同的权利义务终止后，当事人应当遵循诚实信用原则，根据交易习惯履行通知、协助、保密等义务。

第九十三条　当事人协商一致，可以解除合同。

当事人可以约定一方解除合同的条件。解除合同的条件成就时，解除权人可以解除合同。

第九十四条　有下列情形之一的，当事人可以解除合同：

（一）因不可抗力致使不能实现合同目的；

（二）在履行期限届满之前，当事人一方明确表示或者以自己的行为表明不履行主要债务；

（三）当事人一方迟延履行主要债务，经催告后在合理期限内仍未履行；

（四）当事人一方迟延履行债务或者有其他违约行为致使不能实现合同目的；

（五）法律规定的其他情形。

第九十五条　法律规定或者当事人约定解除权行使期限，期限届满当事人不行使的，该权利消灭。

法律没有规定或者当事人没有约定解除权行使期限，经对方催告后在合理期限内不行使的，该权利消灭。

第九十六条　当事人一方依照本法第九十三条第二款、第九十四条的规定主张解除合同的，应当通知对方。合同自通知到达对方时解除。对方有异议的，可以请求人民法院或者仲裁机构确认解除合同的效力。

法律、行政法规规定解除合同应当办理批准、登记等手续的，依照其规定。

第九十七条 合同解除后，尚未履行的，终止履行；已经履行的，根据履行情况和合同性质，当事人可以要求恢复原状、采取其他补救措施，并有权要求赔偿损失。

第九十八条 合同的权利义务终止，不影响合同中结算和清理条款的效力。

第九十九条 当事人互负到期债务，该债务的标的物种类、品质相同的，任何一方可以将自己的债务与对方的债务抵销，但依照法律规定或者按照合同性质不得抵销的除外。

当事人主张抵销的，应当通知对方。通知自到达对方时生效。抵销不得附条件或者附期限。

第一百条 当事人互负债务，标的物种类、品质不相同的，经双方协商一致，也可以抵销。

第一百零一条 有下列情形之一，难以履行债务的，债务人可以将标的物提存：

（一）债权人无正当理由拒绝受领；

（二）债权人下落不明；

（三）债权人死亡未确定继承人或者丧失民事行为能力未确定监护人；

（四）法律规定的其他情形。

标的物不适于提存或者提存费用过高的，债务人依法可以拍卖或者变卖标的物，提存所得的价款。

第一百零二条 标的物提存后，除债权人下落不明的以外，债务人应当及时通知债权人或者债权人的继承人、监护人。

第一百零三条 标的物提存后，毁损、灭失的风险由债权人承担。提存期间，标的物的孳息归债权人所有。提存费用由债权人负担。

第一百零四条　债权人可以随时领取提存物，但债权人对债务人负有到期债务的，在债权人未履行债务或者提供担保之前，提存部门根据债务人的要求应当拒绝其领取提存物。

债权人领取提存物的权利，自提存之日起五年内不行使而消灭，提存物扣除提存费用后归国家所有。

第一百零五条　债权人免除债务人部分或者全部债务的，合同的权利义务部分或者全部终止。

第一百零六条　债权和债务同归于一人的，合同的权利义务终止，但涉及第三人利益的除外。

第七章　违约责任

第一百零七条　当事人一方不履行合同义务或者履行合同义务不符合约定的，应当承担继续履行、采取补救措施或者赔偿损失等违约责任。

第一百零八条　当事人一方明确表示或者以自己的行为表明不履行合同义务的，对方可以在履行期限届满之前要求其承担违约责任。

第一百零九条　当事人一方未支付价款或者报酬的，对方可以要求其支付价款或者报酬。

第一百一十条　当事人一方不履行非金钱债务或者履行非金钱债务不符合约定的，对方可以要求履行，但有下列情形之一的除外：

（一）法律上或者事实上不能履行；

（二）债务的标的不适于强制履行或者履行费用过高；

（三）债权人在合理期限内未要求履行。

第一百一十一条　质量不符合约定的，应当按照当事人的约定承担违约责任。对违约责任没有约定或者约定不明确，依照本法第六十一条的规定仍不能确定的，受损害方根据标的的性质以及损失的大小，可以合理选择要求对方承担修理、更换、重作、退货、减少价款或者报酬等违约责任。

第一百一十二条 当事人一方不履行合同义务或者履行合同义务不符合约定的，在履行义务或者采取补救措施后，对方还有其他损失的，应当赔偿损失。

第一百一十三条 当事人一方不履行合同义务或者履行合同义务不符合约定，给对方造成损失的，损失赔偿额应当相当于因违约所造成的损失，包括合同履行后可以获得的利益，但不得超过违反合同一方订立合同时预见到或者应当预见到的因违反合同可能造成的损失。

经营者对消费者提供商品或者服务有欺诈行为的，依照《中华人民共和国消费者权益保护法》的规定承担损害赔偿责任。

第一百一十四条 当事人可以约定一方违约时应当根据违约情况向对方支付一定数额的违约金，也可以约定因违约产生的损失赔偿额的计算方法。

约定的违约金低于造成的损失的，当事人可以请求人民法院或者仲裁机构予以增加；约定的违约金过分高于造成的损失的，当事人可以请求人民法院或者仲裁机构予以适当减少。

当事人就迟延履行约定违约金的，违约方支付违约金后，还应当履行债务。

第一百一十五条 当事人可以依照《中华人民共和国担保法》约定一方向对方给付定金作为债权的担保。债务人履行债务后，定金应当抵作价款或者收回。给付定金的一方不履行约定的债务的，无权要求返还定金；收受定金的一方不履行约定的债务的，应当双倍返还定金。

第一百一十六条 当事人既约定违约金，又约定定金的，一方违约时，对方可以选择适用违约金或者定金条款。

第一百一十七条　因不可抗力不能履行合同的，根据不可抗力的影响，部分或者全部免除责任，但法律另有规定的除外。当事人迟延履行后发生不可抗力的，不能免除责任。

本法所称不可抗力，是指不能预见、不能避免并不能克服的客观情况。

第一百一十八条　当事人一方因不可抗力不能履行合同的，应当及时通知对方，以减轻可能给对方造成的损失，并应当在合理期限内提供证明。

第一百一十九条　当事人一方违约后，对方应当采取适当措施防止损失的扩大；没有采取适当措施致使损失扩大的，不得就扩大的损失要求赔偿。

当事人因防止损失扩大而支出的合理费用，由违约方承担。

第一百二十条　当事人双方都违反合同的，应当各自承担相应的责任。

第一百二十一条　当事人一方因第三人的原因造成违约的，应当向对方承担违约责任。当事人一方和第三人之间的纠纷，依照法律规定或者按照约定解决。

第一百二十二条　因当事人一方的违约行为，侵害对方人身、财产权益的，受损害方有权选择依照本法要求其承担违约责任或者依照其他法律要求其承担侵权责任。

第八章　其他规定

第一百二十三条　其他法律对合同另有规定的，依照其规定。

第一百二十四条　本法分则或者其他法律没有明文规定的合同，适用本法总则的规定，并可以参照本法分则或者其他法律最相类似的规定。

第一百二十五条 当事人对合同条款的理解有争议的，应当按照合同所使用的词句、合同的有关条款、合同的目的、交易习惯以及诚实信用原则，确定该条款的真实意思。

合同文本采用两种以上文字订立并约定具有同等效力的，对各文本使用的词句推定具有相同含义。各文本使用的词句不一致的，应当根据合同的目的予以解释。

第一百二十六条 涉外合同的当事人可以选择处理合同争议所适用的法律，但法律另有规定的除外。涉外合同的当事人没有选择的，适用与合同有最密切联系的国家的法律。

在中华人民共和国境内履行的中外合资经营企业合同、中外合作经营企业合同、中外合作勘探开发自然资源合同，适用中华人民共和国法律。

第一百二十七条 工商行政管理部门和其他有关行政主管部门在各自的职权范围内，依照法律、行政法规的规定，对利用合同危害国家利益、社会公共利益的违法行为，负责监督处理；构成犯罪的，依法追究刑事责任。

第一百二十八条 当事人可以通过和解或者调解解决合同争议。

当事人不愿和解、调解或者和解、调解不成的，可以根据仲裁协议向仲裁机构申请仲裁。涉外合同的当事人可以根据仲裁协议向中国仲裁机构或者其他仲裁机构申请仲裁。当事人没有订立仲裁协议或者仲裁协议无效的，可以向人民法院起诉。当事人应当履行发生法律效力的判决、仲裁裁决、调解书；拒不履行的，对方可以请求人民法院执行。

第一百二十九条 因国际货物买卖合同和技术进出口合同争议提起诉讼或者申请仲裁的期限为四年，自当事人知道或者应当知道其权利受到侵害之日起计算。因其他合同争议提起诉讼或者申请仲裁的期限，依照有关法律的规定。

第十七章　运输合同

第一节　一般规定

第二百八十八条　运输合同是承运人将旅客或者货物从起运地点运输到约定地点，旅客、托运人或者收货人支付票款或者运输费用的合同。

第二百八十九条　从事公共运输的承运人不得拒绝旅客、托运人通常、合理的运输要求。

第二百九十条　承运人应当在约定期间或者合理期间内将旅客、货物安全运输到约定地点。

第二百九十一条　承运人应当按照约定的或者通常的运输路线将旅客、货物运输到约定地点。

第二百九十二条　旅客、托运人或者收货人应当支付票款或者运输费用。承运人未按照约定路线或者通常路线运输增加票款或者运输费用的，旅客、托运人或者收货人可以拒绝支付增加部分的票款或者运输费用。

第二节　客运合同

第二百九十三条　客运合同自承运人向旅客交付客票时成立，但当事人另有约定或者另有交易习惯的除外。

第二百九十四条　旅客应当持有效客票乘运。旅客无票乘运、超程乘运、越级乘运或者持失效客票乘运的，应当补交票款，承运人可以按照规定加收票款。旅客不交付票款的，承运人可以拒绝运输。

第二百九十五条　旅客因自己的原因不能按照客票记载的时间乘坐的，应当在约定的时间内办理退票或者变更手续。逾期办理的，承运人可以不退票款，并不再承担运输义务。

第二百九十六条 旅客在运输中应当按照约定的限量携带行李。超过限量携带行李的，应当办理托运手续。

第二百九十七条 旅客不得随身携带或者在行李中夹带易燃、易爆、有毒、有腐蚀性、有放射性以及有可能危及运输工具上人身和财产安全的危险物品或者其他违禁物品。

旅客违反前款规定的，承运人可以将违禁物品卸下、销毁或者送交有关部门。旅客坚持携带或者夹带违禁物品的，承运人应当拒绝运输。

第二百九十八条 承运人应当向旅客及时告知有关不能正常运输的重要事由和安全运输应当注意的事项。

第二百九十九条 承运人应当按照客票载明的时间和班次运输旅客。承运人迟延运输的，应当根据旅客的要求安排改乘其他班次或者退票。

第三百条 承运人擅自变更运输工具而降低服务标准的，应当根据旅客的要求退票或者减收票款；提高服务标准的，不应当加收票款。

第三百零一条 承运人在运输过程中，应当尽力救助患有急病、分娩、遇险的旅客。

第三百零二条 承运人应当对运输过程中旅客的伤亡承担损害赔偿责任，但伤亡是旅客自身健康原因造成的或者承运人证明伤亡是旅客故意、重大过失造成的除外。

前款规定适用于按照规定免票、持优待票或者经承运人许可搭乘的无票旅客。

第三百零三条 在运输过程中旅客自带物品毁损、灭失，承运人有过错的，应当承担损害赔偿责任。

旅客托运的行李毁损、灭失的，适用货物运输的有关规定。

第十九章　保管合同

第三百六十五条　保管合同是保管人保管寄存人交付的保管物，并返还该物的合同。

第三百六十六条　寄存人应当按照约定向保管人支付保管费。

当事人对保管费没有约定或者约定不明确，依照本法第六十一条的规定仍不能确定的，保管是无偿的。

第三百六十七条　保管合同自保管物交付时成立，但当事人另有约定的除外。

第三百六十八条　寄存人向保管人交付保管物的，保管人应当给付保管凭证，但另有交易习惯的除外。

第三百六十九条　保管人应当妥善保管保管物。

当事人可以约定保管场所或者方法。除紧急情况或者为了维护寄存人利益的以外，不得擅自改变保管场所或者方法。

第三百七十条　寄存人交付的保管物有瑕疵或者按照保管物的性质需要采取特殊保管措施的，寄存人应当将有关情况告知保管人。寄存人未告知，致使保管物受损失的，保管人不承担损害赔偿责任；保管人因此受损失的，除保管人知道或者应当知道并且未采取补救措施的以外，寄存人应当承担损害赔偿责任。

第三百七十一条　保管人不得将保管物转交第三人保管，但当事人另有约定的除外。

保管人违反前款规定，将保管物转交第三人保管，对保管物造成损失的，应当承担损害赔偿责任。

第三百七十二条　保管人不得使用或者许可第三人使用保管物，但当事人另有约定的除外。

第三百七十三条　第三人对保管物主张权利的，除依法对保管物采取保全或者执行的以外，保管人应当履行向寄存人返还保管物的义务。

第三人对保管人提起诉讼或者对保管物申请扣押的，保管人应当及时通知寄存人。

第三百七十四条 保管期间，因保管人保管不善造成保管物毁损、灭失的，保管人应当承担损害赔偿责任，但保管是无偿的，保管人证明自己没有重大过失的，不承担损害赔偿责任。

第三百七十五条 寄存人寄存货币、有价证券或者其他贵重物品的，应当向保管人声明，由保管人验收或者封存。寄存人未声明的，该物品毁损、灭失后，保管人可以按照一般物品予以赔偿。

第三百七十六条 寄存人可以随时领取保管物。

当事人对保管期间没有约定或者约定不明确的，保管人可以随时要求寄存人领取保管物；约定保管期间的，保管人无特别事由，不得要求寄存人提前领取保管物。

第三百七十七条 保管期间届满或者寄存人提前领取保管物的，保管人应当将原物及其孳息归还寄存人。

第三百七十八条 保管人保管货币的，可以返还相同种类、数量的货币。保管其他可替代物的，可以按照约定返还相同种类、品质、数量的物品。

第三百七十九条 有偿的保管合同，寄存人应当按照约定的期限向保管人支付保管费。

当事人对支付期限没有约定或者约定不明确，依照本法第六十一条的规定仍不能确定的，应当在领取保管物的同时支付。

第三百八十条 寄存人未按照约定支付保管费以及其他费用的，保管人对保管物享有留置权，但当事人另有约定的除外。

第二十一章　委托合同

第三百九十六条 委托合同是委托人和受托人约定，由受托人处理委托人事务的合同。

第三百九十七条　委托人可以特别委托受托人处理一项或者数项事务，也可以概括委托受托人处理一切事务。

第三百九十八条　委托人应当预付处理委托事务的费用。受托人为处理委托事务垫付的必要费用，委托人应当偿还该费用及其利息。

第三百九十九条　受托人应当按照委托人的指示处理委托事务。需要变更委托人指示的，应当经委托人同意；因情况紧急，难以和委托人取得联系的，受托人应当妥善处理委托事务，但事后应当将该情况及时报告委托人。

第四百条　受托人应当亲自处理委托事务。经委托人同意，受托人可以转委托。转委托经同意的，委托人可以就委托事务直接指示转委托的第三人，受托人仅就第三人的选任及其对第三人的指示承担责任。转委托未经同意的，受托人应当对转委托的第三人的行为承担责任，但在紧急情况下受托人为维护委托人的利益需要转委托的除外。

第四百零一条　受托人应当按照委托人的要求，报告委托事务的处理情况。委托合同终止时，受托人应当报告委托事务的结果。

第四百零二条　受托人以自己的名义，在委托人的授权范围内与第三人订立的合同，第三人在订立合同时知道受托人与委托人之间的代理关系的，该合同直接约束委托人和第三人，但有确切证据证明该合同只约束受托人和第三人的除外。

第四百零三条　受托人以自己的名义与第三人订立合同时，第三人不知道受托人与委托人之间的代理关系的，受托人因第三人的原因对委托人不履行义务，受托人应当向委托人披露第三人，委托人因此可以行使受托人对第三人的权利，但第三人与受托人订立合同时如果知道该委托人就不会订立合同的除外。

受托人因委托人的原因对第三人不履行义务，受托人应当向第三人披露委托人，第三人因此可以选择受托人或者委托人作为相对人主张其权利，但第三人不得变更选定的相对人。

委托人行使受托人对第三人的权利的，第三人可以向委托人主张其对受托人的抗辩。第三人选定委托人作为其相对人的，委托人可以向第三人主张其对受托人的抗辩以及受托人对第三人的抗辩。

第四百零四条 受托人处理委托事务取得的财产，应当转交给委托人。

第四百零五条 受托人完成委托事务的，委托人应当向其支付报酬。因不可归责于受托人的事由，委托合同解除或者委托事务不能完成的，委托人应当向受托人支付相应的报酬。当事人另有约定的，按照其约定。

第四百零六条 有偿的委托合同，因受托人的过错给委托人造成损失的，委托人可以要求赔偿损失。无偿的委托合同，因受托人的故意或者重大过失给委托人造成损失的，委托人可以要求赔偿损失。

受托人超越权限给委托人造成损失的，应当赔偿损失。

第四百零七条 受托人处理委托事务时，因不可归责于自己的事由受到损失的，可以向委托人要求赔偿损失。

第四百零八条 委托人经受托人同意，可以在受托人之外委托第三人处理委托事务。因此给受托人造成损失的，受托人可以向委托人要求赔偿损失。

第四百零九条 两个以上的受托人共同处理委托事务的，对委托人承担连带责任。

第四百一十条 委托人或者受托人可以随时解除委托合同。因解除合同给对方造成损失的，除不可归责于该当事人的事由以外，应当赔偿损失。

第四百一十一条　委托人或者受托人死亡、丧失民事行为能力或者破产的，委托合同终止，但当事人另有约定或者根据委托事务的性质不宜终止的除外。

第四百一十二条　因委托人死亡、丧失民事行为能力或者破产，致使委托合同终止将损害委托人利益的，在委托人的继承人、法定代理人或者清算组织承受委托事务之前，受托人应当继续处理委托事务。

第四百一十三条　因受托人死亡、丧失民事行为能力或者破产，致使委托合同终止的，受托人的继承人、法定代理人或者清算组织应当及时通知委托人。因委托合同终止将损害委托人利益的，在委托人作出善后处理之前，受托人的继承人、法定代理人或者清算组织应当采取必要措施。

5. 中华人民共和国民事诉讼法（节选）

第一章　任务、适用范围和基本原则

第一条　中华人民共和国民事诉讼法以宪法为根据，结合我国民事审判工作的经验和实际情况制定。

第二条　中华人民共和国民事诉讼法的任务是保护当事人行使诉讼权利，保证人民法院查明事实、分清是非、正确适用法律、及时审理民事案件、确认民事权利义务关系、制裁民事违法行为、保护当事人的合法权益、教育公民自觉遵守法律、维护社会秩序、经济秩序，保障社会主义建设事业顺利地进行。

第三条　人民法院受理公民之间、法人之间、其他组织之间以及他们相互之间因财产关系和人身关系提起的民事诉讼，适用本法的规定。

第四条　凡在中华人民共和国领域内进行民事诉讼，必须遵守本法。

第五条　外国人、无国籍人、外国企业和组织在人民法院起诉、应诉，同中华人民共和国公民、法人和其他组织有同等的诉讼权利义务。外国法院对中华人民共和国公民、法人和其他组织的民事诉讼权利加以限制，中华人民共和国人民法院对该国公民、企业和组织的民事诉讼权利，实行对等原则。

第六条　民事案件的审判权由人民法院行使。

人民法院依照法律规定对民事案件独立进行审判，不受行政机关、社会团体和个人的干涉。

第七条　人民法院审理民事案件，必须以事实为根据，以法律为准绳。

第八条　民事诉讼当事人有平等的诉讼权利。人民法院审理民事案件，应当保障和便利当事人行使诉讼权利，对当事人在适用法律上一律平等。

第九条　人民法院审理民事案件，应当根据自愿和合法的原则进行调解。调解不成的，应当及时判决。

第十条　人民法院审理民事案件，依照法律规定实行合议、回避、公开审判和两审终审制度。

第十一条　各民族公民都有用本民族语言、文字进行民事诉讼的权利。

在少数民族聚居或者多民族共同居住的地区，人民法院应当用当地民族通用的语言、文字进行审理和发布法律文书。人民法院应当对不通晓当地民族通用的语言、文字的诉讼参与人提供翻译。

第十二条　人民法院审理民事案件时，当事人有权进行辩论。

第十三条　民事诉讼应当遵循诚实信用原则。

当事人有权在法律规定的范围内处分自己的民事权利和诉讼权利。

第十四条　人民检察院有权对民事诉讼实行法律监督。

第十五条　机关、社会团体、企业事业单位对损害国家、集体或个人民事权益的行为，可以支持受损害的单位或者个人向人民法院起诉。

第十六条　民族自治地方的人民代表大会根据宪法和本法的原则，结合当地民族的具体情况，可以制定变通或者补充的规定。自治区的规定，报全国人民代表大会常务委员会批准。自治州、自治县的规定，报省或者自治区的人民代表大会常务委员会批准，并报全国人民代表大会常务委员会备案。

第二章　管　辖

第一节　级别管辖

第十七条　基层人民法院管辖第一审民事案件，但本法另有规定的除外。

第十八条　中级人民法院管辖下列第一审民事案件：

（一）重大涉外案件；

（二）在本辖区有重大影响的案件；

（三）最高人民法院确定由中级人民法院管辖的案件。

第十九条　高级人民法院管辖在本辖区有重大影响的第一审民事案件。

第二十条　最高人民法院管辖下列第一审民事案件：

（一）在全国有重大影响的案件；

（二）认为应当由本院审理的案件。

第二节　地域管辖

第二十一条　对公民提起的民事诉讼，由被告住所地人民法院管辖；被告住所地与经常居住地不一致的，由经常居住地人民法院管辖。

对法人或者其他组织提起的民事诉讼，由被告住所地人民法院管辖。

同一诉讼的几个被告住所地、经常居住地在两个以上人民法院辖区的，各该人民法院都有管辖权。

第二十二条　下列民事诉讼，由原告住所地人民法院管辖；原告住所地与经常居住地不一致的，由原告经常居住地人民法院管辖：

（一）对不在中华人民共和国领域内居住的人提起的有关身份关系的诉讼；

（二）对下落不明或者宣告失踪的人提起的有关身份关系的诉讼；

（三）对被采取强制性教育措施的人提起的诉讼；

（四）对被监禁的人提起的诉讼。

第二十三条　因合同纠纷提起的诉讼，由被告住所地或者合同履行地人民法院管辖。

第二十四条　因保险合同纠纷提起的诉讼，由被告住所地或者保险标的物所在地人民法院管辖。

第二十五条　由票据纠纷提起的诉讼，由票据支付地或者被告住所地人民法院管辖。

第二十六条　因公司设立、确认股东资格、分配利润、解散等纠纷提起的诉讼，由公司住所地人民法院管辖。

第二十七条　因铁路、公路、水上、航空运输和联合运输合同纠纷提起的诉讼，由运输始发地、目的地或者被告住所地人民法院管辖。

第二十八条　因侵权的行为提起的诉讼，由侵权行为地或者被告住所地人民法院管辖。

第二十九条　因铁路、公路、水上和航空事故请求损害赔偿提起的诉讼，由事故发生地或者车辆、船舶最先到达地、航空器最先降落地或者被告住所地人民法院管辖。

第三十条　因船舶碰撞或者其他海事损害事故请求损害赔偿提起的诉讼，由碰撞发生地、碰撞船舶最先到达地、加害船舶被扣留地或者被告住所地人民法院管辖。

第三十一条　因海难救助费用提起的诉讼，由救助地或者被救助船舶最先到达地人民法院管辖。

第三十二条　因共同海损提起的诉讼，由船舶最先到达地、共同海损理算地或者航程终止地的人民法院管辖。

第三十三条　下列案件，由本条规定的人民法院专属管辖：

（一）因不动产纠纷提起的诉讼，由不动产所在地人民法院管辖；

（二）因港口作业中发生纠纷提起的诉讼，由港口所在地人民法院管辖；

（三）因继承遗产纠纷提起的诉讼，由被继承人死亡时住所地或者主要遗产所在地人民法院管辖。

第三十四条　合同或者其他财产权益纠纷的当事人可以书面协议选择被告住所地、合同履行地、合同签订地、原告住所地、标的物所在地等与争议有实际联系的地点的人民法院管辖，但不得违反本法对级别管辖和专属管辖的规定。

第三十五条　两个以上人民法院都有管辖权的诉讼，原告可以向其中一个人民法院起诉；原告向两个以上有管辖权的人民法院起诉的，由最先立案的人民法院管辖。

第三节　移送管辖和指定管辖

第三十六条　人民法院发现受理的案件不属于本院管辖的，应当移送有管辖权的人民法院，受移送的人民法院应当受理。受移送的人民法院认为受移送的案件依照规定不属于本院管辖的，应当报请上级人民法院指定管辖，不得再自行移送。

第三十七条　有管辖权的人民法院由于特殊原因，不能行使管辖权的，由上级人民法院指定管辖。

人民法院之间因管辖权发生争议，由争议双方协商解决；协商解决不了的，报请它们的共同上级人民法院指定管辖。

第三十八条　上级人民法院有权审理下级人民法院管辖的第一审民事案件；确有必要将本院管辖的第一审民事案件交下级人

民法院审理的，应当报请其上级人民法院批准。

下级人民法院对它所管辖的第一审民事案件，认为需要由上级人民法院审理的，可以报请上级人民法院审理。

第三章 审判组织

第三十九条 人民法院审理第一审民事案件，由审判员、陪审员共同组成合议庭或者由审判员组成合议庭。合议庭的成员人数，必须是单数。

适用简易程序审理的民事案件，由审判员一人独任审理。

陪审员在执行陪审职务时，与审判员有同等的权利义务。

第四十条 人民法院审理第二审民事案件，由审判员组成合议庭，合议庭的成员人数，必须是单数。

发回重审的案件，原审人民法院应当按照第一审程序另行组成合议庭。

审理再审案件，原来是第一审的，按照第一审程序另行组成合议庭；原来是第二审的或者是上级人民法院提审的，按照第二审程序另行组成合议庭。

第四十一条 合议庭的审判长由院长或者庭长指定审判员一人担任；院长或者庭长参加审判的，由院长或者庭长担任。

第四十二条 合议庭评议案件，实行少数服从多数的原则。评议应当制作笔录，由合议庭成员签名。评议中的不同意见，必须如实记入笔录。

第四十三条 审判人员应当依法秉公办案。

审判人员不得接受当事人及其诉讼代理人请客送礼。

审判人员有贪污受贿，徇私舞弊，枉法裁判行为的，应当追究法律责任；构成犯罪的，依法追究刑事责任。

第四章 回 避

第四十四条 审判人员有下列情形之一的，应当自行回避，当事人有权用口头或者书面方式申请他们回避：

（一）是本案当事人或者当事人、诉讼代理人近亲属的；

（二）与本案有利害关系的；

（三）与本案当事人、诉讼代理人有其他关系，可能影响对案件公正审理的。

审判人员接受当事人、诉讼代理人请客送礼，或者违反规定会见当事人、诉讼代理人的，当事人有权要求他们回避。

审判人员有前款规定的行为的，应当依法追究法律责任。

前三款规定，适用于书记员、翻译人员、鉴定人、勘验人。

第四十五条 当事人提出回避申请，应当说明理由，在案件开始审理时提出；回避事由在案件开始审理后知道的，也可以在法庭辩论终结前提出。

被申请回避的人员在人民法院作出是否回避的决定前，应当暂停参与本案的工作，但案件需要采取紧急措施的除外。

第四十六条 院长担任审判长时的回避，由审判委员会决定；审判人员的回避，由院长决定；其他人员的回避，由审判长决定。

第四十七条 人民法院对当事人提出的回避申请，应当在申请提出的三日内，以口头或者书面形式作出决定。申请人对决定不服的，可以在接到决定时申请复议一次。复议期间，被申请回避的人员，不停止参与本案的工作。人民法院对复议申请，应当在三日内作出复议决定，并通知复议申请人。

第五章 诉讼参加人

第一节 当事人

第四十八条 公民、法人和其他组织可以作为民事诉讼的当事人。

法人由其法定代表人进行诉讼。其他组织由其主要负责人进行诉讼。

第四十九条 当事人有权委托代理人，提出回避申请，收集、提供证据，进行辩论，请求调解，提起上诉，申请执行。

当事人可以查阅本案有关材料，并可以复制本案有关材料和法律文书。查阅、复制本案有关材料的范围和办法由最高人民法院规定。

当事人必须依法行使诉讼权利，遵守诉讼秩序，履行发生法律效力的判决书、裁定书和调解书。

第五十条 双方当事人可以自行和解。

第五十一条 原告可以放弃或者变更诉讼请求。被告可以承认或者反驳诉讼请求，并且有权提起反诉。

第五十二条 当事人一方或者双方为二人以上，其诉讼标的是共同的，或者诉讼标的是同一种类、人民法院认为可以合并审理并经当事人同意的，为共同诉讼。

共同诉讼的一方当事人对诉讼标的有共同权利义务的，其中一人的诉讼行为经其他共同诉讼人承认，对其他共同诉讼人发生效力；对诉讼标的没有共同权利义务的，其中一人的诉讼行为对其他共同诉讼人不发生效力。

第五十三条 当事人一方人数众多的共同诉讼，可以由当事人推选代表人进行诉讼。代表人的诉讼行为对其所代表的当事人发生效力，但代表人变更、放弃诉讼请求或者承认对方当事人的诉讼请求，进行和解，必须经被代表的当事人同意。

　　第五十四条　诉讼标的是同一种类、当事人一方人数众多在起诉时人数尚未确定的，人民法院可以发出公告，说明案件情况和诉讼请求，通知权利人在一定期间向人民法院登记。

　　向人民法院登记的权利人可以推选代表人进行诉讼，推选不出代表人的，人民法院可以与参加登记的权利人商定代表人。

　　人民法院作出的判决、裁定，对参加登记的全体权利人发生效力。未参加登记的权利人在诉讼时效期间提起诉讼的，适用该判决、裁定。

　　第五十五条　对污染环境、侵害众多消费者合法权益等损害社会公共利益的行为，法律规定的机关和有关组织可以向人民法院提起诉讼。

　　第五十六条　对当事人双方的诉讼标的，第三人认为有独立请求权的，有权提起诉讼。

　　对当事人双方的诉讼标的，第三人虽然没有独立请求权，但案件处理结果同他有法律上的利害关系的，可以申请参加诉讼，或者由人民法院通知他参加诉讼。人民法院判决承担民事责任的第三人，有当事人的诉讼权利义务。

　　前两款规定的第三人，因不能归责于本人的事由未参加诉讼，但有证据证明发生法律效力的判决、裁定、调解书的部分或者全部内容错误，损害其民事权益的，可以自知道或者应当知道其民事权益受到损害之日起六个月内，向作出该判决、裁定、调解书的人民法院提起诉讼。人民法院经审理，诉讼请求成立的，应当改变或者撤销原判决、裁定、调解书；诉讼请求不成立的，驳回诉讼请求。

第二节　诉讼代理人

第五十七条　无诉讼行为能力人由他的监护人作为法定代理人代为诉讼。法定代理人之间互相推诿代理责任的，由人民法院指定其中一人代为诉讼。

第五十八条　当事人、法定代理人可以委托一至二人作为诉讼代理人。

下列人员可以被委托为诉讼代理人：

（一）律师、基层法律服务工作者；

（二）当事人的近亲属或者工作人员；

（三）当事人所在社区、单位以及有关社会团体推荐的公民。

第五十九条　委托他人代为诉讼，必须向人民法院提交由委托人签名或者盖章的授权委托书。

授权委托书必须记明委托事项和权限。诉讼代理人代为承认、放弃、变更诉讼请求，进行和解。提起反诉或者上诉，必须有委托人的特别授权。

侨居在国外的中华人民共和国公民从国外寄交或者托交的授权委托书，必须经中华人民共和国驻该国的使领馆证明；没有使领馆的，由与中华人民共和国有外交关系的第三国驻该国的使领馆证明，再转由中华人民共和国驻该第三国使领馆证明，或者由当地的爱国华侨团体证明。

第六十条　诉讼代理人的权限如果变更或者解除，当事人应当书面告知人民法院，并由人民法院通知对方当事人。

第六十一条　代理诉讼的律师和其他诉讼代理人有权调查收集证据，可以查阅本案有关材料。查阅本案有关材料的范围和办法由最高人民法院规定。

第六十二条　离婚案件有诉讼代理人的，本人除不能表达意思的以外，仍应出庭；确因特殊情况无法出庭的，必须向人民法院提交书面意见。

第六章　证　据

第六十三条　证据包括：

（一）当事人的陈述；

（二）书证；

（三）物证；

（四）视听资料；

（五）电子数据；

（六）证人证言；

（七）鉴定意见；

（八）勘验笔录。

证据必须查证属实，才能作为认定事实的根据。

第六十四条　当事人对自己提出的主张，有责任提供证据。

当事人及其诉讼代理人因客观原因不能自行收集的证据，或者人民法院认为审理案件需要的证据，人民法院应当调查收集。人民法院应当按照法定程序，全面地、客观地审查核实证据。

第六十五条　当事人对自己提出的主张应当及时提供证据。

人民法院根据当事人的主张和案件审理情况，确定当事人应当提供的证据及其期限。当事人在该期限内提供证据确有困难的，可以向人民法院申请延长期限，人民法院根据当事人的申请适当延长。当事人逾期提供证据的，人民法院应当责令其说明理由；拒不说明理由或者理由不成立的，人民法院根据不同情形可以不予采纳该证据，或者采纳该证据但予以训诫、罚款。

第六十六条　人民法院收到当事人提交的证据材料，应当出具收据，写明证据名称、页数、份数、原件或者复印件以及收到时间等，并由经办人员签名或者盖章。

第六十七条　人民法院有权向有关单位和个人调查取证，有关单位和个人不得拒绝。

人民法院对有关单位和个人提出的证明文书，应当辨别真伪，审查确定其效力。

第六十八条　证据应当在法庭上出示，并由当事人互相质证。对涉及国家秘密、商业秘密和个人隐私的证据应当保密，需要在法庭出示的，不得在公开开庭时出示。

第六十九条　经过法定程序公证证明的法律事实和文书，人民法院应当作为认定事实的根据，但有相反证据足以推翻公证证明的除外。

第七十条　书证应当提交原件。物证应当提交原物。提交原件或者原物确有困难的，可以提交复制品、照片、副本、节录本。提交外文书证，必须附有中文译本。

第七十一条　人民法院对视听资料，应当辨别真伪，并结合本案的其他证据，审查确定能否作为认定事实的根据。

第七十二条　凡是知道案件情况的单位和个人，都有义务出庭作证。有关单位的负责人应当支持证人作证。不能正确表达意思的人，不能作证。

第七十三条　经人民法院通知，证人应当出庭作证。有下列情形之一的，经人民法院许可，可以通过书面证言、视听传输技术或者视听资料等方式作证：

（一）因健康原因不能出庭的；

（二）因路途遥远，交通不便不能出庭的；

（三）因自然灾害等不可抗力不能出庭的；

（四）其他有正当理由不能出庭的。

第七十四条　证人因履行出庭作证义务而支出的交通、住宿、就餐等必要费用以及误工损失，由败诉一方当事人负担。当事人申请证人作证的，由该当事人先行垫付；当事人没有申请，人民法院通知证人作证的，由人民法院先行垫付。

第七十五条 人民法院对当事人的陈述，应当结合本案的其他证据，审查确定能否作为认定事实的根据。当事人拒绝陈述的，不影响人民法院根据证据认定案件事实。

第七十六条 当事人可以就查明事实的专门性问题向人民法院申请鉴定。当事人申请鉴定的，由双方当事人协商确定具备资格的鉴定人；协商不成的，由人民法院指定。当事人未申请鉴定，人民法院对专门性问题认为需要鉴定的，应当委托具备资格的鉴定人进行鉴定。

第七十七条 鉴定人有权了解进行鉴定所需要的案件材料，必要时可以询问当事人、证人。鉴定人应当提出书面鉴定意见，在鉴定书上签名或者盖章。

第七十八条 当事人对鉴定意见有异议或者人民法院认为鉴定人有必要出庭的，鉴定人应当出庭作证。经人民法院通知，鉴定人拒不出庭作证的，鉴定意见不得作为认定事实的根据；支付鉴定费用的当事人可以要求返还鉴定费用。

第七十九条 当事人可以申请人民法院通知有专门知识的人出庭，就鉴定人作出的鉴定意见或者专业问题提出意见。

第八十条 勘验物证或者现场，勘验人必须出示人民法院的证件，并邀请当地基层组织或者当事人所在单位派人参加。当事人或者当事人的成年家属应当到场，拒不到场的，不影响勘验的进行。

有关单位和个人根据人民法院的通知，有义务保护现场，协助勘验工作。

勘验人应当将勘验情况和结果制作笔录，由勘验人、当事人和被邀参加人签名或者盖章。

第八十一条 在证据可能灭失或者以后难以取得的情况下，

当事人可以在诉讼过程中向人民法院申请保全证据，人民法院也可以主动采取保全措施。

因情况紧急，在证据可能灭失或者以后难以取得的情况下，利害关系人可以在提起诉讼或者申请仲裁前向证据所在地、被申请人住所地或者对案件有管辖权的人民法院申请保全证据。

证据保全的其他程序，参照适用本法第九章保全的有关规定。

第七章　期间、送达

第一节　期　间

第八十二条　期间包括法定期间和人民法院指定的期间。

期间以时、日、月、年计算。期间开始的时和日，不计算在期间内。

期间届满的最后一日是节假日的，以节假日后的第一日为期间届满的日期。

期间不包括在途时间，诉讼文书在期满前交邮的，不算过期。

第八十三条　当事人因不可抗拒的事由或者其他正当理由耽误期限的，在障碍消除后的十日内，可以申请顺延期限，是否准许，由人民法院决定。

第二节　送　达

第八十四条　送达诉讼文书必须有送达回证，由受送达人在送达回证上记明收到日期，签名或者盖章。

受送达人在送达回证上的签收日期为送达日期。

第八十五条　送达诉讼文书，应当直接送交受送达人。受送达人是公民的，本人不在交他的同住成年家属签收；受送达人是法人或者其他组织的，应当由法人的法定代表人、其他组织的主要负责人或者该法人、组织负责收件的人签收；受送达人有诉讼代理人的，可以送交其代理人签收；受送达人已向人民法院指定代收人的，送交代收人签收。

受送达人的同住成年家属，法人或者其他组织的负责收件的人，诉讼代理人或者代收人在送达回证上签收的日期为送达日期。

第八十六条 受送达人或者他的同住成年家属拒绝接收诉讼文书的，送达人可以邀请有关基层组织或者所在单位的代表到场，说明情况，在送达回证上记明拒收事由和日期，由送达人、见证人签名或者盖章，把诉讼文书留在受送达人的住所；也可以把诉讼文书留在受送达人的住所，并采用拍照、录像等方式记录送达过程，即视为送达。

第八十七条 经受送达人同意，人民法院可以采用传真、电子邮件等能够确认其收悉的方式送达诉讼文书，但判决书、裁定书、调解书除外。

采用前款方式送达的，以传真、电子邮件等到达受送达人特定系统的日期为送达日期。

第八十八条 直接送达诉讼文书有困难的，可以委托其他人民法院代为送达，或者邮寄送达。邮寄送达的，以回执上注明的收件日期为送达日期。

第八十九条 受送达人是军人的，通过其所在部队团以上单位的政治机关转交。

第九十条 受送达人被监禁的，通过其所在监所转交。

受送达人被采取强制性教育措施的，通过其所在强制性教育机构转交。

第九十一条 代为转交的机关、单位收到诉讼文书后，必须立即交受送达人签收，以在送达回证上的签收日期，为送达日期。

第九十二条 受送达人下落不明，或者用本节规定的其他方式无法送达的，公告送达。自发出公告之日起，经过六十日，即视为送达。

公告送达，应当在案卷中记明原因和经过。

第八章　调　解

第九十三条　人民法院审理民事案件，根据当事人自愿的原则，在事实清楚的基础上，分清是非，进行调解。

第九十四条　人民法院进行调解，可以由审判员一人主持，也可以由合议庭主持，并尽可能就地进行。人民法院进行调解，可以用简便方式通知当事人、证人到庭。

第九十五条　人民法院进行调解，可以邀请有关单位和个人协助。被邀请的单位和个人，应当协助人民法院进行调解。

第九十六条　调解达成协议，必须双方自愿，不得强迫。调解协议的内容不得违反法律规定。

第九十七条　调解达成协议，人民法院应当制作调解书。调解书应当写明诉讼请求、案件的事实和调解结果。

调解书由审判人员、书记员署名，加盖人民法院印章，送达双方当事人。

调解书经双方当事人签收后，即具有法律效力。

第九十八条　下列案件调解达成协议，人民法院可以不制作调解书：

（一）调解和好的离婚案件；

（二）调解维持收养关系的案件；

（三）能够即时履行的案件；

（四）其他不需要制作调解书的案件。

对不需要制作调解书的协议，应当记入笔录，由双方当事人、审判人员、书记员签名或者盖章后，即具有法律效力。

第九十九条　调解未达成协议或者调解书送达前一方反悔的，

人民法院应当及时判决。

第九章　保全和先予执行

第一百条　人民法院对于可能因当事人一方的行为或者其他原因，使判决难以执行或者造成当事人其他损害的案件，根据对方当事人的申请，可以裁定对其财产进行保全、责令其做出一定行为或者禁止其做出一定行为；当事人没有提出申请的，人民法院在必要时也可以裁定采取保全措施。

人民法院采取保全措施，可以责令申请人提供担保，申请人不提供担保的，裁定驳回申请。

人民法院接受申请后，对情况紧急的，必须在四十八小时内作出裁定；裁定采取保全措施的，应当立即开始执行。

第十二章　第一审普通程序

第一节　起诉和受理

第一百一十九条　起诉必须符合下列条件：

（一）原告是与本案有直接利害关系的公民、法人和其他组织；

（二）有明确的被告；

（三）有具体的诉讼请求和事实、理由；

（四）属于人民法院受理民事诉讼的范围和受诉人民法院管辖。

第一百二十条　起诉应当向人民法院递交起诉状，并按照被告人数提出副本。

书写起诉状确有困难的，可以口头起诉，由人民法院记入笔录，并告知对方当事人。

　　第一百二十一条　起诉状应当记明下列事项：

　　（一）原告的姓名、性别、年龄、民族、职业、工作单位、住所、联系方式，法人或者其他组织的名称、住所和法定代表人或者主要负责人的姓名、职务、联系方式；

　　（二）被告的姓名、性别、工作单位、住所等信息，法人或者其他组织的名称、住所等信息；

　　（三）诉讼请求和所根据的事实与理由；

　　（四）证据和证据来源，证人姓名和住所。

　　第一百二十二条　当事人起诉到人民法院的民事纠纷，适宜调解的，先行调解，但当事人拒绝调解的除外。

　　第一百二十三条　人民法院应当保障当事人依照法律规定享有的起诉权利。对符合本法第一百一十九条的起诉，必须受理。符合起诉条件的，应当在七日内立案，并通知当事人；不符合起诉条件的，应当在七日内作出裁定书，不予受理；原告对裁定不服的，可以提起上诉。

　　第一百二十四条　人民法院对下列起诉，分别情形，予以处理：

　　（一）依照行政诉讼法的规定，属于行政诉讼受案范围的，告知原告提起行政诉讼；

　　（二）依照法律规定，双方当事人达成书面仲裁协议申请仲裁、不得向人民法院起诉的，告知原告向仲裁机构申请仲裁；

　　（三）依照法律规定，应当由其他机关处理的争议，告知原告向有关机关申请解决；

　　（四）对不属于本院管辖的案件，告知原告向有管辖权的人民法院起诉；

　　（五）对判决、裁定、调解书已经发生法律效力的案件，当事人又起诉的，告知原告申请再审，但人民法院准许撤诉的裁定除外；

（六）依照法律规定，在一定期限内不得起诉的案件，在不得起诉的期限内起诉的，不予受理；

（七）判决不准离婚和调解和好的离婚案件，判决、调解维持收养关系的案件，没有新情况、新理由，原告在六个月内又起诉的，不予受理。

第二节　审理前的准备

第一百二十五条　人民法院应当在立案之日起五日内将起诉状副本发送被告，被告应当在收到之日起十五日内提出答辩状。答辩状应当记明被告的姓名、性别、年龄、民族、职业、工作单位、住所、联系方式；法人或者其他组织的名称、住所和法定代表人或者主要负责人的姓名、职务、联系方式。人民法院应当在收到答辩状之日起五日内将答辩状副本发送原告。

被告不提出答辩状的，不影响人民法院审理。

第一百二十六条　人民法院对决定受理的案件，应当在受理案件通知书和应诉通知书中向当事人告知有关的诉讼权利义务，或者口头告知。

第一百二十七条　人民法院受理案件后，当事人对管辖权有异议的，应当在提交答辩状期间提出。人民法院对当事人提出的异议，应当审查。异议成立的，裁定将案件移送有管辖权的人民法院；异议不成立的，裁定驳回。

当事人未提出管辖异议，并应诉答辩的，视为受诉人民法院有管辖权，但违反级别管辖和专属管辖规定的除外。

第一百二十八条　合议庭组成人员确定后，应当在三日内告知当事人。

第一百二十九条　审判人员必须认真审核诉讼材料，调查收集必要的证据。

第一百三十条　人民法院派出人员进行调查时，应当向被调查人出示证件。

调查笔录经被调查人校阅后，由被调查人、调查人签名或者盖章。

第一百三十一条　人民法院在必要时可以委托外地人民法院调查。

委托调查，必须提出明确的项目和要求。受委托人民法院可以主动补充调查。

受委托人民法院收到委托书后，应当在三十日内完成调查。因故不能完成的，应当在上述期限内函告委托人民法院。

第一百三十二条　必须共同进行诉讼的当事人没有参加诉讼的，人民法院应当通知其参加诉讼。

第一百三十三条　人民法院对受理的案件，分别情形，予以处理：

（一）当事人没有争议，符合督促程序规定条件的，可以转入督促程序；

（二）开庭前可以调解的，采取调解方式及时解决纠纷；

（三）根据案件情况，确定适用简易程序或者普通程序；

（四）需要开庭审理的，通过要求当事人交换证据等方式，明确争议焦点。

第三节　开庭审理

第一百三十四条　人民法院审理民事案件，除涉及国家秘密、个人隐私或者法律另有规定的以外，应当公开进行。

离婚案件，涉及商业秘密的案件，当事人申请不公开审理的，可以不公开审理。

第一百三十五条　人民法院审理民事案件，根据需要进行巡回审理，就地办案。

第一百三十六条 人民法院审理民事案件，应当在开庭三日前通知当事人和其他诉讼参与人。公开审理的，应当公告当事人姓名、案由和开庭的时间、地点。

第一百三十七条 开庭审理前，书记员应当查明当事人和其他诉讼参与人是否到庭，宣布法庭纪律。

开庭审理时，由审判长核对当事人，宣布案由，宣布审判人员、书记员名单，告知当事人有关的诉讼权利义务，询问当事人是否提出回避申请。

第一百三十八条 法庭调查按照下列顺序进行：

（一）当事人陈述；

（二）告知证人的权利义务，证人作证，宣读未到庭的证人证言；

（三）出示书证、物证、视听资料和电子数据；

（四）宣读鉴定意见；

（五）宣读勘验笔录。

第一百三十九条 当事人在法庭上可以提出新的证据。

当事人经法庭许可，可以向证人、鉴定人、勘验人发问。

当事人要求重新进行调查、鉴定或者勘验的，是否准许，由人民法院决定。

第一百四十条 原告增加诉讼请求，被告提出反诉，第三人提出与本案有关的诉讼请求，可以合并审理。

第一百四十一条 法庭辩论按照下列顺序进行：

（一）原告及其诉讼代理人发言；

（二）被告及其诉讼代理人答辩；

（三）第三人及其诉讼代理人发言或者答辩；

（四）互相辩论。

法庭辩论终结，由审判长按照原告、被告、第三人的先后顺序征询各方最后意见。

第一百四十二条　法庭辩论终结，应当依法作出判决。判决前能够调解的，还可以进行调解，调解不成的，应当及时判决。

第一百四十三条　原告经传票传唤，无正当理由拒不到庭的，或者未经法庭许可中途退庭的，可以按撤诉处理；被告反诉的，可以缺席判决。

第一百四十四条　被告经传票传唤，无正当理由拒不到庭的，或者未经法庭许可中途退庭的，可以缺席判决。

第一百四十五条　宣判前，原告申请撤诉的，是否准许，由人民法院裁定。

人民法院裁定不准许撤诉的，原告经传票传唤，无正当理由拒不到庭的，可以缺席判决。

第一百四十六条　有下列情形之一的，可以延期开庭审理：

（一）必须到庭的当事人和其他诉讼参与人有正当理由没有到庭的；

（二）当事人临时提出回避申请的；

（三）需要通知新的证人到庭，调取新的证据，重新鉴定、勘验，或者需要补充调查的；

（四）其他应当延期的情形。

第一百四十七条　书记员应当将法庭审理的全部活动记入笔录，由审判人员和书记员签名。

法庭笔录应当当庭宣读，也可以告知当事人和其他诉讼参与人当庭或者在五日内阅读。当事人和其他诉讼参与人认为对自己的陈述记录有遗漏或者差错的，有权申请补正。如果不予补正，应当将申请记录在案。

法庭笔录由当事人和其他诉讼参与人签名或者盖章。拒绝签名盖章的，记明情况附卷。

第一百四十八条　人民法院对公开审理或者不公开审理的案

件，一律公开宣告判决。

当庭宣判的，应当在十日内发送判决书；定期宣判的，宣判后立即发给判决书。

宣告判决时，必须告知当事人上诉权利、上诉期限和上诉的法院。

宣告离婚判决，必须告知当事人在判决发生法律效力前不得另行结婚。

第一百四十九条 人民法院适用普通程序审理的案件，应当在立案之日起六个月内审结。有特殊情况需要延长的，由本院院长批准，可以延长六个月；还需要延长的，报请上级人民法院批准。

第四节　诉讼中止和终结

第一百五十条 有下列情形之一的，中止诉讼：

（一）一方当事人死亡，需要等待继承人表明是否参加诉讼的；

（二）一方当事人丧失诉讼行为能力，尚未确定法定代理人的；

（三）作为一方当事人的法人或者其他组织终止，尚未确定权利义务承受人的；

（四）一方当事人因不可抗拒的事由，不能参加诉讼的；

（五）本案必须以另一案的审理结果为依据，而另一案尚未审结的；

（六）其他应当中止诉讼的情形。

中止诉讼的原因消除后，恢复诉讼。

第一百五十一条 有下列情形之一的，终结诉讼：

（一）原告死亡，没有继承人，或者继承人放弃诉讼权利的；

（二）被告死亡，没有遗产，也没有应当承担义务的人的；

（三）离婚案件一方当事人死亡的；

（四）追索赡养费、扶养费、抚育费以及解除收养关系案件的一方当事人死亡的。

第五节　判决和裁定

第一百五十二条　判决书应当写明判决结果和作出该判决的理由。判决书内容包括：

（一）案由、诉讼请求、争议的事实和理由；

（二）判决认定的事实和理由、适用的法律和理由；

（三）判决结果和诉讼费用的负担；

（四）上诉期间和上诉的法院。

判决书由审判人员、书记员署名，加盖人民法院印章。

第一百五十三条　人民法院审理案件，其中一部分事实已经清楚，可以就该部分先行判决。

第一百五十四条　裁定适用于下列范围：

（一）不予受理；

（二）对管辖权有异议的；

（三）驳回起诉；

（四）保全和先予执行；

（五）准许或者不准许撤诉；

（六）中止或者终结诉讼；

（七）补正判决书中的笔误；

（八）中止或者终结执行；

（九）撤销或者不予执行仲裁裁决；

（十）不予执行公证机关赋予强制执行效力的债权文书；

（十一）其他需要裁定解决的事项。

对前款第一项至第三项裁定，可以上诉。

裁定书应当写明裁定结果和作出该裁定的理由。裁定书由审判人员、书记员署名，加盖人民法院印章。口头裁定的，记入笔录。

第一百五十五条 最高人民法院的判决、裁定，以及依法不准上诉或者超过上诉期没有上诉的判决、裁定，是发生法律效力的判决、裁定。

第一百五十六条 公众可以查阅发生法律效力的判决书、裁定书，但涉及国家秘密、商业秘密和个人隐私的内容除外。

第十三章 简易程序

第一百五十七条 基层人民法院和它派出的法庭审理事实清楚、权利义务关系明确、争议不大的简单的民事案件，适用本章规定。

基层人民法院和它派出的法庭审理前款规定以外的民事案件，当事人双方也可以约定适用简易程序。

第一百五十八条 对简单的民事案件，原告可以口头起诉。

当事人双方可以同时到基层人民法院或者它派出的法庭，请求解决纠纷。基层人民法院或者它派出的法庭可以当即审理，也可以另定日期审理。

第一百五十九条 基层人民法院和它派出的法庭审理简单的民事案件，可以用简便方式传唤当事人和证人、送达诉讼文书、审理案件，但应当保障当事人陈述意见的权利。

第一百六十条 简单的民事案件由审判员一人独任审理，并不受本法第一百三十六条、第一百三十八条、第一百四十一条规定的限制。

第一百六十一条 人民法院适用简易程序审理案件，应当在立案之日起三个月内审结。

第一百六十二条　基层人民法院和它派出的法庭审理符合本法第一百五十七条第一款规定的简单的民事案件，标的额为各省、自治区、直辖市上年度就业人员年平均工资百分之三十以下的，实行一审终审。

第一百六十三条　人民法院在审理过程中，发现案件不宜适用简易程序的，裁定转为普通程序。

第十四章　第二审程序

第一百六十四条　当事人不服地方人民法院第一审判决的，有权在判决书送达之日起十五日内向上一级人民法院提起上诉。

当事人不服地方人民法院第一审裁定的，有权在裁定书送达之日起十日内向上一级人民法院提起上诉。

第一百六十五条　上诉应当递交上诉状。上诉状的内容，应当包括当事人的姓名，法人的名称及其法定代表人的姓名或者其他组织的名称及其主要负责人的姓名；原审人民法院名称、案件的编号和案由；上诉的请求和理由。

第一百六十六条　上诉状应当通过原审人民法院提出，并按照对方当事人或者代表人的人数提出副本。

当事人直接向第二审人民法院上诉的，第二审人民法院应当在五日内将上诉状移交原审人民法院。

第一百六十七条　原审人民法院收到上诉状，应当在五日内将上诉状副本送达对方当事人，对方当事人在收到之日起十五日内提出答辩状。人民法院应当在收到答辩状之日起五日内将副本送达上诉人。对方当事人不提出答辩状的，不影响人民法院审理。

原审人民法院收到上诉状、答辩状，应当在五日内连同全部案卷和证据，报送第二审人民法院。

第一百六十八条 第二审人民法院应当对上诉请求的有关事实和适用法律进行审查。

第一百六十九条 第二审人民法院对上诉案件，应当组成合议庭，开庭审理。经过阅卷、调查和询问当事人，对没有提出新的事实、证据或者理由，合议庭认为不需要开庭审理的，可以不开庭审理。

第二审人民法院审理上诉案件，可以在本院进行，也可以到案件发生地或者原审人民法院所在地进行。

第一百七十条 第二审人民法院对上诉案件，经过审理，按照下列情形，分别处理：

（一）原判决、裁定认定事实清楚，适用法律正确的，以判决、裁定方式驳回上诉，维持原判决、裁定；

（二）原判决、裁定认定事实错误或者适用法律错误的，以判决、裁定方式依法改判、撤销或者变更；

（三）原判决认定基本事实不清的，裁定撤销原判决，发回原审人民法院重审，或者查清事实后改判；

（四）原判决遗漏当事人或者违法缺席判决等严重违反法定程序的，裁定撤销原判决，发回原审人民法院重审。

原审人民法院对发回重审的案件作出判决后，当事人提起上诉的，第二审人民法院不得再次发回重审。

第一百七十一条 第二审人民法院对不服第一审人民法院裁定的上诉案件的处理，一律使用裁定。

第一百七十二条 第二审人民法院审理上诉案件，可以进行调解。调解达成协议，应当制作调解书，由审判人员、书记员署名，加盖人民法院印章。调解书送达后，原审人民法院的判决即视为撤销。

第一百七十三条 第二审人民法院判决宣告前，上诉人申请撤回上诉的，是否准许，由第二审人民法院裁定。

第一百七十四条　第二审人民法院审理上诉案件，除依照本章规定外，适用第一审普通程序。

第一百七十五条　第二审人民法院的判决、裁定，是终审的判决、裁定。

第一百七十六条　人民法院审理对判决的上诉案件，应当在第二审立案之日起三个月内审结。有特殊情况需要延长的，由本院院长批准。

人民法院审理对裁定的上诉案件，应当在第二审立案之日起三十日内作出终审裁定。

第十五章　特别程序

第一节　一般规定

第一百七十七条　人民法院审理选民资格案件、宣告失踪或者宣告死亡案件、认定公民无民事行为能力或者限制民事行为能力案件、认定财产无主案件、确认调解协议案件和实现担保物权案件，适用本章规定。本章没有规定的，适用本法和其他法律的有关规定。

第一百七十八条　依照本章程序审理的案件，实行一审终审。选民资格案件或者重大、疑难的案件，由审判员组成合议庭审理；其他案件由审判员一人独任审理。

第一百七十九条　人民法院在依照本章程序审理案件的过程中，发现本案属于民事权益争议的，应当裁定终结特别程序，并告知利害关系人可以另行起诉。

第一百八十条　人民法院适用特别程序审理的案件，应当在立案之日起三十日内或者公告期满后三十日内审结。有特殊情况需要延长的，由本院院长批准。但审理选民资格的案件除外。

第二十章　执行的申请和移送

第二百三十六条　发生法律效力的民事判决、裁定，当事人必须履行。一方拒绝履行的，对方当事人可以向人民法院申请执行，也可以由审判员移送执行员执行。

调解书和其他应当由人民法院执行的法律文书，当事人必须履行。一方拒绝履行的，对方当事人可以向人民法院申请执行。

第二百三十七条　对依法设立的仲裁机构的裁决，一方当事人不履行的，对方当事人可以向有管辖权的人民法院申请执行。受申请的人民法院应当执行。

被申请人提出证据证明仲裁裁决有下列情形之一的，经人民法院组成合议庭审查核实，裁定不予执行：

（一）当事人在合同中没有订有仲裁条款或者事后没有达成书面仲裁协议的；

（二）裁决的事项不属于仲裁协议的范围或者仲裁机构无权仲裁的；

（三）仲裁庭的组成或者仲裁的程序违反法定程序的；

（四）裁决所根据的证据是伪造的；

（五）对方当事人向仲裁机构隐瞒了足以影响公正裁决的证据的；

（六）仲裁员在仲裁该案时有贪污受贿，徇私舞弊，枉法裁决行为的。

人民法院认定执行该裁决违背社会公共利益的，裁定不予执行。

裁定书应当送达双方当事人和仲裁机构。

仲裁裁决被人民法院裁定不予执行的，当事人可以根据双方达成的书面仲裁协议重新申请仲裁，也可以向人民法院起诉。

第二百三十八条　对公证机关依法赋予强制执行效力的债权文书，一方当事人不履行的，对方当事人可以向有管辖权的人民法院申请执行，受申请的人民法院应当执行。

公证债权文书确有错误的，人民法院裁定不予执行，并将裁定书送达双方当事人和公证机关。

第二百三十九条　申请执行的期间为二年。申请执行时效的中止、中断，适用法律有关诉讼时效中止、中断的规定。

前款规定的期间，从法律文书规定履行期间的最后一日起计算；法律文书规定分期履行的，从规定的每次履行期间的最后一日起计算；法律文书未规定履行期间的，从法律文书生效之日起计算。

第二百四十条　执行员接到申请执行书或者移交执行书，应当向被执行人发出执行通知，并可以立即采取强制执行措施。

第二十一章　执行措施

第二百四十一条　被执行人未按执行通知履行法律文书确定的义务，应当报告当前以及收到执行通知之日前一年的财产情况。被执行人拒绝报告或者虚假报告的，人民法院可以根据情节轻重对被执行人或者其法定代理人、有关单位的主要负责人或者直接责任人员予以罚款、拘留。

第二百四十二条　被执行人未按执行通知履行法律文书确定的义务，人民法院有权向有关单位查询被执行人的存款、债券、股票、基金份额等财产情况。人民法院有权根据不同情形扣押、冻结、划拨、变价被执行人的财产。人民法院查询、扣押、冻结、划拨、变价的财产不得超出被执行人应当履行义务的范围。

人民法院决定扣押、冻结、划拨、变价财产，应当作出裁定，并发出协助执行通知书，有关单位必须办理。

第二百四十三条　被执行人未按执行通知履行法律文书确定

的义务，人民法院有权扣留、提取被执行人应当履行义务部分的收入。但应当保留被执行人及其所扶养家属的生活必需费用。

人民法院扣留、提取收入时，应当作出裁定，并发出协助执行通知书，被执行人所在单位、银行、信用合作社和其他有储蓄业务的单位必须办理。

第二百四十四条 被执行人未按执行通知履行法律文书确定的义务，人民法院有权查封、扣押、冻结、拍卖、变卖被执行人应当履行义务部分的财产。但应当保留被执行人及其所扶养家属的生活必需品。

采取前款措施，人民法院应当作出裁定。

第二百四十五条 人民法院查封、扣押财产时，被执行人是公民的，应当通知被执行人或者他的成年家属到场；被执行人是法人或者其他组织的，应当通知其法定代表人或者主要负责人到场。拒不到场的，不影响执行。被执行人是公民的，其工作单位或者财产所在地的基层组织应当派人参加。

对被查封、扣押的财产，执行员必须造具清单，由在场人签名或者盖章后，交被执行人一份。被执行人是公民的，也可以交他的成年家属一份。

第二百四十六条 被查封的财产，执行员可以指定被执行人负责保管。因被执行人的过错造成的损失，由被执行人承担。

第二百四十七条 财产被查封、扣押后，执行员应当责令被执行人在指定期间履行法律文书确定的义务。被执行人逾期不履行的，人民法院应当拍卖被查封、扣押的财产；不适于拍卖或者当事人双方同意不进行拍卖的，人民法院可以委托有关单位变卖或者自行变卖。国家禁止自由买卖的物品，交有关单位按照国家规定的价格收购。

第二百四十八条 被执行人不履行法律文书确定的义务，并隐匿财产的，人民法院有权发出搜查令，对被执行人及其住所或者财产隐匿地进行搜查。

采取前款措施，由院长签发搜查令。

第二百四十九条　法律文书指定交付的财物或者票证，由执行员传唤双方当事人当面交付，或者由执行员转交，并由被交付人签收。

有关单位持有该项财物或者票证的，应当根据人民法院的协助执行通知书转交，并由被交付人签收。

有关公民持有该项财物或者票证的，人民法院通知其交出。拒不交出的，强制执行。

第二百五十条　强制迁出房屋或者强制退出土地，由院长签发公告，责令被执行人在指定期间履行。被执行人逾期不履行的，由执行员强制执行。

强制执行时，被执行人是公民的，应当通知被执行人或者他的成年家属到场；被执行人是法人或者其他组织的，应当通知其法定代表人或者主要负责人到场。拒不到场的，不影响执行。被执行人是公民的，其工作单位或者房屋、土地所在地的基层组织应当派人参加。执行员应当将强制执行情况记入笔录，由在场人签名或者盖章。

强制迁出房屋被搬出的财物，由人民法院派人运至指定处所，交给被执行人。被执行人是公民的，也可以交给他的成年家属。因拒绝接收而造成的损失，由被执行人承担。

第二百五十一条　在执行中，需要办理有关财产权证照转移手续的，人民法院可以向有关单位发出协助执行通知书，有关单位必须办理。

第二百五十二条　对判决、裁定和其他法律文书指定的行为，被执行人未按执行通知履行的，人民法院可以强制执行或者委托有关单位或者其他人完成，费用由被执行人承担。

第二百五十三条　被执行人未按判决、裁定和其他法律文书指定的期间履行给付金钱义务的，应当加倍支付迟延履行期间的债务利息。被执行人未按判决、裁定和其他法律文书指定的期间履行其他义务的，应当支付迟延履行金。

第二百五十四条 人民法院采取本法第二百四十二条、第二百四十三条、第二百四十四条规定的执行措施后，被执行人仍不能偿还债务的，应当继续履行义务。债权人发现被执行人有其他财产的，可以随时请求人民法院执行。

第二百五十五条 被执行人不履行法律文书确定的义务的，人民法院可以对其采取或者通知有关单位协助采取限制出境，在征信系统记录、通过媒体公布不履行义务信息以及法律规定的其他措施。

第二十四章　管　辖

第二百六十五条 因合同纠纷或者其他财产权益纠纷，对在中华人民共和国领域内没有住所的被告提起的诉讼，如果合同在中华人民共和国领域内签订或者履行，或者诉讼标的物在中华人民共和国领域内，或者被告在中华人民共和国领域内有可供扣押的财产，或者被告在中华人民共和国领域内设有代表机构，可以由合同签订地、合同履行地、诉讼标的物所在地、可供扣押财产所在地、侵权行为地或者代表机构住所地人民法院管辖。

第二百六十六条 因在中华人民共和国履行中外合资经营企业合同、中外合作经营企业合同、中外合作勘探开发自然资源合同发生纠纷提起的诉讼，由中华人民共和国人民法院管辖。

第二十七章　司法协助

第二百七十六条 根据中华人民共和国缔结或者参加的国际条约，或者按照互惠原则，人民法院和外国法院可以相互请求，代为送达文书、调查取证以及进行其他诉讼行为。

外国法院请求协助的事项有损于中华人民共和国的主权、安全或者社会公共利益的，人民法院不予执行。

第二百七十七条　请求和提供司法协助，应当依照中华人民共和国缔结或者参加的国际条约所规定的途径进行；没有条约关系的，通过外交途径进行。

外国驻中华人民共和国的使领馆可以向该国公民送达文书和调查取证，但不得违反中华人民共和国的法律，并不得采取强制措施。

除前款规定的情况外，未经中华人民共和国主管机关准许，任何外国机关或者个人不得在中华人民共和国领域内送达文书、调查取证。

第二百七十八条　外国法院请求人民法院提供司法协助的请求书及其所附文件，应当附有中文译本或者国际条约规定的其他文字文本。

人民法院请求外国法院提供司法协助的请求书及其所附文件，应当附有该国文字译本或者国际条约规定的其他文字文本。

第二百七十九条　人民法院提供司法协助，依照中华人民共和国法律规定的程序进行。外国法院请求采用特殊方式的，也可以按照其请求的特殊方式进行，但请求采用的特殊方式不得违反中华人民共和国法律。

第二百八十条　人民法院作出的发生法律效力的判决、裁定，如果被执行人或者其财产不在中华人民共和国领域内，当事人请求执行的，可以由当事人直接向有管辖权的外国法院申请承认和执行，也可以由人民法院依照中华人民共和国缔结或者参加的国际条约的规定，或者按照互惠原则，请求外国法院承认和执行。

中华人民共和国涉外仲裁机构作出的发生法律效力的仲裁裁决，当事人请求执行的，如果被执行人或者其财产不在中华人民共和国领域内，应当由当事人直接向有管辖权的外国法院申请承认和执行。

第二百八十一条 外国法院作出的发生法律效力的判决、裁定，需要中华人民共和国人民法院承认和执行的，可以由当事人直接向中华人民共和国有管辖权的中级人民法院申请承认和执行，也可以由外国法院依照该国与中华人民共和国缔结或者参加的国际条约的规定，或者按照互惠原则，请求人民法院承认和执行。

第二百八十二条 人民法院对申请或者请求承认和执行的外国法院作出的发生法律效力的判决、裁定，依照中华人民共和国缔结或者参加的国际条约，或者按照互惠原则进行审查后，认为不违反中华人民共和国法律的基本原则或者国家主权、安全、社会公共利益的，裁定承认其效力，需要执行的，发出执行令，依照本法的有关规定执行。违反中华人民共和国法律的基本原则或者国家主权、安全、社会公共利益的，不予承认和执行。

第二百八十三条 国外仲裁机构的裁决，需要中华人民共和国人民法院承认和执行的，应当由当事人直接向被执行人住所地或者其财产所在地的中级人民法院申请，人民法院应当依照中华人民共和国缔结或者参加的国际条约，或者按照互惠原则办理。

6.中国公民出国旅游管理办法

第一条 为了规范旅行社组织中国公民出国旅游活动，保障出国旅游者和出国旅游经营者的合法权益，制定本办法。

第二条 出国旅游的目的地国家，由国务院旅游行政部门会同国务院有关部门提出，报国务院批准后，由国务院旅游行政部门公布。

任何单位和个人不得组织中国公民到国务院旅游行政部门公布的出国旅游的目的地国家以外的国家旅游；组织中国公民到国务院旅游行政部门公布的出国旅游的目的地国家以外的国家进行涉及体育活动、文化活动等临时性专项旅游的，须经国务院旅游行政部门批准。

第三条 旅行社经营出国旅游业务，应当具备下列条件：

（一）取得国际旅行社资格满 1 年；

（二）经营入境旅游业务有突出业绩；

（三）经营期间无重大违法行为和重大服务质量问题。

第四条 申请经营出国旅游业务的旅行社，应当向省、自治区、直辖市旅游行政部门提出申请。省、自治区、直辖市旅游行政部门应当自受理申请之日起 30 个工作日内，依据本办法第三条规定的条件对申请审查完毕，经审查同意的，报国务院旅游行政部门批准；经审查不同意的，应当书面通知申请人并说明理由。

国务院旅游行政部门批准旅行社经营出国旅游业务，应当符合旅游业发展规划及合理布局的要求。

未经国务院旅游行政部门批准取得出国旅游业务经营资格的，任何单位和个人不得擅自经营或者以商务、考察、培训等方式变相经营出国旅游业务。

第五条 国务院旅游行政部门应当将取得出国旅游业务经营资格的旅行社（以下简称组团社）名单予以公布，并通报国务院有关部门。

第六条 国务院旅游行政部门根据上年度全国入境旅游的业绩、出国旅游目的地的增加情况和出国旅游的发展趋势，在每年的 2 月底以前确定本年度组织出国旅游的人数安排总量，并下达省、自治区、直辖市旅游行政部门。

省、自治区、直辖市旅游行政部门根据本行政区域内各组团社上年度经营入境旅游的业绩、经营能力、服务质量，按照公平、公正、公开的原则，在每年的 3 月底以前核定各组团社本年度组织出国旅游的人数安排。

国务院旅游行政部门应当对省、自治区、直辖市旅游行政部门核定组团社年度出国旅游人数安排及组团社组织公民出国旅游的情况进行监督。

第七条 国务院旅游行政部门统一印制《中国公民出国旅游团队名单表》（以下简称《名单表》），在下达本年度出国旅游人数安排时编号发放给省、自治区、直辖市旅游行政部门，由省、自治区、直辖市旅游行政部门核发给组团社。

组团社应当按照核定的出国旅游人数安排组织出国旅游团队，填写《名单表》。旅游者及领队首次出境或者再次出境，均应当填写在《名单表》中，经审核后的《名单表》不得增添人员。

第八条 《名单表》一式四联，分为：出境边防检查专用联、入境边防检查专用联、旅游行政部门审验专用联、旅行社自留专用联。

组团社应当按照有关规定，在旅游团队出境、入境时及旅游团队入境后，将《名单表》分别交有关部门查验、留存。

出国旅游兑换外汇，由旅游者个人按照国家有关规定办理。

第九条　旅游者持有有效普通护照的，可以直接到组团社办理出国旅游手续；没有有效普通护照的，应当依照《中华人民共和国公民出境入境管理法》的有关规定办理护照后再办理出国旅游手续。

组团社应当为旅游者办理前往国签证等出境手续。

第十条　组团社应当为旅游团队安排专职领队。

领队应当经省、自治区、直辖市旅游行政部门考核合格，取得领队证。

领队在带团时，应当佩戴领队证，并遵守本办法及国务院旅游行政部门的有关规定。

第十一条　旅游团队应当从国家开放口岸整团出入境。

旅游团队出入境时，应当接受边防检查站对护照、签证、《名单表》的查验。经国务院有关部门批准，旅游团队可以到旅游目的地国家按照该国有关规定办理签证或者免签证。

旅游团队出境前已确定分团入境的，组团社应当事先向出入境边防检查总站或者省级公安边防部门备案。

旅游团队出境后因不可抗力或者其他特殊原因确需分团入境的，领队应当及时通知组团社，组团社应当立即向有关出入境边防检查总站或者省级公安边防部门备案。

第十二条　组团社应当维护旅游者的合法权益。

组团社向旅游者提供的出国旅游服务信息必须真实可靠，不得作虚假宣传，报价不得低于成本。

第十三条　组团社经营出国旅游业务，应当与旅游者订立书面旅游合同。

旅游合同应当包括旅游起止时间、行程路线、价格、食宿、交通以及违约责任等内容。旅游合同由组团社和旅游者各持一份。

第十四条 组团社应当按照旅游合同约定的条件，为旅游者提供服务。

组团社应当保证所提供的服务符合保障旅游者人身、财产安全的要求；对可能危及旅游者人身安全的情况，应当向旅游者作出真实说明和明确警示，并采取有效措施，防止危害的发生。

第十五条 组团社组织旅游者出国旅游，应当选择在目的地国家依法设立并具有良好信誉的旅行社（以下简称境外接待社），并与之订立书面合同后，方可委托其承担接待工作。

第十六条 组团社及其旅游团队领队应当要求境外接待社按照约定的团队活动计划安排旅游活动，并要求其不得组织旅游者参与涉及色情、赌博、毒品内容的活动或者危险性活动，不得擅自改变行程、减少旅游项目，不得强迫或者变相强迫旅游者参加额外付费项目。

境外接待社违反组团社及其旅游团队领队根据前款规定提出的要求时，组团社及其旅游团队领队应当予以制止。

第十七条 旅游团队领队应当向旅游者介绍旅游目的地国家的相关法律、风俗习惯以及其他有关注意事项，并尊重旅游者的人格尊严、宗教信仰、民族风俗和生活习惯。

第十八条 旅游团队领队在带领旅游者旅行、游览过程中，应当就可能危及旅游者人身安全的情况，向旅游者作出真实说明和明确警示，并按照组团社的要求采取有效措施，防止危害的发生。

第十九条 旅游团队在境外遇到特殊困难和安全问题时，领队应当及时向组团社和中国驻所在国家使领馆报告；组团社应当及时向旅游行政部门和公安机关报告。

第二十条 旅游团队领队不得与境外接待社、导游及为旅游者提供商品或者服务的其他经营者串通欺骗、胁迫旅游者消费，不得向境外接待社、导游及其他为旅游者提供商品或者服务的经营者索要回扣、提成或者收受其财物。

第二十一条　旅游者应当遵守旅游目的地国家的法律，尊重当地的风俗习惯，并服从旅游团队领队的统一管理。

第二十二条　严禁旅游者在境外滞留不归。

旅游者在境外滞留不归的，旅游团队领队应当及时向组团社和中国驻所在国家使领馆报告，组团社应当及时向公安机关和旅游行政部门报告。有关部门处理有关事项时，组团社有义务予以协助。

第二十三条　旅游者对组团社或者旅游团队领队违反本办法规定的行为，有权向旅游行政部门投诉。

第二十四条　因组团社或者其委托的境外接待社违约，使旅游者合法权益受到损害的，组团社应当依法对旅游者承担赔偿责任。

第二十五条　组团社有下列情形之一的，旅游行政部门可以暂停其经营出国旅游业务；情节严重的，取消其出国旅游业务经营资格：

（一）入境旅游业绩下降的；

（二）因自身原因，在 1 年内未能正常开展出国旅游业务的；

（三）因出国旅游服务质量问题被投诉并经查实的；

（四）有逃汇、非法套汇行为的；

（五）以旅游名义弄虚作假，骗取护照、签证等出入境证件或者送他人出境的；

（六）国务院旅游行政部门认定的影响中国公民出国旅游秩序的其他行为。

第二十六条　任何单位和个人违反本办法第四条的规定，未经批准擅自经营或者以商务、考察、培训等方式变相经营出国旅游业务的，由旅游行政部门责令停止非法经营，没收违法所得，并处违法所得 2 倍以上 5 倍以下的罚款。

第二十七条 组团社违反本办法第十条的规定，不为旅游团队安排专职领队的，由旅游行政部门责令改正，并处 5000 元以上 2 万元以下的罚款，可以暂停其出国旅游业务经营资格；多次不安排专职领队的，并取消其出国旅游业务经营资格。

第二十八条 组团社违反本办法第十二条的规定，向旅游者提供虚假服务信息或者低于成本报价的，由工商行政管理部门依照《中华人民共和国消费者权益保护法》、《中华人民共和国反不正当竞争法》的有关规定给予处罚。

第二十九条 组团社或者旅游团队领队违反本办法第十四条第二款、第十八条的规定，对可能危及人身安全的情况未向旅游者作出真实说明和明确警示，或者未采取防止危害发生的措施的，由旅游行政部门责令改正，给予警告；情节严重的，对组团社暂停其出国旅游业务经营资格，并处 5000 元以上 2 万元以下的罚款，对旅游团队领队可以暂扣直至吊销其领队证；造成人身伤亡事故的，依法追究刑事责任，并承担赔偿责任。

第三十条 组团社或者旅游团队领队违反本办法第十六条的规定，未要求境外接待社不得组织旅游者参与涉及色情、赌博、毒品内容的活动或者危险性活动，未要求其不得擅自改变行程、减少旅游项目、强迫或者变相强迫旅游者参加额外付费项目，或者在境外接待社违反前述要求时未制止的，由旅游行政部门对组团社处组织该旅游团队所收取费用 2 倍以上 5 倍以下的罚款，并暂停其出国旅游业务经营资格，对旅游团队领队暂扣其领队证；造成恶劣影响的，对组团社取消其出国旅游业务经营资格，对旅游团队领队吊销其领队证。

第三十一条 旅游团队领队违反本办法第二十条的规定，与境外接待社、导游及为旅游者提供商品或者服务的其他经营者串通欺骗、胁迫旅游者消费或者向境外接待社、导游和其他为旅游者提供商品或者服务的经营者索要回扣、提成或者收受其财物的，由旅游行政部门责令改正，没收索要的回扣、提成或者收受的财物，并处索要的回扣、提成或者收受的财物价值 2 倍以上 5 倍以下的罚款；情节严重的，并吊销其领队证。

第三十二条　违反本办法第二十二条的规定，旅游者在境外滞留不归，旅游团队领队不及时向组团社和中国驻所在国家使领馆报告，或者组团社不及时向有关部门报告的，由旅游行政部门给予警告，对旅游团队领队可以暂扣其领队证，对组团社可以暂停其出国旅游业务经营资格。

旅游者因滞留不归被遣返回国的，由公安机关吊销其护照。

第三十三条　本办法自 2002 年 7 月 1 日起施行。国务院 1997 年 3 月 17 日批准，国家旅游局、公安部 1997 年 7 月 1 日发布的《中国公民自费出国旅游管理暂行办法》同时废止。

7. 最高人民法院《关于审理旅游纠纷案件 适用法律若干问题的规定》

为正确审理旅游纠纷案件，依法保护当事人合法权益，根据《中华人民共和国民法通则》、《中华人民共和国合同法》、《中华人民共和国消费者权益保护法》、《中华人民共和国侵权责任法》和《中华人民共和国民事诉讼法》等有关法律规定，结合民事审判实践，制定本规定。

第一条 本规定所称的旅游纠纷，是指旅游者与旅游经营者、旅游辅助服务者之间因旅游发生的合同纠纷或者侵权纠纷。

"旅游经营者"是指以自己的名义经营旅游业务，向公众提供旅游服务的人。

"旅游辅助服务者"是指与旅游经营者存在合同关系，协助旅游经营者履行旅游合同义务，实际提供交通、游览、住宿、餐饮、娱乐等旅游服务的人。

旅游者在自行旅游过程中与旅游景点经营者因旅游发生的纠纷，参照适用本规定。

第二条 以单位、家庭等集体形式与旅游经营者订立旅游合同，在履行过程中发生纠纷，除集体以合同一方当事人名义起诉外，旅游者个人提起旅游合同纠纷诉讼的，人民法院应予受理。

第三条 因旅游经营者方面的同一原因造成旅游者人身损害、财产损失，旅游者选择要求旅游经营者承担违约责任或者侵权责任的，人民法院应当根据当事人选择的案由进行审理。

第四条 因旅游辅助服务者的原因导致旅游经营者违约，旅游者仅起诉旅游经营者的，人民法院可以将旅游辅助服务者追加为第三人。

第五条 旅游经营者已投保责任险，旅游者因保险责任事故仅起诉旅游经营者的，人民法院可以应当事人的请求将保险公司列为第三人。

第六条 旅游经营者以格式合同、通知、声明、告示等方式作出对旅游者不公平、不合理的规定，或者减轻、免除其损害旅游者合法权益的责任，旅游者请求依据消费者权益保护法第二十四条的规定认定该内容无效的，人民法院应予支持。

第七条 旅游经营者、旅游辅助服务者未尽到安全保障义务，造成旅游者人身损害、财产损失，旅游者请求旅游经营者、旅游辅助服务者承担责任的，人民法院应予支持。

因第三人的行为造成旅游者人身损害、财产损失，由第三人承担责任；旅游经营者、旅游辅助服务者未尽安全保障义务，旅游者请求其承担相应补充责任的，人民法院应予支持。

第八条 旅游经营者、旅游辅助服务者对可能危及旅游者人身、财产安全的旅游项目未履行告知、警示义务，造成旅游者人身损害、财产损失，旅游者请求旅游经营者、旅游辅助服务者承担责任的，人民法院应予支持。

旅游者未按旅游经营者、旅游辅助服务者的要求提供与旅游活动相关的个人健康信息并履行如实告知义务，或者不听从旅游经营者、旅游辅助服务者的告知、警示，参加不适合自身条件的旅游活动，导致旅游过程中出现人身损害、财产损失，旅游者请求旅游经营者、旅游辅助服务者承担责任的，人民法院不予支持。

第九条 旅游经营者、旅游辅助服务者泄露旅游者个人信息或者未经旅游者同意公开其个人信息，旅游者请求其承担相应责任的，人民法院应予支持。

第十条 旅游经营者将旅游业务转让给其他旅游经营者，旅游者不同意转让，请求解除旅游合同、追究旅游经营者违约责任的，人民法院应予支持。

旅游经营者擅自将其旅游业务转让给其他旅游经营者，旅游者在旅游过程中遭受损害，请求与其签订旅游合同的旅游经营者和实际提供旅游服务的旅游经营者承担连带责任的，人民法院应予支持。

第十一条 除合同性质不宜转让或者合同另有约定之外，在旅游行程开始前的合理期间内，旅游者将其在旅游合同中的权利义务转让给第三人，请求确认转让合同效力的，人民法院应予支持。

因前款所述原因，旅游经营者请求旅游者、第三人给付增加的费用或者旅游者请求旅游经营者退还减少的费用的，人民法院应予支持。

第十二条 旅游行程开始前或者进行中，因旅游者单方解除合同，旅游者请求旅游经营者退还尚未实际发生的费用，或者旅游经营者请求旅游者支付合理费用的，人民法院应予支持。

第十三条 因不可抗力等不可归责于旅游经营者、旅游辅助服务者的客观原因导致旅游合同无法履行，旅游经营者、旅游者请求解除旅游合同的，人民法院应予支持。旅游经营者、旅游者请求对方承担违约责任的，人民法院不予支持。旅游者请求旅游经营者退还尚未实际发生的费用的，人民法院应予支持。

因不可抗力等不可归责于旅游经营者、旅游辅助服务者的客观原因变更旅游行程，在征得旅游者同意后，旅游经营者请求旅游者分担因此增加的旅游费用或旅游者请求旅游经营者退还因此减少的旅游费用的，人民法院应予支持。

第十四条 因旅游辅助服务者的原因造成旅游者人身损害、财产损失，旅游者选择请求旅游辅助服务者承担侵权责任的，人民法院应予支持。

　　旅游经营者对旅游辅助服务者未尽谨慎选择义务，旅游者请求旅游经营者承担相应补充责任的，人民法院应予支持。

　　第十五条　签订旅游合同的旅游经营者将其部分旅游业务委托旅游目的地的旅游经营者，因受托方未尽旅游合同义务，旅游者在旅游过程中受到损害，要求作出委托的旅游经营者承担赔偿责任的，人民法院应予支持。

　　旅游经营者委托除前款规定以外的人从事旅游业务，发生旅游纠纷，旅游者起诉旅游经营者的，人民法院应予受理。

　　第十六条　旅游经营者准许他人挂靠其名下从事旅游业务，造成旅游者人身损害、财产损失，旅游者请求旅游经营者与挂靠人承担连带责任的，人民法院应予支持。

　　第十七条　旅游经营者违反合同约定，有擅自改变旅游行程、遗漏旅游景点、减少旅游服务项目、降低旅游服务标准等行为，旅游者请求旅游经营者赔偿未完成约定旅游服务项目等合理费用的，人民法院应予支持。

　　旅游经营者提供服务时有欺诈行为，旅游者请求旅游经营者双倍赔偿其遭受的损失的，人民法院应予支持。

　　第十八条　因飞机、火车、班轮、城际客运班车等公共客运交通工具延误，导致合同不能按照约定履行，旅游者请求旅游经营者退还未实际发生的费用的，人民法院应予支持。合同另有约定的除外。

　　第十九条　旅游者在自行安排活动期间遭受人身损害、财产损失，旅游经营者未尽到必要的提示义务、救助义务，旅游者请求旅游经营者承担相应责任的，人民法院应予支持。

　　前款规定的自行安排活动期间，包括旅游经营者安排的在旅游行程中独立的自由活动期间、旅游者不参加旅游行程的活动期间以及旅游者经导游或者领队同意暂时离队的个人活动期间等。

　　第二十条　旅游者在旅游行程中未经导游或者领队许可，故意脱离团队，遭受人身损害、财产损失，请求旅游经营者赔偿损失的，人民法院不予支持。

第二十一条　旅游者提起违约之诉，主张精神损害赔偿的，人民法院应告知其变更为侵权之诉；旅游者仍坚持提起违约之诉的，对于其精神损害赔偿的主张，人民法院不予支持。

第二十二条　旅游经营者或者旅游辅助服务者为旅游者代管的行李物品损毁、灭失，旅游者请求赔偿损失的，人民法院应予支持，但下列情形除外：

（一）损失是由于旅游者未听从旅游经营者或者旅游辅助服务者的事先声明或者提示，未将现金、有价证券、贵重物品由其随身携带而造成的；

（二）损失是由于不可抗力、意外事件造成的；

（三）损失是由于旅游者的过错造成的；

（四）损失是由于物品的自然属性造成的。

第二十三条　旅游者要求旅游经营者返还下列费用的，人民法院应予支持：

（一）因拒绝旅游经营者安排的购物活动或者另行付费的项目被增收的费用；

（二）在同一旅游行程中，旅游经营者提供相同服务，因旅游者的年龄、职业等差异而增收的费用。

第二十四条　旅游经营者因过错致其代办的手续、证件存在瑕疵，或者未尽妥善保管义务而遗失、毁损，旅游者请求旅游经营者补办或者协助补办相关手续、证件并承担相应费用的，人民法院应予支持。

因上述行为影响旅游行程，旅游者请求旅游经营者退还尚未发生的费用、赔偿损失的，人民法院应予支持。

第二十五条　旅游经营者事先设计，并以确定的总价提供交通、住宿、游览等一项或者多项服务，不提供导游和领队服务，由旅游者自行安排游览行程的旅游过程中，旅游经营者提供的服务不符合合同约定，侵害旅游者合法权益，旅游者请求旅游经营者承担相应责任的，人民法院应予支持。

旅游者在自行安排的旅游活动中合法权益受到侵害，请求旅游经营者、旅游辅助服务者承担责任的，人民法院不予支持。

第二十六条 本规定施行前已经终审，本规定施行后当事人申请再审或者按照审判监督程序决定再审的案件，不适用本规定。

8. 最高人民法院《关于确定民事侵权精神损害赔偿责任若干问题的解释》

为在审理民事侵权案件中正确确定精神损害赔偿责任，根据《中华人民共和国民法通则》等有关法律规定，结合审判实践经验，对有关问题作如下解释：

第一条 自然人因下列人格权利遭受非法侵害，向人民法院起诉请求赔偿精神损害的，人民法院应当依法予以受理：

（一）生命权、健康权、身体权；

（二）姓名权、肖像权、名誉权、荣誉权；

（三）人格尊严权、人身自由权。

违反社会公共利益、社会公德侵害他人隐私或者其他人格利益，受害人以侵权为由向人民法院起诉请求赔偿精神损害的，人民法院应当依法予以受理。

第二条 非法使被监护人脱离监护，导致亲子关系或者近亲属间的亲属关系遭受严重损害，监护人向人民法院起诉请求赔偿精神损害的，人民法院应当依法予以受理。

第三条 自然人死亡后，其近亲属因下列侵权行为遭受精神痛苦，向人民法院起诉请求赔偿精神损害的，人民法院应当依法予以受理：

（一）以侮辱、诽谤、贬损、丑化或者违反社会公共利益、社会公德的其他方式，侵害死者姓名、肖像、名誉、荣誉；

（二）非法披露、利用死者隐私，或者以违反社会公共利益、社会公德的其他方式侵害死者隐私；

（三）非法利用、损害遗体、遗骨，或者以违反社会公共利益、社会公德的其他方式侵害遗体、遗骨。

第四条　具有人格象征意义的特定纪念物品，因侵权行为而永久性灭失或者毁损，物品所有人以侵权为由，向人民法院起诉请求赔偿精神损害的，人民法院应当依法予以受理。

第五条　法人或者其他组织以人格权利遭受侵害为由，向人民法院起诉请求赔偿精神损害的，人民法院不予受理。

第六条　当事人在侵权诉讼中没有提出赔偿精神损害的诉讼请求，诉讼终结后又基于同一侵权事实另行起诉请求赔偿精神损害的，人民法院不予受理。

第七条　自然人因侵权行为致死，或者自然人死亡后其人格或者遗体遭受侵害，死者的配偶、父母和子女向人民法院起诉请求赔偿精神损害的，列其配偶、父母和子女为原告；没有配偶、父母和子女的，可以由其他近亲属提起诉讼，列其他近亲属为原告。

第八条　因侵权致人精神损害，但未造成严重后果，受害人请求赔偿精神损害的，一般不予支持，人民法院可以根据情形判令侵权人停止侵害、恢复名誉、消除影响、赔礼道歉。

因侵权致人精神损害，造成严重后果的，人民法院除判令侵权人承担停止侵害、恢复名誉、消除影响、赔礼道歉等民事责任外，可以根据受害人一方的请求判令其赔偿相应的精神损害抚慰金。

第九条　精神损害抚慰金包括以下方式：

（一）致人残疾的，为残疾赔偿金；

（二）致人死亡的，为死亡赔偿金；

（三）其他损害情形的精神抚慰金。

第十条　精神损害的赔偿数额根据以下因素确定：

（一）侵权人的过错程度，法律另有规定的除外；

（二）侵害的手段、场合、行为方式等具体情节；

（三）侵权行为所造成的后果；

（四）侵权人的获利情况；

（五）侵权人承担责任的经济能力；

（六）受诉法院所在地平均生活水平。

法律、行政法规对残疾赔偿金、死亡赔偿金等有明确规定的，适用法律、行政法规的规定。

第十一条 受害人对损害事实和损害后果的发生有过错的，可以根据其过错程度减轻或者免除侵权人的精神损害赔偿责任。

第十二条 在本解释公布施行之前已经生效施行的司法解释，其内容有与本解释不一致的，以本解释为准。

9. 最高人民法院《关于审理人身损害赔偿案件 适用法律若干问题的解释》

为正确审理人身损害赔偿案件，依法保护当事人的合法权益，根据《中华人民共和国民法通则》（以下简称民法通则）、《中华人民共和国民事诉讼法》（以下简称民事诉讼法）等有关法律规定，结合审判实践，就有关适用法律的问题作如下解释：

第一条　因生命、健康、身体遭受侵害，赔偿权利人起诉请求赔偿义务人赔偿财产损失和精神损害的，人民法院应予受理。

本条所称"赔偿权利人"，是指因侵权行为或者其他致害原因直接遭受人身损害的受害人、依法由受害人承担扶养义务的被扶养人以及死亡受害人的近亲属。

本条所称"赔偿义务人"，是指因自己或者他人的侵权行为以及其他致害原因依法应当承担民事责任的自然人、法人或者其他组织。

第二条　受害人对同一损害的发生或者扩大有故意、过失的，依照民法通则第一百三十一条的规定，可以减轻或者免除赔偿义务人的赔偿责任。但侵权人因故意或者重大过失致人损害，受害人只有一般过失的，不减轻赔偿义务人的赔偿责任。

适用民法通则第一百零六条第三款规定确定赔偿义务人的赔偿责任时，受害人有重大过失的，可以减轻赔偿义务人的赔偿责任。

第三条　二人以上共同故意或者共同过失致人损害，或者虽无共同故意、共同过失，但其侵害行为直接结合发生同一损害后果的，构成共同侵权，应当依照民法通则第一百三十条规定承担连带责任。

二人以上没有共同故意或者共同过失，但其分别实施的数个行为间接结合发生同一损害后果的，应当根据过失大小或者原因力比例各自承担相应的赔偿责任。

第四条 二人以上共同实施危及他人人身安全的行为并造成损害后果，不能确定实际侵害行为人的，应当依照民法通则第一百三十条规定承担连带责任。共同危险行为人能够证明损害后果不是由其行为造成的，不承担赔偿责任。

第五条 赔偿权利人起诉部分共同侵权人的，人民法院应当追加其他共同侵权人作为共同被告。赔偿权利人在诉讼中放弃对部分共同侵权人的诉讼请求的，其他共同侵权人对被放弃诉讼请求的被告应当承担的赔偿份额不承担连带责任。责任范围难以确定的，推定各共同侵权人承担同等责任。

人民法院应当将放弃诉讼请求的法律后果告知赔偿权利人，并将放弃诉讼请求的情况在法律文书中叙明。

第六条 从事住宿、餐饮、娱乐等经营活动或者其他社会活动的自然人、法人、其他组织，未尽合理限度范围内的安全保障义务致使他人遭受人身损害，赔偿权利人请求其承担相应赔偿责任的，人民法院应予支持。

因第三人侵权导致损害结果发生的，由实施侵权行为的第三人承担赔偿责任。安全保障义务人有过错的，应当在其能够防止或者制止损害的范围内承担相应的补充赔偿责任。安全保障义务人承担责任后，可以向第三人追偿。赔偿权利人起诉安全保障义务人的，应当将第三人作为共同被告，但第三人不能确定的除外。

第七条 对未成年人依法负有教育、管理、保护义务的学校、幼儿园或者其他教育机构，未尽职责范围内的相关义务致使未成年人遭受人身损害，或者未成年人致他人人身损害的，应当承担与其过错相应的赔偿责任。

第三人侵权致未成年人遭受人身损害的，应当承担赔偿责任。学校、幼儿园等教育机构有过错的，应当承担相应的补充赔偿责任。

第八条　法人或者其他组织的法定代表人、负责人以及工作人员，在执行职务中致人损害的，依照民法通则第一百二十一条的规定，由该法人或者其他组织承担民事责任。上述人员实施与职务无关的行为致人损害的，应当由行为人承担赔偿责任。

属于《国家赔偿法》赔偿事由的，依照《国家赔偿法》的规定处理。

第九条　雇员在从事雇佣活动中致人损害的，雇主应当承担赔偿责任；雇员因故意或者重大过失致人损害的，应当与雇主承担连带赔偿责任。雇主承担连带赔偿责任的，可以向雇员追偿。

前款所称"从事雇佣活动"，是指从事雇主授权或者指示范围内的生产经营活动或者其他劳务活动。雇员的行为超出授权范围，但其表现形式是履行职务或者与履行职务有内在联系的，应当认定为"从事雇佣活动"。

第十条　承揽人在完成工作过程中对第三人造成损害或者造成自身损害的，定作人不承担赔偿责任。但定作人对定作、指示或者选任有过失的，应当承担相应的赔偿责任。

第十一条　雇员在从事雇佣活动中遭受人身损害，雇主应当承担赔偿责任。雇佣关系以外的第三人造成雇员人身损害的，赔偿权利人可以请求第三人承担赔偿责任，也可以请求雇主承担赔偿责任。雇主承担赔偿责任后，可以向第三人追偿。

雇员在从事雇佣活动中因安全生产事故遭受人身损害，发包人、分包人知道或者应当知道接受发包或者分包业务的雇主没有相应资质或者安全生产条件的，应当与雇主承担连带赔偿责任。

属于《工伤保险条例》调整的劳动关系和工伤保险范围的，

不适用本条规定。

第十二条 依法应当参加工伤保险统筹的用人单位的劳动者，因工伤事故遭受人身损害，劳动者或者其近亲属向人民法院起诉请求用人单位承担民事赔偿责任的，告知其按《工伤保险条例》的规定处理。

因用人单位以外的第三人侵权造成劳动者人身损害，赔偿权利人请求第三人承担民事赔偿责任的，人民法院应予支持。

第十三条 为他人无偿提供劳务的帮工人，在从事帮工活动中致人损害的，被帮工人应当承担赔偿责任。被帮工人明确拒绝帮工的，不承担赔偿责任。帮工人存在故意或者重大过失，赔偿权利人请求帮工人和被帮工人承担连带责任的，人民法院应予支持。

第十四条 帮工人因帮工活动遭受人身损害的，被帮工人应当承担赔偿责任。被帮工人明确拒绝帮工的，不承担赔偿责任；但可以在受益范围内予以适当补偿。

帮工人因第三人侵权遭受人身损害的，由第三人承担赔偿责任。第三人不能确定或者没有赔偿能力的，可以由被帮工人予以适当补偿。

第十五条 为维护国家、集体或者他人的合法权益而使自己受到人身损害，因没有侵权人、不能确定侵权人或者侵权人没有赔偿能力，赔偿权利人请求受益人在受益范围内予以适当补偿的，人民法院应予支持。

第十六条 下列情形，适用民法通则第一百二十六条的规定，由所有人或者管理人承担赔偿责任，但能够证明自己没有过错的除外：

（一）道路、桥梁、隧道等人工建造的构筑物因维护、管理瑕疵致人损害的；

（二）堆放物品滚落、滑落或者堆放物倒塌致人损害的；

（三）树木倾倒、折断或者果实坠落致人损害的。

前款第（一）项情形，因设计、施工缺陷造成损害的，由所有人、管理人与设计、施工者承担连带责任。

第十七条　受害人遭受人身损害，因就医治疗支出的各项费用以及因误工减少的收入，包括医疗费、误工费、护理费、交通费、住宿费、住院伙食补助费、必要的营养费，赔偿义务人应当予以赔偿。

受害人因伤致残的，其因增加生活上需要所支出的必要费用以及因丧失劳动能力导致的收入损失，包括残疾赔偿金、残疾辅助器具费、被扶养人生活费，以及因康复护理、继续治疗实际发生的必要的康复费、护理费、后续治疗费，赔偿义务人也应当予以赔偿。

受害人死亡的，赔偿义务人除应当根据抢救治疗情况赔偿本条第一款规定的相关费用外，还应当赔偿丧葬费、被扶养人生活费、死亡补偿费以及受害人亲属办理丧葬事宜支出的交通费、住宿费和误工损失等其他合理费用。

第十八条　受害人或者死者近亲属遭受精神损害，赔偿权利人向人民法院请求赔偿精神损害抚慰金的，适用《最高人民法院关于确定民事侵权精神损害赔偿责任若干问题的解释》予以确定。

精神损害抚慰金的请求权，不得让与或者继承。但赔偿义务人已经以书面方式承诺给予金钱赔偿，或者赔偿权利人已经向人民法院起诉的除外。

第十九条　医疗费根据医疗机构出具的医药费、住院费等收款凭证，结合病历和诊断证明等相关证据确定。赔偿义务人对治疗的必要性和合理性有异议的，应当承担相应的举证责任。

医疗费的赔偿数额，按照一审法庭辩论终结前实际发生的数额确定。器官功能恢复训练所必要的康复费、适当的整容费以及其他后续治疗费，赔偿权利人可以待实际发生后另行起诉。但根据医疗证明或者鉴定结论确定必然发生的费用，可以与已经发生的医疗费一并予以赔偿。

第二十条 误工费根据受害人的误工时间和收入状况确定。

误工时间根据受害人接受治疗的医疗机构出具的证明确定。受害人因伤致残持续误工的，误工时间可以计算至定残日前一天。

受害人有固定收入的，误工费按照实际减少的收入计算。受害人无固定收入的，按照其最近三年的平均收入计算；受害人不能举证证明其最近三年的平均收入状况的，可以参照受诉法院所在地相同或者相近行业上一年度职工的平均工资计算。

第二十一条 护理费根据护理人员的收入状况和护理人数、护理期限确定。

护理人员有收入的，参照误工费的规定计算；护理人员没有收入或者雇佣护工的，参照当地护工从事同等级别护理的劳务报酬标准计算。护理人员原则上为一人，但医疗机构或者鉴定机构有明确意见的，可以参照确定护理人员人数。

护理期限应计算至受害人恢复生活自理能力时止。受害人因残疾不能恢复生活自理能力的，可以根据其年龄、健康状况等因素确定合理的护理期限，但最长不超过二十年。

受害人定残后的护理，应当根据其护理依赖程度并结合配制残疾辅助器具的情况确定护理级别。

第二十二条 交通费根据受害人及其必要的陪护人员因就医或者转院治疗实际发生的费用计算。交通费应当以正式票据为凭；有关凭据应当与就医地点、时间、人数、次数相符合。

第二十三条 住院伙食补助费可以参照当地国家机关一般工作人员的出差伙食补助标准予以确定。

受害人确有必要到外地治疗，因客观原因不能住院，受害人本人及其陪护人员实际发生的住宿费和伙食费，其合理部分应予赔偿。

第二十四条　营养费根据受害人伤残情况参照医疗机构的意见确定。

第二十五条　残疾赔偿金根据受害人丧失劳动能力程度或者伤残等级,按照受诉法院所在地上一年度城镇居民人均可支配收入或者农村居民人均纯收入标准,自定残之日起按二十年计算。但六十周岁以上的,年龄每增加一岁减少一年;七十五周岁以上的,按五年计算。

受害人因伤致残但实际收入没有减少,或者伤残等级较轻但造成职业妨害严重影响其劳动就业的,可以对残疾赔偿金作相应调整。

第二十六条　残疾辅助器具费按照普通适用器具的合理费用标准计算。伤情有特殊需要的,可以参照辅助器具配制机构的意见确定相应的合理费用标准。

辅助器具的更换周期和赔偿期限参照配制机构的意见确定。

第二十七条　丧葬费按照受诉法院所在地上一年度职工月平均工资标准,以六个月总额计算。

第二十八条　被扶养人生活费根据扶养人丧失劳动能力程度,按照受诉法院所在地上一年度城镇居民人均消费性支出和农村居民人均年生活消费支出标准计算。被扶养人为未成年人的,计算至十八周岁;被扶养人无劳动能力又无其他生活来源的,计算二十年。但六十周岁以上的,年龄每增加一岁减少一年;七十五周岁以上的,按五年计算。

被扶养人是指受害人依法应当承担扶养义务的未成年人或者丧失劳动能力又无其他生活来源的成年近亲属。被扶养人还有其他扶养人的,赔偿义务人只赔偿受害人依法应当负担的部分。被扶养人有数人的,年赔偿总额累计不超过上一年度城镇居民人均消费性支出额或者农村居民人均年生活消费支出额。

第二十九条　死亡赔偿金按照受诉法院所在地上一年度城镇

居民人均可支配收入或者农村居民人均纯收入标准，按二十年计算。但六十周岁以上的，年龄每增加一岁减少一年；七十五周岁以上的，按五年计算。

第三十条 赔偿权利人举证证明其住所地或者经常居住地城镇居民人均可支配收入或者农村居民人均纯收入高于受诉法院所在地标准的，残疾赔偿金或者死亡赔偿金可以按照其住所地或者经常居住地的相关标准计算。

被扶养人生活费的相关计算标准，依照前款原则确定。

第三十一条 人民法院应当按照民法通则第一百三十一条以及本解释第二条的规定，确定第十九条至第二十九条各项财产损失的实际赔偿金额。

前款确定的物质损害赔偿金与按照第十八条第一款规定确定的精神损害抚慰金，原则上应当一次性给付。

第三十二条 超过确定的护理期限、辅助器具费给付年限或者残疾赔偿金给付年限，赔偿权利人向人民法院起诉请求继续给付护理费、辅助器具费或者残疾赔偿金的，人民法院应予受理。赔偿权利人确需继续护理、配制辅助器具，或者没有劳动能力和生活来源的，人民法院应当判令赔偿义务人继续给付相关费用五至十年。

第三十三条 赔偿义务人请求以定期金方式给付残疾赔偿金、被扶养人生活费、残疾辅助器具费的，应当提供相应的担保。人民法院可以根据赔偿义务人的给付能力和提供担保的情况，确定以定期金方式给付相关费用。但一审法庭辩论终结前已经发生的费用、死亡赔偿金以及精神损害抚慰金，应当一次性给付。

第三十四条 人民法院应当在法律文书中明确定期金的给付时间、方式以及每期给付标准。执行期间有关统计数据发生变化的，给付金额应当适时进行相应调整。

定期金按照赔偿权利人的实际生存年限给付，不受本解释有关赔偿期限的限制。

第三十五条　本解释所称"城镇居民人均可支配收入"、"农村居民人均纯收入"、"城镇居民人均消费性支出"、"农村居民人均年生活消费支出"、"职工平均工资"，按照政府统计部门公布的各省、自治区、直辖市以及经济特区和计划单列市上一年度相关统计数据确定。

"上一年度"，是指一审法庭辩论终结时的上一统计年度。

第三十六条　本解释自 2004 年 5 月 1 日起施行。2004 年 5 月 1 日后新受理的一审人身损害赔偿案件，适用本解释的规定。已经作出生效裁判的人身损害赔偿案件依法再审的，不适用本解释的规定。

在本解释公布施行之前已经生效施行的司法解释，其内容与本解释不一致的，以本解释为准。

10. 团队境内旅游合同（示范文本）

国家旅游局、国家工商行政管理总局制定
二〇一四年四月

使 用 说 明

1. 本合同为示范文本，供中华人民共和国境内（不含港、澳、台地区）旅行社与旅游者之间签订团队境内包价旅游合同时使用（不含赴港、澳、台地区旅游及边境游）。

2. 双方当事人应当结合具体情况选择本合同协议条款中所提供的选择项，空格处应当以文字形式填写完整。

3. 双方当事人可以书面形式对本示范文本内容予以变更或者补充，但变更或者补充的内容，不得减轻或者免除应当由旅行社承担的责任。

4. 本示范文本由国家旅游局和国家工商行政管理总局共同制定、解释，在全国范围内推行使用。

团队境内旅游合同

合同编号：_____

旅游者：_____等____人（名单可附页，需旅行社和旅游者代表签字盖章确认）；

旅行社：_____；

旅行社业务经营许可证编号：＿＿＿＿＿＿＿＿＿＿＿＿。

第一章　术语和定义

第一条　本合同术语和定义

1. 团队境内旅游服务，指旅行社依据《中华人民共和国旅游法》、《旅行社条例》等法律、法规，组织旅游者在中华人民共和国境内（不含香港、澳门、台湾地区）旅游，代订公共交通客票，提供餐饮、住宿、游览等两项以上服务活动。

2. 旅游费用，指旅游者支付给旅行社，用于购买本合同约定的旅游服务的费用。

旅游费用包括：

（1）交通费；

（2）住宿费；

（3）餐费（不含酒水费）；

（4）旅行社统一安排的景区景点门票费；

（5）行程中安排的其他项目费用；

（6）导游服务费；

（7）旅行社（含地接社）的其他服务费用。

旅游费用不包括：

（1）旅游者投保的人身意外伤害保险费用；

（2）合同未约定由旅行社支付的费用，包括但不限于行程以外非合同约定活动项目所需的费用、自行安排活动期间发生的费用；

（3）行程中发生的旅游者个人费用，包括但不限于交通工具上的非免费餐饮费、行李超重费，住宿期间的洗衣、电话、饮料及酒类费，个人娱乐费用，个人伤病医疗费，寻找个人遗失物品的费用及报酬，个人原因造成的赔偿费用。

3. 履行辅助人，指与旅行社存在合同关系，协助其履行本合同义务，实际提供相关服务的法人、自然人或者其他组织。

4. 自由活动，特指《旅游行程单》中安排的自由活动。

5. 自行安排活动期间，指《旅游行程单》中安排的自由活动期间、旅游者不参加旅游行程活动期间、每日行程开始前、结束后旅游者离开住宿设施的个人活动期间、旅游者经导游同意暂时离团的个人活动期间。

6. 不合理的低价，指旅行社提供服务的价格低于接待和服务费用或者低于行业公认的合理价格，且无正当理由和充分证据证明该价格的合理性。其中，接待和服务费用主要包括旅行社提供或者采购餐饮、住宿、交通、游览、导游等服务所支出的费用。

7. 具体购物场所，指购物场所有独立的商号以及相对清晰、封闭、独立的经营边界和明确的经营主体，包括免税店，大型购物商场，前店后厂的购物场所，景区内购物场所，景区周边或者通往景区途中的购物场所，服务旅游团队的专门商店，商品批发市场和与餐饮、娱乐、停车休息等相关联的购物场所等。

8. 旅游者投保的人身意外伤害保险，指旅游者自己购买或者通过旅行社、航空机票代理点、景区等保险代理机构购买的以旅行期间自身的生命、身体或者有关利益为保险标的的短期保险，包括但不限于航空意外险、旅游意外险、紧急救援保险、特殊项目意外险。

9. 离团，指团队旅游者经导游同意不随团队完成约定行程的行为。

10. 脱团，指团队旅游者未经导游同意脱离旅游团队，不随团队完成约定行程的行为。

11. 转团，指由于未达到约定成团人数不能出团，旅行社征得旅游者书面同意，在行程开始前将旅游者转至其他旅行社所组的境内旅游团队履行合同的行为。

12. 拼团，指旅行社在保证所承诺的服务内容和标准不变的前提下，在签订合同时经旅游者同意，与其他旅行社招徕的旅游者拼成一个团，统一安排旅游服务的行为。

13. 不可抗力，指不能预见、不能避免并不能克服的客观情况，包括但不限于因自然原因和社会原因引起的，如自然灾害、战争、恐怖活动、动乱、骚乱、罢工、突发公共卫生事件、政府行为。

14. 已尽合理注意义务仍不能避免的事件，指因当事人故意或者过失以外的客观因素引发的事件，包括但不限于重大礼宾活动导致的交通堵塞，飞机、火车、班轮、城际客运班车等公共客运交通工具延误或者取消，景点临时不开放。

15. 必要的费用，指旅行社履行合同已经发生的费用以及向地接社或者履行辅助人支付且不可退还的费用，包括乘坐飞机（车、船）等交通工具的费用（含预订金）、饭店住宿费用（含预订金）、旅游观光汽车的人均车租等。

16. 公共交通经营者，指航空、铁路、航运客轮、城市公交、地铁等公共交通工具经营者。

第二章　合同的订立

第二条　旅游行程单

旅行社应当提供带团号的《旅游行程单》（以下简称《行程单》），经双方签字或者盖章确认后作为本合同的组成部分。《行程单》应当对如下内容作出明确的说明：

1. 旅游行程的出发地、途经地、目的地、结束地，线路行程时间和具体安排（按自然日计算，含乘飞机、车、船等在途时间，不足 24 小时以一日计）；

2. 地接社的名称、地址、联系人和联系电话；

3. 交通服务安排及其标准（明确交通工具及档次等级、出发时间以及是否需中转等信息）；

4. 住宿服务安排及其标准（明确住宿饭店的名称、地点、星级，非星级饭店应当注明是否有空调、热水、独立卫生间等相关服务设施）；

5. 用餐（早餐和正餐）服务安排及其标准（明确用餐次数、地点、标准）；

6. 旅行社统一安排的游览项目的具体内容及时间（明确旅游线路内容包括景区点及游览项目名称等，景区点停留的最少时间）；

7. 自由活动的时间；

8. 行程安排的娱乐活动（明确娱乐活动的时间、地点和项目内容）；

《行程单》用语须准确清晰，在表明服务标准用语中不应当出现"准×星级"、"豪华"、"仅供参考"、"以××为准"、"与××同级"等不确定用语。

第三条　订立合同

旅游者应当认真阅读本合同条款、《行程单》，在旅游者理解本合同条款及有关附件后，旅行社和旅游者应当签订书面合同。

由旅游者的代理人订立合同的，代理人需要出具被代理的旅游者的授权委托书。

第四条　旅游广告及宣传品

旅行社的旅游广告及宣传品应当遵循诚实信用的原则，其内容符合《中华人民共和国合同法》要约规定的，视为本合同的组成部分，对旅行社和旅游者双方具有约束力。

第三章　合同双方的权利义务

第五条　旅行社的权利

1. 根据旅游者的身体健康状况及相关条件决定是否接纳旅游者报名参团；

2. 核实旅游者提供的相关信息资料；

3. 按照合同约定向旅游者收取全额旅游费用；

4. 旅游团队遇紧急情况时，可以采取安全防范措施和紧急避险措施并要求旅游者配合；

5. 拒绝旅游者提出的超出合同约定的不合理要求；

6. 要求旅游者对在旅游活动中或者在解决纠纷时损害旅行社合法权益的行为承担赔偿责任；

7. 要求旅游者健康、文明旅游，劝阻旅游者违法和违反社会公德的行为。

第六条　旅行社的义务

1. 按照合同和《行程单》约定的内容和标准为旅游者提供服务，不擅自变更旅游行程安排；

2. 向合格的供应商订购产品和服务；

3. 不以不合理的低价组织旅游活动，诱骗旅游者，并通过安排购物或者另行付费旅游项目获取回扣等不正当利益；

组织、接待旅游者，不指定具体购物场所，不安排另行付费旅游项目，但是，经双方协商一致或者旅游者要求，且不影响其他旅游者行程安排的除外；

4. 在出团前如实告知具体行程安排和有关具体事项，具体事项包括但不限于所到旅游目的地的重要规定、风俗习惯；旅游活动中的安全注意事项和安全避险措施、旅游者不适合参加旅游活动的情形；旅行社依法可以减免责任的信息；应急联络方式以及法律、法规规定的其他应当告知的事项；

5. 按照合同约定，为旅游团队安排符合《中华人民共和国旅游法》、《导游人员管理条例》规定的持证导游人员；

6. 妥善保管旅游者交其代管的证件、行李等物品；

7. 为旅游者发放用固定格式书写、由旅游者填写的安全信息卡（包括旅游者的姓名、血型、应急联络方式等）；

8. 旅游者人身、财产权益受到损害时，应当采取合理必要的保护和救助措施，避免旅游者人身、财产权益损失扩大；

9. 积极协调处理旅游行程中的纠纷，采取适当措施防止损失扩大；

10. 提示旅游者投保人身意外伤害保险；

11. 向旅游者提供发票；

12. 依法对旅游者个人信息保密；

13. 旅游行程中解除合同的，旅行社应当协助旅游者返回出发地或者旅游者指定的合理地点。

第七条　旅游者的权利

1. 要求旅行社按照合同及《行程单》约定履行相关义务；

2. 拒绝未经事先协商一致的转团、拼团行为；

3. 有权自主选择旅游产品和服务，有权拒绝旅行社未与旅游者协商一致或者未经旅游者要求而指定购物场所、安排旅游者参加另行付费旅游项目的行为，有权拒绝旅行社的导游强迫或者变相强迫旅游者购物、参加另行付费旅游项目的行为；

4. 在支付旅游费用时要求旅行社出具发票；

5. 人格尊严、民族风俗习惯和宗教信仰得到尊重；

6. 在人身、财产安全遇有危险时，有权请求救助和保护；人身、财产受到损害的，有权依法获得赔偿；

7. 在合法权益受到损害时向有关部门投诉或者要求旅行社协助索赔；

8.《中华人民共和国旅游法》、《中华人民共和国消费者权益保护法》和有关法律、法规赋予旅游者的其他各项权利。

第八条　旅游者的义务

1. 如实填写《旅游报名表》、游客安全信息卡等各项内容，告知与旅游活动相关的个人健康信息，并对其真实性负责，保证所提供的联系方式准确无误且能及时联系；

2. 按照合同约定支付旅游费用；

3. 遵守法律、法规和有关规定，不在旅游行程中从事违法活动，不参与色情、赌博和涉毒活动；

4. 遵守公共秩序和社会公德，尊重旅游目的地的风俗习惯、文化传统和宗教信仰，爱护旅游资源，保护生态环境，遵守《中国公民国内旅游文明行为公约》等文明行为规范；

5. 对国家应对重大突发事件暂时限制旅游活动的措施以及有关部门、机构或者旅游经营者采取的安全防范和应急处置措施予以配合；

6. 妥善保管自己的行李物品，随身携带现金、有价证券、贵重物品，不在行李中夹带；

7. 在旅游活动中或者在解决纠纷时，应采取措施防止损失扩大，不损害当地居民的合法权益；不干扰他人的旅游活动；不损害旅游经营者和旅游从业人员的合法权益，不采取拒绝上、下机（车、船）、拖延行程或者脱团等不当行为；

8. 自行安排活动期间，应当在自己能够控制风险的范围内选择活动项目，遵守旅游活动中的安全警示规定，并对自己的安全负责。

第四章　合同的变更与转让

第九条　合同的变更

1. 旅行社与旅游者双方协商一致，可以变更本合同约定的内容，但应当以书面形式由双方签字确认。由此增加的旅游费用及给对方造成的损失，由变更提出方承担；由此减少的旅游费用，旅行社应当退还旅游者。

2. 行程开始前遇到不可抗力或者旅行社、履行辅助人已尽合理注意义务仍不能避免的事件的，双方经协商可以取消行程或者延期出行。取消行程的，按照本合同第十四条处理；延期出行的，增加的费用由旅游者承担，减少的费用退还旅游者。

3. 行程中遇到不可抗力或者旅行社、履行辅助人已尽合理注意义务仍不能避免的事件，影响旅游行程的，按以下方式处理：

（1）合同不能完全履行的，旅行社经向旅游者作出说明，旅游者同意变更的，可以在合理范围内变更合同，因此增加的费用由旅游者承担，减少的费用退还旅游者。

（2）危及旅游者人身、财产安全的，旅行社应当采取相应的安全措施，因此支出的费用，由旅行社与旅游者分担。

（3）造成旅游者滞留的，旅行社应采取相应的安置措施。因此增加的食宿费用由旅游者承担，增加的返程费用双方分担。

第十条　合同的转让

旅游行程开始前，旅游者可以将本合同中自身的权利义务转让给第三人，旅行社没有正当理由的不得拒绝，并办理相关转让手续，因此增加的费用由旅游者和第三人承担。

正当理由包括但不限于：对应原报名者办理的相关服务不可转让给第三人的；无法为第三人安排交通等情形的；旅游活动对于旅游者的身份、资格等有特殊要求的。

第十一条　不成团的安排

当旅行社组团未达到约定的成团人数不能成团时，旅游者可以与旅行社就如下安排在本合同第23条中做出约定。

1. 转团：旅行社可以在保证所承诺的服务内容和标准不降低的前提下，经事先征得旅游者书面同意，委托其他旅行社履行合同，并就受委托出团的旅行社违反本合同约定的行为先行承担责任，再行追偿。旅游者和受委托出团的旅行社另行签订合同的，本合同的权利义务终止。

2. 延期出团和改变线路出团：旅行社经征得旅游者书面同意，可以延期出团或者改变其他线路出团，因此增加的费用由旅游者承担，减少的费用旅行社予以退还。需要时可以重新签订旅游合同。

第五章　合同的解除

第十二条　旅行社解除合同

1. 未达到约定的成团人数不能成团时，旅行社解除合同的，应当采取书面等有效形式。旅行社在行程开始前 7 日（按照出发日减去解除合同通知到达日的自然日之差计算，下同）以上（含第 7 日，下同）提出解除合同的，不承担违约责任，旅行社向旅游者退还已收取的全部旅游费用；旅行社在行程开始前 7 日以内（不含第 7 日，下同）提出解除合同的，除向旅游者退还已收取的全部旅游费用外，还应当按本合同第 17 条第 1 款的约定，承担相应的违约责任。

2. 旅游者有下列情形之一的，旅行社可以解除合同：

（1）患有传染病等疾病，可能危害其他旅游者健康和安全的；

（2）携带危害公共安全的物品且不同意交有关部门处理的；

（3）从事违法或者违反社会公德的活动的；

（4）从事严重影响其他旅游者权益的活动，且不听劝阻、不能制止的；

（5）法律、法规规定的其他情形。

旅行社因上述情形解除合同的，应当以书面等形式通知旅游者，按照本合同第 15 条相关约定扣除必要的费用后，将余款退还旅游者。

第十三条　旅游者解除合同

1. 未达到约定的成团人数不能成团时，旅游者既不同意转团，也不同意延期出行或者改签其他线路出团的，旅行社应及时发出不能成团的书面通知，旅游者可以解除合同。旅游者在行程开始前 7 日以上收到旅行社不能成团通知的，旅行社不承担违约责任，向旅游者退还已收取的全部旅游费用；旅游者在行程开始前 7 日以内收到旅行社不能成团通知的，按照本合同第十七条第 1 款相关约定处理。

2. 除本条第 1 款约定外，在旅游行程结束前，旅游者亦可以书面等形式解除合同。旅游者在行程开始前 7 日以上提出解除合同的，旅行社应当向旅游者退还全部旅游费用；旅游者在行程开始前 7 日以内和行程中提出解除合同的，旅行社按照本合同第十五条相关约定扣除必要的费用后，将余款退还旅游者。

3. 旅游者未按约定时间到达约定集合出发地点，也未能在出发中途加入旅游团队的，视为旅游者解除合同，按照本合同第 15 条相关约定处理。

第十四条　因不可抗力或者已尽合理注意义务仍不能避免的事件解除合同

因不可抗力或者旅行社、履行辅助人已尽合理注意义务仍不能避免的事件，影响旅游行程，合同不能继续履行的，旅行社和旅游者均可以解除合同；合同不能完全履行，旅游者不同意变更的，可以解除合同。合同解除的，旅行社应当在扣除已向地接社或者履行辅助人支付且不可退还的费用后，将余款退还旅游者。

第十五条　必要的费用扣除

1. 旅游者在行程开始前 7 日以内提出解除合同或者按照本合同第 12 条第 2 款约定由旅行社在行程开始前解除合同的，按下列标准扣除必要的费用：

行程开始前 6 日至 4 日，按旅游费用总额的 20%；

行程开始前 3 日至 1 日，按旅游费用总额的 40%；

行程开始当日，按旅游费用总额的 60%。

2. 在行程中解除合同的，必要的费用扣除标准为：

旅游费用×行程开始当日扣除比例＋（旅游费用－旅游费用×行程开始当日扣除比例）÷旅游天数×已经出游的天数。

如按上述第 1 款或者第 2 款约定比例扣除的必要的费用低于实际发生的费用，旅游者按照实际发生的费用支付，但最高额不应当超过旅游费用总额。

解除合同的，旅行社扣除必要的费用后，应当在解除合同通知到达日起 5 个工作日内为旅游者办结退款手续。

第十六条　旅行社协助旅游者返程及费用承担

旅游行程中解除合同的，旅行社应协助旅游者返回出发地或者旅游者指定的合理地点。因旅行社或者履行辅助人的原因导致合同解除的，返程费用由旅行社承担；行程中按照本合同第十二条第 2 款，第十三条第 2 款约定解除合同的，返程费用由旅游者承担；按照本合同第十四条约定解除合同的，返程费用由双方分担。

第六章　违约责任

第十七条　旅行社的违约责任

1. 旅行社在行程开始前 7 日以内提出解除合同的，或者旅游者在行程开始前 7 日以内收到旅行社不能成团通知，不同意转团、延期出行和改签线路解除合同的，旅行社向旅游者退还已收取的全部旅游费用，并按下列标准向旅游者支付违约金：

行程开始前 6 日至 4 日，支付旅游费用总额 10% 的违约金；

行程开始前 3 日至 1 日，支付旅游费用总额 15% 的违约金；

行程开始当日，支付旅游费用总额 20% 的违约金。

如按上述比例支付的违约金不足以赔偿旅游者的实际损失，旅行社应当按实际损失对旅游者予以赔偿。

旅行社应当在取消出团通知或者旅游者不同意不成团安排的解除合同通知到达日起5个工作日内，为旅游者办结退还全部旅游费用的手续并支付上述违约金。

2. 旅行社未按合同约定提供服务，或者未经旅游者同意调整旅游行程（本合同第9条第3款规定的情形除外），造成项目减少、旅游时间缩短或者标准降低的，应当依法承担继续履行、采取补救措施或者赔偿损失等违约责任。

3. 旅行社具备履行条件，经旅游者要求仍拒绝履行本合同义务的，旅行社向旅游者支付旅游费用总额30%的违约金，旅游者采取订同等级别的住宿、用餐、交通等补救措施的，费用由旅行社承担；造成旅游者人身损害、滞留等严重后果的，旅游者还可以要求旅行社支付旅游费用一倍以上三倍以下的赔偿金。

4. 未经旅游者同意，旅行社转团、拼团的，旅行社应向旅游者支付旅游费用总额25%的违约金；旅游者解除合同的，旅行社还应向未随团出行的旅游者退还全部旅游费用，向已随团出行的旅游者退还尚未发生的旅游费用。如违约金不足以赔偿旅游者的实际损失，旅行社应当按实际损失对旅游者予以赔偿。

5. 旅行社有以下情形之一的，旅游者有权在旅游行程结束后30日内，要求旅行社为其办理退货并先行垫付退货货款，或者退还另行付费旅游项目的费用：

（1）旅行社以不合理的低价组织旅游活动，诱骗旅游者，并通过安排购物或者另行付费旅游项目获取回扣等不正当利益的；

（2）未经双方协商一致或者未经旅游者要求，旅行社指定具体购物场所或者安排另行付费旅游项目的。

6. 与旅游者出现纠纷时，旅行社应当采取积极措施防止损失扩大，否则应当就扩大的损失承担责任。

第十八条　旅游者的违约责任

1. 旅游者因不听从旅行社及其导游的劝告、提示而影响团队行程，给旅行社造成损失的，应当承担相应的赔偿责任。

2. 旅游者超出本合同约定的内容进行个人活动所造成的损失，由其自行承担。

3. 由于旅游者的过错，使旅行社、履行辅助人、旅游从业人员或者其他旅游者遭受损害的，旅游者应当赔偿损失。

4. 旅游者在旅游活动中或者在解决纠纷时，应采取措施防止损失扩大，否则应当就扩大的损失承担相应的责任。

5. 旅游者违反安全警示规定，或者对国家应对重大突发事件暂时限制旅游活动的措施、安全防范和应急处置措施不予配合，造成旅行社损失的，应当依法承担相应责任。

第十九条　其他责任

1. 由于旅游者自身原因导致本合同不能履行或者不能按照约定履行，或者造成旅游者人身损害、财产损失的，旅行社不承担责任。

2. 旅游者在自行安排活动期间人身、财产权益受到损害的，旅行社在事前已尽到必要警示说明义务且事后已尽到必要救助义务的，旅行社不承担赔偿责任。

3. 由于第三方侵害等不可归责于旅行社的原因导致旅游者人身、财产权益受到损害的，旅行社不承担赔偿责任。但因旅行社不履行协助义务致使旅游者人身、财产权益损失扩大的，旅行社应当就扩大的损失承担赔偿责任。

4. 由于公共交通经营者的原因造成旅游者人身损害、财产损失依法应承担责任的，旅行社应当协助旅游者向公共交通经营者索赔。

第七章　协议条款

第二十条　线路行程时间

出发时间＿＿年＿月＿日＿时，结束时间＿＿年＿月＿日＿时；共＿天，饭店住宿＿夜。

第二十一条　旅游费用及支付（以人民币为计算单位）

成人：＿元/人，儿童（不满 14 岁）：＿元/人；其中，导游服务费：＿＿＿元/人；

旅游费用合计：＿＿＿＿＿＿＿＿＿＿元。

旅游费用支付方式：＿＿＿＿＿＿＿。

旅游费用支付时间：＿＿＿＿＿。

第二十二条　人身意外伤害保险

1. 旅行社提示旅游者购买人身意外伤害保险；

2. 旅游者可以做以下选择：

□委托旅行社购买（旅行社不具有保险兼业代理资格的，不得勾选此项）：保险产品名称＿＿＿＿＿＿＿（投保的相关信息以实际保单为准）；

□自行购买；

□放弃购买。

第二十三条　成团人数与不成团的约定

成团的最低人数：＿＿＿＿人。

如不能成团，旅游者是否同意按下列方式解决：

1. ＿＿＿（同意或者不同意，打勾无效）旅行社委托＿＿＿＿旅行社履行合同；

2. ＿＿＿＿（同意或者不同意，打钩无效）延期出团；

3. ＿＿＿＿（同意或者不同意，打钩无效）改变其他线路出团；

4. ＿＿＿＿（同意或者不同意，打钩无效）解除合同。

第二十四条 拼团约定

旅游者_____（同意或者不同意，打钩无效）采用拼团方式拼至_____旅行社成团。

第二十五条 自愿购物和参加另行付费旅游项目约定

1. 旅游者可以自主决定是否参加旅行社安排的购物活动、另行付费旅游项目；

2. 旅行社可以在不以不合理的低价组织旅游活动、不诱骗旅游者、不获取回扣等不正当利益，且不影响其他旅游者行程安排的前提下，按照平等自愿、诚实信用的原则，与旅游者协商一致达成购物活动、另行付费旅游项目协议；

3. 购物活动、另行付费旅游项目安排应不与《行程单》冲突；

4. 地接社及其从业人员在行程中安排购物活动、另行付费旅游项目的，责任由订立本合同的旅行社承担；

5. 购物活动、另行付费旅游项目具体约定见《自愿购物活动补充协议》（附件3）、《自愿参加另行付费旅游项目补充协议》（附件4）。

第二十六条 争议的解决方式

本合同履行过程中发生争议，由双方协商解决；亦可向合同签订地的旅游质监执法机构、消费者协会、有关的调解组织等有关部门或者机构申请调解。协商或者调解不成的，按下列第____ ____种方式解决：

1. 提交_____仲裁委员会仲裁；

2. 依法向人民法院起诉。

第二十七条 其他约定事项

未尽事宜，经旅游者和旅行社双方协商一致，可以列入补充条款（如合同空间不够，可以另附纸张，由双方签字或者盖章确认。）

第二十八条　合同效力

本合同一式＿＿＿份，双方各持＿＿＿份，具有同等法律效力，自双方当事人签字或者盖章之日起生效。

旅游者代表签字（盖章）：＿＿＿＿旅行社盖章：＿＿＿＿＿＿＿＿

证件号码：＿＿＿＿＿＿＿＿＿＿签约代表签字（盖章）：＿＿＿

住　　址：＿＿＿＿＿＿＿＿＿＿营业地址：＿＿＿＿＿＿＿＿＿

联系电话：＿＿＿＿＿＿＿＿＿＿联系电话：＿＿＿＿＿＿＿＿＿

传　　真：＿＿＿＿＿＿＿＿＿＿传　　真：＿＿＿＿＿＿＿＿＿

邮　　编：＿＿＿＿＿＿＿＿＿＿邮　　编：＿＿＿＿＿＿＿＿＿

电子信箱：＿＿＿＿＿＿＿＿＿＿电子信箱：＿＿＿＿＿＿＿＿＿

签约日期：＿＿＿年＿＿月＿日　签约日期：＿＿＿年＿＿＿月＿日

签约地点：＿＿＿＿＿＿＿＿＿＿

旅行社监督、投诉电话：＿＿＿＿＿＿＿＿＿＿＿

＿＿＿省＿＿＿市旅游质监执法机构：

投诉电话：＿＿＿＿＿＿＿＿

电子邮箱：＿＿＿＿＿＿＿＿

地　　址：＿＿＿＿＿＿＿＿

邮　　编：＿＿＿＿＿＿＿＿

附件1：旅游报名表

旅游线路及编号＿＿＿＿＿＿＿＿＿＿旅游者出团时间意向＿＿＿＿

＿＿＿＿＿＿＿＿＿＿＿＿＿

姓名		性别		民族		出生日期	
身份证件号码			联系电话				
身体状况		（需注明是否有身体残疾、精神疾病、高血压、心脏病等健康受损病症、病史，是否为妊娠期妇女）					

旅游者全部同行人名单及分房要求（所列同行人均视为旅游者要求必须同时安排出团）：
_____与_____同住，_____与_____同住，____与_____同住，
_____与_____同住，____与_____同住，_____与_____同住，
_____为单男/单女需要安排与他人同住，_____不占床位，
_____全程要求入住单间（应当补交房费差额）

其他补充约定：

旅游者确认签名（盖章）：_____年___月___日

备注	（年龄低于18周岁，需要提交家长书面同意出行书）

以 下 各 栏 由 旅 行 社 工 作 人 员 填 写

服务网点名称		旅行社经办人	

附件 2：带团号的《旅游行程单》

具体内容略。

旅游者：（代表人签字）　　　　　旅行社：（盖章）

　　　　　　　　　　　　　　　　经办人：（签字）

　　　　　　　　　　　　　　　　年　　月　　日

附件 3：

自愿购物活动补充协议

具体时间	地点	购物场所名称	主要商品信息	最长停留时间（分钟）	其他说明	旅游者签名同意
年 月 日 时						
年 月 日 时						
年 月 日 时						

旅行社经办人签名：＿＿＿＿＿＿

附件 4：

自愿参加另行付费旅游项目补充协议

具体时间	地点	项目名称和内容	费用（元）	项目时长（分钟）	其他说明	旅游者签名同意
年 月 日 时						
年 月 日 时						
年 月 日 时						

旅行社经办人签名：＿＿＿＿＿＿

11. 团队出境旅游合同（示范文本）

国家旅游局、国家工商行政管理总局制定
二〇一四年四月

使　用　说　明

　　1. 本合同为示范文本，供中华人民共和国境内（不含港、澳、台地区）经营出境旅游业务或者边境旅游业务的旅行社（以下简称"出境社"）与出境旅游者（以下简称"旅游者"）之间签订团队出境包价旅游（不含赴台湾地区旅游）合同时使用。

　　2. 双方当事人应当结合具体情况选择本合同协议条款中所提供的选择项，空格处应当以文字形式填写完整。

　　3. 双方当事人可以书面形式对本示范文本内容进行变更或者补充，但变更或者补充的内容，不得减轻或者免除应当由出境社承担的责任。

　　4. 本示范文本由国家旅游局和国家工商行政管理总局共同制定、解释，在全国范围内推行使用。

团队境内旅游合同

　　合同编号：＿＿＿＿＿＿＿＿＿＿

　　旅游者：＿＿＿＿＿＿＿＿＿＿＿等＿＿＿人（名单可附页，需出境社和旅游者代表签字盖章确认）；

出境社：_____；

旅行社业务经营许可证编号：_____。

第一章　术语和定义

第一条　本合同术语和定义

1. 团队出境旅游服务，指出境社依据《中华人民共和国旅游法》、《中国公民出国旅游管理办法》和《旅行社条例》等法律、法规，组织旅游者出国旅游及赴中外双方政府商定的国外边境区域和港、澳地区等旅游目的地旅游，代办旅游签证/签注，代订公共交通客票，提供餐饮、住宿、游览等两项以上服务活动。

2. 旅游费用，指旅游者支付给出境社，用于购买本合同约定的旅游服务的费用。

旅游费用包括：

（1）必要的签证/签注费用（旅游者自办的除外）；

（2）交通费（含境外机场税）；

（3）住宿费；

（4）餐费（不含酒水费）；

（5）出境社统一安排的景区景点的门票费；

（6）行程中安排的其他项目费用；

（7）导游服务费；

（8）边境旅游中办理旅游证件的费用；

（9）出境社、境外地接社等其他服务费用。

旅游费用不包括：

（1）办理护照、港澳通行证的费用；

（2）办理离团的费用；

（3）旅游者投保的人身意外伤害保险费用；

（4）合同未约定由出境社支付的费用，包括但不限于行程以外非合同约定项目所需的费用、自行安排活动期间发生的费用；

（5）境外小费；

（6）行程中发生的旅游者个人费用，包括但不限于交通工具上的非免费餐饮费、行李超重费，住宿期间的洗衣、通讯、饮料及酒类费用，个人娱乐费用，个人伤病医疗费，寻找个人遗失物品的费用及报酬，个人原因造成的赔偿费用。

3. 履行辅助人，指与旅行社存在合同关系，协助其履行本合同义务，实际提供相关服务的法人、自然人或者其他组织。

4. 自由活动，特指《旅游行程单》中安排的自由活动。

5. 自行安排活动期间，指《旅游行程单》中安排的自由活动期间、旅游者不参加旅游行程活动期间、每日行程开始前、结束后旅游者离开住宿设施的个人活动期间、旅游者经领队或者导游同意暂时离团的个人活动期间。

6. 不合理的低价，指出境社提供服务的价格低于接待和服务费用或者低于行业公认的合理价格，且无正当理由和充分证据证明该价格的合理性。其中，接待和服务费用主要包括出境社提供或者采购餐饮、住宿、交通、游览、导游或者领队等服务所支出的费用。

7. 具体购物场所，指购物场所有独立的商号以及相对清晰、封闭、独立的经营边界和明确的经营主体，包括免税店，大型购物商场，前店后厂的购物场所，景区内购物场所，景区周边或者通往景区途中的购物场所，服务旅游团队的专门商店，商品批发市场和与餐饮、娱乐、停车休息等相关联的购物场所等。

8. 旅游者投保的人身意外伤害保险，指旅游者自己购买或者通过旅行社、航空机票代理点、景区等保险代理机构购买的以旅行期间自身的生命、身体或者有关利益为保险标的的短期保险，包括但不限于航空意外险、旅游意外险、紧急救援保险、特殊项目意外险。

9. 离团，指团队旅游者在境外经领队同意不随团队完成约定行程的行为。

10. 脱团，指团队旅游者在境外未经领队同意脱离旅游团队，不随团队完成约定行程的行为。

11. 转团，指由于未达到约定成团人数不能出团，出境社征得旅游者书面同意，在行程开始前将旅游者转至其他出境社所组的出境旅游团队履行合同的行为。

12. 拼团，指出境社在保证所承诺的服务内容和标准不变的前提下，在签订合同时经旅游者同意，与其他出境社招徕的旅游者拼成一个团统一安排旅游服务的行为。

13. 不可抗力，指不能预见、不能避免并不能克服的客观情况，包括但不限于因自然原因和社会原因引起的，如自然灾害、战争、恐怖活动、动乱、骚乱、罢工、突发公共卫生事件、政府行为。

14. 已尽合理注意义务仍不能避免的事件，指因当事人故意或者过失以外的客观因素引发的事件，包括但不限于重大礼宾活动导致的交通堵塞，飞机、火车、班轮、城际客运班车等公共客运交通工具延误或者取消，景点临时不开放。

15. 必要的费用，指出境社履行合同已经发生的费用以及向地接社或者履行辅助人支付且不可退还的费用，包括乘坐飞机（车、船）等交通工具的费用（含预订金）、旅游签证/签注费用、饭店住宿费用（含预订金）、旅游观光汽车的人均车租等。

16. 公共交通经营者，指航空、铁路、航运客轮、城市公交、地铁等公共交通工具经营者。

第二章　合同的订立

第二条　旅游行程单

出境社应当提供带团号的《旅游行程单》（以下简称《行程

单》），经双方签字或者盖章确认后作为本合同的组成部分。《行程单》应当对如下内容作出明确的说明：

1. 旅游行程的出发地、途经地、目的地、结束地，线路行程时间（按自然日计算，含乘飞机、车、船等在途时间，不足 24 小时以一日计）；

2. 旅游目的地地接社的名称、地址、联系人和联系电话；

3. 交通服务安排及其标准（明确交通工具及档次等级、出发时间以及是否需中转等信息）；

4. 住宿服务安排及其标准（明确住宿饭店的名称、地址、档次等级及是否有空调、热水等相关服务设施）；

5. 用餐（早餐和正餐）服务安排及其标准（明确用餐次数、地点、标准）；

6. 出境社统一安排的游览项目的具体内容及时间（明确旅游线路内容包括景区点及游览项目名称、景区点停留的最少时间）；

7. 自由活动的时间；

8. 行程安排的娱乐活动（明确娱乐活动的时间、地点和项目内容）；

《行程单》用语须准确清晰，在表明服务标准用语中不应当出现"准×星级"、"豪华"、"仅供参考"、"以××为准"、"与××同级"等不确定用语。

第三条　订立合同

旅游者应当认真阅读本合同条款和《行程单》，在旅游者理解本合同条款及有关附件后，出境社和旅游者应当签订书面合同。

由旅游者的代理人订立合同的，代理人需要出具被代理的旅游者的授权委托书。

第四条　旅游广告及宣传品

出境社的旅游广告及宣传品应当遵循诚实信用的原则，其内容符合《中华人民共和国合同法》要约规定的，视为本合同的组成部分，对出境社和旅游者双方具有约束力。

第三章 合同双方的权利义务

第五条 出境社的权利

1. 根据旅游者的身体健康状况及相关条件决定是否接纳旅游者报名参团；

2. 核实旅游者提供的相关信息资料；

3. 按照合同约定向旅游者收取全额旅游费用；

4. 旅游团队遇紧急情况时，可以采取安全防范措施和紧急避险措施并要求旅游者配合；

5. 拒绝旅游者提出的超出合同约定的不合理要求；

6. 要求旅游者对在旅游活动中或者在解决纠纷时损害出境社合法权益的行为承担赔偿责任；

7. 要求旅游者健康、文明旅游，劝阻旅游者违法和违反社会公德的行为。

第六条 出境社的义务

1. 按照合同和《行程单》约定的内容和标准为旅游者提供服务，不擅自变更旅游行程安排，不降低服务标准；

2. 向合格的供应商订购产品和服务；

3. 不以不合理的低价组织旅游活动，诱骗旅游者，并通过安排购物或者另行付费旅游项目获取回扣等不正当利益；

组织、接待旅游者，不指定具体购物场所，不安排另行付费旅游项目，但是，经双方协商一致或者旅游者要求，且不影响其他旅游者行程安排的除外；

4. 在出团前采取行前说明会等方式，如实告知具体行程安排和有关具体事项。具体事项包括但不限于旅游目的地国家或者地区的相关法律、法规和风俗习惯、文化传统和宗教禁忌；旅游活动中的安全注意事项和安全避险措施、旅游者不适合参加旅游活动的情形；出境社依法可以减免责任的信息；境外小费标准、外汇兑换事项、应急联络方式（包括我驻外使领馆及出境社境内和境外应急联系人及联系方式）；法律、法规规定的其他应当告知的事项；

5. 为旅游团队安排符合《中华人民共和国旅游法》、《旅行社条例》、《中国公民出国旅游管理办法》等法律、法规规定的持证领队人员；

6. 妥善保管旅游者交其代管的证件、行李等物品；

7. 为旅游者发放用中英文固定格式书写、由旅游者填写的安全信息卡（内容包括旅游者的姓名、国籍、血型、应急联络方式等）；

8. 旅游者人身、财产权益受到损害时，应采取合理必要的保护和救助措施，避免旅游者人身、财产权益损失扩大；

9. 积极协调处理旅游行程中的纠纷，采取适当措施防止损失扩大；

10. 提示旅游者按照规定投保人身意外伤害保险；

11. 向旅游者提供发票；

12. 依法对旅游者个人信息保密。

第七条　旅游者的权利

1. 要求出境社按照合同及《行程单》约定履行相关义务；

2. 拒绝出境社未经事先协商一致的转团、拼团行为；

3. 有权自主选择旅游产品和服务，有权拒绝出境社未与旅游者协商一致或者未经旅游者要求而指定购物场所、安排旅游者参加另行付费旅游项目的行为，有权拒绝出境社的导游、领队强迫或者变相强迫旅游者购物、参加另行付费旅游项目的行为；

4. 在支付旅游费用时要求出境社出具发票；

5. 人格尊严、民族风俗习惯和宗教信仰得到尊重；

6. 在人身、财产安全遇有危险时，有权请求救助和保护；人身、财产受到侵害的，有权依法获得赔偿；

7. 在合法权益受到损害时向有关部门投诉或者要求出境社协助索赔；

8. 《中华人民共和国旅游法》、《中华人民共和国消费者权益保护法》和有关法律、法规赋予旅游者的其他各项权利。

第八条　旅游者的义务

1. 如实填写《出境旅游报名表》、签证/签注资料和游客安全信息卡等各项内容，告知与旅游活动相关的个人健康信息，并对其真实性负责，保证所提供的联系方式准确无误且能及时联系；

2. 向出境社提交能有效使用的因私护照或者通行证，自办签证/签注者应当确保所持签证/签注在出游期间有效；

3. 按照合同约定支付旅游费用；

4. 按照合同约定随团完成旅游行程，配合领队人员的统一管理；

5. 遵守我国和旅游目的地国家（地区）的法律、法规和有关规定，不携带违禁物品出入境；不参与色情、赌博和涉毒活动；不擅自脱团；不在境外滞留不归；

6. 遵守旅游目的地国家（地区）的公共秩序和社会公德，尊重当地的风俗习惯，文化传统和宗教信仰，爱护旅游资源，保护生态环境，遵守《中国公民出国（境）旅游文明行为指南》等文明行为规范；

7. 对国家应对重大突发事件暂时限制旅游活动的措施以及有关部门、机构或者旅游经营者采取的安全防范和应急处置措施予以配合；

8. 妥善保管自己的行李物品，随身携带现金、有价证券、贵重物品，不在行李中夹带；

9. 在旅游活动中或者在解决纠纷时，应采取适当措施防止损失扩大，不损害当地居民的合法权益，不干扰他人的旅游活动，不损害旅游经营者和旅游从业人员的合法权益，不采取拒绝上、下机（车、船）、拖延行程或者脱团等不当行为；

10. 在自行安排活动期间，应当在自己能够控制风险的范围内选择活动项目，遵守旅游活动中的安全警示规定，对自己的安全负责。

第四章　合同的变更与转让

第九条　合同的变更

1. 出境社与旅游者双方协商一致，可以变更本合同约定的内容，但应当以书面形式由双方签字确认。由此增加的旅游费用及给对方造成的损失，由变更提出方承担；由此减少的旅游费用，出境社应当退还旅游者。

2. 行程开始前遇到不可抗力或者出境社、履行辅助人已尽合理注意义务仍不能避免的事件的，双方经协商可以取消行程或者延期出行。取消行程的，按照本合同第十四条处理；延期出行的，增加的费用由旅游者承担，减少的费用退还旅游者。

3. 行程中遇到不可抗力或者出境社、履行辅助人已尽合理注意义务仍不能避免的事件，影响旅游行程的，按以下方式处理：

（1）合同不能完全履行的，旅行社经向旅游者作出说明，旅游者同意变更的，可以在合理范围内变更合同，因此增加的费用由旅游者承担，减少的费用退还旅游者。

（2）危及旅游者人身、财产安全的，旅行社应当采取相应的安全措施，因此支出的费用，由出境社与旅游者分担。

（3）造成旅游者滞留的，旅行社应采取相应的安置措施。因此增加的食宿费用由旅游者承担，增加的返程费用双方分担。

第十条 合同的转让

旅游行程开始前，旅游者可以将本合同中自身的权利义务转让给第三人，出境社没有正当理由的不得拒绝，并办理相关转让手续，因此增加的费用由旅游者和第三人承担。

正当理由包括但不限于：对应原报名者办理的相关服务不可转让给第三人的；无法为第三人办妥签证/签注、安排交通等情形的；旅游活动对于旅游者的身份、资格等有特殊要求的。

第十一条 不成团的安排

当未达到约定的成团人数不能成团时，旅游者可以与出境社就如下安排在本合同第二十三条中做出约定。

1. 转团：出境社可以在保证所承诺的服务内容和标准不降低的前提下，经事先征得旅游者书面同意，委托其他旅行社履行合同，并就受委托出团的出境社违反本合同约定的行为先行承担责任，再行追偿。旅游者和受委托出团的出境社另行签订合同的，本合同的权利义务终止。

2. 延期出团或者改签线路出团：出境社经征得旅游者书面同意，可以延期出团或者改签其他线路出团，因此增加的费用由旅游者承担，减少的费用出境社予以退还。需要时可以重新签订旅游合同。

第五章 合同的解除

第十二条 出境社解除合同

1. 未达到约定的成团人数不能成团时，出境社解除合同的，应当采取书面等有效形式。出境社在行程开始前30日（按照出发日减去解除合同通知到达日的自然日之差计算，下同）以上（含第30日，下同）提出解除合同的，不承担违约责任，出境社向旅游者退还已收取的全部旅游费用（不得扣除签证/签注费用）；出境社在行程开始前30日以内（不含第30日，下同）提出解除合同的，除向旅游者退还已收取的全部旅游费用外，还应当按照本合同第十七条第 1 款的约定承担相应的违约责任。

2. 旅游者有下列情形之一的，出境社可以解除合同（相关法律、行政法规另有规定的除外）：

（1）患有传染病等疾病，可能危害其他旅游者健康和安全的；

（2）携带危害公共安全的物品且不同意交有关部门处理的；

（3）从事违法或者违反社会公德的活动的；

（4）从事严重影响其他旅游者权益的活动，且不听劝阻、不能制止的；

（5）法律规定的影响合同履行的其他情形。

出境社因上述情形解除合同的，应当以书面等形式通知旅游者，按照本合同第十五条的相关约定扣除必要的费用后，将余款退还旅游者。

第十三条 旅游者解除合同

1. 未达到约定的成团人数不能成团时，旅游者既不同意转团，也不同意延期出行或者改签其他线路出团的，出境社应及时发出不能成团的书面通知，旅游者可以解除合同。旅游者在行程开始前 30 日以上收到旅行社不能成团通知的，旅行社不承担违约责任，向旅游者退还已收取的全部旅游费用；旅游者在行程开始前 30 日以内收到旅行社不能成团通知的，按照本合同第 17 条第 1 款相关约定处理。

2. 除本条第 1 款约定外，在行程结束前，旅游者亦可以书面等形式解除合同（相关法律、行政法规另有规定的除外）。旅游者在行程开始前 30 日以上提出解除合同的，未办理签证/签注的，出境社应当向旅游者退还全部旅游费用；已办理签证/签注的，应当扣除签证/签注费用（旅游者自办的除外）；旅游者在行程开始前 30 日以内提出解除合同的，出境社按照本合同第 15 条相关约定扣除必要的费用后，将余款退还旅游者。

3. 旅游者未按约定时间到达约定集合出发地点，也未能在出发中途加入旅游团队的，视为旅游者解除合同，按照本合同第 17 条相关约定处理。

第十四条　因不可抗力或者已尽合理注意义务仍不能避免的事件解除合同

因不可抗力或者出境社、履行辅助人已尽合理注意义务仍不能避免的事件，影响旅游行程，合同不能继续履行的，出境社和旅游者均可以解除合同；合同不能完全履行，旅游者不同意变更的，可以解除合同（因已尽合理注意义务仍不能避免的事件提出解除合同的，相关法律、行政法规另有规定的除外）。

合同解除的，出境社应当在扣除已向地接社或者履行辅助人支付且不可退还的费用后，将余款退还旅游者。

第十五条　必要的费用扣除

1. 旅游者在行程开始前 30 日以内提出解除合同或者按照本合同第 12 条第 2 款约定由出境社在行程开始前解除合同的，按下列标准扣除必要的费用：

行程开始前 29 日至 15 日，按旅游费用总额的 5%；

行程开始前 14 日至 7 日，按旅游费用总额的 20%；

行程开始前 6 日至 4 日，按旅游费用总额的 50%；

行程开始前 3 日至 1 日，按旅游费用总额的 60%；

行程开始当日，按旅游费用总额的 70%。

2. 在行程中解除合同的，必要的费用扣除标准为：

旅游费用×行程开始当日扣除比例＋（旅游费用－旅游费用×行程开始当日扣除比例）÷旅游天数×已经出游的天数。

如按上述第 1 款或者第 2 款约定比例扣除的必要的费用低于实际发生的费用，旅游者按照实际发生的费用支付，但最高额不应当超过旅游费用总额。

解除合同的，出境社扣除必要的费用后，应当在解除合同通知到达日起 5 个工作日内为旅游者办结退款手续。

第十六条　出境社协助旅游者返程及费用承担

旅游行程中解除合同的，出境社应协助旅游者返回出发地或者旅游者指定的合理地点。因旅行社或者履行辅助人的原因导致合同解除的，返程费用由出境社承担；行程中按照本合同第十二条第 2 款，第 13 条第 2 款约定解除合同的，返程费用由旅游者承担；按照本合同第 14 条约定解除合同的，返程费用由双方分担。

第六章　违约责任

第十七条　出境社的违约责任

1. 出境社在行程开始前 30 日以内提出解除合同的，或者旅游者在行程开始前 30 日以内收到出境社不能成团通知，不同意转团、延期出行和改签线路解除合同的，出境社向旅游者退还已收取的全部旅游费用（不得扣除签证/签注等费用），并按下列标准向旅游者支付违约金：

行程开始前 29 日至 15 日，支付旅游费用总额 2% 的违约金；

行程开始前 14 日至 7 日，支付旅游费用总额 5% 的违约金；

行程开始前 6 日至 4 日，支付旅游费用总额 10% 的违约金；

行程开始前 3 日至 1 日，支付旅游费用总额 15% 的违约金；

行程开始当日，支付旅游费用总额 20% 的违约金。

如按上述比例支付的违约金不足以赔偿旅游者的实际损失，出境社应当按实际损失对旅游者予以赔偿。

出境社应当在取消出团通知或者旅游者不同意不成团安排的解除合同通知到达日起 5 个工作日内，为旅游者办结退还全部旅游费用的手续并支付上述违约金。

2. 出境社未按合同约定提供服务，或者未经旅游者同意调整旅游行程（本合同第 9 条第 3 款规定的情形除外），造成项目减少、旅游时间缩短或者标准降低的，应当依法承担继续履行、采取补救措施或者赔偿损失等违约责任。

3. 出境社具备履行条件，经旅游者要求仍拒绝履行本合同义务的，出境社向旅游者支付旅游费用总额 30% 的违约金，旅游者采取订同等级别的住宿、用餐、交通等补救措施的，费用由出境社承担；造成旅游者人身损害、滞留等严重后果的，旅游者还可以要求出境社支付旅游费用一倍以上三倍以下的赔偿金。

4. 未经旅游者同意，出境社转团、拼团的，出境社应向旅游者支付旅游费用总额 25% 的违约金；旅游者解除合同的，出境社还应向未随团出行的旅游者退还全部旅游费用，向已随团出行的旅游者退还尚未发生的旅游费用。如违约金不足以赔偿旅游者的实际损失，出境社应当按实际损失对旅游者予以赔偿。

5. 出境社有以下情形之一的，旅游者有权在旅游行程结束后 30 日内，要求出境社为其办理退货并先行垫付退货货款，或者退还另行付费旅游项目的费用：

（1）出境社以不合理的低价组织旅游活动，诱骗旅游者，并通过安排购物或者另行付费旅游项目获取回扣等不正当利益的；

（2）未经双方协商一致或者未经旅游者要求，出境社指定具体购物场所或者安排另行付费旅游项目的。

6. 与旅游者出现纠纷时，出境社应当积极采取措施防止损失扩大，否则应当就扩大的损失承担责任。

第十八条　旅游者的违约责任

1. 因不听从出境社及其领队的劝告、提示而影响团队行程，给出境社造成损失的，应当承担相应的赔偿责任。

2. 旅游者超出本合同约定的内容进行个人活动所造成的损失，由其自行承担。

3. 由于旅游者的过错，使出境社、履行辅助人、旅游从业人员或者其他旅游者遭受损害的，应当由旅游者赔偿损失。

4. 旅游者在旅游活动中或者在解决纠纷时，应采取措施防止损失扩大，否则应当就扩大的损失承担相应的责任。

5. 旅游者违反安全警示规定，或者对国家应对重大突发事件暂时限制旅游活动的措施、安全防范和应急处置措施不予配合，造成旅行社损失的，应当依法承担相应责任。

第十九条　其他责任

1. 因旅游者提供材料存在问题或者自身其他原因被拒签、缓签、拒绝入境和出境的，相关责任和费用由旅游者承担，出境社将未发生的费用退还旅游者。如给出境社造成损失的，旅游者还应当承担赔偿责任。因出境社原因导致旅游者被拒签而解除合同的，依据本合同第 17 条第 1 款处理。

2. 由于旅游者自身原因导致本合同不能履行或者不能按照约定履行，或者造成旅游者人身损害、财产损失的，出境社不承担责任。

3. 旅游者自行安排活动期间人身、财产权益受到损害的，出境社在事前已尽到必要警示说明义务且事后已尽到必要救助义务的，出境社不承担赔偿责任。

4. 由于第三方侵害等不可归责于出境社的原因导致旅游者人身、财产权益受到损害的，出境社不承担赔偿责任。但因出境社不履行协助义务致使旅游者人身、财产权益损失扩大的，应当就扩大的损失承担赔偿责任。

5. 由于公共交通经营者的原因造成旅游者人身损害、财产损失依法应承担责任的，出境社应当协助旅游者向公共交通经营者索赔。

第七章　协议条款

第二十条　线路行程时间

出发时间＿＿年＿月＿日＿时，结束时间＿＿年＿月＿日＿时；共＿天，饭店住宿＿夜。

第二十一条　旅游费用及支付（以人民币为计算单位）

成人：＿＿＿＿元/人，儿童（不满 14 岁）：＿＿＿元/人；其中，导游服务费：＿＿＿元/人；

旅游费用合计：＿＿＿＿＿＿＿＿元。

旅游费用支付方式：＿＿＿＿＿＿＿。

旅游费用支付时间：＿＿＿＿＿＿＿。

第二十二条　人身意外伤害保险

1. 出境社提示旅游者购买人身意外伤害保险；

2. 旅游者可以做以下选择：

□委托出境社购买（出境社不具有保险兼业代理资格的，不得勾选此项）：保险产品名称＿＿＿＿＿＿＿＿（投保的相关信息以实际保单为准）；

□自行购买；

□放弃购买。

第二十三条　成团人数与不成团的约定

成团的最低人数：＿＿＿＿＿人。

如不能成团，旅游者是否同意按下列方式解决：

1. ＿＿（同意或者不同意，打钩无效）出境社委托＿＿＿＿出境社履行合同；

2. ＿＿（同意或者不同意，打钩无效）延期出团；

3. ＿＿（同意或者不同意，打钩无效）改签其他线路出团；

4. ＿＿＿（同意或者不同意，打钩无效）解除合同。

第二十四条　拼团约定

旅游者_____（同意或者不同意，打钩无效）采用拼团方式拼至_____出境社成团。

第二十五条　自愿购物和参加另行付费旅游项目约定

1. 旅游者可以自主决定是否参加出境社安排的购物活动、另行付费旅游项目；

2. 出境社可以在不以不合理的低价组织旅游活动、不诱骗旅游者、不获取回扣等不正当利益，且不影响其他旅游者行程安排的前提下，按照平等自愿、诚实信用的原则，与旅游者协商一致达成购物活动、另行付费旅游项目协议；

3. 购物活动、另行付费旅游项目安排应不与《行程单》冲突；

4. 地接社及其从业人员在行程中安排购物活动、另行付费旅游项目的，责任由订立本合同的出境社承担；

5. 购物活动、另行付费旅游项目具体约定见《自愿购物活动补充协议》（附件3）、《自愿参加另行付费旅游项目补充协议》（附件4）。

第二十六条　争议的解决方式

本合同履行过程中发生争议，由双方协商解决，亦可向合同签订地的旅游质监执法机构、消费者协会、有关的调解组织等有关部门或者机构申请调解。协商或者调解不成的，按下列第____种方式解决：

1. 提交_____仲裁委员会仲裁；

2. 依法向人民法院起诉。

第二十七条　其他约定事项

未尽事宜，经旅游者和出境社双方协商一致，可以列入补充条款。（如合同空间不够，可以另附纸张，由双方签字或者盖章确认。）

第二十八条　合同效力

本合同一式____份，双方各持____份，具有同等法律效力，自双方当事人签字或者盖章之日起生效。

旅游者代表签字（盖章）：_____旅行社盖章：_____

证件号码：_____签约代表签字（盖章）：____

住　　址：_____营业地址：_____

联系电话：_____联系电话：_____

传　　真：_____传　　真：_____

邮　　编：_____邮　　编：_____

电子信箱：_____电子信箱：_____

签约日期：____年____月__日　签约日期：____年____月__日

签约地点：_____

出境社监督、投诉电话：_____

____省____市旅游质监执法机构：

投诉电话：_____

电子邮箱：_____

地　　址：_____

邮　　编：_____

附件 1：出境旅游报名表

旅游线路及编号_____旅游者出团意向时间_____

姓　名		性别		民族		出生日期	
身份证件号码				联系电话			
国籍				出境证件号			

身体状况	（需注明是否有身体残疾、精神疾病、高血压、心脏病等健康受损病症、病史，是否为妊娠期妇女）

旅游者全部同行人名单及分房要求（所列同行人均视为旅游者要求必须同时安排出团）：
_____与_____同住，_____与_____同住，____与_____同住，
_____与_____同住，____与_____同住，_____与_____同住，
_____为单男/单女需要安排与他人同住，_____不占床位，
_____全程要求入住单间（应当补交房费差额）

其他补充约定：

旅游者确认签名（盖章）：_____年____月____日

备注	（年龄低于18周岁，需要提交家长书面同意出行书）

以 下 各 栏 由 旅 行 社 工 作 人 员 填 写

服务网点名称		旅行社经办人	

附件2：带团号的《旅游行程单》

具体内容略。

旅游者：（代表人签字）　　　　　出境社：（盖章）

　　　　　　　　　　　　　　　　经办人：（签字）

　　　　　　　　　　　　　　　　年　月　日

附件3：

自愿购物活动补充协议

具体时间	地点	购物场所名称	主要商品信息	最长停留时间（分钟）	其他说明	旅游者签名同意
年 月 日 时						
年 月 日 时						
年 月 日 时						

出境社经办人签名：_____

附件4：

自愿参加另行付费旅游项目补充协议

具体时间	地点	项目名称和内容	费用（元）	项目时长（分钟）	其他说明	旅游者签名同意
年 月 日 时						
年 月 日 时						
年 月 日 时						

出境社经办人签名：_____

12. 大陆居民赴台湾地区旅游合同（示范文本）

国家旅游局、国家工商行政管理总局制定
二〇一四年四月

使　用　说　明

1. 本合同为示范文本，供大陆地区指定的经营大陆居民赴台湾地区旅游业务的旅行社（以下简称"赴台游旅行社"）与大陆旅游者（以下简称"旅游者"）之间签订赴台湾地区包价旅游合同时使用。

2. 双方当事人应当结合具体情况选择本合同协议条款中所提供的选择项，空格处应当以文字形式填写完整。

3. 双方当事人可以书面形式对本示范文本内容进行变更或者补充，但变更或者补充的内容，不得减轻或者免除应当由赴台游旅行社承担的责任。

4. 本示范文本由国家旅游局和国家工商行政管理总局共同制定、解释，在大陆范围内推行使用。

大陆居民赴台湾地区旅游合同

合同编号：＿＿＿＿＿＿＿＿＿

旅游者：＿＿＿＿＿＿＿＿＿＿＿等＿＿＿人（名单可附页，需出境社和旅游者代表签字盖章确认）；

赴台游旅行社全称：_____；

旅行社业务经营许可证编号：_____。

第一章　术语和定义

第一条　本合同术语和定义

1. 团队赴台旅游服务，指赴台游旅行社依据《中华人民共和国旅游法》、《旅行社条例》、《大陆居民赴台湾地区旅游管理办法》等法律、法规，组织旅游者到台湾地区旅游，代办旅游签注，代订公共交通客票，提供餐饮、住宿、游览等两项以上服务活动。

2. 旅游费用，指旅游者支付给赴台游旅行社、用于购买本合同约定的旅游服务的费用。

旅游费用包括：

（1）签注费用（旅游者自办的除外）；

（2）交通费（含境外机场税）；

（3）住宿费；

（4）餐费（不含酒水费）；

（5）赴台游旅行社统一安排的景区景点门票费；

（6）行程中安排的其他项目费用；

（7）台湾地区导游服务费；

（8）赴台游旅行社、台湾地区地接社其他服务费用。

旅游费用不包括：

（1）旅游证件的费用和办理离团的费用；

（2）旅游者投保人身意外伤害保险的费用；

（3）合同未约定由赴台游旅行社支付的费用，包括但不限于行程以外非合同约定活动项目所需的费用、自行安排活动期间发生的费用；

（4）台湾地区小费；

（5）行程中发生的旅游者个人费用，包括但不限于交通工具上的非免费餐饮费、行李超重费，住宿期间的洗衣、电话、饮料及酒类费用，个人伤病医疗费，寻找个人遗失物品的费用，个人原因造成的赔偿费用。

3. 履行辅助人，指与旅行社存在合同关系，协助其履行本合同义务，实际提供相关服务的法人、自然人或者其他组织。

4. 自由活动，特指《旅游行程单》中安排的自由活动。

5. 自行安排活动期间，指《旅游行程单》中安排的自由活动期间、旅游者不参加旅游行程活动期间、每日行程开始前、结束后旅游者离开住宿设施的个人活动期间、旅游者经领队或者导游同意暂时离团的个人活动期间。

6. 不合理的低价，指赴台游旅行社提供服务的价格低于接待和服务费用或者低于行业公认的合理价格，且无正当理由和充分证据证明该价格的合理性。其中，接待和服务费用主要包括赴台游旅行社提供或者采购餐饮、住宿、交通、游览、导游或者领队等服务所支出的费用。

7. 具体购物场所，指购物场所有独立的商号以及相对清晰、封闭、独立的经营边界和明确的经营主体，包括免税店，大型购物商场，前店后厂的购物场所，景区内购物场所，景区周边或者通往景区途中的购物场所，服务旅游团队的专门商店，商品批发市场和与餐饮、娱乐、停车休息等相关联的购物场所等。

8. 旅游者投保的人身意外伤害保险，指旅游者自己购买或者通过旅行社、航空机票代理点、景区等保险代理机构购买的以旅游期间自身的生命、身体或者有关利益为保险标的的短期保险，包括但不限于航空意外险、旅游意外险、紧急救援保险、特殊项目意外险。

9. 离团，指团队旅游者在台湾地区经领队同意不随团队完成约定行程的行为。

10. 脱团，指团队旅游者在台湾地区未经领队同意脱离旅游团队，不随团队完成约定行程的行为。

11. 转团，指赴台游旅行社将旅游者转至其他赴台游旅行社所组赴台旅游团队履行合同的行为（赴台旅游不得转团）。

12. 不可抗力，指不能预见、不能避免并不能克服的客观情况，包括但不限于因自然原因和社会原因引起的，如自然灾害、战争、恐怖活动、动乱、骚乱、罢工、突发公共卫生事件、政府行为。

13. 已尽合理注意义务仍不能避免的事件，指因当事人故意或者过失以外的客观因素引发的事件，包括但不限于重大礼宾活动导致的交通堵塞，飞机、火车、班轮、城际客运班车等公共客运交通工具延误或者取消，景点临时不开放。

14. 必要的费用，指赴台游旅行社履行合同已经发生的费用以及向地接社或者履行辅助人支付且不可退还的费用，包括乘坐飞机（车、船）等交通工具的费用（含预订金）、签注费用、饭店住宿费用（含预订金）、旅游观光汽车的人均车租等。

15. 公共交通经营者，指航空、铁路、航运客轮、城市公交、地铁等公共交通工具经营者。

第二章　合同的订立

第二条　旅游行程单

赴台游旅行社应当提供带团号的《旅游行程单》（以下简称《行程单》），经双方签字或者盖章确认后作为本合同的组成部分。《行程单》应当对如下内容作出明确的说明：

1. 旅游行程的出发地、途经地、目的地、结束地，线路行程时间（按自然日计算，含乘飞机、车、船等在途时间，不足 24 小时以一日计）；

2. 台湾地区地接社的名称、地址、联系人和联系电话；

3. 交通服务安排及其标准（明确交通工具及档次等级、出发时间段以及是否需中转等信息）；

4. 住宿服务安排及其标准（明确住宿饭店的名称、地址、档次等级及是否有空调、热水等相关服务设施）；

5. 用餐服务（早餐和正餐）安排及其标准（明确用餐次数、地点、标准）；

6. 赴台游旅行社统一安排的游览项目的具体内容及时间（明确旅游线路内容包括景区点及游览项目名称等、景区点停留的最少时间）；

7. 自由活动的时间；

8. 行程安排的娱乐活动（明确娱乐活动的时间、地点和项目内容）；

《行程单》用语须准确清晰，在表明服务标准用语中不应当出现"准×星级"、"豪华"、"仅供参考"、"以××为准"、"与××同级"等不确定用语。

第三条　订立合同

旅游者应当认真阅读本合同条款、《行程单》，在旅游者理解本合同条款及有关附件后，赴台游旅行社和旅游者应当签订书面合同。

由旅游者的代理人订立合同的，代理人需要出具被代理的旅游者的授权委托书。

第四条　旅游广告及宣传品

赴台游旅行社的旅游广告及宣传品应当遵循诚实信用原则，其内容符合《中华人民共和国合同法》要约规定的，视为本合同的组成部分，对赴台游旅行社和旅游者双方具有约束力。

第三章　合同双方的权利义务

第五条　赴台游旅行社的权利

1. 根据旅游者的身体健康状况及相关条件决定是否接纳旅游

者报名参团；

2. 核实旅游者提供的相关信息资料；

3. 按照合同约定向旅游者收取全额旅游费用；

4. 旅游团队遇紧急情况时，可以采取安全防范措施和紧急避险措施并要求旅游者配合；

5. 拒绝旅游者提出的超出合同约定的不合理要求；

6. 要求旅游者对在旅游活动中或者在解决纠纷时损害赴台游旅行社合法权益的行为承担赔偿责任；

7. 要求旅游者健康、文明旅游，劝阻旅游者违法和违反社会公德的行为。

第六条　赴台游旅行社的义务

1. 按照合同和《行程单》约定的内容和标准为旅游者提供服务，不降低服务标准，要求地接社严格按照合同规定的团队日程安排活动；

2. 向合格的供应商订购产品和服务；

3. 不以不合理的低价组织旅游活动，诱骗旅游者，并通过安排购物获取回扣等不正当利益；

组织、接待旅游者，不指定具体购物场所但是，经双方协商一致或者旅游者要求，且不影响其他旅游者行程安排的除外；

4. 在出团前采取行前说明会等方式，如实告知具体行程安排和有关具体事项。具体事项包括但不限于台湾地区的重要规定和风俗习惯、文化传统和宗教禁忌；旅游活动中的安全注意事项和安全避险措施、旅游者不适合参加旅游活动的情形；赴台游旅行社依法可以减免责任的信息；台湾地区收取小费的惯例及支付标准、货币兑换事项、应急联络方式（台湾地区的应急联系人及联系方式）；法律、法规规定的其他应当告知的事项；

5. 为旅游团队安排符合《中华人民共和国旅游法》、《大陆居民赴台湾地区旅游管理办法》、《大陆居民赴台湾地区旅游领队人员管理办法》规定的领队人员；

6. 为旅游者发放用固定格式书写、由旅游者填写的安全信息卡（包括旅游者的姓名、血型、应急联络方式等）；

7. 旅游者人身、财产权益受到损害时，应采取合理必要的保护和救助措施，避免旅游者人身、财产权益损失扩大；

8. 积极协调处理旅游行程中的纠纷，采取适当措施防止损失扩大；

9. 提示旅游者按照规定投保人身意外伤害保险；

10. 向旅游者提供发票；

11. 依法对旅游者个人信息保密。

第七条　旅游者的权利

1. 要求赴台游旅行社按照合同及《行程单》约定履行相关义务；

2. 拒绝转团；

3. 有权自主选择旅游产品和服务，有权拒绝赴台游旅行社未与旅游者协商一致或者未经旅游者要求而指定购物场所的行为，有权拒绝赴台游旅行社的导游、领队强迫或者变相强迫旅游者购物的行为；

4. 在支付旅游费用时要求赴台游旅行社出具发票；

5. 人格尊严、民族风俗习惯和宗教信仰得到尊重；

6. 在人身、财产安全遇有危险时，有权请求救助和保护；人身、财产受到侵害的，有权依法获得赔偿；

7. 在合法权益受到损害时向有关部门投诉或者要求赴台游旅行社协助索赔；

8.《中华人民共和国旅游法》、《中华人民共和国消费者权益保护法》和有关法律、法规赋予旅游者的其他权利。

第八条　旅游者的义务

1. 如实填写《赴台旅游报名表》、签注资料和游客安全信息卡等各项内容，告知与旅游活动相关的个人健康信息，并对其真实性负责，保证所提供的联系方式准确无误且能及时联系；

2. 向赴台游旅行社提交能有效使用的通行证，自办签注者应当确保所持签注在出游期间有效；

3. 按照合同约定支付旅游费用；

4. 按照合同约定随团完成旅游行程，配合领队人员的统一管理；

5. 遵守有关法律、法规和台湾地区有关规定，不携带违禁物品出入境；不从事或者参与涉及赌博、色情、毒品等内容及有损两岸关系的活动；不擅自脱团；不滞留不归；

6. 遵守台湾地区的公共秩序和社会公德，尊重当地的风俗习惯，文化传统和宗教信仰，爱护旅游资源，保护生态环境，遵守《中国公民出国（境）旅游文明行为指南》等文明行为规范；

7. 对国家应对重大突发事件暂时限制旅游活动的措施以及有关部门、机构或者旅游经营者采取的安全防范和应急处置措施予以配合；

8. 妥善保管自己的行李物品，随身携带现金、有价证券、贵重物品，不在行李中夹带；

9. 在旅游活动中或者在解决纠纷时，应采取适当措施防止损失扩大，不损害当地居民的合法权益；不干扰他人的旅游活动；不损害旅游经营者和旅游从业人员的合法权益，不采取拒绝上、下机（车、船）、拖延行程或者脱团等不当行为；

10. 在自行安排活动期间，应当在自己能够控制风险的范围内选择活动项目，遵守旅游活动中的安全警示规定，并对自己的安全负责。

第四章　合同的变更

第九条　合同内容的变更

1. 赴台游旅行社与旅游者双方协商一致，可以变更本合同约定的内容，但应当以书面形式由双方签字确认。由此增加的旅游费用及给对方造成的损失，由变更提出方承担；由此减少的旅游费用，赴台游旅行社应当退还旅游者。

2. 行程开始前遇到不可抗力或者赴台游旅行社、履行辅助人已尽合理注意义务仍不能避免的事件的，双方经协商可以取消行程或者延期出行。取消行程的，按照本合同第 13 条处理；延期出行的，增加的费用由旅游者承担，减少的费用退还旅游者。

3. 行程中遇到不可抗力或者赴台游旅行社、履行辅助人已尽合理注意义务仍不能避免的事件，影响旅游行程的，按以下方式处理：

（1）合同不能完全履行的，旅行社经向旅游者作出说明，旅游者同意变更的，可以在合理范围内变更合同，因此增加的费用由旅游者承担，减少的费用退还旅游者。

（2）危及旅游者人身、财产安全的，旅行社应当采取相应的安全措施，因此支出的费用，由赴台游旅行社与旅游者分担。

（3）造成旅游者滞留的，旅行社应采取相应的安置措施。因此增加的食宿费用由旅游者承担，增加的返程费用双方分担。

第十条　转团

依据《海峡两岸旅游合作规范》规定，大陆居民赴台湾地区旅游未达到约定成团人数不能成团时，不得转团。赴台游旅行社可以与旅游者协商延期出行或者改变为赴台旅游之外的旅游线路。

赴台游旅行社转团的，由海峡两岸旅游交流协会按《大陆居民赴台湾地区旅游管理办法》、《海峡两岸关于大陆居民赴台湾旅游协议》、《海峡两岸旅游合作规范》等规定处理。

第五章　合同的解除

第十一条　赴台游旅行社解除合同

1. 未达到约定的成团人数不能成团时，赴台游旅行社解除合同的，应当采取书面等有效形式。赴台游旅行社在行程开始前 30 日（按照出发日减去解除合同通知到达日的自然日之差计算，下同）以上（含第 30 日，下同）提出解除合同的，不承担违约责任，赴台游旅行社向旅游者退还已收取的全部旅游费用（不得扣除签注费用）；赴台游旅行社在行程开始前 30 日以内（不含第 30 日，下同）提出解除合同的，除向旅游者退还已收取的全部旅游费用外，还应当按照本合同第 15 条第 1 款的约定承担相应的违约责任。

2. 行程开始前，旅游者有下列情形之一的，赴台游旅行社可以解除合同：

（1）患有传染病等疾病，可能危害其他旅游者健康和安全的；

（2）携带危害公共安全的物品且不同意交有关部门处理的；

（3）从事违法或者违反社会公德的活动的；

（4）从事严重影响其他旅游者权益的活动，且不听劝阻、不能制止的；

（5）法律规定的影响合同履行的其他情形。

赴台游旅行社因上述情形解除合同的，应当以书面等形式通知旅游者，按照本合同第 14 条的相关约定扣除必要的费用后，将余款退还旅游者。

第十二条　旅游者解除合同

1. 未达到约定的成团人数不能成团时，旅游者不同意延期出行或者改变线路出团的，赴台游旅行社应及时发出不能成团的书面通知，旅游者可以解除合同。旅游者在行程开始前 30 日以上收到赴台游旅行社不能成团通知的，赴台游旅行社不承担违约责任，向旅游者退还已收取的全部旅游费用（不得扣除签注费用）；旅游者在行程开始前 30 日以内收到赴台游旅行社不能成团通知的，按照本合同第 15 条第 1 款相关约定处理。

2. 除本条第 1 款约定外，在行程开始前，旅游者亦可以书面等形式解除合同。旅游者在行程开始前 30 日以上提出解除合同的，未办理签注的，赴台游旅行社应当向旅游者退还全部旅游费用；已办理签注的，应当扣除签注费用（旅游者自办的除外）；旅游者在行程开始前 30 日以内提出解除合同的，赴台游旅行社按照本合同第 14 条相关约定扣除必要的费用后，将余款退还旅游者。

3. 旅游者未按约定时间到达约定集合出发地点，也未能在出发中途加入旅游团队的，视为旅游者解除合同，按照本合同第 14 条相关约定处理。

第十三条　因不可抗力或者已尽合理注意义务仍不能避免的事件解除合同

行程开始前因不可抗力或者赴台游旅行社、履行辅助人已尽合理注意义务仍不能避免的事件，影响旅游行程，合同不能继续履行的，赴台游旅行社和旅游者均可以解除合同；合同不能完全履行，旅游者不同意变更的，可以解除合同。合同解除的，赴台游旅行社应当在扣除已向地接社或者履行辅助人支付且不可退还的费用后，将余款退还旅游者。

第十四条　必要的费用扣除

旅游者在行程开始前 30 日以内提出解除合同或者按照本合同第 11 条第 2 款约定由赴台游旅行社解除合同的，按下列标准扣除必要的费用：

行程开始前 29 日至 15 日，按旅游费用总额的 5%；

行程开始前 14 日至 7 日，按旅游费用总额的 20%；

行程开始前 6 日至 4 日，按旅游费用总额的 50%；

行程开始前 3 日至 1 日，按旅游费用总额的 60%；

行程开始当日，按旅游费用总额的 70%。

如按上述比例扣除的必要的费用低于实际发生的费用，旅游者按照实际发生的费用支付，但最高额不应当超过旅游费用总额。

解除合同的，赴台游旅行社扣除必要的费用后，应当在解除合同通知到达日起 5 个工作日内为旅游者办结退款手续。

第六章　违约责任

第十五条　赴台游旅行社的违约责任

1. 赴台游旅行社在行程开始前 30 日以内提出解除合同的，或者旅游者在行程开始前 30 日以内收到赴台游旅行社不能成团通知，不同意延期出行和改变线路出团解除合同的，赴台游旅行社向旅游者退还已收取的全部旅游费用（不得扣除签注费），并按下列标准向旅游者支付违约金：

行程开始前 29 日至 15 日，支付旅游费用总额 2% 的违约金；

行程开始前 14 日至 7 日，支付旅游费用总额 5% 的违约金；

行程开始前 6 日至 4 日，支付旅游费用总额 10% 的违约金；

行程开始前 3 日至 1 日，支付旅游费用总额 15% 的违约金；

行程开始当日，支付旅游费用总额 20% 的违约金。

如按上述比例支付的违约金不足以赔偿旅游者的实际损失，赴台游旅行社应当按实际损失对旅游者予以赔偿。

赴台游旅行社应当在取消出团通知或者旅游者不同意不成团安排的解除合同通知到达日起 5 个工作日内，为旅游者办结退还全部旅游费用的手续并支付上述违约金。

2. 赴台游旅行社未按合同约定提供服务，或者未经旅游者同意调整旅游行程（本合同第 9 条第 3 款规定的情形除外），造成项目减少、旅游时间缩短或者标准降低的，应当依法承担继续履行、采取补救措施或者赔偿损失等违约责任。

3. 赴台游旅行社具备履行条件，经旅游者要求仍拒绝履行本合同义务的，赴台游旅行社向旅游者支付旅游费用总额 30% 的违约金，旅游者采取订同等级别的住宿、用餐、交通等补救措施的，费用由赴台游旅行社承担；造成旅游者人身损害、滞留等严重后果的，旅游者还可以要求赴台游旅行社支付旅游费用一倍以上三倍以下的赔偿金。

4. 赴台游旅行社有以下情形之一的，旅游者有权在旅游行程结束后 30 日内，要求赴台游旅行社为其办理退货并先行垫付退货货款：

（1）赴台游旅行社以不合理的低价组织旅游活动，诱骗旅游者，并通过安排购物获取回扣等不正当利益的；

（2）未经双方协商一致或者未经旅游者要求，赴台游旅行社指定具体购物场所的。

5. 与旅游者出现纠纷时，赴台游旅行社应当积极采取措施防止损失扩大，否则应当就扩大的损失承担责任。

第十六条　旅游者的违约责任

1. 旅游者不听从赴台游旅行社及其领队的劝告、提示影响团队行程，给赴台游旅行社造成损失的，应当承担相应的赔偿责任。

2. 旅游者超出本合同约定的内容进行个人活动所造成的损失，由其自行承担。

3. 由于旅游者的过错，使赴台游旅行社、履行辅助人、旅游从业人员或者其他旅游者遭受损害的，应当由旅游者赔偿损失。

4. 旅游者在旅游活动中或者在解决纠纷时，应采取措施防止损失扩大，否则应当就扩大的损失承担相应的责任。

5. 旅游者违反安全警示规定，或者对国家应对重大突发事件暂时限制旅游活动的措施、安全防范和应急处置措施不予配合，造成旅行社损失的，应当依法承担相应责任。

第十七条　其他责任

1. 因旅游者提供材料存在问题或者自身其他原因被拒签、缓签、拒绝入境和出境的，相关责任和费用由旅游者承担，赴台游旅行社将未发生的费用退还旅游者。如给赴台游旅行社造成损失的，旅游者还应当承担赔偿责任。因赴台游旅行社原因导致旅游者被拒签而解除合同的，依据本合同第 15 条第 1 款处理。

2. 由于旅游者自身原因导致本合同不能履行或者不能按照约

定履行，或者造成旅游者人身损害、财产损失的，赴台游旅行社不承担责任。

3. 旅游者在自行安排活动期间人身、财产权益受到损害的，赴台游旅行社在事前已尽到必要警示说明义务且事后已尽到必要救助义务的，赴台游旅行社不承担赔偿责任。

4. 由于第三方侵害等不可归责于赴台游旅行社的原因导致旅游者人身、财产权益受到损害的，赴台游旅行社不承担赔偿责任。但因赴台游旅行社不履行协助义务致使旅游者人身、财产权益损失扩大的，应当就扩大的损失承担赔偿责任。

5. 由于公共交通经营者的原因造成旅游者人身损害、财产损失依法应承担责任的，赴台游旅行社应当协助旅游者向公共交通经营者索赔。

第七章　协议条款

第十八条　线路行程时间

出发时间____年__月__日__时，结束时间____年__月__日__时；共__天，饭店住宿__夜。

第十九条　旅游费用及支付（以人民币为计算单位）

成人：_____元/人，儿童（不满 14 岁）：____元/人；其中，台湾地区导游服务费_____元/人；

旅游费用合计：_____元。

旅游费用支付方式：_____。

旅游费用支付时间：_____。

第二十条　人身意外伤害保险

1. 赴台游旅行社提示旅游者购买人身意外伤害保险；

2. 旅游者可以做以下选择：

□委托赴台游旅行社购买（赴台游旅行社不具有保险兼业代

理资格的，不得勾选此项）：保险产品名称_____（投保的相关信息以实际保单为准）；

□自行购买；

□放弃购买。

第二十一条 成团人数与不成团的约定

成团的最低人数：_____人。

如不能成团，旅游者是否同意按下列方式解决：

1. _____（同意或者不同意，打钩无效）延期出团；

2. _____（同意或者不同意，打钩无效）改变其他线路出团；

3. _____（同意或者不同意，打钩无效）解除合同。

第二十二条 自愿购物约定

1. 旅游者可以自主决定是否参加赴台游旅行社安排的购物活动；

2. 赴台游旅行社可以在不以不合理的低价组织旅游活动、不诱骗旅游者、不获取回扣等不正当利益，且不影响其他旅游者行程安排的前提下，按照平等自愿、诚实信用的原则，与旅游者协商一致达成购物活动协议；

3. 购物活动安排应不与《行程单》冲突；

4. 地接社及其从业人员在行程中安排购物活动的，责任由订立本合同的赴台游旅行社承担；

5. 购物活动具体约定见《自愿购物活动补充协议》（附件3）。

第二十三条 争议的解决方式

本合同履行过程中发生争议，由双方协商解决；亦可向合同签订地的旅游质监执法机构、消费者协会、有关的调解组织等有关部门或者机构申请调解。协商或者调解不成的，按下列第____种方式解决：

1. 提交_____仲裁委员会仲裁；

2. 依法向人民法院起诉。

第二十四条 其他约定事项

未尽事宜，经旅游者和赴台游旅行社双方协商一致，可以列入补充条款。

（如合同空间不够，可以另附纸张，由双方签字或者盖章确认。）

_____

_____

第二十五条 合同效力

本合同一式____份，双方各持____份，具有同等法律效力，自双方当事人签字或者盖章之日起生效。

旅游者代表签字（盖章）：_____赴台游旅行社盖章：_____

证件号码：_____签约代表签字（盖章）：____

住　　址：_____营业地址：_____

联系电话：_____联系电话：_____

传　　真：_____传　　真：_____

邮　　编：_____邮　　编：_____

电子信箱：_____电子信箱：_____

签约日期：___年___月_日　签约日期：___年___月_日

签约地点：_____

赴台游旅行社监督、投诉电话：_____

____省____市旅游质监执法机构：

投诉电话：_____

电子邮箱：_____

地　　址：_____

邮　　编：_____

附件1：出境旅游报名表

旅游线路及编号_____旅游者出团意向时间_____

姓　名		性别		民族		出生日期	
身份证件号码				联系电话			
国籍				出入境证件号			

身体状况	
	（需注明是否有身体残疾、精神疾病、高血压、心脏病等健康受损病症、病史，是否为妊娠期妇女）

旅游者全部同行人名单及分房要求（所列同行人均视为旅游者要求必须同时安排出团）：

_____与_____同住，_____与_____同住，___与_____同住，

_____与_____同住，___与_____同住，_____与_____同住，

_____为单男/单女需要安排与他人同住，_____不占床位，

_____全程要求入住单间（应当补交房费差额）

其他补充约定：

旅游者确认签名（盖章）：_____年___月___日

备注	（年龄低于 18 周岁，需要提交家长书面同意出行书）

以 下 各 栏 由 旅 行 社 工 作 人 员 填 写

服务网点名称		赴台游旅行社经办人	

附件 2：带团号的《旅游行程单》

具体内容略。

旅游者：（代表人签字）　　　赴台游旅行社：（盖章）

　　　　　　　　　　　　　　经办人：（签字）

　　　　　　　　　　　　　　年　月　日

附件 3：

自愿购物活动补充协议

具体时间	地点	购物场所名称	主要商品信息	最长停留时间（分钟）	其他说明	旅游者签名同意
年 月 日 时						
年 月 日 时						
年 月 日 时						

　　　赴台游旅行社经办人签名：_____